走向大国丛书——恩道尔地缘政治系列
赵刚　吕德宏　顾秀林　主编

[美] 威廉 · 恩道尔 著
顾秀林 陈建明　译

金融海啸

一场新鸦片战争

知识产权出版社

内容提要

金钱（货币）就是权力。本书讲述了美联储这个私人机构攫取并控制货币权力的历史。

千千万万的人不知道，现代的银行可以通过“信贷”把“货币”创造出来，同样也可以把“货币”毁灭掉。但是人们不用学经济学也知道，适当的货币供给能够带来经济繁荣，货币乱套时，一定会发生经济灾难。美国住房抵押贷款市场的部分房款拖欠，已经演变成波及全世界的金融海啸——它正是由“创造/毁灭货币”的这个权力发动起来的，我们说的就是那几家全球顶级金融机构：摩根大通、花旗、雷曼兄弟、高盛和摩根士丹利。

但是这个金钱的权力是如何成长起来的？那些顶级私人银行家是如何运筹帷幄、呼风唤雨，帮助美国实现“地球霸主”大业的？他们又是如何滥用货币创造的权力、为何要发动这场无法无天的“新金融革命”，结果使美国陷入史无前例的危机深渊？

这里讲的每一个故事，都是接受过英美经济学训练的经济学家们一向回避的事实。可是如果他们不把这一点向大众指出，就是忘记了本专业的理想：他们是为“国富”而服务的。

基辛格说过：“如果你控制了金钱，你就控制了世界。”这句话反过来也成立，失去了对金钱的控制，就一定失去对世界的控制。2009年，整个世界都在拭目以待。货币权力、金融霸权还要让华尔街的银行家掌管吗？是货币权力控制国家，还是国家控制货币权力？

本书是《石油战争》、《粮食危机》、《金融海啸》三部曲的第三部。

责任编辑：刘　忠　王　俊　　**责任校对**：韩秀天
装帧设计：鞠洪深设计工作室　　**责任出版**：卢运霞

图书在版编目（CIP）数据

金融海啸：一场新鸦片战争/（美）恩道尔著；顾秀林，陈建明译．—北京：知识产权出版社，2009.8

书名原文：The Power of Money：The Rise and Decline of the American Century

ISBN 978－7－80247－773－5

Ⅰ.金…　Ⅱ.①恩…②顾…③陈…　Ⅲ.金融危机－研究－美国　Ⅳ.F837.125.9

中国版本图书馆CIP数据核字（2009）第131776号

走向大国丛书——恩道尔地缘政治系列
金融海啸：一场新鸦片战争
Jinrong Haixiao：Yichang Xin Yapian Zhanzheng
［美］威廉·恩道尔　著
顾秀林　陈建明　译
赵刚　吕德宏　顾秀林　主编

出版发行：知识产权出版社

社　　址：北京市海淀区马甸南村1号	邮　　编：100088
网　　址：http：//www.ipph.cn	邮　　箱：bjb@cnipr.com
发行电话：010－82000893　82000860转8101	传　　真：010－82000893
责编电话：010－82008026转8026	责编邮箱：wangjun@cnipr.com
印　　刷：保定市中画美凯印刷有限公司	经　　销：四川新华文轩连锁股份有限公司
开　　本：787mm×1092mm　1/16	印　　张：25
版　　次：2009年8月第1版	印　　次：2009年8月第1次印刷
字　　数：389千字	定　　价：43.00元

京权图字：01－2009－4652
ISBN 978－7－80247－773－5/F·260

《走向大国》丛书编委会

目　　录

中文版前言：
美元武器和新鸦片战争

被操纵的美元金融体系和美元是一种很有杀伤力的武器。在一场置对手于死地的新式鸦片战争中，美元是最重要的武器。在1840～1860年的那场鸦片战争中，英国政府及其帮凶把鸦片像潮水一般输入中国，最终榨干了中国的白银储备，实现了让中国破产和向英帝国开放商埠的目的。中国还付出了几千万人毁灭（染上毒瘾）的代价，并在全世界面前蒙羞受辱。

今天的世界上正在发生的事情，是一场不折不扣的"新鸦片战争"。华盛顿和华尔街上各式各样的银行把美元当做新形式的"鸦片"，软硬兼施诱导中华人民共和国打开贸易保护的大门，诱导中国人民银行和中国政府，用辛辛苦苦积攒的贸易顺差美元去购买美国国债、购买房利美和房地美这两个半政府性质的机构的资产，帮它们挽救衰落中的美元体系。

今天这场新的鸦片战争同160多年前英国人打的更加直接的鸦片战争一样致命，而且一样的危险。中国远不是今天这场战争的唯一目标，但也许是最重要的打击对象。要想理解他们所采用的"作战方式"的煽动性和破坏性，我们必须回溯美国经济巨人成长的最初时代和它所依据的基础。具有很大讽刺意味的是，那正是打上一场鸦片战争的年月，给英国人运鸦片的船只中就有美国新英格兰的运输商船，而他们搬运的鸦片是要让中国人上瘾的有毒之物——这就是英美在19世纪中叶对天朝王国进行殖民统治的（第）一次尝试。

2007年夏季美国房地产业和金融业爆发的危机，把新鸦片战争的大戏推向了高潮。

一年后的2008年9月，危机已蔓延到全球。当美国财政部长、华尔街的权威亨利·保尔森、美联储主席本·伯南克以及时任纽约联邦储备银行行长的蒂姆·盖特纳在一起决定，允许有153年历史的第四大国际投资银行雷曼兄弟公司破产的时候，本来只是美国一个国家的金融危机，终于演变成了一场全球的系统性危机。

我们有很充分的理由来设想，曾经领衔高盛这家全球最有计谋的华尔街投资银行的保尔森以及华盛顿的其他人，是故意让雷曼兄弟公司破产的。因为仅仅在6个月前，（美国）政府还曾插手拯救一家规模小得多的华尔街投资银行——贝尔斯登，两件事一起看，不能不让人心生疑问。有一些很有眼光的观察家是这样设想的：保尔森和他的同伙想触发一场全球金融恐慌，来吓唬美国国会和世界上其他国家和地区，要它们不仅同意拯救或援助华尔街银行，还要拯救美国国际集团这样的保险公司，更重要的是拯救美元体系——这是美国权力的基础；这个体系是在1944年的布雷顿森林会议上建立的。所以他们就故意让雷曼兄弟公司倒下去。

全球金融海啸的冲击令人震撼。在18个月内，估计有价值50万亿美元的股票、债券、房地产和其他资产消失了。更严重的是，建立在大银行之间资金拆借基础上的国际银行体系完全停止运行。美国的金融体系和经济在危机中首当其冲——问题本来就植根于美国的经济之中。

中国和亚洲、拉丁美洲其他贸易出超的经济体，直接承受了美元危机的“反作用力”。2009年1月，中国官方报告的失业人数比2008年增加了不少。对美国经济来说，在好几年的时间里，中国的地位太独特了。在一项看起来反常但又是不得已的安排中，中国出口美国加工业产品的货款——贸易顺差，都买了美元资产——所谓投资“安全的”资产。中国成了全世界最大的美国国债持有者，其中包括长短期国库券和商业票据；中国另外还持有房利美和房地美这两个“半政府”机构总数达6000亿美元的债券，这是中国在华盛顿的不断敦促下购买的。

1998 年亚洲金融危机以后，华盛顿和华尔街用美元把中国挂上了它们的美元体系。他们说服了中国央行，美元只能用来购买美国国债，没有其他的用途。它们静观中国稳步建立起世界上最大的贸易顺差美元储备。在某种意义上，中国的贸易顺差帮助了美国打阿富汗和伊拉克，而这些战争最终是违背中国的利益的——战争的结果是打破石油价格的稳定，伤害经济交往的关系。在一定意义上，只要美元体系看起来还能继续运转，中国政府和央行就别无选择。但是到 2009 年以后，继续这样做下去的理由已经很牵强了。

在 2007 年下半年危机爆发后，华盛顿千方百计说服中国交出更多的美元，让美国政府拿去救助美国最大的和麻烦最深的那些银行：曾经不可一世的花旗银行、美洲银行、高盛集团和美国国际集团（这是一家保险公司）。

最具有讽刺意味的是，中华人民共和国这个不久前还被美国政府机构私下里骂作不可救药的落后国家，以惊人的速度翻转了命运，一下子变成了美国最大的官方债务持有者，美国自己反而变成世界上最大的债务国，中国当了超级大国美国的债权人。除了北京的高级官员之外，没有人知道中国人民银行究竟持有多少美国国债，据估计超过 1. 2 万亿美元。

2009 年年初，北京和世界各国的首都都在自问：是否要付出损害本国经济的代价，去拯救那些搬起石头砸了自己脚的美国大银行？20 国集团经济峰会 2009 年 4 月在全世界的注视中召开了，峰会的成果只是一纸空文——加强国际货币基金组织。我们应该知道，这个组织是 1944 年华盛顿在布雷顿森林会议上创建的，它本身就是美国对外推行经济帝国主义的很有效的工具。

当我写这些话的时候，北京的领导人以及俄罗斯、巴西，甚至德国的领导人，似乎都没有打算插手拯救美元体系。本书的目的，就是把世界上最成功的那个经济帝国的实质向读者敞开，把它走向巅峰和毁灭的道路描绘出来。那个经济帝国今天正在忍受临终的痛苦。中国和欧亚地区的各个国家，尤其是上海合作组织成员国，将会摆脱危机，将会在经济上变得更加强大、更加稳定，它们的面前有一条光明的前途。

中国、欧亚地区、上海合作组织成员国面临的危险，是对手美国受了伤——至少现在华尔街内外的权力精英很像一头受了伤的虎。困兽犹斗，受伤的虎有可能是更危险的。

威廉·恩道尔

2009 年 5 月于德国威斯巴登

中文版译者序：地缘政治和全球战略中的“货币权力”

这是一本为所有的人写的书，尤其是所有的普通人和所有的经济学家。在书中作者说，他真诚希望就这个问题引起一场有益的辩论：“是国家掌握货币权力，还是货币权力掌握国家”。在这个事关全世界人民长远的终极利益的第一重大问题上，他愿和所有的读者一起，做一次“正本清源”的探索。

货币就是权力，毫无疑问。是什么样的权力呢？基辛格说货币是控制全世界的权力。非常正确。首先，这个货币权力有一个“成长史”，从贝壳到白银黄金，从贵金属到纸币，从“现货”到期货，从真金白银到永远不偿还的国家债务，从实体经济到虚拟经济，从抵押实物资产的票据债券，到抵押“未来”的风险金融工程骗局，还有至今不知怎样清算的“信用违约互换”（CDS）合同这种异想天开的“新金融产品”，从高度分散的交易和支付，到极度集中的全球金融货币体系——在不到200年的历史中，“货币权力”一次一次地“蜕皮”，一次一次长大，一直到成长为今天的真正的全球性货币-金融体系。当华尔街上有一两家投资公司失败时——2007年的贝尔斯登和2008年的雷曼兄弟公司，整个世界不仅都听见了它们倒下的轰响，还都在感受自己心中远在地球另一边却可能被华尔街绊倒、摔碎的惊恐。

我们还需要知道，这个“货币的权力”是谁的权力，掌握在谁的手里。作者恩道尔明确无误地告诉我们，主宰了全球货币金融体系的货币权力老大“美联储”，是被几家私人的美国顶级金融巨头握在手心里的工具，是货真价实的私人机构，是私营的央行。对于相当多的人来说，这简直是一大新闻，美联储难道不是政府机构？它的主席不是美国总统任命的吗？仅仅两三周前（2009年6月26日），译者在“遭遇”一位早就从美国的大学获得金融学博士学位的老朋友时，我们之间还发生过这样的问话。

本书作者用详实的历史事实告诉我们，美国的宪法明文规定，美国的货币控制权由国会拥有，因为开国元勋们深知英国的私营央行对国家的经济和人民的利益有多大的危害，所以在宪法第一条中写下了这样明确的规定。而美国那几个著名的金融大家族（摩根、洛克菲勒……），经过四五代人的坚持不懈的努力，最终成功地哄骗了一个没有主见的国会，把国家的最高货币控制权拱手交给他们。在美国宪法通过124年后，1913年12月23日，圣诞夜的前一天，《联邦储蓄法》在几乎空无一人的国会匆匆通过，一小时后伍德罗·威尔逊总统就在上面签了字，让它变成了法律。但是这个“私人美国央行”的事实被刻意掩盖了，连它的名称都能误导你：联邦储备委员会！

央行而又是“私营”的，这对中国读者来说可能会有点费解，但这却是千真万确的。从一开始，资本主义经济体制中的银行就是私人的，中国过去的钱庄不也是私营的吗？英国的央行英格兰银行也是私营的，但是有皇家授权。起草和签署了美国宪法的那些大智者中的多数，曾经希望创造出一种更好的银行制度，为美国人民造福。但是这个理想没有实现。

现代银行无论属于哪种所有制，实行的都是“部分准备金”制度，就是说，它可以合法拿储户一时不用的钱去放贷，放贷规模最大可以相等于准备金率百分比的倒数（例如：准备金率10%等于1/10，最大放贷规模就是存款的10倍），这在经济学教科书上被称为“乘数效应”；在失控的时候，假如准备金率下降到1%，银行几乎就是在把钱从空气中变出来——放贷规模是存款的100倍。这还只是常规性的失控；最新式的失控被格林斯潘的金融革命——“新金融”创造出来，那是无法计算、不能用“乘数效应”去思考的、被称为泡沫的东西，是应该用“海啸”来描绘的一种现象：像大海一样多的钱被他们创造出来了！

在现代银行制度下，货币可以通过部分准备金制度的信贷发放被创造出来，同样也可以被毁灭掉。货币的创造和毁灭，可以是经济繁荣的原因，也可以是经济灾难的起点。正是因为如此，把这个创造或毁灭货币的最终权力交给谁，就是一个最重要的政治问题。美国的先贤们希望的那个更好的银行制度应该是什么样子？那应该是在比较完全的资本主义市场经济中，为广大人民的福利服务的一种银行制度；如果真是由国会掌握货币发行的权力，那应该是怎样的一种形式？我们至今还没有见过。

要理解“私人的央行”这个概念，我们必须把它和那几个耳熟能详的家族联系起来：摩根、洛克菲勒，等等。从 1913 年起就是他们设计并推动了美联储。一个世纪过去之后，他们的后人还是聚光灯下的一号主角，这实在令人慨叹。再想象一下，这个私人的美元货币体系今天已经掌控了全球金融货币权力，把这两件事情放在一起看，不能不让我们感到胆战心惊：整个地球真的就握在这么几双手里吗？这是多么可怕的事情！千真万确，毫无疑问，这就是历史事实。金融海啸终于为我们揭开了私人央行脸上的薄纱。掌握在私人手中的全球货币权力把信贷创造的机制滥用到极致，像大海那么多的货币或者虚拟资产被创造出来，所以不能不引发金融海啸。海啸发生后，他们在维持自己龙头交椅地位的同时，还是采用他们惯用的手法制造更大的恐慌，让更多的人买单，把一国的金融系统危机变成全球的系统危机。只要他们还占据着第一把交椅，就不惜让各国纳税人包括美国纳税人去承受任何代价。恰恰是这场海啸，才把他们私人机构性质的薄纱层层揭下。

我们再问：“货币权力控制世界的手段是什么？”答案是：最初是在部分准备金制度上的信贷发放和控制，先把钱借给你，然后用债务控制你。被白纸黑字写在账本上的债务控制住的国家，在今天的世界格局里有很多，都散布在第三世界里；它们最早在 1982 年沃尔克导演出来的债务偿付危机中沦为债奴。做这样的事情需要创造很多的信贷，美联储完全可以做到；后来美联储的想象力更大了，它要做普希金的“渔夫和金鱼”的故事中的那个“统治大海的女王”，传统的信贷创造不够用了，于是格林斯潘就搞了一场新金融革命——抵押贷款证券化加保险和融资，把所有的东西打在一个包里做抵押，全都证券化，把“违约拖欠的可能性”风险“切块切片”向全世界出售，再把一切风险投保，然后再证券化，就这样像变魔术一样创造出数百万亿美元规模的虚拟货币。次贷只不过是其中的一个道具，两波次贷违约浪潮加起来，也没有超过2万亿美元。格林斯潘的新金融革命一度红红火火，全世界趋之若鹜，只差一点就成功了。可惜功败垂成。

一部现代史壮丽辉煌，一部货币秘史深邃无底，我们只能简略地说，美联储生逢其时，在一小撮美国精英自命为奉天承运、图谋取代英帝国当全球霸主的战略中，被美国的顶级银行精英创造出来；它在实现“美国世纪”这个自封的“天定命运”中不辱使命，代表货币权力，为推进美国的地缘政治战略尽职尽责，特别是在两次大战、无数次其他战争中，对重大决策施加影响，在金融国际化中也是冲锋陷阵，一马当先。后来又随着“美国世纪”一起走向巅峰，成就辉煌。现在也该随着“美国世纪”一起衰落下来了。

把全世界所有的财富都控制在手心里，才是美元货币权力的最终目标。现在美国世纪已经开始从巅峰降落了，而美元货币权力离它这个最终目标还有不短的距离呢。

关于中国，作者恩道尔认为，从1997年亚洲金融危机之后，美国就用美元把中国挂上了美元体系，然后静观中国稳步建立起世界上最大的外汇储备；美联储还说服了中国的央行，美元外汇储备只能买美国国债，除此没有其他用处，两房债券也是中国投资的好项目。就这样中国在非常短的时间里，一跃变成美国最大的债主。对于俄国则需要采用不太一样的战略：操纵能源价格、调控债务的利率，可以更多地影响到那个国家。

美联储历任首脑中成就最大的一位，当推2006年才卸任的格林斯潘。他主政美联储18年。身为美联储主席，格林斯潘需要想出办法为美国经济注入青春活力，就像他的每一位前任都得有一点“创新”一样，这个“美国世纪”要把全球金融货币霸主对全世界的主宰地位维持住，需要经常注入活力，帝国太大了，首尾难以全顾及，常常要从外部注入活力。一不留神，格林斯潘的新金融革命就翻了车：虚拟经济一玩起来，速度就快得让人目瞪口呆，就这么翻车了。其中的奥秘，书中对此有详细的描述。

再说了，假的就是假的，带着欺诈内容的虚假和虚拟价值，最好的处理就是“归零”。可是美联储，以及那些参与了创新、被贪欲的“伟哥”激发起来的机构和人，都不同意这样做。所以就去“救市”，让这个已经倒下的系统继续运转。这就是说，让美元货币霸权继续维持下去，让这个玩不下去的游戏继续玩下去。

美联储、美国政府2008年9月15日在救助了保险公司AIG的时候却“允许”雷曼兄弟破产，这是最令人生疑的事件。作者认为，这非常有可能是美联储要挟全世界的行为，让本来只限于一个国家的金融危机蔓延到全世界，一来可以向国会施压，在选举年给保尔森开一张7000亿美元的支票，二来可以恐吓全世界，实现“全球联手拯救华尔街”，或者全球联手抗击金融海啸。这是美联储和大银行的惯用手法，过去多次使用过，百发百中，在本书中多有详述。同时在光天化日之下，把7000亿美元的政府救助资金放在保尔森一个人手里，让他自己决定想救谁就救谁，而政府出了这么多钱，却不得拥有被救银行的任何股份，这不就是徇私吗？光天化日之下抢劫纳税人，保尔森只救助自己的银行老朋友。

从危机爆发以来，美联储和美国财政部、核心银行的一切努力，都是支撑和修补这个将要倾覆的美元货币权力体系大厦，连改进都不想做；奥巴马在竞选时曾高呼“变革”，现在可是正当其时啊。

本书作者恩道尔认为，这个体系是无法拯救的。美国世纪这个帝国已经走到末路，现在的银行体系也走到了百年一遇的历史关头：回到问题的起点，现在是否可以回顾开国元勋200多年前的崇高理想，重新思考建立一个更好的银行体系？重组美国金融权力，“把货币兑换商从庙宇中驱逐出去”！

美国政府的救市也不是没有一点作用，那个侧倒的体系仍在运转。在这里恩道尔提醒我们，“逆杠杆”化的黎明正在出现，就是在上一轮金融创新中一些被杠杆化创造出来的证券，现在又被拿出来当抵押品“使用”了，其实交易双方都不知道这些证券的真实价值，因为从来也没有人真正知道。从这里面，我听见了远处的海啸再次聚集能量的低吼！

自从2007年夏天以来，各色人等对这场金融危机表达的姿态常常很吸引人，大部分是技术化和模糊化的，对已经侧翻倒地的全球金融货币体系留存着慢慢看着办的观望。表态最清晰的一个人是斯蒂格里茨，他说过："让那些银行倒闭吧!"可是没有人理睬他。恩道尔说：我们站在百年一遇的机会面前，应该思考一个更好的银行体系！这才是根本和源头。我们想做的事情就是"正本清源"。

译者在翻越美元货币和美联储历史的崇山峻岭的日日夜夜里，常常忍不住想：这位从未谋面的作者到底是怎样的一个人，他不能用自己的双脚站立起来，却能站得这么高，他的行动离不开轮椅，却能走得这么远。他是美国人，却对"美国世纪"这个美国历史上的巅峰纪录、对美元货币权力这个最"辉煌"的权力创造，持最激烈、最彻底，同时也是最理性的批判态度，他只是一个人，却能完成这样的工作!

我更愿意相信，他只是一个最普通的人，和我们一样，同时又是一个保持了良知、常识和理性的勤奋的普通人。任何人只要保持良知、保持理性、拥有常识，不拒绝不同的视角，还有就是尊重历史、克服急功近利的短视，也都可以像他那样思考，像他一样睿智。

顾秀林

2009 年 7 月 13 日于昆明

英文版前言

货币（金钱）就是权力。这是古训。但是这个权力究竟有多大、有多厉害，历来很少有人能够洞悉。现代社会从表面上很肤浅地把货币理解为“交易手段”。的确，现代的国民经济尤其是进出口贸易不能没有这样一个“交易手段”。因此在历史上就逐渐出现了货币这个令各方都满意的偿付方式。

但是，在现代社会里，货币可以被创造出来，同样也可以被毁灭掉。随着货币的创造或者毁灭，经济的大繁荣、大萧条或者适度的增长随之而出现。由于这个原因，把这个创造或毁灭货币的最终权力交给谁，就是最重要的政治问题。实际上，货币就是政治的产物。货币权力应该被视为国家主权最重要的一个方面。没有这个权力，一个国家就不能够掌握本国人民的命运。历史上的纸币永远有白银或黄金这样的贵重物品做担保，纸币正是由于背后的有形物才得到大众信任的。然而，比黄金更重要的还是国家主权：货币的发行、创造或者毁灭，都必须有国家权力的支持——这个国家权力最终能够通过发动战争来捍卫自己的利益和扩大经济空间——即所谓的“生存空间”（这个用语原指纳粹帝国扩张时寻求的所谓生存空间－译者）。

1913年12月23日，J. P. 摩根、约翰·D. 洛克菲勒和保罗·沃伯格等人代表的强大的私人银行利益小集团终于说服了美国国会，将发行货币的权力出让给他们。这一天是一个具有无比重大历史意义的日子：一项极其重要的权力被美国国会放弃了。这个权力对合众国人民的福祉如此重要，以至于美国的开国元勋们一定要在《美国宪法》的第一条之下标记它。

从那一天起，美国的法定货币的创造权或毁灭它的权力，就一直把持在一小撮私人银行家手里。美国人民选出的代表不再掌握这项重大的权力。这个事件被故意地深深地掩盖下来，以至于没有多少人能看明白它的后果：货币供给的权力落到私人银行家手里了，国家失去控制了。这一决定的历史后果也很少被人看清：在随后的一个世纪中将要发生两次世界大战，美国都是在最后的关头加入进去，而打这两场战争的目的，恰恰都是为了扩大私人货币托拉斯的权力。

私人银行家通过落入他们手中的联邦储备体系，把货币的最终控制权移交给他们自己。紧随其后，这个货币的最终控制权在20世纪20年代就首次制造了一个空前的股市繁荣，因为它创造出了空前数量的货币（即通货膨胀－译者）：利率很低的"便宜的"美元贷款从纽约的各家银行流出，潮水般地涌向世界各地的信贷市场，波及到的地方包括德国魏玛共和国、英国、阿根廷以及意大利等。正是这同一个私人货币托拉斯，得到了最高的货币控制权却把它撒手抛向天空，仅仅这一个原因就足以使货币遭到空前的毁灭——而毁灭的正是这个货币托拉斯自身的利益，对于国家的利益没有任何好处。这一场货币大毁灭将美国推入历史上空前严重的经济危机：那个从1929年一直持续到美国参加第二次世界大战的大萧条。

今天正在发生的这场金融灾难，不论在美国历史上还是在世界历史上，也许都是最大的，原因同样还是私人对货币权力的控制。这场危机2007年夏天起始于美国住房抵押贷款市场上一个不太起眼的角落，到2008年9月已经像燎原之火烧遍了整个世界金融体系。从1945年以来，世界金融体系已经逐渐演变成一个完全依赖美元的体系，而美元却是掌控在华尔街上的几个金融大腕手里的。必须对这场危机负责的那些名字，全都可以追朔到货币托拉斯1913年12月23日的那场决定命运的政变；这里有每个人都很熟悉的J. P. 摩根大通，花旗银行，雷曼兄弟，高盛，还有摩根士丹利。

本书记录的是货币权力的秘史。这个故事讲述的是掌握在私人手中的货币权力如何使得美国崛起成为地球上最强大的国家、又如何使她陷入历史上最严重的困境，而当她的民选政府束手无策的时候，这个腐败透顶的货币托拉斯又如何攫取令人目瞪口呆的巨额纸币，试图去修复一个不可救药的体系——由它们自己控制的那个私人美元体系。

在一个功能正常的健康机体里癌症不会转移。只有免疫系统失灵时癌症才会扩散。在过去的一个多世纪中，债务这种癌症已经扩散到大多数工业化国家的中央银行；而对债务的控制，一直都是以控制了美联储的私人利益的好恶为转移。那些工业化国家的中央银行，一步一步地但是往往不太情愿地以各种方式模仿美国，把本国货币的主权授予私人银行家、“专业银行家”或者他们的走卒奴仆，像艾伦·格林斯潘或保罗·沃尔克那样的人。

只要这个简单的事实被人们看懂，即使是普通大众也可以理解眼下这场毁灭性的金融和经济危机之间的真正关联，还可以理清从1913年以来的将近一个世纪中很多场战争和危机之间真正的因果关联。更重要的是，债务这个癌症可以被分离并且得到控制，而各国的实际经济状况就可以通过理性的方式得到恢复。

在美国、英国和其他国家的大学里，被这个货币托拉斯的影响支配了的经济学教授们回避讲授这个事实，这一点也不奇怪。诺贝尔经济学奖是颁发给那些为货币托拉斯的利益服务最有力的经济学家的，例如米尔顿·弗里德曼，还有不太为大众熟知的金融衍生工具理论家罗伯特·默顿、迈伦·斯科尔斯，甚至还有温和的批评家或改革者约瑟夫·斯蒂格利茨和保罗·克鲁格曼。这个奖励制度应该被看成一种专业性的“桂冠”体系，它必须承担的一个重要的功能，是把那个私人货币托拉斯的规则神圣化，把这个伪科学的体系建构成宗教的教义。他们要告诉我们的是，他们的正确做法永远不能被改变，我们都是不懂得“货币”、又没有经验的外行。但是，我们只需要提出一个最基本的问题——让普通公民来问问，究竟是谁拥有真正的货币权力？是主权国家和民选的代表？还是把自身的权力置于大众之上的私人金融寡头集团？

20世纪70年代，美国前国务卿亨利·基辛格置身于权力的顶峰时，据报道他说过这样一句话：“如果你控制了货币，你就控制了整个世界。”这句话非常正确，从中可以得出一个同样正确的推论：一个主权国家，甚至一个超级大国，如果失去了对货币的控制，就会不可挽回地走向衰落，无论公元400年的罗马帝国、1945年的英帝国，还是2009年的美国，都莫不如此；作为超级大国，它是世界的庄家、资本流动的中心，它的货币就是储备货币；如果这个超级大国失去了对世界货币的控制，那么它从支配性大国的地位上跌落下来这个无情的结果必定要出现。在迄今为止的世界历史上，无论罗马帝国、“日不落”的英帝国还是美国世纪，每一个帝国的衰落，都起于奉送货币的最高控制权给私人金融业这个决定中。这些私人的利益总是要通过牺牲公共的利益来实现。美国也不例外。

2009年，世界各国在日益加深的危机中要决定的中心问题正是：应该由谁来控制货币权力。由华尔街的银行家组成的国际银行家寡头集团，从不关心美国或任何其他国家的大众福利，有无数历史事实可以证明。那么，令人敬畏的货币权力还要留在这些人手中吗？这些主权国家的政府是否应该开始收回这项权力呢？1913年正式的美国民选政府放弃了货币权力，心照不宣的美国总统和国会在货币托拉斯的压力下退缩，把货币的最终控制权拱手相让！问题其实很简单：是国家控制货币权力，还是货币权力控制国家？

本书是三部曲的第三部。这三部曲的主题取自亨利·基辛格在20世纪70年代中期关于石油、粮食、货币和霸权的名言。第一部《石油战争：石油政治决定世界新秩序》❶，记述石油在美国作为强国崛起中的作用；第二部《粮食危机：运用粮食武器获取世界霸权》❷，记述美国超级大国如何通过对粮食的控制、通过全球化的农工商企业的扩展，以及最近如何通过控制和传播转基因种子的那些生物技术巨头如孟山都、杜邦公司和陶氏化学公司，去实现对地球上各个民族的控制；在这些公司的背后是和它们勾结的美国官方最高权力机构。本书讨论的就是货币霸权；目前的全球金融危机正在日益深化，而货币和金融是决定命运的——作者的希望，正是通过本书引起一场有益的辩论。

---

❶ 本书原名 A Century of War: Anglo - American Oil Politics and the New World Order，中译本由知识产权出版社于2008年出版。——译者

❷ 本书原名 The Seeds of Destruction: The Hidden Agenda of Genetic Manipulation，中译本由知识产权出版社于2008年出版。——译者

1.

Power, Money and the Fall of the British Empire

第一章

权力、货币与英帝国的衰落

“我不是寄生虫。我只是一个投资人。”

——莱昂尼亚·古卢布科夫在1994年破产的俄罗斯MMM公司投资骗局的一则广告中所说

英帝国衰落的缘由

1815年在滑铁卢大败拿破仑以后，英国以全世界无人挑战的霸主姿态君临天下，当了统治海洋、控制世界金融和主导全球贸易的帝国。这个帝国的货币基础是世界上最牢固的——按照标准铸成的固定重量的金块。

四十年后，19世纪50年代，世界上已经没有人还会怀疑，女王陛下的皇家海军就是海洋的霸主，是世界上最威严的皇权的捍卫者，一直到遥远的将来都是如此。帝国权力的核心就是金钱——对世界上一切重大的现金收支的控制权。这个控制权掌握在伦敦金融城[1]的银行和分布在从香港到布宜诺斯艾利斯的英国商业银行全球网络手中；它们为世界贸易的主体提供信贷资金，信贷的条件当然一定要让伦敦银行家有利可图。

从拿破仑战争结束到1914年将近一个世纪的岁月里，地球上没有任何一个国家比英帝国更强大，这简直像公理一样不容质疑。然而，这个帝国的基础却远远不像一般人所想象的那样坚不可摧。

英国从世界主导大国的位置上降落下来的那个漫长的过程，始于1873年开始的持续了十年之久的经济萧条。这场经济萧条削弱了英国的制造业，向两个全球竞争对手打开了大门。

当时世界上只有两个国家胆敢觊觎英帝国的宝座：德意志第二帝国和南北战争之后新兴的美利坚合众国。十九世纪后半叶，它们开始伺机挑战英国对货

[1] 伦敦金融区的称谓。——译者

币、金融、贸易的统治并挑战英国的军事力量。

两个觊觎者还要打两场世界大战和无数次较小规模的征服战争才能决出胜负。争夺全球统治权是第一次世界大战爆发的真正原因；虽然1919年的《凡尔赛和约》做过一点装模做样的努力，但这场战争没有解决真正的问题。1919年战败的德国被剥夺了仅存的海军舰队、陆军以及海外殖民地。德国还要承担全部战争责任，必须在几十年时间里以本国经济为抵押，向英国、法国和意大利支付战争赔款。

在全球主导权的角逐中具有决定性意义的是实力和货币。来自德国工业的威胁消失了，然而美国银行界的精英和工业大亨在1919年的时候还没有准备好。英国首脑思考的问题也是帝国的复兴而不是终结。

英帝国的支柱

19世纪90年代末期，不论从哪个方面看，英国仍然是毫无争议的世界领先的政治、军事和经济强国，就像20世纪70年代初期的美国一样。

拿破仑战争之后，在1814~1815年瓜分欧洲的“维也纳议会”上，英国以某种让步为代价攫取了海上统治权，那是向奥地利哈布斯堡王朝和其他欧洲大陆列强作出的一种损人利己的“让步”——一个使得中欧大陆继续保持四分五裂的让步，中欧大陆因分裂而软弱，无力抗衡英国在全球的扩张。

英国控制了海洋，由此控制了世界的海上运输，这是新兴的英帝国的支柱之一。欧洲大陆的制造商以及世界上其他许多国家都不得不接受伦敦制定的贸易条件。这些条件都出自劳埃德航运保险公司和伦敦银行业辛迪加之手。世界上最强大的皇家海军为英国商船队维持主要航道的治安、提供免费的“保险”，而竞争对手的船队必须通过伦敦最大的劳埃德保险辛迪加为船只购买预防海盗、海难和战争损失的保险。

伦敦金融城各银行提供的信贷和汇票对于世界上大多数航运贸易融资来说都是必不可少的。私营的英格兰银行本身就是伦敦金融城的杰出作品；在伦敦的金融机构中包括巴林银行、汉布罗斯银行等，其中比任何人都更显赫的，是罗斯柴尔德家族。英格兰银行操纵世界上最大的货币黄金供应，精心策划英国的商品出口，只要她愿意就可以让英国商品潮水般地在竞争对手的任何市场上无情倾销。英国对国际银行业无可置疑的统治，是1815年之后英帝国权力的第二大支柱。

伦敦金融城金融和银行体系的权力核心，是私营的英格兰银行和控制它的那些人——帝国权势最大的私人银行家。

在19世纪由英国垄断的国际贸易中，还有一大宗是罂粟，特别是在英属印度种植、由英国的贸易公司亲自操刀，在中国朝廷的抵制下强行输入中国的、针对中国人民的非法鸦片贸易；虽然很少被提起、很少被承认，这却是支撑英帝国金融大柱的基础。

伦敦：矗立在黄金和鸦片之上

英国拥有的黄金储备是英镑在1815年后担当世界信贷源泉这一角色的根基。“像英镑那么好”是那时对世界市场的信心写照，英镑本身“与黄金等价”。1816年6月22日颁布的一项法律宣布黄金为英帝国价值的唯一衡量标准。英国开始实行金本位制。

在随后75年之久的时间里，英国外交政策的第一要务是保证英国的私人银行和英格兰银行的金库获取新开采的世界黄金储备，无论金矿是在澳大利亚、加利福尼亚还是南非。

借助1848年在加利福尼亚州萨特磨坊❶的黄金大发现以及三年后在澳大利亚发现的黄金，伦敦黄金市场迅速扩张，成为世界上首屈一指的黄金交易中心。像斯图尔特·皮克斯利和塞缪尔·蒙塔古这样的黄金商行都加入了经纪人的行列。罗斯柴尔德在自己原来的银行业务之外，也插手黄金，与约翰逊·马瑟一道成立了皇家铸币局黄金提炼厂。英格兰银行会为伦敦金融城遴选出来的黄金议价银行提供“可靠交付”最高信用评级，只有这样才能不断推动用黄金进行越来越多的国际收支结算。

---

❶ 北美的第一次大淘金热于1848年发生在加利福尼亚州萨克拉门托河附近的萨特磨坊。——译者

从1886年到第一次世界大战之前，伦敦港每星期都有运黄金的海船抵港卸货——其中三分之二来自南非；这些船运来的黄金造就了伦敦金融城无人可望其项背的世界黄金市场首席地位。

到1871年时，其他正在工业化的国家从对外出口贸易中获取了足够的黄金，将本国货币与金本位制挂钩，加入了英国的金本位体系。1871年德国战胜法国，从法国得到的战争赔款是用43吨黄金支付的；德意志第二帝国由此宣告诞生，俾斯麦首相是这个帝国政治舞台上的决定性人物。德国的黄金储备翻了两番（四倍于前），黄金撑起了德国马克，为德国工业的空前扩张提供了流动资金。到1878年时，法国、比利时和瑞士也跟随德国和英国加入了新的国际贸易金本位制。沙俄是一个黄金生产大国，也使用黄金作为官方储备。

1886年在南非的德兰士瓦发现了大量黄金。英国探矿者川流不息地从之前被英国吞并的开普殖民地越过边界而来。开普殖民地的总督是英国矿主塞西尔·罗得斯，他的梦想是让英国控制从开普敦到开罗的整个非洲大陆。19世纪90年代，布尔人中的民族主义者坚决要求摆脱英国而独立，伦敦清楚地意识到必须用武力来制服南非了。伦敦金融城的金融前途和帝国的未来都将取决于这场征服战。

■ 漫画家桑伯恩绘制的漫画，形象地描绘了塞西尔·罗得斯的梦想——将英国殖民地从开罗延伸到开普敦

1899年，布尔战争爆发。这是伦敦为控制德兰士瓦的黄金而发动的战争。德兰士瓦已成为当时世界上最大的一个黄金生产地区。罗得斯的矿山是最大的开采中的金矿。法国和德国的投资者也投入了大量的股本，但英国人控制了矿山60%～80%的黄金产量。英国打赢了那场战争，血淋淋的胜利保证了伦敦金融城作为“世界银行家”的主导地位至少再维持一段时间。1873年后英国工

业霸权的重大衰落，基本上被1886年以来从德兰士瓦攫取的大量黄金储备掩盖掉了。

英帝国财富的第二根支柱，是很少被人提起的19世纪一本万利的鸦片贸易。对鸦片贸易的控制使伦敦金融城得以在黄金之外还主宰了世界白银市场——白银是当时使用的第二种货币金属。

英国东印度公司与中英鸦片战争

英国东印度公司——皇冠级皇家公司——是庞大的英帝国框架的基础。在1858年议会终于废止了对它的皇家许可之前，东印度公司作为私人组织却拥有私人的军队，它控制的领土面积比地球上任何一个政府都要大（除了中国以外）。整个19世纪前半叶，东印度公司收入的秘密来源就是对中国的非法鸦片贸易。罂粟的种植由该公司在印度的种植园负责。

英国东印度公司插手印度的鸦片种植，最早始于孟加拉，时值18世纪70年代美国独立战争时期。到19世纪20年代鸦片贸易急剧增加，1824年有1.2万多箱鸦片被偷运进中国，1838年上升到4万箱，数量达2500吨。东印度公司在印度强迫农民大量种植罂粟。19世纪30年代的情景，就像一位历史学家所描述的，鸦片是“19世纪全世界最值钱的商品”。❶

19世纪30年代之后，英国东印度公司对中国的鸦片贸易在金融上的地位和20世纪后半叶的石油不相上下。鸦片简直就是“白颜色的金子”。

鸦片贸易对英帝国的战略价值是生死攸关的。非法的鸦片走私将英国对中国的巨额贸易赤字变成巨额盈余，其数额足以支付英国从中国进口的茶叶、向印度出口的英国工业制成品和英国殖民统治印度的大部分行政费用。鸦片贸易是“英国在东方商业的中心枢纽”。

偷窃中国家庭的白银

由鸦片进口引起的中国国际收支赤字，导致了中国的货币白银储备流出。

---

❶ Frederic Wakeman, The Canton Trade and the Opium War in John K. Fairbanks, ed. The Cambridge History of China vol. 10 Part 1 (Cambridge University Press, 1992) p. 172.

1810年之前的10年，在英国东印度公司向中国大举非法贩卖鸦片之前，中国在对外收支中持有2600万美元的盈余，这个数字令人难忘。此后，从1828年至1836年的8年间，中国贸易出超达到惊人的3800万美元，以今天经过膨胀调整之后的美元衡量，大约相当于千亿美元。

这一切全都是因为鸦片。诱使大量中国人吸食鸦片上瘾而劫取的金钱，大部分直接流向了伦敦金融城的金融机构。难怪女王陛下、首相巴麦尊❶勋爵和英国银行界会如此断言：同中国人做的鸦片贸易值得打上一两场战争。❷

当时中国和其他不少国家的货币基础是白银。从18世纪80年代末开始与欧洲开展大宗贸易以来，中方要求欧洲用白银支付其进口的产品，曾导致了欧洲的白银储备外流。当时以白银支持的货币还有英国东印度公司给印度设置的卢比，因此用鸦片从中国换白银的贸易对英国特别有利。美国自己在19世纪的前半叶曾竭力建立一个由黄金和白银支持美元的金—银复本位制。美国财政部依据《1846年独立财政法》规定过严格的“硬通货”制度，做生意只能用金币或银币支付。❸

怡和洋行帮助英国备战

那时被人仰视的英国巨商和银行都把他们赚钱发财的好运归结于中国人吸食鸦片成瘾。在这方面最臭名昭著的和最冷酷无情的是威廉·渣甸，他是当年最大的鸦片商人。1828年他与苏格兰同乡詹姆士·马地臣结成合作伙伴，成立了怡和洋行。渣甸曾经这样说过，鸦片贸易是“我所知道的最安全和最有绅士风度的投机生意”。他的财产使得他在19世纪40年代初成为下议院的议员，并当了外交大臣巴麦尊勋爵的耳目。

詹姆士·马地臣当上了议员，在下议院任职25年之久。他后来还当了英

---

❶ 又译作“帕默斯顿”。——译者

❷ Frederic Wakeman, The Canton Trade and the Opium War in John K. Fairbanks, ed. The Cambridge History of China vol. 10 Part 1 (Cambridge University Press, 1992) p. 173.

❸ John Newsinger, Britain's opium wars-fact and myth about the opium trade in East, Monthly Review, October 1997.

格兰银行行长、庞大的P&O航运公司的总裁，是英国第二大土地所有者，所有这一切都来自于他的银行从中国鸦片贸易中赚到的利润。

1832年，马地臣提出一个拓展鸦片航线的计划，将鸦片运输路线从港口城市广州沿整个中国的海岸线渗透，培养千千万万新的吸毒者，把卖毒品的利润提高到前所未闻的高度。东印度公司的一个代理人当时曾写道："鸦片就像黄金。我随时有货可以出售。"❶

1835年，马地臣在英国游说对中国发动战争，意在强迫中国实行无限制的鸦片进口和一切商品的自由贸易。英国外交大臣巴麦尊勋爵是一个老练的马基雅维里式的权谋战略家，他挑起了可以作为宣战理由的事件——类似于"缅因"号战舰沉没❷或"东京湾事件"❸——给英国媒体一个煽动反华情绪的借口，为发动战争创造先决条件。1834年巴麦尊任命律劳卑为英国驻广州的商务总监。律劳卑则派英国战舰溯珠江而上，冲击中国在广州设置的阻止鸦片贸易的临时关卡。正是这个巴麦尊在寻衅挑战。

1838年，鸦片走私的数量接近每年1400吨，中国开始对鸦片走私者处极刑，并新派总督❹林则徐到广州，希望遏制东印度公司的鸦片走私。

巴麦尊曾这样告诫英国下议院："假如把某一个国家标示为英国永远的盟友或永远的敌人，这个政策一定是眼光短浅的。我们没有永远的盟友，也没有永远的敌人。永恒的只有利益，我们的职责就是追寻利益。"❺

巴麦尊勋爵以及伦敦金融城的金融机构，把英国的在华利益看得一清二楚：鸦片和巨大的市场，这还有待于把中国的门户强行打开。为了掩盖这一点，巴麦尊和英国鸦片商（如渣甸和马地臣）总是把"自由贸易"挂在嘴上，喋喋不休地把英国商人在中国做生意的安全说成"神圣的权利"。

---

❶ Fredeirc Wakeman, op. Cit., p. 172.

❷ 1898年2月，停泊在古巴港口哈瓦那的美国"缅因"号战列舰神秘地沉没了，美国借此挑起美西战争。——译者

❸ 1964年8月4日，一支由两艘美国驱逐舰组成的分队报告，正在越南外海东京湾（即北部湾）游弋的舰船受到北越巡逻艇的鱼雷攻击。美国政府以此为借口，扩大越南战争。——译者

❹ 林则徐在湖广总督任内，被作为钦差大臣派赴广东查禁鸦片输入。——译者

❺ Lord Palmerston, speech to the House of Commons, Hansard, 1 March 1848.

东印度公司的商人是把鸦片用作征服的看得见摸得着的武器来使用的。他们贿赂中国官员，使他们吸毒上瘾，他们把鸦片散发到军队和政府最高机构里去。由于鸦片十分昂贵，它首先打通的是中国富有的精英、政府的高级官员，然后是职员和士兵。朝廷非常担心整个行政机构被毒瘾毁掉，把鸦片称为“道德毒药”。鸦片摧毁了稳定的家庭结构，造成打家劫舍的行为四处蔓延。早在1836年一名中国检查官就说过，鸦片“意味着人民生活和国家精神走上穷途末路。”

对东印度公司的不法商人和巴麦尊来说，只要英国人能赚钱并且胜出，中国这个样子就挺好。

中国颁布了严厉的惩罚措施，包括鞭笞烟民、囚禁或绞死烟贩。但是地方上腐败盛行，无力执法，因此吸食鸦片的人数反而不断增加。

广州是英国鸦片最大的入境口岸。1838年年底和1839年年初，中国在广州对鸦片商采取了行动，从停泊在港口的船上没收了数吨鸦片。英国东印度公司属于英国的上层贵族所有，因此英国海军立刻作出反应。由此引发了第一次鸦片战争已登峰造极。中国完全没有能力抵挡英国皇家海军炮舰巨大的杀伤力。当时英国的军事实力正处于顶峰，英国的枪炮比世界上任何国家都要多。

英国在战争中的要求是，中国向自由贸易敞开大门，对鸦片贸易不许加任何限制。中国清朝统治者则千方百计阻止财富的流失，特别是国家的货币白银的流失。

英国拒绝停止鸦片贸易，林则徐对英国实行了贸易禁运。1839年3月，英国驻广州的商务总监义律要求所有英籍臣民将手中的鸦片交给他，然后交由总督林则徐没收，其数量相当于几乎一年的供应量。林则徐将鸦片溶解在水、盐和石灰中，然后冲入大海。义律向鸦片商人许诺说，英国王室将补偿他们损失的鸦片。这样一来就把一大笔债务推给了英国财政部，禁烟变成了一个有助于巴麦尊和怡和洋行在英国挑动战争情绪的事件。他们向英国公众提出的问题并不是鸦片，而是一个“自由贸易权利”问题。

林则徐曾经在1839年采取过非同寻常的步骤：通过外交渠道致函维多利亚女王，质问英国政府的道德逻辑。他引证了他所理解的英国国内禁止买卖鸦

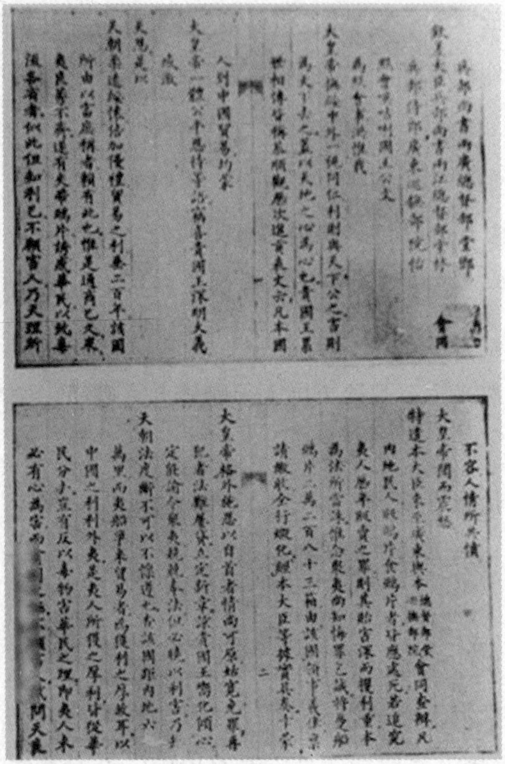

■ 林则徐写给维多利亚女王的信

片的规定，质问英国为何要在中国做毒品生意赚钱。他写道："陛下此前尚未得到过此类官方通报，以不知我方法律为理由，但我现在可以宣告，我国意在永远禁绝此种有害毒品。"可是当时鸦片在英国不是不合法的。

女王并未收到林则徐写的信。反过来，英国政府和商人控告林则徐破坏他们的私有财产：林则徐销毁了大量鸦片，他在一条专门挖出来的沟渠里，用石灰浸泡鸦片后冲入大海。英国闻讯立即派出一支人数众多的英属印度军队，于1840年6月抵达广州。

英国海军在中国沿海城镇四处烧杀抢掠，无恶不作。装备了蒸汽动力、风帆的坚船利炮，使得英国军舰所向披靡：它们有高度的机动性和舰载重型火炮。英国军队的实力大大超过清军。英军占领广州后，又到长江上耀武扬威，它们专门捕捉税收稽查船，掐住北京的朝廷从征税得到的主要收入来源，把大清帝国打得落花流水。

在为鸦片而打的这场战争中，英国毫无悬念地在技术上占有压倒的优势，每一场战斗都变成了一方对另一方的大屠杀。一位英国军官曾经这样说过："可怜的中国人"有两种选择，他们"要么躺下来吸毒，要么被屠杀，因为支持自己国家的法律而在自己的国土上被成千成百地杀死。"[1]

[1] Philip J. Maythornthwaite, The Colonial Wars Sourcebook, London, Arms and Armour Press, 1995, p. 237.

清朝当局于1842年求和，同年8月签订了屈辱的《南京条约》。根据该条约，中国被迫向英国支付战争赔款，被迫同意向英国开放五个通商口岸，并割让香港。在其后签订的补充性条约《虎门条约》[1]中，清帝国还承认英国在中国享有与中方平等的地位，给予英帝国的臣民以治外法权，他们在通商口岸城市可以不受中国法律的管辖。

到了1860年，鸦片输入中国的规模竟然达到每年6400吨之巨。英国打赢了鸦片战争，而中国则被劫掠一空。伦敦版的“自由贸易”大获全胜，凯歌高奏。[2]

英帝国的太阳西沉了

寄生性的英帝国从中国沾染鸦片毒瘾的社会苦难中赚了大钱（中国在19世纪80年代吸毒人数最多时达到4000万），同时还掌控着印度和中国的资本流动，从中获取巨大利益，但是这一切还是不足以使英帝国免于腐朽和最终衰落。

在世界第一这个光彩夺目的形象背后，英国的内部正在慢慢地腐朽。英国的资本从1850年后大量流向海外，流向南北战争之后的美国，流向19世纪70年代迅速工业化的德国、欧洲大陆以及拉丁美洲国家。伦敦金融城的巨额资本向外流出，因为英国的有钱人发现资本在国外的回报远远高于国内。这也是英国1846年废除《谷物法》的后果之一，农业方面的自由贸易实现了，工资水平也降下来了，因为英国的工人可以买到从敖德萨、美国、印度等外国进口的更廉价的食品。“贱买贵卖”已经成为支配一切的经济模式。

1846年之后，英国国内的工资水平是随着面包的价格一起下降的。《英国济贫法》规定，给工资低于人类基本生存水平的工人提供收入补偿，而这个补偿又是以小麦面包的价格计算的。当面包价格下降时，英国人的生活水平就掉下去了。

---

[1] 原称《中英五口通商附粘善后条约》，又称《善后事宜宣清册附粘和约》或《虎门附约》，即《南京条约》的补充条款。——译者

[2] The Opium War，1839-1842 in http：//www. essortment. com/all/opiumwarchina_ rnvr. htm.

这一切的后果是，英国国内的工业投资和现代化从1870年之后就停滞了，随后发生了缓慢的衰退，尽管伦敦金融城的商业银行和保险公司仍然很兴旺。正是英国国内的工业投资使英国在18世纪60年代采用瓦特改良的蒸汽引擎并且领导了工业革命。

经济的重心转移了：从英国北部的工业区（如曼彻斯特、伯明翰、利兹、纽卡斯尔和利物浦）转移到伦敦，可是伦敦的金融和贸易服务业务是管海外融资的。英国从煤炭、机械和钢铁等有形的商品贸易转向了“无形”的买卖；英国已经变成一个从海外投资收取回报和从服务收费来赚钱的国家。

实行自由贸易以后，英国对进口货物的依赖越来越深。从1883年到1913年，英国进口的商品以英镑计算上升了84%。依赖进口的毛病被“无形”买卖的巨大成功掩盖了。1860年的英国开采了全世界煤炭总产量的60%；煤炭曾是英国工业的原料和海军的燃料。到1912年，英国的煤炭生产份额下降到24%。同样，1870年英国占世界钢材总产量49%的份额令人难忘。到1912年，这个份额已下降到12%。铜的消费是新兴的电气化改造的一个重要组成部分，英国从1889年占世界铜消费量的32%下降到1913年的13%。

1873年英国大萧条

19世纪的最后25年是一个时代的起点，是英国作为世界主导性经济强国的霸权终结的开端。

1873年，英国历史上称为“大萧条”的严重经济衰退开始蔓延并持续了四分之一个世纪之久，一直延续到1896年。这个时期对后来引发了1914年第一次世界大战的各种力量来说，是它们成长的决定性时期。1873年的大萧条导致英国工业竞争力进一步下降。价格水平持续下降，或曰通货紧缩，拉着同一时期的利润和工资一起向下降落。巨额资本闲置，或者到国外寻求收益。

虽然这场危机在英国十分严重，但是在英国之外的影响却转瞬即逝。到19世纪90年代中期，德国第二帝国已处于空前的经济繁荣之中。英国的对手德国和欧洲大陆的其他经济体正在迅速工业化，并已经开始向过去由英国占据的市场出口商品。[1]

与此同时，在遥远的大西洋彼岸，一个新的工业竞争对手——美国——正在迅速崛起，也对英国的统治地位提出挑战，尽管这个挑战还需要几十年的时间、需要打两场世界大战，才能准备就绪。

---

[1] F. William Engdahl, Oil and the origins of the 'War to make the world safe for Democracy', 22 June, 2007, Blackwell's Publishing, Oxford.

2.

The Rise of an American Oligarchy—The Elites consolidate Their Money Trust

第二章

美国寡头集团的兴起：精英们的金融托拉斯

“上帝赐予我金钱”

——约翰·D. 洛克菲勒，标准石油托拉斯创始人

由来已久的全球危机

2007 年 7 月 29 日，在德国的银行监管机构[1]负责人和德国财政部长联合举行的记者招待会上宣布了一条重要消息：德国政府与主要的私人和公共银行正在着手对德国工业银行实施紧急救援。这家银行是 1924 年为执行《道威斯计划》规定的德国（向欧洲战胜国）支付战争赔款而成立的。这一次新危机已经是这家银行在它的历史上第二 次当美国银行体系的牺牲品了。第一次是 1931 年，维也纳信贷银行崩溃，成为引发全球银行业连锁崩溃的导火索，引起了大萧条并最终引发第二次世界大战。而这次危机也是从规模较小的杜塞尔多夫中小企业贷款银行开始，触发了全球性连锁反应。在 2009 年看起来，德国工业银行崩溃所引起的连锁反应，其规模可能会超过上个世纪 30 年代悲惨的大萧条；不过只有等破坏的创伤被清理干净之后，我们才能下定论。

德国工业银行的麻烦源于它们对新发行的“次级抵押证券”的投资，这些由纽约多家银行发行的证券回报率非常高。具体的做法就是：从发行（债券）的银行的手里，以折扣价买下大批的普通住房抵押贷款（债务），然后把按月发生的按揭付款现金流拿出来，建立一个同住房按揭债务已经完全不相干的全新的综合债券；假设分项目的支付可能都会发生违约，因此再把收款的现金流都拿去投保“违约险”——去专业的保险公司投保；这些保险公司都是有“评级”的，给它们做评级和定价，都由著名的三大评级机构之一操办；那三个机

---

[1] 即德国联邦金融监管局，简称“BaFin”。——译者

构都以纽约为大本营，都是事实上的最终垄断者，正是它们一步一步篡夺了最终的控制权——不仅是对美国经济控制的权力，更是对整个世界经济的控制权力。这一切设想，包括那个评级过程、与华尔街银行首创的“证券化”的配合，其目的只有一个，就是给美国注入新的活力，使得美国全面主导全球资本市场的那个首席地位能够保持下去——这是美国实力的最重要的支柱，从1944年美国成功地策划并建立了战后国际金融体系以来，一直都是这样。

关于证券化的思路，就是设法把通常的银行贷款风险从这些银行自己的资产负债平衡表上彻底转移出去，把贷款违约的风险最大限度地分散化，这样一来违约的风险也许再也不能导致危机，也就是1931年维也纳信贷银行崩溃后发生的那种危机。但是这一切只是幻想，是以美国未来的权力仍然以工业立国为基本假设的幻想；这种幻想源于1860年内战之后美国对抗德国、以工业大国的方式崛起的那段历史。

2007年，一家德国小银行的支付困难这个表面上看起来很小的事件，竟会像滚雪球一样引发了全球金融体系的危机，因为这种支付困难有深刻的根源，并深藏于有深刻缺陷的美元体系下的金融和银行制度中，这个美元体系也称为布雷顿森林体系。要想正确地理解德国工业银行2007年7月崩溃的历史意义，我们必须回顾一下美国雄厚的金融实力的真正源头和美国在国内战争结束后演变成世界工业和金融强国所走过的道路。

美国寡头集团出现

随着庞大的英帝国在1873年经济萧条之后陷入持续的不可逆转的衰退，一个新的竞争对手开始在大西洋彼岸出现。摩根和洛克菲勒身边强大的美国工业和银行家族将财富和对美国工业的控制权集中在他们手中。

在迈向前所未有的权力高峰的过程中，摩根和洛克菲勒利益集团玩弄了种种欺诈、谎言、暴力和贿赂手段，而他们干得最出色的，是操纵金融恐慌。他们通过精心操控金融市场和银行信贷所造成的每一次金融恐慌，一步一步将越来越多的权力集中在极少数自己人的手中。这个过程就是一小撮巨富的精英家族的权力增长过程。这些家族构成了美国的富豪贵族集团，或更准确地说，是美国寡头集团。

亚里士多德使用寡头集团这个称谓，来描述被最富有的阶层统治的那种政治。在这样的国家里，选举的力量与一个家族的财富规模是有关系的。19 世纪 90 年代末迅速崛起的美国世纪的真正的力量，其实并不在绝大多数普通公民的手中，甚至也不在成长中的广大中产阶级公民手中。无论是称作寡头集团还是富豪贵族集团，美国的权力以及未来对权力的控制，就像罗马帝国时代一样，正在被无情地集中起来。

权力越是如此集中，就越是需要美式“民主”的外包装。当然，美国的新贵，或更准确地说是寡头集团，并非只凭借高贵的出身和血统就能跻身新兴的寡头集团，在这个意义上，他们可以算是民主的，这一点和古罗马或大革命前夜的法国那些颓废贵族是一样的。

《美国宪法》严禁继承贵族的头衔。但它不禁止贵族富有，不禁止美国寡头集团存在。1694 年私营的英格兰银行成立之时也是这样做的，这种“自由进入”式的贵族治理曾经是英国成功的秘密，也是正在兴起的美国帝国的活力所在，这是一个不为人知的很深的秘密。这个美国帝国后来被亨利·卢斯命名为“美国世纪”。

在 19 世纪后半叶，任何人只要足够聪明并有决心有能力从残酷的达尔文主义的适者生存游戏中胜出，抓住到手的财富，都可以有资格成为贵族寡头的成员，不太受阶级、宗教或国籍的限制。不过种族背景在美国仍然是进入更高权力圈的障碍，打破这种障碍还要等待至少一个世纪。

在 19 世纪末期，这个寡头集团由摩根和洛克菲勒以及经过他们允许入围的少数精英所领导。

他们运用手中巨大的经济实力来导演在经济生活中最终会导致倒闭风潮的事件，制造严重的经济衰退——1893 年的恐慌就是这样被他们制造出来的。他们行事机密，配合默契。他们以 18 世纪英国东印度公司为楷模来运用权力和财富，形成了一个具有鲜明的美国特色的模式。

英国东印度公司掠夺印度次大陆的财富，代表的是它在英国本土的股东的利益和愿望。虽然这个公司拥有私人军队，但是最终实现它的私人利益，还是

■ 讽刺漫画指出摩根在推动美国经济方舟的前进中发挥的作用，甚至要比山姆大叔自己还要大

必须依赖英国海军和英国政府的保护，最能说明这一点的，就是1840年打的那场鸦片战争。正在崛起的美国寡头集团，跟它的英国前辈亦步亦趋，把触角伸进国家立法和行政机构，大力收编州长、议员、法官、报纸总编甚至总统，为他们的私利服务——这些事实是对美国模式的尖刻嘲讽。由寡头集团和旗下的媒体共同煽动和触发的那些战争，完全服务于这些寡头的利益，无论有多少天真无辜的美国年轻人将要战死，他们一点也不以为意。

关于美国南北战争之后的工业扩张高潮，流行着一种“粗旷的美国边疆民主精神和活力”这样的神话。与此相反的事实是，到19世纪70年代后期，即1873年《重新启用硬币法》颁布并于1879年开始生效后，这实际上使美国加入了伦敦的金本位制，美国金融和经济权力集中于极少数人手中的那种程度，是很少有哪个国家曾经达到过的。

到19世纪80年代，两个庞然大物在美国最富有的家族中鹤立鸡群。他们最初是不共戴天的敌人，后来成为同盟者。他们这样做倒不是出于喜欢对方，而是出于讲求实效的实用性。这两个家族是洛克菲勒和摩根，它们的结盟始于20世纪初，造成了金融和工业实力最大规模的集中；它对美国经济和金融生活产生了巨大的影响，难怪美国国会的批评者给它定名为“金融托拉斯”。

摩根财团要成为美国货币权力的“定音”者，还得等几年的时间，需要完成一系列阴谋策划的诡计，在这个过程中始终充满了腐败黑暗。1893年的恐慌导致经济衰退达四年之久，再清楚不过地显示了J. P. 摩根领导的货币托拉斯是如何不惜血本地攫取权力。

精心策划的1893年恐慌

美国南北战争结束后一直到19世纪末，美国财政部将白银和黄金一样视为货币金属。这实际上是一种金银复本位货币体系。白银大量流通于美国西

John D. Rockefeller, satirized in a 1901 Puck cartoon, is enthroned

■ 讽刺漫画——工业皇帝洛克菲勒

部，农民和小店主喜欢使用白银来发放低息信贷，促进经济增长。如果以一种精心指导的方式通过联邦政府来扩大这个货币基础，将是很有意义的。

然而，在19世纪90年代以摩根家族为首的纽约银行辛迪加的立场与此恰好相反。他们看见的是一条黄金路。由于他们与伦敦金融城银行的特殊的联系，他们看出操纵黄金是掌控美国国家货币权力的最佳路径。当时世界上的货币黄金供给被一小撮纽约银行界和伦敦金融城大亨所控制着，其中最大的是罗斯柴尔德[1]勋爵的银行集团。

纽约银行家并不在意来自白银的竞争。他们在伦敦金融城（当时世界金本位制的心脏）里的银行盟友最想要的是美国实行单一金本位制，这样他们的影响力就会更大。他们的盟友，即摩根－罗斯柴尔德的美国银行代理人奥古斯特·贝尔蒙特等人，狡猾地利用了伦敦银行业同盟者的支持来控制美国的信贷市场，以牺牲广大美国人民的利益来获取他们的一己私利。

恶名远扬的1893年恐慌实际上是摩根利益集团操纵的，他们的同伙是奥古斯特·贝尔蒙特，他们的目的是把白银逐出流通，并且将美国的黄金更牢固地掌握在私人银行手中。在操纵若干起金融恐慌的过程中，他们甚至得到了钢铁和铁路的控制权，深入到美国经济的核心，这可是历史上从未发生过的事情。

---

[1] 又译作“洛希尔”。——译者

摩根公司有一个急先锋，约翰·G. 卡莱尔。他是民主党总统格罗夫·克利夫兰手下的财政部长。在得到摩根及其朋友的财政支持成为总统之前，克利夫兰是纽约一个平庸的政客。当上总统之后，他有两位座上客，一位是J. P. 摩根，另一位是小奥古斯特·贝尔蒙特，后者是伦敦的罗斯柴尔德在美国的正式代理人之子。❶ 伦敦社交界的流言蜚语说老奥古斯特·贝尔蒙特是卡尔·迈耶·罗斯柴尔德男爵的私生子，后被男爵收养并视为己出。此人取了个较少引起争议的名字——贝尔蒙特，被派往美国为罗斯柴尔德打理在美国的商业利益。

一只手洗干净了另一只手……

摩根和小奥古斯特·贝尔蒙特说服克利夫兰总统，让财政部长约翰·卡莱尔发行美国债券，这些债券只卖给摩根和贝尔蒙特。作为交换，私人银行家们用政府急需的黄金支付财政部，作为美国政府的外汇储备。当时美国的财政部至少要保持手中有1亿美元的黄金储备。只要低于这个数字，就意味着美元的稳定性受到威胁，就得拉响警报。

克利夫兰政府的财政部私自将国债大打折扣售与摩根银行辛迪加，价格对摩根公司太有利了。这帮银行家一转身立即将这些债券以极高的价格卖给公众、地区性的小银行、保险公司等，从这笔交易中大赚一把。把这个腐败圈画圆画满的那一笔，是克利夫兰总统的前法律伙伴F. L. 斯特逊，他把摩根公司收为客户，亲自为该公司同美国财政部谈判债券发行的条件。对这种勾当说一句“存在利益冲突”，再说一句“违背公众信任”，好像还是太温和了一点。

克利夫兰以私定的勾结价出售给摩根辛迪加的债券，达1.62亿美元之巨。这一内部交易在新闻记者约瑟夫·普利策在纽约的反腐报纸《世界报》上披露之后才被迫停止。❷

摩根对美国黄金储备的“接管”始于1893年。在当年年初，克利夫兰第

---

❶ Robert McElroy, Grover Cleveland, Harper & Bros., New York, 1923, II, 21, 999.

❷ Gustavus Myers, History of the Great American Fortunes, The Modern Library, New York, 1936, pp. 578 ~ 581.

二次当选总统宣誓就职之后，挤兑美国财政部黄金储备的行动马上就开始了，这是摩根和贝尔蒙特秘密怂恿的。根据摩根和贝尔蒙特的指示，伦敦各家银行沆瀣一气，纷纷抛出了它们手上的价值好几百万美元的美国财政部债券，要求用黄金支付。

财政部根据当时的法律，可以用黄金也可以用白银来偿还公债，而且法律还赋予了财政部部长支付黄金或白银的决定权。本来用白银偿还国债就可以结束黄金的囤积恐慌，势力强大的白银游说集团也在敦促财政部用白银而不是黄金支付公债。但财政部部长卡莱尔听从了摩根和贝尔蒙特的秘密建议，拒绝用白银，而是只用黄金来偿付债券。随着美国政府黄金储备的快速消失，恐慌进一步加剧。

这样一来，美国财政部的黄金储备迅速耗尽。到 1893 年 4 月，自从 1879 年恢复用金属硬币支付以来，美国的黄金储备第一次下降到 1 亿美元以下。至此陷阱已经设置完毕。

当年 5 月，大规模的恐慌爆发。数周后，时为英国殖民地的印度政府宣布它将不再接受白银来铸造硬币。经过了英国对中国的鸦片战争之后，印度已经是世界上白银最多的国家。

连印度殖民地都拒绝白银了，这可是给伦敦和纽约银行家在美国永远废除白银作为货币的阴谋蛋糕上又涂了一层奶油。国际白银价格灾难性地下跌了 50%，在美国也同样如此。美国遭到货币恐慌打击的圈内人不能不怀疑，女王陛下英帝国皇冠上的印度明珠，一定是受到伦敦金融城和纽约某些银行的怂恿才拒绝买卖白银的。那些银行从黄金恐慌中将赚得钵满盆满![1]

1895 年年初，美国财政部的黄金储备又一次被耗尽。那些黄金是它刚从以摩根公司为首的银行辛迪加手中以高利贷价格买来的。黄金到哪里去了？纽约的银行私人黄金持有档案表明，1895 年 1 月，26 家纽约银行的金库里仅有价值 6500 万美元的黄金。美国财政部黄金储备的最低限额是 1 亿美元，一旦低于

---

[1] Paul Studenski and Herman E. Kross, Financial History of the United States, McGraw-Hill Book Co., New York, 1963. pp. 217 ~ 221.

这个水平，美国的金融稳定就面临威胁。据报道，克利夫兰总统大叫：“银行已经套住了国家的咽喉。”他小心翼翼地没有告诉不知情的公民，这些银行套住国家咽喉的绳索就是他提供的。

在这个节骨眼上，以摩根公司、代表伦敦的罗斯柴尔德家族的奥古斯特·贝尔蒙特公司、洛克菲勒国民城市银行的詹姆斯·施佩耶尔为首的银行家辛迪加出场了。银行辛迪加慷慨而又主动地表示愿意将他们私人的黄金出售给美国财政部，但他们可是要赚钱的。

美国历史上最严重的萧条

1893 年黄金囤积恐慌导致全美银行信贷萎缩，从而引发了到那时为止美国历史上最严重的经济萧条。美国纸币的持有者根据法律可以要求变现财政部的黄金。恐慌的结果就是大多数银行惧怕贷款。

1893 年 5 月至 10 月期间，美国全国银行贷款总额萎缩到令人惊恐的 3. 18 亿美元。活期拆借款的利率竟高达 70%，因为银行和私人都尽量用黄金支付。美国出口到伦敦金融城（内森·罗斯柴尔德男爵为首的银行辛迪加在此占有统治地位）的黄金达到美国历史上的最高点。黄金恐慌严重地削减了美国政府的税收收入，扩大了赤字，迫使财政部用宝贵且日益短缺的黄金储备来支付当前账户上的开支，进一步影响了黄金储备。

由于银行收回了贷款，信贷危机引发了从东到西席卷美国的商业破产浪潮。西部的农民和白银矿主认为，正是“东部的”黄金银行偷偷地挖了白银货币的墙角。没错，这些人干的正是破坏白银担当过的货币的角色。

1893 年 8 月，克利夫兰总统按照 J. P. 摩根和贝尔蒙特的建议，召开了一次国会特别会议，议题是废除《谢尔曼白银法》。根据此法令，美国财政部曾经用纸币钞票购买了白银，而这些钞票可以被其持有者兑换为黄金。《谢尔曼法》原本是在农民和小业主施压下通过的。这些人现在面临着萧条和破产，起因就是被迫转向单一的以黄金为基准的美元。[1] 克利夫兰说，政府停止了白银

---

[1] Gustavus Myers, op. cit. , p. 558 ~9.

买卖，美国就可以避免一场金融灾难。总统说得很好，但是和总统的说法相对照的、可以被预先证实的事实是，白银虽然很充裕，却再也不能充当黄金的替代物了。

《谢尔曼法》在西部和南部农民以及小业主的抗议声浪中被立即废除了。纽约的银行大获全胜，而摩根－贝尔蒙特辛迪加是最大的赢家。总统候选人威廉·詹宁斯·拜伦后来戏剧性地称之为被“钉上了黄金十字架”的那个情景，真的发生了。❶

摩根、贝尔蒙特及其华尔街老朋友的胜利以法律形式固定了下来。1897 年 1 月，货币委员会成立。这个委员会提出的报告大体上都出自 D. 劳伦斯·劳林教授之手。1899 年 12 月提交众议院的《金本位制法案》于 1900 年 3 月通过并成为法律。该法律规定只有黄金美元是价值的衡量标准，而白银则成了辅币。❷

克利夫兰总统委派摩根在华尔街上建立一家私人辛迪加，为美国财政部筹措价值 6500 万美元的黄金，其中的一半将来自欧洲，并用这些黄金发行公债，使国家金库恢复到实有 1 亿美元储备的水平。财政部的公债以极低的优惠价格独家出售给摩根－贝尔蒙特辛迪加。然后，摩根将公债再次以很高的溢价转售给地区性小银行和保险公司：它在这个交易的两头都赚了大钱，而代价却是牺牲美国经济的健康。

在随之而来的持续了整整 4 年的大萧条中，资本品的销量跳水，利润大跌，萧条袭击了所有的城市。在这场萧条中，有 1.5 万家企业、600 家银行和 74 家铁路公司破产。萧条导致了严重的失业和大规模的抗议，在有些情况下甚至发生了激烈的暴力行动。在失业高峰时期，劳动大军创纪录的失业率达到 14.5%。据另外一些人的估计，失业率甚至高达 25%。

费城和里丁铁路的经济破产是第一个发生的事件。J. P. 摩根安排了一次对铁路信贷的抵制，推动了铁路股票急剧下跌，同时又以极其便宜的触底价格

---

❶ Paul Studenski et al, op. cit., pp. 219 ~ 220.

❷ John Chown, A History of Money, Routledge, London, 1996, p. 264.

悄悄地获得了这条连接宾夕法尼亚州广大的无烟煤矿的铁路控股权。[1]

到 1893 年 5 月 15 日，纽约股票交易所的股票价格跌至前所未有的低点。许多大的铁路公司，如联合太平洋、北太平洋和圣塔菲这些铁路公司，都被迫宣布破产。美国一连串的大铁路企业倒闭，为极有偿付能力的摩根－贝尔蒙特辛迪加的银行提供了“黄金机遇”，使得他们牢牢控制了美国铁路网，而在当时铁路网是美国经济增长的心脏。

美国寡头集团的 60 个大家族

美国在 1861～1865 年南北战争和 1879 年的《重新启用硬币法》之后的经济繁荣岁月里，涌现了一批商业大亨，他们用诈骗、贿赂政府官员和国会、贪污以及诸如此类明目张胆的做法，积累了巨额财富。

铁路是美国经济成长的核心，反过来又刺激了庞大的钢铁产业的扩张。随着铁路网从东到西扩张，美国的电报也需要大量的黄铜来生产金属线。大多数大型铁路的建设并没有用过摩根的钱，用的是公共资金和公共的土地[2]。J. P. 摩根只是像猎鹰捕食一般地掠取了这些铁路，就此控制了整个美国经济。到 1901 年时，摩根利益集团控制了南方铁路公司、莫比尔－俄亥俄铁路公司、女王－新月公司、佐治亚中央公司、佐治亚南方－佛罗里达公司、梅肯－伯明翰公司、费城－里丁公司、伊利铁路公司、新泽西中央公司和亚特兰大海岸线公司，据估算共计有长达 5.5 万英里的铁路。铁路公司控制了铁路轨道的交通权、煤矿、车站，连接了竞争的线路和到汽轮码头的枢纽。

新兴的美国富豪和寡头披着美国式民主的外衣、编造了“强悍的个人主义”这样的神话，用来为他们的巨额收益辩护，掩盖财富真正的来源。到 19 世纪 80 年代末期，摩根和洛克菲勒已经成为强大的金融托拉斯巨头，强大到可以控制美国的产业政策和政府政策。在他们的世界里已经根本没有什么“民主”这样美好概念存在的余地。权力就是他们交易的商品。这就是用鲜血和金

---

[1] Testimony before the House Committee in Interstate Commerce, US House of Representatives Reports, Fifty-second Congress, 2nd Session, 1892～93, vol. i.

[2] 根据全国国土规划的法律。——译者

钱创造出来的美国贵族，不论怎么看他们都和英国、德国或法国有头衔的贵族一模一样，而这恰恰是《美国宪法》所禁止的。这是名副其实的寡头集团和富豪统治——最有钱的人为一己私利实行的统治。

有大约60个家族组成了紧密勾结的富豪财富网络，他们中有洛克菲勒、摩根、道奇、梅隆、普拉特、哈克尼斯、惠特尼、杜克、哈里曼、范德比尔特、杜邦、古根海姆、阿斯特、雷曼、华宝、塔夫脱、亨廷顿、巴鲁克和罗森瓦德。这个富豪网络通过贿赂和压制等手段，控制了20世纪黎明时期美国的命运。60个超富豪家族通过王朝一般的联姻和公司的交叉持股，在20世纪初，控制了新兴的美国世纪的所有产业和银行机构。❶

这些美国寡头新贵中最富有的人之一，是科尼利厄斯·范德比尔特。他通过贿赂州立法者，违法实行歧视性运输费率并从中获利。当时科尼利厄斯·范德比尔特已经控制了从纽约市发出的所有铁路，他给挑选出来的顾客优惠运费价格，同时向农民征收（按正税计算）50%的牛奶（附加）税，这些牛奶必须通过范德比尔特的铁路运送到市场去。农民们得不到任何优待，而新兴的大型农工商企业却得到不少优惠。范德比尔特后来投靠了摩根集团。

当时，通过欺诈和贿赂手段而致富的还有一个家族公司——费尔普斯和道奇家族的费尔普斯·道奇公司。这家公司进口诸如锡、黄铜和铅一类的金属，这些金属是19世纪80年代及其之后美国建筑业高涨时大量需要的原料。该公司由安森·格林·费尔普斯和威廉·道奇于1834年建立，他们竭尽全力为自己树立了一副敬畏上帝的基督教商人的形象：他们为基督教青年协会和其他慈善组织提供捐赠等。事实并非如此，1873年的一次美国政府审判认定，费尔普斯·道奇的财富也是建立在大量诈骗、非法活动和贿赂之上。因为该公司从秘鲁和智利进口黄铜在报关时的欺诈行为被揭露，纽约地区法院对该公司判处罚款100万美元，这在当时是一个非常巨大的数字。这家公司所干的勾当就是贿赂美国海关官员和骗税。❷

---

❶ Ferdinand Lundberg, America's 60 Families, New York, The Vanguard Press, 1937, pp. 26 ~ 27.

❷ Gustavus Myers, op. cit. pp. 428 ~ 434.

这份美国劣迹富人的名单很长，其中包括了大多数最受人尊敬的那些家族的名字，他们把欺诈、腐败和贿赂政府官员得来的财富捐赠给美国博物馆，资助普林斯顿、耶鲁、哈佛等美国的著名大学，这些大学的许多教席和教学大楼用他们的名字命名。这些慈善活动还为他们赢得了一块又一块铜制的奖牌。

这个名单还包括铁路巨擘爱德华·哈里曼。他是美国外交家、间谍、弗兰克林·罗斯福的心腹顾问艾夫里尔·哈里曼的父亲。哈里曼使用非法手段获得了联合太平洋公司横跨北美大陆的铁路线的控制权，同时还收购了南太平洋公司。

哈里曼建立了一个控制着至少 17 家美国大铁路公司的帝国，他擅长股权稀释和做假账，其手段之高明足以让安然公司的审计者赞叹不已。一份美国政府 1907 年的报告指出，哈里曼获取如此多铁路线的目标是“消灭横跨大陆的运输公司之间的竞争”。为了垄断的目的而限制竞争，这种行为违反了联邦和各州的法律。[1]

用《谢尔曼反托拉斯法》对付劳工

对法律的肆意践踏在当时成了报纸调查和公众强烈抗议的焦点，最终导致美国国会于 1904 年通过了《谢尔曼反托拉斯法》，这个法律针对的是大公司滥用自身权势的行为，其中包括标准石油托拉斯、摩根的美国钢铁托拉斯、糖业托拉斯等。

表面上看起来，反托拉斯法针对的是摩根、洛克菲勒或哈里曼这些具有垄断不良行为的公司，事实却完全相反。一份 1904 年美国最高法院的裁决曾宣布“一切限制贸易的联合”都为非法。该法律却从来丝毫也没有妨碍过哈里曼或其他大公司巨头的垄断行为，它只不过是一种平息公众愤怒的政治伪装而已。权势显赫的哈里曼及其朋友们从未遭到过反托拉斯诉讼，而无数的小业主却在该法令颁布实施之后纷纷锒铛入狱。更恶劣的是，《谢尔曼反托拉斯法》却成了一种阻止美国工会发展装大的武器，因为最高法院判决，工会组织罢工

---

[1] Gustavus Myers, op. cit. p. 531.

是一种“限制贸易的联合”。

■ 这幅油画描绘了 20 世纪初产业工人为了争取更好的工作条件举行罢工的场景

工人们组织起来争取更好的工作条件、更高的工资直至建立工会，合理合法，而摩根及其寡头朋友们却大造舆论，对工会进行压制。美国最高法院是寡头保守主义的堡垒。1905 年，在洛克纳诉纽约州一案中，最高法院裁决各州不得限制私人企业的（过长的）日工作时间。3 年后的 1908 年，在丹伯里・哈特斯一案中，最高法院裁决工会不得进行抵制活动。

1902 年，乔治・贝尔案正是这种打压的具体体现。摩根安排他当上了费城－里丁铁路公司的主管，宾夕法尼亚的矿主们提名要他出面领导与罢工的煤矿工人的谈判。费城－里丁铁路公司当时专营无烟煤的运输业务。煤矿工人当时要求实行八小时工作制，将工资提高 10%，要求承认工会是他们今后与资方谈判的代表，并且动用了他们唯一的武器：以拒绝劳动来要求减轻工作压力。

刚一进入谈判，贝尔就向新闻界发了一封公开信，宣称“劳动者的权利将得到保护和关照，但不是由罢工煽动者来保护，而是由全能全知的上帝赋予国家财产利益的基督徒来关照”。贝尔因此获得了一个乔治・“君权神授”・贝尔的绰号。在石油成为主要能源之前的几十年里，煤炭是基本的能源，用于家庭供暖、生火做饭、工厂动力和发电。

贝尔本人像同时代的摩根、洛克菲勒、卡内基和他们的大多数同伙一样，是一个铁杆社会达尔文主义者，他们坚信上帝选择了他们，因为他们控制了商业这一事实显然证明他们比手下的工人更优越。当罗斯福总统被请来参与谈判解决方案的时候，“君权神授”贝尔却对总统说：“没有什么可谈判的。”只有当贝尔的顽固将引发全国性的动荡时，摩根才与政治上更为精明的罗斯福一道进行干预，制定强迫性解决方案：在工作时间和工资方面作出让步，但仍拒绝承认工会。

这场无烟煤罢工和最高法院的裁决表明，在19世纪终结时，美国劳资关系绝对是一边倒，偏向资方。这是一个由贿赂和威胁主导的寡头集团。他们还需要学习增选成员和自由主义改革等微妙技巧来维护对权利的控制。由于公众普遍支持矿工，西奥多·罗斯福宣布他在劳资之间达成了“公平交易”❶，确立了在某些罢工中实行总统干预的原则。

罗斯福更为人知的名字是他姓名的缩写TR，他自诩为1898年美西战争中圣·胡安山之战的战斗“英雄”。那场战争是一次赤裸裸的帝国主义行动，却让罗斯福成为广受欢迎的政治候选人，绰号“狂野骑士”❷。他宣布了他的“公平交易”。“让我们所有人都信奉过去大家熟知的口号：诚实、体面、公平交易和常识……我们必须根据一个人的价值和业绩来对待他。我们必须让每个人都受到公平对待，因为他没有权利得到更多，但是他得到的不应该更少。”❸这些话正合新闻报道的味口，而与此同时罗斯福正继续与摩根公司进行秘密交易。

这个策略性的转移标志着美国历史上总统第一次公开不与资方站在一起反对劳工。它为共和党的罗斯福赢得了普通美国工人，尤其是蓝领的支持，他们的选票正日益变得重要。但是，特迪·罗斯福丝毫没有改变他对财富权力的忠诚。他只不过是一个精明的政客，能感觉到美国变革之风吹拂的方向，并能熟练地利用它来保持共和党对高管人员的控制。

把罗斯福的“公平交易”标榜为美国政治上的“进步时代”的起点是非常错误的。实际上，控制美国财富的寡头家族在如何展现自己的形象方面正变得越来越老道，最精于此道的无疑是摩根。在这位美国金融史上最大的阴谋家和骗子朱尼亚斯·皮尔庞特·摩根面前，所有的美国实业巨头都只能自愧不如。

---

❶ 又译作“公道政治”。——译者

❷ 狂野骑士是美西战争中美西第一骑兵团的外号，罗斯福当时在该团任中校。——译者

❸ Theodore Roosevelt, Speech.

J. P. 摩根登上了王位

J. P. 摩根因为在1893年与贝尔蒙特合谋策划了那场大型金融危机，在19世纪90年代已经是世界上最有势力的银行家之一。在他24岁刚刚开始职业生涯时，就以欺诈手段做了一笔生意，把美国军队过剩的旧步枪买下来再重新卖给美国政府去打内战。这批步枪是他通过名义代理人从纽约的美军军火库购买的。他的代理人偷偷地以每支枪3.50美元的价格购得5000支枪，把有缺陷的步枪作为完好的新枪，然后按每支22美元的价格出售给圣・路易斯的陆军司令部。从此开始了他欺诈、蒙骗和腐败"波澜壮阔"的职业生涯。[1]

在J. P. 摩根忙于买卖步枪蒙骗美国政府的时候，其父J. S. 摩根（摩根・皮博迪公司这家银行的合伙人）把家搬到伦敦，与美国银行家乔治・皮博迪一起，担任美国政府在南北战争期间驻英国的财政代表。

在摩根与乔治・皮博迪建立合伙关系的时候，皮博迪是林肯政府驻伦敦的代表。林肯政府那时正全力以赴投入，力图使北方联邦战胜南方邦联。一份颇受尊敬的麻省报纸《春田共和报》1866年曾报道说，皮博迪和摩根"……在我们为国家的生存而战时既没有表现出任何忠诚也没有伸出援助之手。他们完全像英国人一样，不相信我们的事业会取得成功，他们只为南方而不为国家说话和做事。"《纽约时报》就摩根和皮博迪在伦敦的活动也说过："没有任何一个人能像乔治・皮博迪公司那样让我们欠欧洲的债务（借据）在我们的货币市场上泛滥，并且打压它的价格，削弱对我们国家的金融信心，而且他从这里赚的钱比任何人都要多。"

根据《美国宪法》，皮博迪和摩根在伦敦的活动已经构成明确的叛国罪。[2]

有其父必有其子，J. P. 摩根依靠欺诈、叛国和蒙骗在美国建立了一个庞大的银行和工业帝国，更有欺骗意味的是，此人始终刻意让有关他的所有新闻报道将他描绘成一个具有基督徒美德的慈善家。

---

[1] Theodore Rossevelt, Speech, . p. 532.

[2] New York Times, October 31, 1966.

J. P. 摩根的银行在 20 世纪初已经成为美国最有实力的金融机构。1913 年他参与建立了联邦储备委员会。纽约对外关系理事会也得到了摩根银行的支持；这个“理事会”是一家私人智囊机构，就是它制定了整个 20 世纪的美国外交政策。在《道威斯计划》的幕后也有摩根银行，该计划要求德国根据凡尔赛和约支付战争赔款。

这些事件我们将在后面章节详细叙述。摩根在 1907 年恐慌中扮演的角色，对于随后的历史进程具有决定性意义：对于美帝国通过两次世界大战击败德国的挑战，最终在战争的废墟上继承了破产的英帝国往昔的地位，摩根 1907 年走的这一步至关重要。

摩根和洛克菲勒导演了“1907 年恐慌”

1893 年恐慌的赢家是摩根、时任纽约国民城市银行（洛克菲勒标准石油托拉斯的银行）行长的詹姆斯·斯蒂尔曼，以及为数不多的以贝尔蒙特和库恩－洛布公司为首的券商交易所。那次恐慌是他们一手导演的一场挤兑黄金的行动。

J. P. 摩根利用这次危机取得了对美国钢铁和铁路两个战略产业的控制。他于 1901 年控制了美国的钢铁业，合并了卡内基钢铁公司和其他公司，创造了世界上最大的钢铁企业。在创建美国钢铁公司的过程中，摩根为他的新钢铁托拉斯（世界第一家资产达 10 亿美元的公司）发行了名义价值高达 14.02 亿美元的“注水”股票。

美国公司调查局的一项调查确定，在售与公众的资本化的股票中，有一多半（即 7.27 亿美元）的发行价值没有任何实物财产依据，摩根实际上是把未来的利润都资本化了，这同安然和世通这样臭名昭著的公司在 20 世纪 90 年代后期股市狂热中的行为如出一辙。此外，摩根又创建了庞大的通用电气公司、国际收割机公司以及其他无数大型产业集团，端坐其上的正是 J. P. 摩根公司这家银行。

斯蒂尔曼的国民城市银行（花旗银行集团），即约翰·洛克菲勒标准石油托拉斯的银行，是美国当时最大的银行。摩根和斯蒂尔曼在 1893 年后上演的

“救市”行动挽救了美国财政部，但却严重地伤害了克利夫兰总统所属的民主党农民派，这成为1896年选举中的一个大问题；银行界为此遭到倡导使用白银的威廉·詹宁斯·布赖恩的攻击。

标准石油巨头约翰·洛克菲勒，与J. P. 摩根及其华尔街上的银行家同伙们，向共和党候选人威廉·麦金利大笔捐钱。麦金利在1896年击败了白银倡导者布赖恩赢得大选。麦金利来自俄亥俄州，该州就是标准石油的家乡，他的职业生涯就是由洛克菲勒的合伙人马克·汉纳一手安排的。汉纳是约翰·洛克菲勒读书时的同学，后来成为其商业合伙人。麦金利当选美国总统，是洛克菲勒与摩根华尔街集团之间密谋串通的结果；汉纳代表洛克菲勒家族，铁路大亨詹姆斯·希尔代表摩根的利益，他们事先进行过秘密会晤。对于摩根和洛克菲勒来说，麦金利当总统等于总统权柄握在了自己人的手里。

借助金本位制，麦金利于1900年再次当选连任。至此金银复本位制的白银集团全军覆没，摩根及其纽约小集团和伦敦盟友接管美国财政的道路已经扫清。

到了1907年，摩根和洛克菲勒金融集团已经准备好向美国经济发起下一轮金融进攻，这就是后来被称为“1907年恐慌”的金融危机。这是金融政变之前发起的最后一次攻击，1913年他们将要发动规模最大的（金融）政变——通过1913年《联邦储备法》。在该法案中，懵懵懂懂的美国国会将自己本应该控制的印刷货币的这项权力，拱手让给了私人银行家财团。

1907年发生的一切都与一家纽约银行有关，这家银行叫尼克伯克信托公司。这是一家中型银行，行长是独断专行的查尔斯·巴尼。巴尼及其合伙人弗里德里希·A. 海因茨正在打算大量收购联合铜业公司的股票，这家公司是十分抢手的金属黄铜的大型供货商。因此，海因茨迎头撞脸地和强大的洛克菲勒集团对抗上了，因为控制这家大型联合铜业公司的正是洛克菲勒，对于出生在蒙大拿的海因茨这个外来的暴发户对手，洛克菲勒毫无怜悯之心。

1907年10月14日，联合铜业公司的股票价格暴涨，每股超过62美元。

仅仅两天之后它就以15美元收盘，把F. 奥古斯图斯·海因茨逼上破产的穷途末路。洛克菲勒将几百万磅黄铜投放到市场，造成黄铜价格暴跌，连带着海因茨的联合铜业公司的股票价格一路下跌。海因茨作为一个商人具有一个明显的缺陷，他不属于富豪卡特尔，又是一个具有挑战性、特立独行的人，并没有留心摩根或洛克菲勒的权势，结果悔之晚矣。

海因茨在纽约也有自己的银行，即商业国民银行，他是用自己的资产进军被洛克菲勒主导的黄铜市场的。海因茨银行的董事 C. F. 莫斯与 其他 6 家中型纽约银行有业务联系。这个信息被泄漏给纽约新闻界，马上引起存款人的恐慌和提款，这 6 家银行和商业国民银行都遭到挤兑。另一条新闻引起了全面的恐慌：纽约第三大信托储蓄银行（即尼克伯克信托公司）的总裁与商业国民银行董事莫斯也有业务联系。这条新闻立即触发了挤兑行动，规模较大的尼克伯克信托公司也遭到挤兑。❶

尼克伯克信托公司即刻遭受重创。尼克伯克信托公司被迫求助于私人银行的票据交换所协会。这个票据交换所协会的头头不是别人，正是 J. P. 摩根。

摩根要求首先对尼克伯克信托公司的账簿进行审计，然后再考虑可能的援助或救助方案。审计组的负责人是摩根的亲信和雇员本杰明·斯特朗，他后来当上了美联储的第一任主席。审计之后的结论是，由于有关银行资不抵债的谣言已经传开，摩根拒绝提供紧急信贷来阻止存款人取款的恐慌。

接下来掀起了一波对其他信托银行更大范围的取款挤兑浪潮。根据纽约当时的法律，主要贷款给房地产的信托银行可以比诸如摩根或洛克菲勒城市银行这样的国民银行持有有更低的储备金水平和执行更宽松的规章制度。恐慌的蔓延，正如此后 1911 年的国会调查中所写的，是精心策划的，故意传播的谣言起到了推波助澜的作用，摩根的亲信们在他们控制的报纸上大肆散布谣言，这些报纸包括摩根顾问威廉·拉芬的《纽约太阳晚报》和阿道夫·奥克斯的《纽约时报》。新闻报道专门盯住几个信托银行做挤兑报道，如美国信托公司，这是摩根和洛克菲勒意欲除掉的公司。

对美国信托公司的挤兑是媒体报道之后才开始的。该银行实际上具备偿付

---

❶ Kevin J. Cahill, The U. S. Bank Panic of 1907 and the Mexican Depression of 1908 ~ 1909, The Historian, vol. 60, 1998.

能力，但是它在田纳西煤矿和钢铁公司里也持有大宗股票。这家公司拥有丰富的矿石储藏，为摩根新成立的美国钢铁公司所觊觎。摩根要求美国信托公司一定先同意将它全部田纳西煤炭和铁矿的股票都拿出来作抵押，才肯提供摩根银行家辛迪加的流动资金，那里的矿山是美国已知品位最高的铁矿石储藏地之一。摩根甚至还特意派他的两个副手——美国钢铁公司的亨利·克莱·弗里克和埃尔伯特·加里——去见西奥多·罗斯福总统，要他们拿到罗斯福明确的意见，同意暂停执行美国的反托拉斯法，以便美国钢铁公司吞并田纳西钢铁公司，他们的理由是，这样做可以“拯救国家”。罗斯福大言不惭地宣称自己是解散托拉斯的人，实际上他与金融托拉斯，特别是摩根利益集团是一丘之貉，只不过他总是远远地躲在幕后。❶

作为共和党总统的罗斯福总是与洛克菲勒集团、摩根集团或二者的主要代表一起讨论重大的公共政策，他让这个做法形成惯例。他曾将他任内第三份国情咨文的草稿交给洛克菲勒的银行家、国民银行的詹姆斯·斯蒂尔曼，答应根据斯蒂尔曼的想法修改货币问题的部分。1903 年 10 月，他曾邀请摩根到白宫进行私人会晤。一项 1912 年美国参议院特权和选举委员会关于政治收买和贿选资金的调查发现，罗斯福总统曾秘密与铁路大亨 E. H. 哈里曼就政治任命和竞选捐款通过信。❷

由于心理上遭到重大打击，巴尼在一个月之后自杀身亡。纽约股票市场崩溃，其原因是缺乏现金的信托银行靠出售股票来筹措资本。国家陷入又一场严重的经济萧条，持续的时间达 13 个月。全国的地区性银行拒绝按照法律的要求将存款兑换成黄金，它们担心会失去“硬通货”。在某些方面，这场萧条和整整一个世纪之后 2007 年爆发的银行间信心崩盘的情况十分相似。只是在 1907 年还没有公共的“最后贷款人”——中央银行——来实施干预。

---

❶ Ferdinand Lundberg, op. Cit. , pp. 90 ~ 95.

❷ United States Senate Committee on Privileges and Elections, Hearings of the Sub-committee on Campaign Contributions, 62nd Congress, 3rd Session, 1913, pp. 453 ff. The background on the Roosevelt contacts with Stillman and Morgan are in, Henry Pringle, Theodore Roosevelt, Harcourt, Brace & Co. , New York, 1931, p. 350.

直到罗斯福宣布暂停执行反托拉斯法后，恐慌才渐渐平息下来。摩根如愿以偿得到了他渴望已久的田纳西煤炭和钢铁公司的矿石资源。洛克菲勒和他的银行家詹姆斯·斯蒂尔曼消除了来自海因茨的黄铜竞争。当摩根从美国信托公司拿到田纳西煤矿的股票后，报刊也就不再散布谣言，银行又恢复了正常营业。轻信的公众听到的是，无私的 J. P. 摩根对国家的银行系统实施了一次“英雄般的拯救”。只有少数人并不相信摩根、洛克菲勒及其华尔街亲信真的抱有利他动机，这些人中包括力挺白银的民主党议员威廉·詹宁斯·布赖恩。他在一份陈述中公开声明：“无耻的金融家应该遭到唾弃，他们手中握着打家劫舍掠夺来的财富，他们玩弄最高级的金融手段，对整个国家进行剥削。”[1]

一份不受欢迎的财政部建议

美利坚合众国的政府其实在那个时代就已经具有干预的力量和向缺乏信贷的银行提供贷款的实力，并且可以通过财政部长行使这个权力。可是在辩论为何反复发生银行恐慌的时候，这个事实几乎从来没有人提起。财政部本来能够轻而易举地扮演最后贷款者的角色，并且将国家的信贷过程纳入联邦指导和公众控制之下；国会应拨备紧急储备基金，由财政部长全权处理。这是在《美国宪法》第 1 条中就明确规定了的。

当时的美国财政部长莱斯利·肖坚决主张更多地运用美国政府的实力来控制货币市场的危机。在 1907 年恐慌的前一年（即 1906 年）的一份美国财政部报告中，他写道：

“如果财政部长得到了在他认为必要时可以存入或取出银行的 1 亿美元，除此之外，如果他还被赋予了控制若干家银行准备金的权威，有权随时紧缩全国银行流通（规模），那么我的判断是，只要不发生工业停滞，那么他完全有能力平息任何威胁美国或欧洲的恐慌。世界上没有任何中央银行或政府银行拥

[1] Cited in The Federal Reserve Bank of Boston, The Panic of 1907, p. 8.

有（美国）财政部长那样的权威，可以让他随时出手调节全世界的金融形势。”❶

美国财政部长关于在爆发流动性危机时使财政部成为银行业“最终贷款者”的建议并非异想天开。到1899年，恰好在世纪之交，美国财政部拥有比世界上任何中央银行都多的黄金储备，比英格兰银行和法兰西银行都还要多。美元是世界上最坚挺的货币之一，而且美国当时还是由财政部直接控制金本位制的管理，不像欧洲大陆和英国那样由私人银行控制。

然而，摩根、洛克菲勒以及当时金融托拉斯背后的精英集团却对这项公众或政府解决方案并不感兴趣，因为他们可能无法操纵这样的局面谋取私利。他们决意利用制造恐慌和危机氛围来推动他们最厚颜无耻的计划：从美国联邦政府手中攫取铸币权，控制货币的供应。他们已经想好了要建立一家完全掌控在摩根、洛克菲勒克及其盟友手中的“国家”银行。

1907年3月，财政部部长肖莫明其妙地退休了。他的继任者乔治·科特柳是摩根亲朋好友圈子里的人。有科特柳在位，摩根及其在华尔街的朋友们就没有什么可害怕的了。

摩根在危机中闪亮登场，被他们一伙的金融报刊公开吹捧为救星。那时的摩根的确顺风顺水，股票价格格外地有吸引力。他一边购买大公司股票、扩大他庞大的工业帝国，一边公开宣称他对市场很有“信心”。

如前所述，那时的摩根已经主宰了美国的私营铁路。1889年，在纽约摩根公司总部召开的一次有各大铁路运输公司老总参加的秘密会议上，摩根建立了一个非法的价格垄断卡特尔，把运费提高了很多。被泄漏出来的秘密会议纪要表明，为了维持运费的垄断定价，摩根对不肯就范的铁路公司以冻结贷款相威胁。他预演了数十年后的那个模式：在20世纪八九十年代债务危机期间，纽约银行家们通过设在华盛顿的国际货币基金和世界银行所采取的行动，用的就

---

❶ US Department of the Treasury, Annual Report on the Finances, 1906, Washington D. C., p. 49. The US Treasury's debt management powers then, as Milton Friedman pointed out were "comparable to the Federal Reserve System's ability to conduct open market operations. See Milton Friedman & Anna J. Schwartz, A Monetary History of the United States 1867 ~ 1960, Princeton University Press, Princeton, 1963, p. 150, footnote 24.

是同样的套路："不按我们的规则玩游戏就是死路一条……"[1]

1907年的银行危机与一个世纪之后的2007年8月在纽约爆发的银行同业拆借危机太相似了。不过，2007年摩根的美联储和美国纳税人掏钱，救了几家被指定的银行，其中有摩根和洛克菲勒的后人联合经营的那家银行，即J. P. 摩根大通。1907年的那场银行恐慌迫使银行收回向房地产和工业公司的贷款。威斯汀豪斯这样大型的电气公司都寻求过破产保护。1908年，威斯康星州参议员罗伯特·拉·福莱特站出来，指责"一个阻碍和毁灭繁荣的金融家小集团"为他们的利润"故意挑起最近的恐慌"。对此摩根默然无语。

摩根有办法收拾1907年的危机。美国财政部部长乔治·科特柳给了他巨大支持，为他提供了一笔2500万美元的巨款，这事发生在他与摩根的合伙人乔治·珀金斯在摩根的纽约办公室一次深夜密谈之后。在危机期间这么大规模的资金提供了额外的流动性。"给我留下深刻印象的不只是商业机构的稳定，"科特柳说道，"而且还有本市商业界许多著名人物在公共利益方面表现出的最大勇气和辉煌奉献。"科特柳从财政部离职后，由于他忠诚的服务，获得了奖赏，他被任命为摩根－洛克菲勒所控制的综合煤气公司总裁。[2]

经由纽约财政部次长的办公室，来自联邦金库的成箱的黄金和满袋的绿背[3]被运送到科特柳指定的银行。标准石油托拉斯的创始人老约翰·洛克菲勒也向摩根保证，说他愿意提供帮助。洛克菲勒在摩根的联合信托公司存入1000万美元，并且许诺如果需要的话，可再存入4000万美元。

摩根成功地领导华尔街银行扭转了1907年股市恐慌之后发生的金融大崩溃，而这次崩溃却是他故意发动的。他领导的那个由银行家组成的小集团吸收

---

1. Gustavus Myers, op. cit. p. 586 ~ 572.
2. Ferdinand Lundberg, op. Cit., p. 92.
3. 美国纸币，因背面为绿色得名。——译者

了大量的政府存款，这些金钱如何用于金融救助都由摩根决定。[1] 摩根用这些钱在敌友之间运筹帷幄，赏罚分明。

1911 年美国国会委员会针对美国商业控制（后来称为金融托拉斯）的调查，其结果确认摩根公司成员控制了至少 47 家美国公司的 72 个董事席位，这些公司的价值共计 21.04 亿美元，在一百年前这是一个非常惊人的数字。[2]

摩根 - 洛克菲勒的全国货币委员会

1907 ~ 1908 年发生的这场危机除了极大地增加了摩根的金融和政治影响力以外，还产生了另一个结果，就是建立了全国货币委员会，该委员会负责研究货币问题并向美国国会就如何避免未来恐慌和银行业危机提出建议。这个委员会是从一开始就受到外部操纵。西奥多·罗斯福总统签署的《奥尔德里奇·弗里兰法》使它生效，该委员会于 1908 年成立，其职责是制订一个防止金融市场上再次发生货币恐慌的计划。

全国货币委员会的负责人纳尔逊·奥尔德里奇是美国参议员兼大权在握的参院财经委员会主席。他和州长纳尔逊·奥尔德里奇·洛克菲勒的中名相同，是小约翰·D. 洛克菲勒的岳父，这个小洛克菲勒是标准石油公司创建人老洛克菲勒的儿子。奥尔德里奇还有一个称号——“摩根在参议院的场内经纪人”。[3]

参议员奥尔德里奇也和腐败很有缘。1905 年《麦克卢尔》杂志[1]的一篇文

---

[1] Details of the actual workings of the 1907 Panic have been obscured by later Morgan-friendly accounts. Useful in piecing together actual events in that decisive event in the emergence of the Federal Reserve System in 1913 as the pillar of an American Century, in addition to the work by Gustavus Myers cited above, is the book by James Grant, Money of the Mind: borrowing and lending in America from the Civil War to Michael Milkin, Farrar Straus Giroux, New York, 1992. As well, Milton Friedman & Anna J. Schwartz, A Monetary History of the United States 1867 ~ 1960, Princeton University Press, Princeton, 1963.

[2] Report of the House Banking and Currency's Committee to Investigate Concentration of Control of Money and Credit, Washington D. C., 1913, pp. 56 ~ 91, cited in Gustavus Myers, op. Cit., p. 634. This is the so-called Pujo Committee headed by Louisiana Democrat, Arsene Pujo, whose chief counsel, Samuel Untermyer in 1911 coined the term, "Money Trust" to describe the power of the group around Morgan and Rockefeller.

[3] Henry Pringle, op. Cit., p. 244.

[1] 著名的“耙粪”（即揭发黑幕）的刊物。——译者

章披露，奥尔德里奇控制了腐败的罗得岛州政治机器，大多数州参议员已经被奥尔德里奇的集团所收买。1881 年，奥尔德里奇关了他的杂货店去竞选美国参议员时，他申报的财产价值是 5 万美元。当参议员奥尔德里奇服务美国参议院 30 年后寿终正寝时，他的财产价值达到 1200 万美元，这笔巨大的财富当然不会是靠参议院微薄的薪水、靠勤俭节约能够积攒起来的。[1]

摩根和洛克菲勒也许永远找不到一个比奥尔德里奇更精明的人，来推动一个持怀疑观望态度的国会，一步一步走向他们所热望的"货币改革"。奥尔德里奇对美国历史上最重大的政变——1913 年《联邦储备法》的通过——负有重大责任。至于是谁支持了他、这场政变是怎样导演出来的，只有极少的几个人才知晓内情。

[1] Walter Davenport，Power & Glory，Colliers'magazine，February 7，1931.

3.

The Bankers' Coup d'etat: A New Federal Reserve Captures Control of the Money

第三章

银行家的政变：新生的美联储攫取了货币控制权

“我确信，威胁我们自由的，不是常备军队而是（私人）银行体系……如果美国人民允许私人银行控制货币的发行，那么银行和那些将要依靠银行成长起来的公司会首先用通货膨胀，然后用通货紧缩……剥夺人民所有的财产，直到他们的孩子梦醒时发现，他们在父辈们征服过的大陆上无家可归……货币发行权应该从银行那里夺回来，还给人民，它应该属于人民。”

——托马斯·杰斐逊：《关于重构银行法案的辩论》（1809年）

银行家的政变：占领国家银行

以参议员纳尔逊·奥尔德里奇为首的国家货币委员会于1908年成立，仅仅过了一年多，美国这帮银行家的计划制订完毕，这是一个绝密计划，从后世的眼光来看，这是美国历史上当之无愧的最大的政治性政变，其目标是从美国国会手中夺取宪法赋予国会的发行和控制货币的权力，即使牺牲美国人民的普遍福利，也要为他们的一己私利服务。

这些图谋控制美国货币的人决非一般的银行家，他们是美国银行界的另类。J. P. 摩根、纽约私人银行库恩－洛布公司的德国人保罗·沃伯格、奥古斯特·贝尔蒙特公司、J.. & W. 塞利格曼公司、李·希金森公司以及最后策划了金融政变的其他人。这些人与他们在伦敦的同伙一样，差不多都是国际银行家。在伦敦，这些国际银行家自称商业银行家；在纽约，他们更喜欢“投资银行家”这个头衔。两者其实是一回事。

出于商业的本性，国际银行家都不会忠于任何特定的国家。哪里能够让他们左右形势并且赚到钱，哪里就是他们的乐土。由于这个原因，保守秘密对于他们的成功来说，对于他们获得战胜对手的优势来说，至关重要。很久以来，从威尼斯共和国开始，他们就知道，贷款给政府和君主，比贷款给私人的好处要大得多，因为那是有条件的贷款，以国家权力支撑的税收为担保，债务肯定能偿还。金钱是敲开权力大厦之门最有效的工具。

通过提供信贷或削减贷款，就可以对整个国家或地区实行控制，这与第一次世界大战之前伦敦和巴黎的银行家对奥斯曼土耳其的所作所为如出一辙。货币，或者更准确地说，对货币的控制权，是这些银行家的战略目标。通过控制央行或国家银行来控制国家，对于他们的权力来说至关重要。正如亨利·基辛格在20世纪70年代所说过的，国际银行家精英集团的最高目标就是控制全世界——“谁控制了货币，谁就控制了整个世界。”

国际银行家，如巴林、罗斯柴尔德、施罗德、摩根、沃伯格、希夫、马利特或塞利格曼，都十分注重同本国政府和外国政府建立亲密的关系，因为政府发放债务。他们为政府担保的债券支付很高的溢价，行事极为机密，从不让大众理解他们的金钱是如何在幕后操纵政治决策的，其中包括发动战争、维持和平这样的决定。国际银行家的绝密行动已成为传统和行动特征，只有这样才能有助于政治策划，便于收买政客和法官，出钱发动政变消灭不合作的统治者或国家首脑，为听命于银行家的继任者开路。

19世纪时，美国曾经有过好多种银行。在南北战争中的1863年，美国国会依照《国家货币法》通过了《国家银行法》，这部法律的主体部分是由财政部部长萨蒙·蔡斯起草的。新法律指定全国的某些银行业中心为“储备城市”，在那里的地区性银行能够以存款和纸币的形式留存一部分准备金（最低准备金率为25%），放在国家银行的储备城市里，如芝加哥、圣路易斯或波士顿。

按照这样的设计，位于纽约市的几个国家银行拥有特殊的地位，它们必须以金币银币或金条银条的形式（作为法币）保留25%的储备金。根据该法律，纽约市被规定为新的银行法之下的“中央储备城市”，这相当于承认它已经成为国家的货币中心，预示了它50年后将被1913年的《联邦储备法》赋予的角色。❶

地方和地区性的银行在纽约的各家银行存款能够获得利息，因此资本就从地区性银行流向纽约，这个趋势一直持续到20世纪初。这样一来，纽约的国民银行的规模都大得超乎寻常。此外，根据法令，纽约的两家银行，即纽约第一国民银行和后来的纽约市大通国民银行，被赋予了联邦银行的地位。后者变

---

❶ Karl Erich Born, Geld und Banken im 19. und 20. Jahrhundert, Stuttgart, Alfred Kroener Verlag, 1977, p. 173～5.

成洛克菲勒标准石油帝国的银行，银行的名字则由当时的财政部长萨蒙·蔡斯亲自命名。❶

相比之下，还存在着一个人数很少但极有影响力的私人银行和国际银行集团，因为不向公众出售股票而不受地域的限制，他们做生意不受任何一个州的约束。联邦银行和州法律中的大漏洞被他们利用了。

这些“非法定银行”不能够像国家许可的股份制银行那样发行钞票。但是它们却因此而不受管制，可以在它们发现机会的任何地方做生意。在19世纪后半叶的数十年里，这些变成了国际银行的金融机构，如摩根、库恩－洛布、拉扎德、德雷塞尔以及其他一小部分人，可以在修建国家铁路、为扩展跨越各州界的大工业项目提供融资中最大规模地自由运作金融交易。

因为不受州界的限制，这些银行主要用来自伦敦和巴黎的资本，为美国铁路建设所需的巨大花费提供融资，从中谋取高额利润。他们是美国国内的国际银行家。❷

在20世纪第一个10年结束时，有两个巨人傲视国际银行业群雄，一个是英国的纳撒尼尔·洛德·罗斯柴尔德手下的罗斯柴尔德公司，另一个是属于美国J. P. 摩根的摩根公司。它们并不是总能友好相处。最初这两家银行与摩根紧密合作，很周到地维护罗斯柴尔德在美国的利益。后来，随着20世纪第一个10年接近尾声和一战临近，当英国工业和英帝国明显衰落时，一开始与罗斯柴尔德紧密合作的摩根开始谋求建立自己在金融上的绝对统治，一场不可避免的争斗就开始了。

后来被称为联邦储备体系的这个制度，是为确立私人银行对美国货币体系的控制而设计的，这些私人银行被摩根和纽约的国际银行家小圈子控制，这一切都是经过了精心准备才得以实现的。从《美国宪法》将铸币权明确地交给美国国会之后的一个多世纪中，私人银行业一直在争取得到大众的支持，获得国

---

❶ “大通”是Chase的中文翻译，来自1863年美国财政部长萨蒙·蔡斯（Salmon P. Chase）的姓氏。——译者

❷ Karl Erich Born, Geld und Banken im 19. und 20. Jahrhundert, Stuttgart, Alfred Kroener Verlag, 1977, pp. 172 ~ 173.

家银行的身份，但是它们的尝试始终没有成功。

美国人对私营央行的仇恨

在20世纪初，任何人提出建立美国的国家银行或中央银行，无异于自寻死路。自1787年《美国宪法》通过以来，美利坚合众国在它作为共和国的头120年中经历了两次建立中央银行的失败。

第一个国家银行由美国第一任财政部长亚历山大·汉密尔顿设计。汉密尔顿于1791年建议以私有的英格兰银行为模式成立一家美国银行。本杰明·富兰克林熟悉英格兰银行和部分准备金融资制度，深知一家私营的中央银行控制美国货币发行的危险。富兰克林一直反对成立中央银行，直到他于1791年去世。同年，汉密尔顿推动并通过立法，建立了“美国第一银行”，该银行坐落在费城。[1]

内森·罗斯柴尔德——伦敦和当时世界上最有实力的银行家——对美国第一银行投入了巨额资本。

汉密尔顿的国家银行绝不是美国联邦政府的银行。根据规定，这个银行的80%为私人拥有，其中包括伦敦的银行家，如内森·罗斯柴尔德。通过幕后指导美国第一银行的活动，伦敦的银行家们可以操控美国的金融活动，许多美国人认为成立这样的银行无异于被英国再殖民一次。

在汉密尔顿的心目中，国家银行“只要将有钱人的影响和利益与政府的资源结合起来，就能产生持久的、无处不在的信贷，这正是它需要的。”[2]

美国第一银行的确将两者结合起来了，但并不是为了美国人民的普遍利益。

美国第一银行被用来存放美国政府的资金和税收，被用来发行钞票、增加

---

[1] 有关财政部长汉密尔顿向国会提交的有关银行的议案，请参见 Alexander Hamilton，The Second Report on the Further Provision Necessary for Establishing Public Credit (Report on a National Bank)，December 13，1790，reprinted in Jacob E. Cooke，ed.，The Reports of Alexander Hamilton，Harper Torchbooks，New York，1964，pp. 74 ~ 82.

[2] Alexander Hamilton，'The Continentalist' No. IV，August 30，1781.

该银行认为恰当的货币供给量。正如我们已经知道的，该银行拥有的1000万美元的资本中80%属于私人投资者。只有20%的银行资本属于美国政府。该银行由1名主席和一个由25人组成的董事会管理。25人中有20个由股东选出，相当于80%属于私人集团，只有5人由政府任命。

托马斯·杰斐逊强烈反对建立一家由私人控制的中央银行。但是，乔治·华盛顿于1781年2月25日签字，使法令生效。华盛顿听信了汉密尔顿的话，置《美国宪法》于不顾，做了这件事。宪法规定美国的货币控制权在国会手中，而且并没有授权国会将这项权力委托出去。❶

宪法中的有关条款十分明确，目的就是要防止货币供应落入银行业之手；宪法将货币发行权直接交给由选举产生的国会。杰斐逊是《独立宣言》的起草人，他认为国会是政府的三个分支中最具有共和国性质的分支。

续签美国第一银行许可令的努力，在1811年的国会因参众两院各少一票而告失败。该银行受到指责，被认为对国内批发价格的大幅上升负有责任。

1812年，美国国会在总统詹姆斯·麦迪逊的敦促下，以某种无法理解的理由向英国宣战，这就是1812年战争。美国政府因为战争筹款而债台高筑。在4年的时间里，国家负债从4500万美元上升到1.27亿美元。战争期间，国家无视金银的储备数量批准银行增发许多贷款，造成了信贷热。而当战争结束时，这个贷款狂潮也就结束了。

1816年，为了解决随之而来的四处蔓延的通货膨胀，国会在各种利益集团、首先是私人银行的强烈要求下，决定成立一家以第一银行为基础的新国家银行，命名为美国第二银行，这家银行还是设在费城。它的营业许可为期20年，于1836年到期。

美国第二银行也规定只允许政府拥有20%的资本，80%的资本属于私人。它必须创造一种单一的国家货币，可以购买美国政府的大多数债务，可以接受美国财政部的资金作为自己的存款。作为私营的第二银行，这是一种独一无二

❶ 《美国宪法》第一章“立法权”第八款。该款写道：“国会有权规定并徵收税金、捐税、关税和其他赋税，用以偿付国债并为合众国的共同防御和全民福利提供经费……以合众国的信用举债……铸造货币，调议其价值，并厘定外币价值，以及制定度量衡的标准……”

的特权，同先前汉密尔顿创立的那家银行一样。

1816 年 5 月 10 日，在 5 年没有国家银行、又与英国打了一仗之后，詹姆斯·麦迪逊总统签署了建立美国第二银行的法令，允许它经营 20 年，并将资本金提高到 3500 万美元。它有权批准成立银行的分行，发行面值不低于 5 美元的钞票。至此，新成立的银行拥有了控制全国财政制度的权力。

1819 年最高法院大法官约翰·马歇尔宣布美国第二银行符合宪法。这家银行由费城巨富尼古拉斯·比德尔控制，他在 1822 年之后任该银行的董事长。

安德鲁·杰克逊总统是 1812 年战争的英雄，他不信任私人拥有的国家银行，担心将太多的权力授予美国西部和南部的国际投资银行、纽约和波士顿投资银行。1832 年他否决了给予该银行延续营业许可的提案。

为了确保这家银行在到期后寿终正寝，杰克逊命令财政部长将所有政府存款从该银行取出，然后将它们存入州银行。为了报复杰克逊，比德尔缩减了货币供应，引发了 1834 年的衰退，试图用这个办法强迫杰克逊延续这家私营国家银行的营业许可。他的伎俩是要求立即归还所有贷款，并且不再发放新贷款。

但是，比德尔的敲诈没能得逞。1835 年 1 月 8 日，杰克逊在美国历史上第一次还清了最后一笔美国国债。财政部还积累了 3500 万美元的盈余，这些钱被分配到了各州。

在另一次强迫为美国第二银行颁发营业许可的图谋中，尼古拉斯·比德尔在伦敦和欧洲大银行家的帮助下，导演了 1837 年的恐慌。华尔街的一位大银行家亨利·克卢斯在他 1888 年的自传中透露："1837 年恐慌中英格兰银行起了推波助澜的作用，它在一天中抛售了与美国有关的所有东西。"当时，英格兰银行政策委员会的主要人物是内森·罗斯柴尔德，他是尼古拉斯·比德尔的亲密盟友和美国第二银行的大股东。[1]

罗斯柴尔德在欧洲的金融王朝是当时世界上最有实力的金融集团，以伦敦的内森男爵为首，他的兄弟们分布在维也纳、那不勒斯和巴黎。它的实力与家

[1] Henry Clews, Twenty-eight Years in Wall Street, Irving Co., New York, 1888, p. 157.

族内部的关系如此紧密，具有如此极端的重要性，以至于这几兄弟以及他们后代的婚姻总是局限在堂表兄弟姊妹之间，以便守护家族的财富和秘密，在这样的家族中这也是通常的做法。

伦敦的内森和巴黎的詹姆斯·德·罗斯柴尔德都持有比德尔的美国第二银行的大量股票。内森·罗斯柴尔德曾经有一段时间还当上了美国政府驻欧洲的官方银行家。正如古斯塔夫斯·迈尔斯所说："法律档案显示，他们握有过去那个美国银行的权柄。"❶

人为制造的1837年恐慌并没有获得续签许可令，这家银行终于寿终正寝了。比德尔和股东把它重新命名为宾西法尼亚美国银行。当它最终在1841年被迫关门时，留下了两家伦敦的商业银行，即巴林兄弟银行和罗斯柴尔德银行，还带来2500万美元的索赔款。对于这两家私人银行，甚至对罗斯柴尔德银行来说，这都是一笔惊人的数目。❷

在一次关于金钱既得利益和美国国会的听证会上，杰克逊总统居然没有因成功地清偿美国的债务而受到赞扬，反而成为美国第一位被问责的总统。责难的缘由是没有得到美国国会的明确授权就将政府存款从美国第二银行❸取出。

1834年3月的问责于1837年在参议院得到了最后纠正。1841年，杰斐逊的终身朋友约翰·泰勒总统否决了两个提案，这两个提案都是想重新向美国第二银行颁发许可令。货币利益集团不断地试图通过一家他们能控制的中央银行来重建对美国货币的控制，但它们的努力一次又一次地以失败告终，直到1913年。

罗斯柴尔德在美国银行业中的角色

在1837年的金融恐慌当中，老奥古斯特·贝尔蒙特作内森·罗斯柴尔德的代理人被派往美国。他在美国成立了一家投资银行——奥古斯特·贝尔蒙特

---

❶ Gustavus Myers, History of the Great American Fortunes, New York, Random House, 1936, p. 556.

❷ Unted States Treasury, Frequently Asked Questions: Buying, Selling and Redeeming Currency, in www. treasury. gov/education/faq/currency/sales. shtml, accessed 19. 07. 2006.

❸ 原文为"the Bank of the United States"。——译者

公司。伦敦的内森·罗斯柴尔德在背后默默地支持他。他办事雷厉风行，以至于日后成为了美国总统和民主党党首的金融顾问。在美国第二银行失败以后，他们的老底被揭了出来，罗斯柴尔德只得通过代理人而不是以他自己的名义继续运作。

贝尔蒙特的儿子小奥古斯特·贝尔蒙特后来同 J. P. 摩根一起制造了 1893 年的恐慌，正是那次恐慌铺平了通往美国第三银行的道路，就是这家银行后来被称为联邦储备体系。

在 19 世纪 60 年代美国内战期间，亚伯拉罕·林肯总统说过："货币是法律的产物，而货币最初的发行权应该作为国家政府的独家垄断权保持下去。政府拥有创造和发行货币的权力、创造作为货币的信贷的权力，享有通过课税和其他方式回笼货币和收回信贷的权力，这样的政府没有必要也不应该以支出利息去借贷资本，作为资助政府工作和公共企业的方式。"

林肯还说过："政府应该创造、发行和流通所有的货币和信贷，这些货币和信贷将用来满足政府有支出的能力和消费者有购买的能力。创造和发行货币的权力不仅是政府的最高特权，它也是政府最大的创造机会。通过采用这些原则，长期以来对统一交换媒介的需求最终会得到满足。纳税人将节省大量的利息、贴现和外汇兑换费用。所有公共企业的融资、维持稳定的政府和有秩序的公共事物的进程以及财政部的行为，都将转化成管理操作一类的问题。人民能够并且即将拥有与他们自己的政府一样安全的货币。货币将不再是主人而将成为人类的仆人。"❶

林肯的话在伦敦金融城里一点也不受欢迎，势力强大的罗斯柴尔德家族和其他伦敦金融城里的银行已经准备好，向无法避免战争的林肯政府提供战争贷款，利息相当于高利贷。实际情况是，林肯因坚决支持工业保护主义而当选总统，弗吉尼亚州和其他 6 个种植棉花的南方蓄奴州立刻就和北方分离了。奥古斯特·贝尔蒙特暗地里怂恿南方同北方闹分离，他是莱昂内尔·罗斯柴尔德在

---

❶ Abraham Lincoln, officially cited in, 76th Congress, 1st Session, Jan 3 - Aug 5, 1939, Senate Documents #10304, Vol 3, Senate Document 23, "National Economy and the Banking System of the United States," by Robert L. Owen.

美国的私人代理人，是反对党民主党的一个主要人物，视林肯的工业保护主义政策为洪水猛兽。那时，以罗斯柴尔德家族为首的伦敦金融城各银行是美国南方棉花贸易的债权人，而棉花贸易是英国曼彻斯特各家纺织厂的重要原料来源。美国的保护主义和高额的关税有可能会摧毁他们与蓄奴州有利可图的生意❶。

亚伯拉罕·林肯非常清楚，为什么《美国宪法》的制定者要将货币的权力交给国会而不是私人银行。他长期支持辉格党参议员亨利·克莱的保护工业的关税政策，并且是宾夕法尼亚保护主义经济学家亨利·凯里的亲密朋友。凯里支持德国著名经济学家弗里德里希·李斯特的国家经济思想。❷

■ 林肯总统发行的国家纸币叫做“绿背”，这使得美国能够拜托伦敦的银行及其在纽约的伙伴，有钱打南北战争。这也许就是他在南北战争刚刚结束就遇刺身亡的原因

林肯没有建立美国第三银行，因为它注定会重新落入伦敦的大银行家和其纽约私人银行家盟友的手中。他利用宪法的权力，说服国会批准发行无利息的“绿背”，数量达1.5亿美元，这在当时是一笔巨大的数额，以美国政府的全部

❶ Reinhard H. Luthin, Abraham Lincoln and the Tariff, The American Historical Rview, Vol. XLIX, No. 4, July, 1944, pp. 610 ~ 627.

❷ Ibid., pp. 626 ~ 629. 图宾根大学的前经济学教授李斯特在德国被称为“关税同盟之父”。19世纪20年代，他应马修·凯里的宾夕法尼亚工业促进协会之邀到访宾州。在宾州期间，李斯特撰文抨击亚当·斯密和李嘉图的英式自由贸易主义，题目是《美国政治经济学大纲》，该书由凯里出版，他是林肯的顾问亨利·C. 凯里的父亲。有意思的是，由于20世纪70年代之后米尔顿·弗里德曼的新自由主义自由贸易理论成为了金科玉律，所以李斯特的名字在经济学研究中已经销声匿迹。

信誉和美国人的忠诚来支持。

在战争期间，流通中的合法绿背数量增加到4.5亿美元。绿背在发行的时候不可能用黄金来偿付。它们是美国政府的不兑现纸币，政府许诺用硬币支付持有者，但时间是在今后某个不确定的日期。绿背的持有者实际上是在对美国未来的存在和繁荣下赌注。

政府在以前就发行过有利息的战争债券和有利息的钞票。在林肯统治下，官方的这种法币钞票由美国财政部发行。这些钞票不支付利息，但将被用来支付所有公共和私人债务，不包括进口税和公共债务的利息。称为绿背的美钞允许林肯独立地为战争筹资，而不必依赖索要高额利息的伦敦或纽约的银行。林肯为战时筹款而采用的绿背，使美利坚合众国避免了与私人银行家之间的战争债务纠缠。

那时候，林肯还说过："我看见，在不远的将来有一场危机向我们走来，我万分紧张，为我们国家的安全而颤抖。公司已经被加冕为王，高层腐败的时代将接踵而至，在国内掌握货币权力的人将竭力利用人民的偏见来延长其统治，直到国家的财富被集中到极少数人手中，共和国❶将毁于一旦。"

1865年4月14日，亚伯拉罕·林肯遇刺，他中弹后倒在华盛顿一家剧院冰冷的血泊里。仅仅5天之前，南方邦联的罗伯特·李将军在弗吉尼亚州阿波马托克斯县府向北方的格兰特将军投降。就像几乎一个世纪之后约翰·肯尼迪遇刺一样，约翰·威尔克斯·布思这个"孤独的枪手"受到的仅仅是谴责，国会并没有严肃调查暗杀背后的阴谋。

虽然真相可能永远无法查明，但是有说服力的证据还是表明，暗杀林肯的凶手约翰·威尔克斯·布思受南方邦联的财政部长朱达·本杰明的雇佣而行刺。本杰明是英国首相本杰明·迪斯雷利（1804～1881）的亲密同伙，他本人又是伦敦罗斯柴尔德家族的密友。林肯遇刺后，朱达·本杰明逃到了伦敦，成为南方邦联内阁中唯一永远再也没有返回美国的成员。❷

---

❶ 指美国。——译者

❷ John E. Kovacs，Two Presidents who died defying the Rothschilds，The National Educator，September 1990，p. 9.

林肯被刺杀是因为他的货币政策。林肯需要资金来打仗。欧洲以罗斯柴尔德家族为首的银行家以极高的利率向他贷款。林肯没有接受贷款，而是用其他办法为战争筹款。更重要的一点是，英国银行家反对林肯的保护主义政策。19世纪60年代，有一些英国人确信："英国的自由贸易、工业垄断和奴隶制并行不悖。"

林肯在南北战争之后的政策本来会消灭罗斯柴尔德家族的商品投机。林肯制定了温和的战后重建政策，将使农业继续增长。但是罗斯柴尔德家族却在打赌，由于紧迫的战后南方重建政策，会出现物价高涨。林肯被看做一种威胁，所以他遭到暗杀。罗斯柴尔德家族及其同盟的目的是削弱美国，以便他们接管美国的经济。❶

林肯被刺之后，我们需要继续关注的事件是一场剥夺美国政府对绿背的发行权的战斗，最终目的是以一种建立在黄金硬币基础上的货币取而代之。这种货币将允许持有货币黄金的人，即当时伦敦和纽约国际银行家的精英圈子，通过将美国的货币问题锁定为黄金来控制美国的货币。在这里最重要的一点是，黄金掌握在英格兰银行的手里。

为重新使用硬币而战

东海岸银行家鼓吹用黄金偿付绿背，并且今后只发行得到黄金支持的美国政府钞票。在他们的压力下，1875 年，美国国会通过了《重新启用硬币法》。带头促使国会通过该议案的参议员是俄亥俄州的参议员约翰·谢尔曼。在亨利·斯托达德的回忆录中，这位《纽约共和党人报》的发行人注意到，谢尔曼参议员"与纽约第一国民银行的关系在恢复硬币支付的危机期间是如此亲密，以至于该机构被大家称为'谢尔曼城堡'。"❷

纽约第一国民银行的创始人是乔治·贝克，他后来成为由精英组成的朝圣者秘密会社的骨干成员。该会社成立于 1902 年，是正在形成的华尔街英美轴

---

❶ Lincoln Assassination Conspiracy, accessed in http://home. att. net/ ~ rjnorton/Lincoln74. html.

❷ Henry L. Stoddard, As He Saw It, cited in Ferdinand Lundberg, America's Sixty Families, New York, The Vanguard Press, 1937, p. 59.

心的导向性论坛。贝克后来成为摩根的亲密盟友，J. P. 摩根本人也是朝圣者秘密会社的创始者。

贝克和谢尔曼背后的游说集团来自纽约、波士顿和费城，那些为国际贸易融资的银行以及国际航运商和进口商。他们不得不用金属硬币支付英国和欧洲其他供货商的货物。这些利益团体后来被称为美国东海岸权势集团。它们脱胎于强大的以国际银行业为中心的集团。他们通过游说活动有组织地向国会施加压力，向包括纽约商会、波士顿和费城的同业公会在内的全国同业公会施加压力。

东海岸的国际利益集团曾遭到当时很强大的西部和南部农业势力以及大部分美国钢铁业和小商人的强烈反对。林肯的顾问之一、经济学家亨利·凯里代表的是美国钢铁业。他担心恢复用金属硬币支付会提高利率，并且使美国钢铁业在更廉价的英国进口品面前丧失竞争力。

凯里写道，东部的纽约、麻省和东部海岸港口各州已经“建立了世界上无以伦比的对货币权力的垄断。”他指出，虽然在新英格兰和纽约这几个采用金属货币的地方利率较低，但是美国其他地方的制造商和农民要为金属货币支付10% ~30% 的利率。❶

《重新启用硬币法》引起了极大的争议，并且遭到农民和小制造商人的强烈反对，他们担心会发生严重的经济紧缩和货币供给的减少。他们完全有理由担忧，因为纽约和新英格兰银行家持有大部分美国的货币黄金，全国纸币的持有和分布也有利于同一个东海岸银行业权势集团，《重新启用硬币法》将牺牲其他人而使这些银行获得好处。

正是纽约和伦敦的国际银行辛迪加于 1875 年一手促成了《重新启用硬币法》的通过。这个国际银行家辛迪加的成员有奥古斯特·贝尔蒙特公司，代表伦敦银行家罗斯柴尔德父子公司；塞利格曼公司代表塞利格曼兄弟；德雷克赛尔摩根公司（其合伙人是摩根）代表伦敦的朱尼亚斯·摩根公司，这是 J. P.

---

❶ Henry C. Carey, The Finance Minister, the Currency and the Public, Washington, D. C. , 1868, pp. 13 ~14.

摩根父亲的银行。这个辛迪加还包括莫顿·布利斯公司，代表莫顿·罗斯公司。该辛迪加中唯一来自纽约的银行，是乔治·贝克的纽约第一国民银行，这是花旗银行集团的前身。[1]

《重新启用硬币法》规定，到1879年1月1日，所有流通中的绿背都可以用黄金硬币兑换。这个法令是将美国经济置于伦敦和纽约国际银行家控制之下的一个重大步骤。这些银行家能控制私人手里的大部分货币黄金。但是，对于他们的长远目标来说，这还远远不够，它们要的是对美国货币发行权的全面控制。[2]

成立于1907年金融托拉斯制造的恐慌之后的这个奥尔德里奇货币改革委员会在1908年的任务，就是实现这个目标。

佐治亚州哲基尔岛上的秘密会议

国际银行家集团起草的文本后来成为1913年的《联邦储备法》，它以最机密和最欺骗人的手法干了这件事。在摩根和洛克菲勒克操纵的1907年恐慌之后的1908年，西奥多·罗斯福任命共和党参议员纳尔逊·奥尔德里奇主持国家货币委员会。1910年11月，纳尔逊·奥尔德里奇同一群美国大金融家一起，乘坐密封的火车包厢，前往摩根的私人海岛度假村，即佐治亚州海岸边的哲基尔岛。[3] 要是有哪个好奇的记者发现美国最有实力的金融家在此聚会，他们就会以打野鸭为聚会的借口，但是他们没法说他们要去猎的是什么鸭子。

除了奥尔德里奇以外，这个行踪诡秘的小组还包括了弗兰克·范德利普，纽约国民城市银行的董事长——这是约翰·洛克菲勒的家族银行，在1907年恐慌之后，摩根和雅各布·希夫的库恩－洛布公司也成了它的股东。经过严格挑选的银行家还有摩根公司的高级合伙人亨利·戴维森；被摩根控制的纽约第

---

[1] Irwin Unger, Business Men and Specie Resumption, Political Science Quarterly, Vol. 74, March 1959, No. 1, p. 68, footnote 95.

[2] Ibid., pp. 46 ~ 70.

[3] Eustace Mullins, The Secrets of the Federal Reserve, Bankers Research Institute, Staunton, Virginia, 1983, p. 1.

一国民银行董事长查尔斯·诺顿，被摩根控制的纽约银行托拉斯副董事长本杰明·斯特朗（摩根的心腹）。这个小组还包括财政部长助理皮亚特·安德鲁。

■ 摩根旗下的哲基尔岛俱乐部是一个银行家小集团秘密集会的场所，他们在这里草拟了1913年的《联邦储备法》，使得美国有钱参加第一次世界大战

那一年的11月，实力雄厚的洛克菲勒集团也派了两个有影响力的代表前往哲基尔岛。一个是库恩-洛布公司的保罗·沃伯格，该公司是仅次于摩根公司的第二大私人投资公司。沃伯格实际上是约翰·洛克菲勒的间接代表，库恩-洛布公司当时是约翰·洛克菲勒的首席投资银行，通过弗里德里克·盖茨以投资顾问身份指导洛克菲勒。它也是联合太平洋铁路公司哈里曼的银行。[1] 上述国民城市银行的董事长弗兰克·范德利普是洛克菲勒集团在哲基尔岛上的第二个代表。

出现在哲基尔岛上的银行家小组就沃伯格提出的计划达成了共识，在这里摩根显然占据了优势地位，在场的5家主要纽约银行中有3家与摩根银行集团有直接联系。所以毫不奇怪，在1914年决定最重要的纽约联邦储备银行第一任行长的人选——本杰明·斯特朗时，摩根起到了决定性的作用。本杰明·斯特朗是摩根的合伙人。

---

❶ Ron Chernow, Titan: The Life of John D. Rockefeller, Sr., London, Warner Books, 1998, p. 373, 377.

民主党调查“金融托拉斯”

哲基尔岛秘密会议数月之后的1912年，由于国会议员老查尔斯·林德伯格提议调查华尔街势力，美国众议院银行业和货币委员会举行了听证会；因其委员会主席是路易斯安那州的民主党阿森·普约，因此被称为普约委员会。普约委员会的使命从表面上看，是调查美国的银行业和货币的状况。

该委员会发出了正式要求，传唤J. P. 摩根在美国国会委员会面前作证，他同第一国民银行创始人之一的乔治·贝克、詹姆斯·希尔以及威廉·洛克菲勒（标准石油托拉斯的约翰·洛克菲勒的兄弟）等人藏匿在他位于纽约的庄园中，拒绝接受传唤。他因为“咽喉疼痛”无法作证。摩根和其他金融托拉斯里的人物后来虽然出席了听证会，但是拒绝说出任何实质性内容。

尽管银行家们不合作，该委员会的调查还是得出了结论：金融领导人为了加强他们对多个产业的控制而密谋和滥用了公信力。他们确认，美国的货币和信贷这两个方面都在走向集中控制，通过将银行所有权集中到少数人手中，银行将他们亲手挑选出来的同伙安置到他们投放贷款或者持有股票的企业托拉斯或工业集团的公司董事会中，从而强化了银行的控制。

该委员会在记录中指出，处于金融托拉斯最上层的6家大金融公司控制了最重要的钢铁、铁路、公用设施、石油和炼油以及其他大的工业集团。这个权力的集中通过控制全国主要媒体而完成，全国媒体中铺天盖地的宣传都是有利于金融托拉斯集团特殊利益的内容。这是一个相互勾结的董事会体系，在它的核心处实施控制的，是由该委员会提名的6家私人银行。

该委员会报告提供的细节指出，在1913年，美国这个巨型经济、政治和金融势力的金字塔顶端，端坐着J. P. 摩根公司——一家私人投资银行。普约报告记录的事实表明，摩根通过持股和占据董事会席位，掌握了对美国最大的几家公司的控制权，其中包括美国钢铁公司、美国电话电报公司、西联汇款、通用电气公司、国际收割机公司、银行家信托公司[1]、担保信托公司、纽约国

---

[1] 又称“信孚银行”。——译者

民城市银行、纽约中央铁路、北方太平洋铁路、泛北方和巴尔的摩－俄亥俄铁路。普约委员会记录的1913年被摩根集团有效控制的公司总数达到112家。

普约报告指出，摩根拥有广泛的国际联系，他先是以J. S. 摩根公司作为伦敦银行的合伙人，后来以摩根·格伦费尔和巴黎银行摩根哈杰斯公司的名义同伦敦银行合伙。摩根再次受到传唤，他出席了听证会但拒绝透露任何实质性内容。他说自己是一个无权无势的逍遥派，不受古怪的法律和共和党政府的任何束缚。

普约委员会的记录进一步表明，影响力仅次于J. P. 摩根公司的是纽约第一国民银行，摩根在其中也有巨大的利益；居第三位的是纽约国民城市银行，其创建人是约翰·洛克菲勒的兄弟威廉·洛克菲勒，在那里摩根与洛克菲勒集团共享控制权。普约报告还提到顶级金融机构中的私人银行库恩－洛布公司，以及其他两个私人银行——纽约的基德尔·皮博迪公司和波士顿的李·希金森公司。

这6家金融机构实际上控制了创建联邦储备体系时的美国经济生活。普约所说的4家金融托拉斯，即J. P. 摩根公司、第一国民城市银行、纽约第一国民银行以及摩根控制的担保信托公司，仅这4家公司就控制了价值达220亿美元的惊人财富；他们的手法是担任公司的董事和持有公司的股票。

普约所揭露的看起来是在宪法赋予国会的权力范围以内，向金融托拉斯的权势提出的一次严肃挑战。事实却正相反，这是一次由金融托拉斯银行家精心策划的活动，借以提高新近选出的民主党国会在大众心目中的支持度，以便推出民主党版本的国家银行法令，即1913年的《欧文－格拉斯联邦储备法》。

欧文－格拉斯联邦储备法的核心部分是民主党律师塞缪尔·昂特迈耶起草的，他又是普约委员会的主调查员。所以与林德伯格的愿望相反，普约调查是金融托拉斯精心设计的一场表演，他们的目的是让民主党占多数的国会通过他们自己所希望的控制银行业的法案。共和党人奥尔德里奇提出的计划在摩根控制的报刊上遭到严厉斥责，而《欧文－格拉斯联邦储备法》这个由纽约金融托拉斯控制和主导的模式，却被赞扬为公平而民主的选择。[1]

而事实却恰恰相反。

那一年为普约听证会所做的宣传，实际上为金融托拉斯大开了绿灯，使它得以在不久之后实施最凶猛的政变——全面策划和通过《联邦储备法》，从此实施对美国货币的控制。普约报告指出的纽约银行集团，正是那个秘密集会并且起草了后来成为《联邦储备法》草案的银行集团。因此他们力推并且通过的《联邦储备法》最有利于他们自己，就毫不奇怪了。

沃伯格计划

1916 年，B. C. 福布斯[2]在《联邦储备法》变成白纸黑字后曾经提到哲基尔岛的秘密聚会。他写道："这是我第一次告诉世人的一个真实故事：著名的奥尔德里奇货币报告是如何写成的。那个报告是我们新货币体系的基础……每一个人都被警告要绝对保守秘密。关于我们将要做的事情，公众不应该获得一点点暗示。"

福布斯没有提任何人的姓，他继续写道："纳尔逊[3]向亨利、弗兰克、保罗和皮亚特透露，他们将被关在哲基尔岛上，与世隔绝，直到他们为美国编制出一个科学的货币体系，即现行的联邦储备体系，将在哲基尔岛上完成……沃伯格是把奥尔德里奇系统和现行的系统[4]结合起来的那个环节。只有他才能使这个系统成为现实。"[5]

保罗·沃伯格在形成美国联邦储备模式的过程中起了决定性作用，而他是一个德国人，这实在是一个讽刺。沃伯格随后于 1914 年被任命为新的美联储第一届董事会董事和副董事长，任期直到 1918 年。这里的讽刺意味并不在于

[1] United States House of Representatives Committee on Banking and Currency, Report of the House Committee (The Pujo Committee) Appointed to Investigate the Concentration and Control of Money and Credit, Washington D. C., 1913: 64.

[2] 与金融杂志《福布斯》创办者同姓。——译者

[3] 即纳尔逊·奥尔德里奇。——译者

[4] 即联邦储备系统。——译者

[5] Bertie Charles Forbes, Current Opinion, December 1916, p. 382, cited in Eustace Mullins, Op. Cit. p. 2.

保罗·沃伯格是德国人，而在于他的美联储可以变成战争融资手段，从而有可能在1918年击败德皇威廉二世的德国。

具有双重讽刺意味的是，保罗·沃伯格有一个兄弟马克斯·沃伯格，他是德国战争期间的情报部门首脑和德国最强大的私人银行之一汉堡的沃伯格家族银行行长，因为替德国在战时筹款有功而闻名遐迩。[1] 而英国战争期间派到华盛顿的秘密情报部门的首脑威廉·怀斯曼，在战争结束后竟然会成为保罗·沃伯格从前的银行——库恩-洛布的合伙人。

同床异梦并非只出现在政治舞台上！

在1910年秘密的哲基尔岛聚会上，库恩-洛布公司的保罗·沃伯格提出了一项骗人的建议，他的目的是使新的国家银行法令能够被国会通过。他故意不说这是国家银行或中央银行，而是听起来无害的"联邦储备银行协会"。他推出的论点是，美国模式与英格兰银行或其他欧洲中央银行不同，是一个分散权力、保证地区性银行业对货币的最大控制的模式。

美国最大的银行和货币中心纽约支配一切的影响力，被隐藏在12家独立的地区性银行的面具之下，从旧金山到堪萨斯城、明尼阿波利斯、亚特兰大、波士顿再回到纽约，一批地区性银行将被建立起来。每一家地区性银行都是私营的，而且将被该地区最有实力的银行或公司所拥有，就像费城银行家莱斯利·肖在1913年就《奥尔德里奇计划》举行的一次国会听证会上所说的，这个货币体系肯定可以做到的是："你建成一个地方性组织，集中控制就有了保证……你把这些银行网罗在一起，它们就能够具有这个国家除了报纸以外的最大影响力。"[2]

在哲基尔岛上制订的奥尔德里奇-沃伯格中央银行计划，被1911年1月11日的《民族》周刊杂志注意到了："中央银行这一名称被刻意回避了，但是被冠以'联邦储备协会'这个名称的拟议中的中央组织，其实是被赋予了欧洲中央银行所通常具有的权力和责任。"[3]

---

[1] Ron Chernow, The Warburgs, New York, Random House, 1993, pp. 155 ~ 156.
[2] Cited in Eustace Mullins, op. Cit., p. 14.
[3] Ibid., p. 12.

按照沃伯格的计划和建议，联邦储备协会的12家成员银行将由私人股东持股并拥有。而私人股东可以为了谋求私利而利用美国政府的信誉；它将控制美国的货币和信贷；它将成为一家发行货币的银行，这意味着它可以随心所欲地创造货币或金钱，它将会在战争期间通过创造信贷来为政府筹资。

沃伯格是参加哲基尔岛会议的唯一一位对欧洲各种中央银行职能有直接经验的人。他把私营的英格兰银行当作他的储备银行的样板。

1943年《美国大百科全书》关于英格兰银行的词条是这样写的：“它的弱点是一个系统中内生的弱点，这个系统已经形成，而受到的立法控制却微乎其微……它的资本为私人所持有，在管理上不受来自国家的任何直接的或间接的控制。”

随后该词条提到英格兰银行和它的后裔（即美联储）共同的决定性特征：“另一方面，在整个历史中，它总是或多或少地处在国家的保护之下。它的发展过程中写着一次又一次把资本贷给国家、借此确认和扩展自己特权的事件……英格兰银行被一个行长、一个副行长和由24名大股东选举的董事组成的董事会所控制，也就是说，这些董事是由股东❶根据董事会提名选举出来的……”❷

为了替君主理财，1694年英王威廉三世授予英格兰银行皇家许可，创建一个拥有“永久利益基金”的银行。这个计划是一名苏格兰发起人兼私掠船❸船主发明的，这人叫威廉·佩特森。

英国政府的一台永远的货币机器就这样诞生了。永远的国家债务也随之问世。英格兰银行将要为从伦敦金融城中生长出来的那个帝国融资。在正常的经济条件下会发生的货币的缺乏或流动性的缺乏不会再妨碍英帝国了。依据阿姆斯特丹银行模式建立起来的这个“部分准备金制”银行业，连同“垄断”银

---

❶ 即私人股东。——译者

❷ Encyclopedia Americana, The Bank of England, Vol. 13, 1943 edition, cited in E. C. Knuth, The Empire of 'The City', Milwaukee, 1946, The Noontide Press, footnote p. 27.

❸ 获得国家授权可以攻击敌国商船的民用船只，由英国人最先使用。1856年，欧洲各国签署条约禁止私掠船。——译者

行这个激进的金钱观念一起，将要为永远不偿还的贷款把货币创造出来。[1]

部分准备金银行业不可告人的秘密

部分准备金制度最早在 17 世纪中叶被阿姆斯特丹银行秘密地采用，唯恐会导致存款户的恐慌，最后它还是引起了恐慌。

阿姆斯特丹银行是在阿姆斯特丹市的保护下，为了一个非常具体的目的，在 1609 年成立的。因为黄金和白银硬币体积巨大，搬运不便，并且有被抢劫的风险，因此商人们创建了银行，按照货币真实的和固有的价值接受外国的和当地的铸币。银行要扣缴数额不大的铸币费和管理费，并且将客户存留的金银数量登记造册。扣除了小额铸币和管理费之后，银行将其余的钱出借给客户。这种信贷就被称为银行货币。与造币厂的标准保持一致的并具有同样价值的银行货币，其价值会逐渐超过在流通中总会磨损的金银铸币。与此同时，一条管理的规则被引入进来，所有从阿姆斯特丹银行兑付的价值超过 600 盾的商业票据，都必须用银行货币来支付。这一规则消除了来自银行票据本身的不确定性，迫使所有商人都在银行开设账户，然后进一步造成了对阿姆斯特丹银行的银行货币的需求。

然而，阿姆斯特丹的银行家很快意识到，在任何一个时候，他们收到的存款中只有一小部分被取出，因此他们开始秘密地着手制定最低平均存款保留标准，把其余的钱贷出去，这样就能用他们借来的存款去赚钱了。刚开始的时候，他们只贷出存款总额的一小部分，因为这样干好像没什么问题，后来贷出增加到 50% 以上。可是如果公众知道他们的黄金只有 50% 安全地存在银行里，就有可能发生恐慌。1791 年果然发生了恐慌，这家银行也就走到了终点。

滥用储户的信用委托是完全可能发生的，因为银行并没有得到指令来公布这些信息。这就是现代银行原则的开端。在只保留部分准备金的贷款制度中，一家银行或整个银行系统的价值基础，实际上变成了储户的信任，这是一个微妙的价值基础。部分准备金制度的本质，会驱使银行最大限度地贷出款项以便

---

[1] E. C. Knuth, The Empire of 'The City', Milwaukee, 1946, The Noontide Press, p. 27.

使收益最大化，直到信贷过剩导致市场崩溃。因为银行可以贷出本来不属于它的资金，因此信贷机制就是通过简单的账目变换，把货币从虚无中创造出来。

这就是在联邦储备委员会成立之前一个世纪中不断被策划制造出来的银行恐慌的历史。摩根和他的精英银行家同伙们想要的是一家由自己选出来的人永久控制的中央银行，一个充当信贷系统保护人的机构，让各种银行都服从银行业统一利益的中央警察，操控银行准备金率的水平，随便提高或降低，以达到维持部分准备金贷款制度运转的目的。它给予纽约金融托拉斯银行的权力，足以对美国信贷实行准垄断，后来的历史证明这种权力令人畏惧。

共和党银行家收买民主党人实施政变

到1910年时，摩根和金融托拉斯已经决定，有必要推行新版的私营阿姆斯特丹银行的信心游戏，这是他们自己的版本，不用阿姆斯特丹市来签字认可，而是要由对美利坚合众国联邦政府的信任和尊重来认可。

由于在整个国家和国会中，特别是民主党人（如查尔斯·林德伯格）和进步的共和党人（如罗伯特·拉·福莱特）中，存在对金融托拉斯严重的和普遍的不信任，所以有必要对这个计划进行欺骗性伪装：以攻击参议员奥尔德里奇的国家货币委员会和《奥尔德里奇计划》为掩护，推出沃伯格的中央银行计划。弗吉尼亚州的卡特·格拉斯在国会举行了听证会，批评奥尔德里奇委员会的工作是浪费公共资金，谴责奥尔德里奇计划是“将投票的控制权置于大银行之手。”❶

虽然大力谴责奥尔德里奇计划是“中央银行计划”，国会议员格拉斯自己的《联邦储备法》恰恰充满了中央银行的职能并且让金融托拉斯私人控制，这正是沃伯格在1910年哲基尔岛会议上策划的东西。格拉斯法案只不过是一个披着民主党议案的羊皮、化过妆的奥尔德里奇计划。怪不得保罗·沃伯格被伍德罗·威尔逊总统指定起草为格拉斯方案配套的备用法案。沃伯格与威尔逊总

❶ Eustace Mullins, op. Cit. , pp. 14 ~ 15.

统之间的联络人是威尔逊的心腹爱德华·豪斯上校。❶

银行的股票将由私人股东所持有，这些股东将利用美利坚合众国政府的全部信誉来谋取私利。格拉斯设计的美联储将控制美国的货币和信贷，这直接违反了《美国宪法》的第一条。宪法第一条把这种控制权明确地赋予了政府所有机构中最具共和主义性质的机构：美国国会。此外，格拉斯设计的美联储将是一家“钞票发行银行”，它能够“从稀薄的空气”中发行钞票，并且能够在“战时”发行信贷来为政府融资。实质上，这个联邦体系放弃了印钞票的权力，将之拱手让予合法化的私人银行卡特尔，这个卡特尔通过洛克菲勒家族、库恩－洛布公司和 J. P 摩根的代理而附属于伦敦金融城中的银行，其中最重要的，正是罗斯柴尔德公司。❷

总之，格拉斯法案给予由摩根家族领导的私人银行阴谋小集团的，正是对发行钞票的全面垄断控制，这个钞票在经济生活中就是法币，就是货币。具有启迪意义的是，1913 年《欧文－格拉斯联邦储备法》也赢得了美国银行家协会的热烈赞同，同时却遭到大众报刊的贬损。美国共和党人在 1910 年失去了对众议院的控制，又在 1912 年的全国选举中失去了对参议院的控制，让民主党人控制了白宫。1912 年伍德罗·威尔逊的当选，也是一小撮人操作的结果。这帮人通过资助第三方来分裂共和党，这个第三方是被戏称为“雄鹿党”的“进步党”，它推出的总统候选人，是前共和党总统特迪·罗斯福。❸

正是摩根和洛克菲勒的金钱使得“改革”的民主党人伍德罗·威尔逊于 1912 年入主白宫。威尔逊自从 1898 年出任精英普林斯顿大学校长开始，就被有权有势的银行家小集团所推崇，这些人的首领是普林斯顿的费尔普斯道奇黄铜联合企业的克利夫兰·道奇，他还是摩根－洛克菲勒国民城市银行的董事。

---

❶ Ferdinand Lundberg, America's Sixty Families, The Vanguard Press, New York, 1937, p. 122.

❷ Eustace Mullins, op. Cit., p. 15.

❸ 据认为，“雄鹿党”的创立是为了与共和党人塔夫脱争夺选票，以便更听话的伍德罗·威尔逊当选，详情请参见 Ferdinand Lundberg, America's Sixty Families, “The Politics of Aggrandizement: 1912 ~ 1920,“ pp. 106 ~ 120. 在银行家挑选出来的伍德罗·威尔逊赢得 1912 年的大选后，纯粹是拼凑起来的进步党解散了，西奥多·罗斯福悄悄地重新成为共和党的一员。

威尔逊与道奇之间的个人关系亲密到直呼“亲爱的克利夫”的程度❶。

当摩根集团认定，在政治上威尔逊将比一个共和党总统更有可能批准一项共和党的国家银行法提案并签字生效时，他们就开始策划一次全国性的媒体宣传运动，通过摩根集团秘密控制的报纸，鼓吹威尔逊（时任新泽西州州长）为“自由的改革者”候选人。威尔逊的提名是用金钱买来的，这些钱来自于国民城市银行的道奇、从属于摩根的赛勒斯·麦科马克国际收割机公司以及保罗·沃伯格的投资银行，还有库恩－洛布的高级合伙人雅各布·希夫。❷ 威尔逊是被哲基尔岛阴谋集团用金钱收买的人。他不会辜负他的赞助者。

1913 年 12 月 23 日，圣诞夜前一日，几乎没有经过辩论，《联邦储备法》（又称《格拉斯－欧文法案》）由国会通过。当许多美国国会议员已经回家过圣诞节的时候，共和党人控制的参议院通过了该法案。在它通过仅仅一个小时之后，民主党总统伍德罗·威尔逊就签署了它，让它变成法律。

联邦储备体系作为独立的中央银行被建立起来。虽然美国总统负责任命联邦储备体系的主席和各位行长，并且该任命还得经过美国参议院的同意，但是 12 家私人储备银行的董事长是该体系的主人。在这 12 人之上，是任何人都无法企及的纽约联邦储备银行董事长的权力。美联储作出的决定，并不需要总统或政府其他部门或国会行政分支机构任何人的批准。对美国所有银行的全部货币政策的决定权，就这样被立法埋葬了。

非成员银行所持有的股票不具任何投票权。这一条款保证了外人无法购买联邦储备委员会的股份。这是一个严格的内部人或老朋友的俱乐部，由金融托拉斯实施控制。❸

1913 年《联邦储备法》通过后几个月之内，新上任的纽约联邦储备银行董事长、摩根的朋友本杰明·斯特朗，与美联储的董事和该法案的起草者保罗·沃伯格一起前往白宫和国会，他们还要为该法的修正案进行游说，允许新

---

❶ Ferdinand Lundberg, op. Cit., pp. 109 ~ 121.

❷ Ibid., p. 109.

❸ Wayne N. Krautkramer, The Federal Reserve - Its Origins, History & Current Strategy, 15 September 2004, in news. goldseek. com/GoldSeek/1095269452. php.

成立的中央银行有这样的权力：既能毁灭货币也能创造货币。他们做得很成功。到此为止，美联储及其下属的、控制政策的私人银行家们创造经济繁荣、为战争进行经济动员、制造通货紧缩性的衰退和萧条的道路，现在已经扫清。所有这一切都是由暴力推进的，暴力程度超过了此前金融托拉斯银行家动用过的任何一种暴力，那时还是建立私人联邦储备体系之前的那个世纪。随之而发生的经济涨落过程被给予了伪科学的解释，那个理论被冠以“经济周期”之名，仿佛这个涨落过程是无论如何都不可避免的。但事实绝非如此。

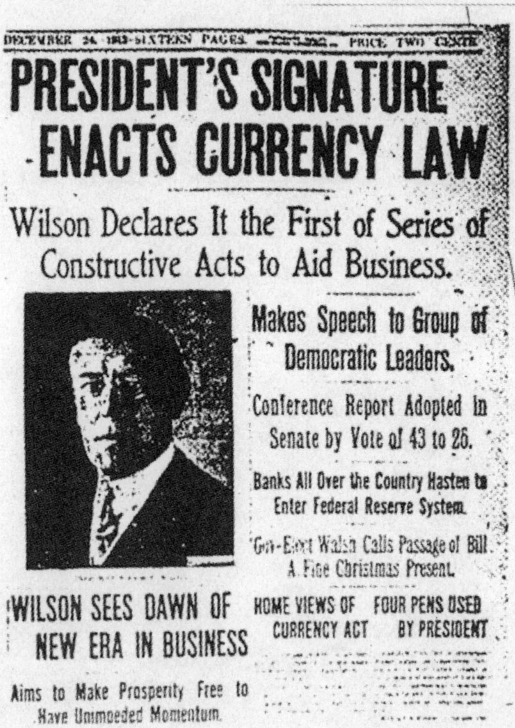
PRESIDENT'S SIGNATURE ENACTS CURRENCY LAW

Wilson Declares It the First of Series of Constructive Acts to Aid Business.

Makes Speech to Group of Democratic Leaders.

Conference Report Adopted in Senate by Vote of 43 to 26.

Banks All Over the Country Hasten to Enter Federal Reserve System.

A Fine Christmas Present.

WILSON SEES DAWN OF NEW ERA IN BUSINESS

Aims to Make Prosperity Free to Have Unimpeded Momentum.

HOME VIEWS OF CURRENCY ACT

FOUR PENS USED BY PRESIDENT

■ 刊登《联邦储备法》通过消息的报纸

新成立的美联储最重要的使用价值，是允许私人银行，特别是摩根家族及其同伙，去冒从前谁都无法想象的风险。他们的投机无论具有多大的风险，现在都以美利坚合众国政府的“全部信誉”为抵押，外加不知情的纳税人提供的支持。对 1787 年建国以来从未见过的第三国民银行手中的权力，对它无限的力量进行首次检验的时刻很快就要来到了。英国和法国不久之后就要向美国政府要求大量贷款，为它们 1914 年摧毁德意志第二帝国和奥匈帝国的战争融资，这就是后来被称为第一次世界大战的事件。

4.

Morgan and
the Fed Finance a
European War

第四章

摩根和美联储出钱让欧洲打仗

“这是一场保卫世界民主的战争。”

——伍德罗．威尔逊总统于1918年在公共信息委员会上的讲话

捉襟见肘的英帝国

在1914年世界大战的前夜，庞大的、日不落的不列颠帝国至少从表面上看起来仍然强大，虽然她的内部核心之处已经腐朽，虽然她在经济上已经穷途末路；但这个事实当时还无法被人认清。1899年，靠着从性情古怪的矿业大佬塞西尔·罗得斯那里得到的金钱，英国同南非德兰士瓦的荷兰布尔移民打了一仗，从后者手中夺取了大量黄金资源。南非的黄金延长了伦敦金融城的生命。那一年正是维多利亚女王登基60周年，她作为女王已经统治了世界上最强大的帝国超过半个世纪。英帝国正处于权力和声望的顶峰，这一点不容置疑。

南非开普殖民区的高级专员艾尔弗雷德·米尔纳，是罗斯柴尔德勋爵的密友，两人都是一个自称"天命人社团（The Society of the Elect）"的秘密会社成员。米尔纳与罗得斯、亚瑟·鲍尔弗和艾伯特·格雷都在觊觎荷兰在南非的布尔人德兰士瓦布尔共和国和奥兰治自由领的金矿所蕴涵的经济权力。他还想建立一个从开普到开罗的不列颠殖民邦联，对非洲大陆实施支配和统治。[1]

伦敦的罗斯柴尔德公司支持罗得斯和米尔纳，也支持他们打仗的理由。塞西尔·罗得斯心中有一个长远的打算——以英国东印度公司为楷模，成立一家英国南非公司，他需要得到皇家特许。罗得斯相信，南非丰富的黄金和矿产资源将足以使伦敦金融城在数十年里维持她在全世界无可匹敌的金融中心的

---

[1] Carroll Quigley, The Anglo-American Establishment: From Rhodes to Cliveden, New York, Books in Focus, 1981, pp. 38~9.

地位。

罗得斯、米尔纳以及英帝国的战略家精英们，大多数都曾经在牛津大学的万灵学院求过学。为了振兴低落的帝国精神，他们在1910年成立了一个秘密会社，这个团体将会秘密地对英帝国的战略政策施加重大影响，直到第二次世界大战结束。他们借中世纪圣贤亚瑟王的故事称自己的组织为"圆桌"，并且以"圆桌"这个名字命名他们的杂志。[1]

英国人打赢了布尔战争，但是在走向胜利的道路上他们失去了帝国。伦敦本以为能够速战速决，但是事与愿违。英国与欧洲仇敌的最后一次战争是1853年与俄国打的克里米亚战争。自从那时以后，英国军队在长达40年的时间里，只是在与世界各地缺少武器缺乏训练的土著人作战，再未遇到真正的挑战。1899年的布尔战争在伦敦被设想成又一个"小小的辉煌战争"，伦敦人以为在几周之内这场战争就会结束。差不多一个世纪之后，美国将军在针对伊拉克的震慑攻击和实施快速占领之后，也表现过英国人的那种狂妄自大。

布尔战争对于英国，正如一个世纪之后的伊拉克战争对于美国一样，最后的结果都非常具有破坏性。荷兰的布尔移民打得很勇猛，采用了非常规的或不对称的战术来对付占有很大优势的对手。英国人按照老习惯从殖民地调军队打仗。布尔人像游击队那样迅速行动，高度机动灵活，他们还得到了德国毛瑟枪和新的无烟子弹，这样打起仗来便于隐藏阵地。

布尔人采用打了就跑的战术，不仅造成了英国人难以承受的损失，还彻底挫败了英帝国绅士派头的"公平之战"的观点。布尔人不是绅士，他们是在为土地和家园而战。那场痛苦的战争持续了3年，而英国为名义上的胜利付出了难言的代价。布尔之战向全世界表明，世界上最强大的帝国不能打败一支数量很小而又处于劣势的军队，因为这支小小的军队决心保卫家园。这是美国的精英在20世纪70年代打越南战争时还要痛苦地再学习一次的教训。

布尔战争的成本和伤亡人数不停地上升，而女王陛下的将军们一口咬定离

---

[1] Carroll Quigley, The Anglo-American Establishment: From Rhodes to Cliveden, New York, Books in Focus, 1981, pp. 33 ~ 34.

战争的结束不远了。英国舆论开始不耐烦了。由于英国的无能和疏漏，2.5 万布尔平民（主要是妇女和儿童）和 1.4 万当地土著人死于“集中营”——这个全新的名词在这里第一次出场。这场战争是一个分水岭，英国人自己的帝国理念从此开始缓慢地走向衰落。❶

挑战英国全球地位的两个对手

在英国显示出没落迹象之时，两个潜在的竞争者难以觉察地登场了，它们将要挑战英帝国并且填补帝国角色的空白。一个是德意志第二帝国。尽管德国精英当中很少有人去思考 1900 年之后的英国，但是德国的工业增长、教育系统和科学技术已将英国远远抛在身后。只有在世界贸易方面，伦敦金融城还占据着主导地位。

第二个挑战者是美利坚合众国。她在 1898 ~ 1899 年刚刚打完第一场帝国战争——为了得到菲律宾和古巴而与西班牙开战。不列颠、德意志和美利坚之间秘而不宣的地缘政治竞争，还需要花费 30 年的时间、打两次世界大战才能见分晓。❷

在美国，控制了金融托拉斯和大工业托拉斯的精英，那些围绕着摩根、洛克菲勒、哈里曼、希夫等人的精英们，现在看到了掌握真正的、主导性的、全球性权力的机遇。

布鲁克斯·亚当斯是约翰·昆西·亚当斯总统的孙子，是最狂热和最有影响力的美帝国鼓吹者之一。他在 1902 年写道：“在刚刚过去的 10 年里，世界经历了一种周期性发作的危机，改变了社会均衡。确定均势的力量源泉已经从欧洲向美国转移……应用科学是实现美国至高无上地位的唯一途径……在经济和能源领域，优秀的美国公司在管理方面无可匹敌。”

---

❶ Phil Konstantin, The Boer War South Africa, 1899 ~ 1902, The History Ring, San Diego, accessed 25 July 2008 on www. geocities. com/Athens/Acropo/8141/boerwar. html.

❷ 有关争夺全球统治的这种竞争关系，有一个从地缘政治的视角出发的有趣观点，请参见 Peter J. Taylor, Britain and the Cold War: 1945 as Geopolitical Transition, London, Pinter Publishers, 1990, p. 17:“作为事后诸葛亮，我们可以认为两次世界大战是美德争夺英国的继承权。这场角逐直到第二次世界大战结束、德国无条件投降才尘埃落定。”

亚当斯指的显然是摩根的美国钢铁公司、洛克菲勒的标准石油公司和他们控制的铁路和其他产业。他继续写道："美利坚合众国构成了一个巨大的和正在成长的帝国，这个帝国扩展到了半个地球，拥有自己积聚的财富、最完美的运输工具以及世界上所能够达到的最精致而又最强大的工业体系。"❶

亚当斯的描述，预示了1904年哈尔福德·麦金德具有里程碑意义的一篇讲话《历史的地理枢纽》中的思想。亚当斯这样写道："美国现在占据了一个力量无边的位置。受惠于诸多因素如地理位置、矿藏、气候和她的人民的性格，只要对付国内大众的摩擦不至于抵消她的活力，那么她不论在和平时期或者在战争中都不必惧怕对手。"他这样解释公司制度："采取了公司的形式后，能够控制这些公司的人就会脱颖而出，因为他们是最合适的人。这个过程就是自然选择❷。"

天定命运论

亚当斯重复的是弗里德里希·杰克逊·特纳的思想。特纳把美国"天定命运论"❸ 理论化了。特纳认为，美国的独特之处在于她有无限扩展的边疆。他将美国的历史存在定义为永远向西部新边疆行进的地缘政治扩张："一片自由的土地，她的存在和不断的回归，无休止地向西移民推进，这就概括了美国的发展。"特纳认为："美国人，正在膨胀的人民，开疆拓土是他们都具有的本性。"这正是后来德国的"生存空间"概念的先声❹，在它的里面浸透了宗教式虚幻：是上帝要美国来充当救世主。

特纳认为，正在发生的地缘政治扩张，是"那些扩张势力内在力量的真实成就。"对他来说，美国历史就是一个"把边界不断向前推进的历史……美国所具有的活力会要求为她施展抱负找到一个不断扩大的空间。"❺

---

❶ Brooks Adams, The New Empire, New York, Macmillan, 1902, pp. xi ~ xxxiii.

❷ Ibid., p. xxxiii.

❸ 又译"天命论"、"天命观"、"昭昭天命"。——译者

❹ 纳粹德国的"生存空间"指国土以外可控制的领土和属地。——译者

❺ Frederick Jackson Turner, The Significance of the Frontier in American History, New York, Henry Holt and Co, 1995, pp. 1, 33, 59.

特纳和亚当斯的著作为美国精英家族从 1890 年以来在全球扩张的行为和计划创造了在道德上站得住脚的理论。美国“天命论”在 1914 年欧洲大战这个节点上，用精英圈里的 J. P. 摩根和约翰 · . D. 洛克菲勒的观点来看，就是去填补全球事务中由于英帝国衰落而形成的真空。亚当斯在他写于世纪之交的《新帝国》一书中，预见到美国将成为世界大国，并将征服整个欧亚大陆这个地缘政治意义上的空间。❶

亚当斯和特纳一样，是社会达尔文主义者，洛克菲勒、卡内基、摩根和大多数美国富豪精英也都是。他们说出了一个遏制不住的想法：19 世纪美国实行扩张是承奉“天定之命”，先要横跨美洲大陆，不久以后必须统治这个世界的所有其他地方，因为那个照耀颓废僵硬的英帝国的太阳已经西沉了。

布鲁克斯 · 亚当斯将特纳的“边疆”扩大到全世界，在这里就是公开地反对德国和对抗英国。他指出，美国要成为英国霸权的继任者，唯一的竞争对手是德意志第二帝国。在两个对手之间，美国要同较弱的英国结盟，反对较强的德国——这就是美国从一场欧洲大战的废墟中崛起的战略。野心勃勃的美国精英已经认真钻研过英国式的均势法。他们踌躇满志，要动真刀真枪地干了。这些美国学生马上就要动手向大师篡位了。不过干这件事情还需要一点时间。

找一个打仗的借口

英国的军事和外交领导者因走背运而于 1914 年参战，其中的细节在笔者的前一部著作《石油战争》里已有叙述❷。那一场战争并不是由于违反重大国际条约，在萨拉热窝刺杀弗朗西斯 · 费迪南大公而引发的。打那场战争的战略决定，很早以前就在白厅和唐宁街 10 号作出了。英国先是在 1904 年与法国达成友好谅解，然后与沙皇俄国签订 1907 年协定——俄国在 1905 年的日俄战争中输给了英国支持的日本。这个“三国协约”的目的，是对他们共同的仇敌德国实行军事包围和孤立。

---

❶ Brooks Adams，op. Cit.
❷ 《石油战争：石油政治决定世界新秩序》，知识产权出版社，2008 年。

那时英国政界主要受两大派系的影响。其一是以罗伯特·塞西尔勋爵为首的团体。塞西尔在战争期间的1915年担任过一年的外交次长，然后在1916~1918年间负责掌控“战时对敌封锁”这样的重要行动。塞西尔是伊丽莎白女王一世顾问的后裔，他后来起草了战后成为国际联盟宪章核心部分的内容。

其二是影响力大得多的艾尔弗雷德·米尔纳的圆桌会社的拥戴者。圆桌会社利用对伦敦《泰晤士报》社论的控制权来宣扬这样一个观点：德意志第二帝国的存在和强劲的增长，已经对英国继续统治海洋、控制世界贸易和资金流动构成了致命威胁。他们要读者相信，要想阻止德国从英帝国的废墟走向世界统治者的地位，打一场先发制人的战争是无法避免的。

宣战的直接理由实际上有两个。第一个，也许是最具有决定性意义的一个，是德国银行界和政治领导修建铁路线的决定——把柏林和美索不达米亚的巴格达（奥斯曼帝国的一部分）连接起来，这对英国从波斯得到石油供给、对英国控制通往她的皇冠上明珠般的殖民地印度的通道构成了威胁。在敏锐的英国军事思想家看来（年轻的海军大臣温斯顿·丘吉尔也在其中），这个形势由于第二个因素而恶化：德意志第二帝国还打算建立远洋海军，从1898年到1912年将分阶段对此计划进行实施，至少要保证德国海上贸易通道的安全，反对英国对海洋的控制。这是德国海军上将冯·蒂尔皮茨的主意。

自从拿破仑战争以来，英帝国的战略核心一直都是控制具有战略意义的海上交通线和全球商业贸易通道❶。英国向德国和奥匈帝国开战的决定以及后来向奥斯曼土耳其开战的决定，并不是出于英帝国的强大，反而是由于这个帝国看到了自己的致命弱点。这是精心策划好的：最好的战略是先下手，而不是坐待崛起的德国霸权来挑战英国，那时将更难以应对。这个决策最终将要证明的是，不列颠的统治是会终结的。不过，在英国精英不情愿地承认这个事实之前，还有两次世界大战要打，还要再过好多年的时间。

---

❶ F. William Engdahl, Oil and the Origins of the Great War, History Compass, 5/6, (2007), Oxford, Blackwells Publishing Ltd., pp. 2041~2060, available in draft in www. engdahl. oilgeopolitics. net.

中立的美国："他使我们免于战争……"

欧洲战争爆发时，美国的全部人口中 1/3 以上是移民，大多数来自德国、爱尔兰和意大利，其中有 800 万美籍德国人。除了主要在东海岸与伦敦或法国有商业往来的少量银行业和商业精英以外，绝大多数美国人和一场在欧洲进行的战争没有利害关系，也没有兴趣介入，这场战争绝不会威胁到美国的安全。

1916 年，伍德罗·威尔逊总统，就是与金融托拉斯成员一起于 1913 年创建联邦储备委员会的那个总统，再次得到"雄鹿"进步党的支持，以最微弱的优势当选连任。

乔治·珀金斯，J. P. 摩根的前任合伙人，这个事件中的政治贿赂"中间人"，曾经会见奥古斯特·贝尔蒙特、雅各布·希夫、乔治·贝克和克尼利厄斯·范德比尔特，这些人都是金融托拉斯精英中的精华。为了确保威尔逊在 1915 年底连任，他们在美国钢铁公司的艾尔伯特·格雷的家里秘密会晤过。[1]参与者还有前总统、"雄鹿"进步党的党首西奥多·罗斯福 。在战争中繁荣起来的这家美国钢铁公司，也是由摩根控制的。

威尔逊十分小心谨慎地接受来自摩根圈子的秘密竞选资金，这个圈子里有他的老赞助人克利夫兰和道奇、库恩－洛布公司的雅各布·希夫、金融家伯纳德·巴鲁克、华尔街的威廉·博伊斯·汤普森、大通国民银行的大股东海登·斯通。尽管如此，威尔逊仍然只是勉强获胜。在投票的次日，加利福尼亚进步党人对选票做了手脚，让人不得不对威尔逊的得票数产生怀疑。[2]

1916 年 1 月，连任的威尔逊总统召开了一个记者招待会。他在竞选中提出的唯一口号是"他使我们免于战争"，这是他的影子顾问爱德华·豪斯上校设计出来的。在那次记者招待会上，威尔逊说过这样的话："在我的心目中，这是一个人民的政府，而人民是不会选择战争的。"一年过去之后，美国人民仍然不选择战争，但是威尔逊选择了战争，在他的背后是金融托拉斯的强烈

---

[1] Ferdinand Lundberg, America's Sixty Families, New York, Vanguard Press, 1937, pp. 130.

[2] Ibid. pp. 130 ~ 133.

要求。

摩根的买卖很赚钱

1914 年 8 月第一次世界大战伊始，大不列颠的财政已经崩溃，经济陷入了萧条。英格兰银行的黄金储备下降到警戒线。英国的工业已经无力生产足够的、打一场全面战争所需要的装备和弹药。❶

1914 年 10 月，英国政府陆军部派了一个代表团前往华盛顿，任务是从美国私人公司那里采购军用物资。美国的官方立场是保持严格中立。英国的采购团很快就决定将纽约的一家私人投资银行——摩根公司——作为它的独家采购代理商。表面上看起来，让一家中立国的私人银行作为另一国的官方采购代理人是极其冒险的。不过 1914 年开张的联邦储备委员会使风险更加容易管理。

摩根充当了英王陛下的政府中介人，安排军火和军需品、武器、军服、化学品的采购，总之就是 1914 年打一场当时的现代战争所需要的一切。此外，英国政府任命了同一家摩根公司作为金融代理人。摩根得到了一个令人钦羡的身份，既为战争采购融资，又安排和挑选供货的公司，还要为采购的武器装备制定价格。所以毫不奇怪，只有摩根和洛克菲勒公司集团旗下的那些公司，才能从摩根这场精明的采购中受益。❷

英国战争署询问过摩根公司的新任主席小摩根（他继承了 1913 年去世的老摩根的职位），威尔逊总统将如何看待美国最具知名度的银行如此毫不遮掩地偏袒英国，帮助她打仗。据报道，小摩根这样回答，公司肯定不会使保持中立的美国政府感到尴尬，因为摩根与英国陆军部、后来与法国政府之间的业务，只是扩大贸易的商业行为，与政治或外交无关。1915 年 1 月，摩根去白宫见威尔逊总统，讨论摩根在与英国的交往中所担任的角色。威尔逊告诉他，总

---

❶ 《石油战争：石油政治决定世界新秩序》，知识产权出版社，2008 年。

❷ The Nye Commission, Report of the Special Committee on Investigation of the Munitions Industry (The Nye Report), U. S. Congress, Senate, 74th Congress, 2nd session, February 24, 1936.

统对摩根集团或其他人“促进贸易”的任何行为都没有异议。[1]

战争史无前例地推进了贸易。

1915 年欧洲战争爆发之后，特拉华州的杜邦公司得到一笔 1 亿美元的惊人款项，该款项通过摩根公司从英国汇来，用途是加强生产炸药的部门。在短短几个月内，杜邦从一个不起眼的小公司变成了全国的工业支柱。伯利恒钢铁公司、美国钢铁公司、威斯汀豪斯电气公司、雷明顿兵器公司、柯尔特轻武器公司，它们的订单都在不断地增加，到 1915 年年底总计约 1.75 亿美元。美国钢铁公司仅利润一项就从 1914 年的 2300 万美元上升到 1917 年的 2.24 亿美元。威廉·洛克菲勒的安纳康达铜业公司的净收入从 1914 年的 900 万美元上升到 1917 年的 2500 万美元。费尔普斯道奇公司与推举威尔逊入主白宫的那个人克利夫兰·道奇有密切关系，这个公司的资产增加了大约 400%，从 1914 年的 5900 万美元上升到 1918 年的 2.41 亿美元。[2]

仅仅 1916 年一年，保持中立的美国向英国和法国出口的工业制造的军火和军需品价值就达到惊人的 12.9 亿美元。在美国参战的前夜，摩根公司已经安排好向英国和法国出口价值约 50 亿美元的军用物资，后来又向意大利政府出口，所有的交易都是通过摩根公司安排的信贷才完成的。此前还从来没有通过一家私人银行集团承付过这样大的金额。按目前的美元价值计算，这相当于 900 亿美元，如果这些贷款被拖欠，足够引起一场重大的银行危机。

1915 年 4 月，离美国参战还有两年，J. P. 摩根的合伙人托马斯·拉蒙特（就像大多数摩根的人一样，他也是精心挑选出来的朝圣团的成员）在费城的美国政治学与社会科学学院发表了一场不同寻常但没有几个人注意的演讲。拉蒙特的听众主要是大学的老师和学生。他告诉听众，美国的工业从资助和卖军火卖战争物资给英国及其欧洲盟国，得到了巨大的利润。如果战争继续打下

---

[1] [British Ambassador to Washington, Sir Cecil] Spring Rice to [Secretary of State for Foreign Affairs Sir Edward] Grey, 20 Jan 1915, f. 60, FO 800/85, cited in Kathleen Burk, Britain, America and the Sinews of War 1914 ~ 1918, London, George, Allen & Unwin, 1985, p. 21. 赖斯曾在小摩根的婚礼上担任男傧相，他也是华尔街和伦敦精英组成的“朝圣团”的会员。

[2] The Nye Commission, Op. Cit.

去，那么摩根和他在华尔街的亲信就会获得更大的利润。对这一点他说得非常清楚。

拉蒙特告诉听众："……我们正在从债务人变为债权人……我们正在累积庞大的出口贸易余额……"拉蒙特无法掩饰内心的激动："我们的许多制造商和经销商贩卖战争物资的生意十分兴隆。几亿美元的大订单太多了，现在连很一般的普通企业也有生意做了……"这位摩根银行家显然很满意："在这个潮流的高点上，美国就要变成国际信贷市场上的一个重要因素了。"国际信贷市场，这是摩根最关注的领域，战争结束之后，摩根将要把它当作威力无穷的地缘政治武器来使用。

■ 摩根是第一次世界大战之前最有权势的银行家，他牵头于1913年创立了私有的美联储，这使得美国参加一战成为可能，从而拯救了摩根贷给英国和法国的贷款

展望不远的未来，拉蒙特接着说："未来会是什么样呢？许多人都相信，纽约要取代伦敦成为世界货币中心。为了当世界货币中心，我们当然必须成为世界的贸易中心。那是非常可能的……"

拉蒙特这样解释将要发生的事态和摩根公司认为可能对美国全球统治构成挑战的主要威胁对手："贸易问题和金融最高权力的决定因素有好几个，最主要的一个就是战争持续的时间。如果……战争很快结束……那么我们也许会看到，德国会迅速地重新开始（同美国的）竞争，而目前她的出口贸易几乎完全被切断了。"

拉蒙特继续说道："第三个因素也同样取决于战争的持续时间，即我们是否将要成为向外国提供巨大贷款的贷款方。我们真的会变成向外国政府发放天文数字信贷的贷款方吗？持续时间足够长久的战争，将会推动我们成为债权国，而不再是债务国，而且这个发展趋势迟早会让美元取代英镑成为国际汇兑的基础货币。”[1]

这一场不同寻常的演讲被美国媒体——摩根的合作者——尽心尽力地掩盖起来。拉蒙特在这场演讲中概括了摩根公司的战略——不仅仅是战时的，而且也是直到第二次世界大战爆发前的整个一战战后时代的战略。

对拉蒙特、摩根公司及他们支持的军工制造业来说，生意是出奇的好。1934 年，在第一次世界大战发生之后 20 年，北达科他州进步党共和党人杰拉尔德·奈参议员（罗伯特·拉福莱特的密友），曾就军火军需品工业和金融业将美国拉入战争的角色举行过听证会。

奈把战争工业称作“死亡商人”。他特别指责杜邦公司和另外几个大型化学品公司和军需商，为了从战时销售中获利，宁愿看着美国士兵在战争中丧命。奈参议员在 1936 年的总结报告中提出：“被调查的美国军火和军需品公司曾经为了得到生意而进行过不合常规的交易，提供过可疑的馈赠和佣金以及采用秘密行事的办法，事实上对外国政府官员和与他们关系密切的盟友进行过贿赂。”[2]

为了摩根公司的世界安全而战

从拉蒙特及其朋友的观点来看，战争期间的“非常做法”干得很漂亮。可是到了 1916 年年底和 1917 年年初，前景发生了灾难性的突变。1917 年 2 月俄国军队在圣彼得堡（彼得格勒）发动兵变，沙皇退位[3]。俄国军队上层没有力量镇压兵变。如果俄国退出战争，德国就不再面临两线作战的重压，就能够将军队集中到西线了。

摩根公司向英国、法国、俄国和意大利提供过超过 15 亿美元的直接战争贷款，还签订了提供给欧洲各交战国约 50 亿美元的军火和军用物资的订单，摩根公司开始担心，德国最终会打赢这场战争，这太让他们无法想象了。

---

[1] Thomas W. Lamont, The Effect of the War on America's Financial Position, Annals of the American Academy of Political and Social Science, 1915, 60; pp. 106 ~ 112.

[2] The Nye Commission, op. Cit. , pp. 3 ~ 13.

[3] 即俄国第二次资产阶级民主革命，简称“二月革命”。——译者

反对德意志第二帝国的俄国战线崩溃了，以列宁为领袖的布尔什维克政权的威胁，是要在德国总参谋部出资的这场无法无天的赌博（世界大战）中夺取国家权力。德国人决定放手一赌：他们把流亡瑞士的布尔什维克领导人装上火车，随车装运了足够的金条，企图交换一场反对沙皇的革命，以此换取一个敌视英法的政权、一个会追求和平目标的政权。已经筋疲力尽的法国向英国请求增援遭拒；英国的军旗下有 100 万军队在中东，❶ 正在为瓜分美索不达米亚未开采的石油宝藏做准备。俄国战场停火。德国将有可能为了最后的一击而集结军队，最后穿过马其诺防线横扫法国。❷

那时威尔逊派往伦敦的大使是沃尔特·海因斯·佩奇。佩奇与洛克菲勒集团的关系很密切，在被任命为驻英国大使之前曾担任洛克菲勒的普通教育委员会的理事。佩奇也像美国自 1902 年以来历任驻伦敦大使一样，是朝圣者会社精心挑选出来的成员。威尔逊的融资天使、国民城市银行董事长克利夫兰·道奇每年给佩奇 2.5 万美元的收入“补贴”（在当时是很大的一笔钱）。

1917 年 3 月 5 日，佩奇大使在向威尔逊总统发出的一封密电中说：“我认为，摩根作为英国和法国政府的金融代理的能力不足以应对正在来临的危机，因为压力太大，需求太大，过于紧迫，一家私营代理无法满足……”；欧洲的前景对美国工业和金融利益的影响“令人担忧”。“如果我们与德国开战，我们能够给予协约国的最大帮助就是出钱贷款。在这种情况下，我们的政府如果愿意这样做，可以向法英大量投放贷款，或者担保这样的贷款……”

然后，为了确保伍德罗·威尔逊不犯错误，佩奇大使再一次说：“除非我们向德国宣战，我们的政府当然不能够提供这种直接贷款……”他又补充道，如果没有战争的话，美国的国内经济和金融结构就会崩溃。❸

佩奇写这封信 4 个星期之后，1917 年 4 月，伍德罗·威尔逊这个在 1916 年作为和平派候选人再次当选的总统，带领着美国加入了第一次世界大战。他

---

❶ 英国征用殖民地国家的军队打仗。——译者

❷ F. William Engdahl, Op. Cit., pp. 40 ~ 41.

❸ Walter Hines Page to President Woodrow Wilson, April 5, 1917, cited in Ferdinand Lundberg, op. Cit. P. 141.

亲自到国会去请求批准对德国正式宣战。作为宣战的理由，他提出德国又在无限制地用潜艇袭击美国（以及别的国家）前往英国和法国港口的货运轮船，运送的都是和战争无关的东西。国会给了他压倒多数的支持，只有很少几位坚守中立原则的议员不赞成，其中包括参议员拉福莱特。❶

■ 威尔逊总统在国会宣布将于 1917 年 2 月 3 日对德宣战

美国财政部得到了新成立的美联储的帮助；它的纽约联邦储备银行董事长本杰明·斯特朗（摩根的密友）首次向全国大众发售所谓的“自由贷款”，筹集到数额空前的款项。摩根公司得到的第一笔“自由贷款”达 4 亿美元，替英国政府抵偿了欠摩根公司的债务。就这样，威尔逊和美国纳税人为摩根“火中取栗”，把摩根公司拉出困境。

自从美国于 1917 年 4 月正式参加欧洲战争，直到 1919 年 11 月 11 日与德国签订停战协议，美国政府借给欧洲协约国的钱，就是摩根的托马斯·拉蒙特在 1915 年演讲中所提到的“真正巨大”的款项，共 93.86311178 亿美元，借给英国的占大部分，为 41.36 亿美元，借给法国的达 22.93 亿美元。

美利坚合众国的全部信心和财力，由美联储提供担保，为了彻底击败德国而被动员起来。但是，这 90 亿美元并没有去往伦敦或巴黎，去满足他们的急需。相反，这些钱直接进入了从属于摩根集团、库恩－洛布或洛克菲勒的美国工业企业，给协约国购买的战争物资付了钱❷。摩根可真是长袖善舞，没有放过任何一个机会。

---

❶ Woodrow Wilson, Speech to Congress, April 2, 1917, in Source Records of the Great War, Vol. V, ed. Charles F. Horne, National Alumni, 1923, in www.firstworldwar.com/source/usawardeclaration.htm, accessed August 4, 2008.

❷ Walter Hines Page, op. Cit., p. 141.

威尔逊的白宫还成立了世界上前所未有的、最有影响力的宣传机构，为政策 180 度的大转变进行辩解，把持怀疑态度的美国大众动员起来向德国开战。

宣传就是武器

伍德罗·威尔逊的公共信息委员会（公信委）成立于 1917 年 4 月 13 日，目的是在国内推销战争，向国外宣扬美国的战争目的。在威尔逊的新闻记者朋友乔治·克里尔的领导下，公信委将广告技巧和对人类心理的完美的理解相结合。它标志着首次大规模的政府宣传，这个宣传的规模之大，可以说全面地预示了后来乔治·奥威尔在他的小说《1984 年》里描述的世界。

克里尔的公信委有一位加盟者——出生于维也纳、后来加入美国籍的年轻的爱德华·伯奈斯，他是美国历史上最狡猾的宣传者之一。他带来了一门全新的知识——人类心理学的一个分支，当时甚至还没有翻译成英语。他是奥地利心理分析家西格蒙德·弗洛伊德的内侄，也是弗洛伊德的著作在美国的代理商。

有了克里尔专门挖掘丑闻的新闻写作法，又有伯奈斯熟练运用的弗洛伊德心理学、无意识需求和冲动 - 分析理论，美国政府的公信委马上就要用接二连三精心策划的谎话向不明真相的美国公众发起攻击。德国士兵用刺刀刺杀比利时婴儿的暴行和各种编造出来的恐怖形象，很能够煽动美国公众的情绪并驱使他们进入战争狂想，他们要反对的是一个国家，即德国皇帝统治的德国，可是这个国家对美国并没有构成任何威胁。

公信委还成了事实上的战时媒体审查人。以“德国宣传的威胁”为理由，公信委对新闻媒体执行了“自愿（宣传）指南”，并且依仗自己反德宣传的成果，推动国会通过了《1917 年反间谍法》和《1918 年反煽动法》。激进的报纸如社会主义的《呼吁理性》等，在战时限制不同政见的规定下，事实上遭到封杀。

亲英派记者、威尔逊的顾问沃尔特·李普曼也加入了克里尔和伯奈斯的公信委。他是年轻的哈佛毕业生，受聘担任摩根的华尔街利益集团与英国秘密的“圆桌”会社之间的联系人。“圆桌”会社自从 1909 年成立以来，为煽动英国准备与德国开战发挥过极大的影响。[1]

李普曼在纽约《先驱论坛报》上的双周专栏，加入了有上百个国内报纸参加的报业辛迪加，使他成为在美国的最有影响力的亲英喉舌之一。他撰写的专栏文章帮助美国赢得了受过教育的中产阶级的忠诚，否则他们更容易倾向反战或中立。

正是伯奈斯从他的舅舅弗洛伊德那里学来的掌握暴徒心理和恶意操纵人类各种情感和动机的才华，使公共信息委员会这样一个机构在数月之内就成功实现了挑起大众的战争狂热这样不同寻常的成功。随着伯奈斯的才华充分展现，公信委用麦迪逊大街的广告代理商的手法检查各种公众信息渠道，并且把符合主战观点的材料塞进去。

公信委的国内分部下属 19 个处，每个处只负责一种类型的宣传。公信委的新闻处是战争消息的主要渠道，负责向媒体分发成千份新闻稿。他们自称每周有 2 万多个报纸专栏都载满了来自公信委的新闻稿，当然他们不会向读者说明消息来源。公信委还成立了一个文艺处，招聘知名的长篇小说作家、短篇小说家和杂文家，这些人的工作就是给美国人民创造浅显易懂的战争形象；每个月的读者多达 1200 万人。

公信委的民事和教育合作处中的亲英学者尽心尽力地编写小册子，如《德国低语》、《德国战争惯例》和《征服与文化》。这是赤裸裸的宣传。那些有声望的思想家，如约翰·杜威和李普曼，把更加成熟的人作为自己的读者群。人群的每一个阶层都被塞满了精心炮制的战争宣传。

公信委的图像宣传处拥有当时最棒的广告画家和漫画家。报纸和杂志都迫不及待地捐出广告版面。任何人拿起一份画报都会看见公信委的材料。富有号召力的招贴画都用爱国的色彩画成，贴在全国各地的广告牌上。漫画上充满力量的人物形象向美国公众促销“自由公债”，或者告诉年轻人：“山姆大叔需要你！”

---

[1] Carroll Quigley, Tragedy and Hope, A History of the World in Our Time, New York, Macmillan Co., 1966, p. 539.

电影处确保战争在电影院里得到传播。公信委成立了一支全国志愿者队伍——“4 分钟讲解员”，人数最多时达 75000 人，这些热心的志愿者是政府公信委的授权代表，他们在每一场电影开始前做 4 分钟演讲，宣讲支持战争、购买“自由公债”等，成效非凡。

■ 公信委为现代公共关系行业奠定了基础。图为公信委制作的战争宣传画

《电影新闻》1917 年的一篇社论说：“我们这个行业的每一个工作人员都想做出自己应有的贡献”，并且许诺“通过幻灯片、电影的片头和片尾、海报和报纸宣传，我们把立即动员美国的巨大资源所需要的声音传遍四方。”充斥着美国电影院的电影是：《德国皇帝：柏林之兽》、《文化之狼》和《“潘兴”的十字军》等。有一部电影《德国皇帝见鬼去吧》是如此受人欢迎，以至于麻省的防暴警察都被调来对付得不到入场门票的愤怒人群。

因为宣传者干的行当是“替别人思考”，所以他们偏爱的方式是绕圈子，而不是直截了当和清楚的逻辑。在战争期间，公信委精心策划，挑动公众感情、妖魔化德国、把战争同各种社会集团的目的相连，在必要的时候不惜说谎，无所不为。

诉诸低级情感

公信委的宣传有意识地瞄准人的情感而不是心智，这是运用伯奈斯引进的弗洛伊德影响。情感鼓动是公信委战略家喜爱的一种工具，公众情绪的波动可以被巧妙地制造出来，可以被注入任何一种活动中去，他们深谙此道。战后在《科学月刊》里的一篇文章指出：“一个小女孩和她的小猫遭受苦难的细节，能够激发我们对德国人的仇恨，引起我们对亚美尼亚人的同情，使我们热爱红十字，或者引导我们去为小猫建屋捐钱。”

公信委发明了不少战时口号，如“流血的比利时”、“罪恶的德国皇帝”和“捍卫民主的世界”。最常见的宣传海报上画着挥舞刺刀的凶恶的德国士兵，解说词是“用自由公债将匈奴人❶打回去。”这样仇恨和恐惧的感受就被引向了为战争捐款的实际行动。

战后芝加哥大学的哈罗德·拉斯韦尔对战争期间的宣传作了社会学和心理学的分析。他发现，德国在美国宣传失败的原因是它强调的是逻辑而不是情感。德国外交官冯·伯恩斯托夫伯爵这样认为：“美国普通人的突出特点是伟大、肤浅和多愁善感。”❷ 德国媒体完全没有抓住这一点。

公信委使用的另一个宣传技巧是把敌人妖魔化。拉斯韦尔写道：“现代国家的心理是非常反对战争的，所以每场战争都必须是针对威胁、入侵和谋杀的防御性战争。对于公众来说，必须明确谁是该死的敌人。”公信委的出版物将德国人画成堕落的、残酷的侵略者。弗农·凯洛格教授在一份公信委的出版物里曾经这样写道：“战争结束后，当这个世界上的人如果辨认出一个德国人，他会退让到路边不让德国人碰他，或者俯身捡起石头把他赶走，这会让我们感到惊奇吗?”❸

讲述暴行是妖魔化德国人特别有效的战略。拉斯韦尔说：“如果开始时人们还不愤怒，那就揭露一个暴行，这个办法很奏效。这一手法在人类所知道的一切冲突中百战百胜。”宣传德国在比利时和法国的难以置信的暴行，几乎把德国人的野蛮上升为神话。公信委的宣传机器说德国士兵砍掉比利时婴儿的手来取乐，邪恶的德国士兵切下比利时妇女乳房的故事被反复讲述。

拉斯韦尔于 1927 年写了一本书《世界大战中的宣传技巧》，对克里尔、李

---

❶ 公元 4 ~5 世纪，来自欧亚草原的一支游牧部族入侵西欧，传说他们是被汉军击败而西迁的匈奴人，其真实身份仍有争论。欧洲一般用匈奴人代指野蛮的、破坏成性的人。——译者

❷ Aaron Delwiche, Of Fraud and Force Fast Woven – Domestic Propaganda During the First World War, in www. firstworldwar. com, 11 August 2001, accessed on 5 August 2008.

❸ Harold D. Lasswell, Propaganda Technique in the World War, New York, 1927, cited in Aaron Delwiche, op. Cit.

普曼和伯奈斯的工作做了详细分析。他同意这几个人的看法：不要相信民主国家的大众会被精英分子的观点引导，必须用操纵情感的方式去引导他们。

爱德华·伯奈斯在战后承认，他的同事为了激起对德国的公愤而使用了莫须有的手法。战争期间流传的一些暴行故事，例如一个装满了人的眼珠的浴盆、7岁男孩用木头枪与德国士兵对抗，其实是从过去的冲突事件中找出来重复利用的。拉斯韦尔在关于战时宣传的一本书中声称，暴行故事总是受欢迎的，因为读者能在自己心中体验一种对敌人的义愤，还会在某种程度上认同暴行的执行者。他写道："一个年轻女子被敌人强暴了，国境另一边的那一群男人的心中会生出一种隐秘的满足感。"❶

为了使宣传效果完美，美国政府的公信委有过大手笔的行动，例如把"汉堡包"改名为"自由牛排"。几十年后布什政府为了排斥反对伊拉克战争的法国，也曾经把油炸薯条原来的法文名（french fries）改成"自由油炸食品"，宣传手法如出一辙。美国人吃的德国泡菜（Sauerkraut）现在成了"自由白菜"（liberty cabbage），著名的德国巧克力奶也变成了荷兰巧克力奶。德裔美国人，虽然热爱和平并且爱国，却由于他们的民族背景和血统而生活在有组织的围攻的恐惧中。

美国经历了战时被李普曼、伯奈斯、拉斯韦尔等人用大规模的非常手段操纵舆论的年代之后，已经被改造了。那是一个转折点。这些人把美国改造成外表上很民主，实际上由一群富豪精英为一己私利而实行欺骗性统治的国家了。

伯奈斯于1928年写了一本极其坦率的书，书名就叫《宣传》。伯奈斯宣布："战时宣传的巨大成功，打开了少数聪明人的眼界……他们看到了指挥大众意识的可能性。"伯奈斯这样谈论他在公信委的工作："美国政府开发了一项'新'技术……舆论的操纵者利用了大众的传统心态和情感模式，制造出对敌人的所谓暴行、恐怖和暴政的群众性反感。战后，聪明人自然会问，对于和平时期的问题是否也有可能采用类似的技巧呢？"❷

---

❶ Cited in Aaron Delwiche, Op. Cit.

❷ Edward Bernays, Propaganda, 1928, IG Publishers, Brooklyn NY, pp. 54 ~ 55.

操纵舆论大有可为

伯奈斯欲罢不能，他接着动手建立了一个新的专业，他称之为公共关系。[1]他在二战结束后编了一本书，把这种工作叫做“舆论工程”。纽约麦迪逊大街上的高级广告技巧，那种让人在无意识中产生购买任何一种东西的强烈愿望，如品牌香烟、昂贵的女鞋甚至连收买政治代理人在内，都是伯奈斯的创造。这是一个为了实现特定目标而操纵事实真相的高级技巧，具体目标可以是推销一项政策，也可以是出售象牙牌香皂。他因此荣获了“幸运转盘之父”的头衔。[2]

由于威尔逊政府的公信委使用了非凡的宣传机器，紧锣密鼓地导演了美国大众的战争激情，在为英国、法国和意大利提供私营的战争融资和物资供应的背后，摩根和华尔街的利益集团才得以赚大钱，并且还能把有利可图的战争生意进一步扩大。这一次，有美国政府的全部信誉在为摩根和金融托拉斯私人银行的利益作担保。刚刚成立的美联储所具有的事实上无限的融资能力，给摩根和金融托拉斯此次贷款的奇高风险打了保票。

令人震惊的战争成本

五年可怕的战争岁月过去了，它所造成的死亡和破坏的代价不可估量。在这场号称“结束所有战争的战争”中，按照政府的正式统计，直接或间接死亡的人数在1600万~2000万之间，其中700万人是军人，1000万人是平民。威尔逊派到欧洲的美国远征军总司令约翰·约瑟夫·潘兴将军[3]在纽约受到群众狂欢式的欢迎，就像欢迎出征帝王带着战败国丰富的战利品凯旋那样。[4] 只是这一次来自战败国的战利品没有归属于打胜仗的将军们，而是收入了摩根家族

---

❶ Edward L. Bernays, ed. , The Engineering of Consent, Norman, University of Oklahoma Press, 1955, pp. 3~4. 伯奈斯在本书中将他的观点作了如下定义：“公共关系是试图通过信息说服和修正，使公众支持某项活动、缘由、运动或法规。”

❷ Larry Tye, The Father of Spin: Edward L. Bernays and the Birth of Public Relations, New York, Henry Holt & Co. , 1998, pp. 27~31.

❸ 潘兴为美国著名军事家，在美军历史上唯一获得 General of the Armies 军衔。——译者

❹ Richard J. Beamish and Francis A. March, America's Part in the World War: A History of the Full Greatness of Our Country's Achievements, Philadelphia, The John C. Winston Co. , 1919, pp.

公司和华尔街的投资银行囊中：它们紧紧抓住新成立的美联储发行的政府自由公债和买卖债券的“业务”，拿着这些钱来投资于欧洲的大战。

所有参战国的战争代价的总和，用货币来衡量是惊人的1860亿美元。其中德国花费了390亿美元，而美国和协约国的总数为1230亿美元。美国的战争开销是220亿美元，实际上从1917年4月起参战，时间只有两年多一点，花费就有如此之巨。[1]

1919年6月28日《凡尔赛和约》签订，此时英国和印度、加拿大以及其他英联邦国家在与德国和轴心国的战争中已经花费了110亿英镑（540亿美元）。用历史的眼光来看看这个数字：从1914年3月31日到1920年3月31日的6个财政年度中，英国政府的支出已超过1914年以前225年支出的总和。

■ 在凡尔赛宫镜厅签订《凡尔赛和约》的场景

英国人民以税收的形式支付了其中的36%，其余64%是借来的，主要是通过美联储向美国政府借的。他们一共借了74亿英镑，然后钉住每英镑对4.86美元的汇率。1914年世界大战爆发的前夜，英国的债务只有7.11亿英镑，不足全部国家财富的5%。战争结束的时候，国家债务已经如吹汽球一样涨到82亿英镑，6年时间内增加了11.5倍。

这是英帝国作为世界银行业之都的终结，正如托马斯·拉蒙特于1915年

---

[1] Richard J. Beamish and Francis A. March, America's Part in the World War: A History of the Full Greatness of Our Country's Achievements, Philadelphia, The John C. Winston Co., 1919, p. 24.

所希望的那样。英国的战争债务令她窒息。[1] 美国战争期间的公共债务扩大了约25倍，从1913年的10亿美元上升到1919年年底的250亿美元以上。那笔债务由美联储出售政府债券来融资，购买者是以J. P. 摩根、库恩－洛布公司为首的华尔街私人债券营销商，它们获得了惊人的利润。[2]

J. P. 摩根、洛克菲勒和华尔街上的公司还面临着一个问题，这个国家还没有准备好从英国手中夺取全球帝国的权杖：还需要多做一点工作，还需要多一点美国佬的精明，还需要再打一场世界大战。

对于J. P. 摩根公司和它在华尔街货币托拉斯的亲信们来说，最有意义的是第一次世界大战改变了美国的地位，这就是摩根的托马斯·拉蒙特1915年在费城对美国政治与社会科学院的演讲中所期望的：美国从一个债务国变成世界上最大的债权国，这个地位以前是被英国占据的。

战争期间，全世界的银行家所接受的那个市场从伦敦转移到了纽约。不只是银行家，前美联储董事会副主席保罗·沃伯格也转移到纽约了。这个美联储的立法设计师回到库恩－洛布公司，现在它已经是世界上最强大的经营商业承兑汇票的银行了。黄金本位制仍然是外汇兑换的基础，以华尔街银行为首的为数不多的几家国际银行手握黄金，控制着西方国家的货币体系。英国直到1925年以前都没有办法回到金本位制；那一年，借助从本杰明·斯特朗的纽约联邦储备银行得到的一笔黄金贷款和后来追加的摩根公司1亿美元私人贷款的帮助，英国经济以惨重的代价回归金本位制。

1919年12月，在纽约的银行家推动下，国会通过了1913年《联邦储备法》的修正案，即《埃奇修正案》。那个小小的修正案说得非常清楚，它授权成立特殊的金融机构，目的是为了“从事国际银行业务和在国外的银行业务，从事其他各种国际或对外的金融操作，包括经营黄金或黄金实物以及持有外国

---

[1] Harvey E. Fisk, English Public Finance From the Revolution of 1688, New York, Bankers Trust Company, 1920, pp. 1～5. 值得注意的是，摩根的一家银行——银行家信托公司在第一次世界大战刚结束的时候就对英国的财政作了充分的研究。

[2] The New York Times, World Debts Now ＄265, 000, 000, 000: World War Caused Increase of ＄221, 000, 000, 000 Says Bank Statistician, June 27, 1920.

公司的股票。”普林斯顿大学经济学家 E. W. 凯默勒这样评价该修正案：“美联储正在证明自己对美国贸易和美国金融的国际化所具有重大的影响。”❶

凯默勒在这里扮演了 20 世纪 20 年代纽约银行业走向国际化的主要角色，他深知此举的意义。国际化正是 J. P. 摩根、沃伯格、洛克菲勒和华尔街金融托拉斯内部人小圈子旷日持久地坚持和努力成立私营的美联储的真正目的。美联储在 1919 年第一次世界大战结束后的 10 年里对世界政治的重新定义，将证明它自己确有非同寻常之处。

---

❶ Cited in Eustace Mullins，Op. Cit，p. 124.

5.

Conflicting Goals of Two Rival Empires

第五章

控制黄金：两个帝国的目标冲突

“埋藏在世界经济体系之下的地雷现在正清晰地进入我们的视野……现在可以看清楚，欧洲的危机为何拖延得如此之久：他们开空头支票付账和填补赤字。我从来没有感到过如此震惊。”

——赫伯特·胡佛总统论1931年危机

如果朱尼亚斯·皮尔庞特·摩根能活到20世纪20年代末，而且依然亲自执掌商务，我们将无法断定他是否会允许摩根家族在1913年初他死去之后，继续执行过去的方针。摩根是在美联储1914年开业之前几个月去世的。关于75岁的摩根究竟具有多大的个人权威，《华尔街日报》在1912年2月是这样写的：

在过去15年里，华尔街发生的事情在很大程度上是一个人的事，因而集中在75岁的摩根先生手中的权威，无法传给他的继承人。像他这样的人无人可以代替。在他死后留下的事情要么是没有人去完成，要么这个世界必须设计另外的方式和找到另外的事情来做。

摩根去世前几个月，曾被传唤前往人民党的众议院普约银行委员会的听证会，为针对金融垄断行为的指控作证。他的证词是这样的：对于他而言，一个人的个人品格是贷款能否发放的最重要条件。人民党的媒体嘲笑这样的回答，它们指责摩根是势力通天的“金融托拉斯”的首领。[1] 国会或大多数美国人民那时还无法认识到这项指控的真实性。

老摩根在1913年3月第一次世界大战的前夜去世，其后管理摩根公司的是合伙继承人，其中有亨利·P. 戴维森、威拉德·斯特雷特（于凡尔赛和谈期间去世）、托马斯·拉蒙特，后来还有小摩根。

---

[1] United States. Congress. House. Committee on Banking and Currency. Money trust investigation: Investigation of financial and monetary conditions in the United States under House resolutions nos. 429 and 504, Subcommittee of the Committee on Banking and Currency, Washington, Government Printing Office, 1913. http://fraser. stlouisfed. org/publications/montru/.

■ 华尔街 23 号，昔日的摩根银行总部

该银行继续与华尔街的金融业命运与共，并且因此由它和华尔街主导的美国金融和经济，通过各种金融上的纠缠与战后英国的前途难解难分。美国金融不遗余力地寻求成为绝对的统治力量，这个力量终将取代伦敦金融城在战前的世界超级金融霸主地位。摩根公司、洛克菲勒金融财团和华尔街的大投资银行，如库恩－洛布公司和狄龙－里德公司，都是这个进程中的领衔角色。

战后在摩根家族公司与国外事务的纠缠中充满了严重的问题，对于美国，最终对于全世界都是如此，而且由于摩根家族控制了新成立的美联储而使问题的性质更加复杂。这些始于摩根公司与欧洲之间的信贷关系，在 1929～1931 年发生了多米诺骨牌式的倒塌，波及的地方不仅限于欧洲，让本来是可以控制的美国股市崩溃演变成历史上最严重的通货紧缩危机，并进一步导致了全球的衰退。那一次的危机同 2007～2008 年步步展开的全球金融危机的性质有明显的相同之处。1919 年之后的世界信贷建立在愈益不确定的债务金字塔上，摩根家族和华尔街金融公司就端坐在金字塔的塔尖。大多数欧洲国家、从玻利维亚到波兰的大量发展中国家，都被网罗到华尔街的信贷金字塔中。

大萧条和 1931 年欧洲危机之后的几十年中，人们始终没有理解世界经济崩溃的真正原因，也没有多少讨论。1931～1938 年大萧条的真正起源，其实不是纽约股市定价过高和崩溃，而是 20 世纪 20 年代共和党执政时期，控制了美国对外经济政策的摩根家族和华尔街各家公司的一次错误行动，全球衰退以及首先发生的股市泡沫，其根本的原因都在于此。他们孜孜以求的是以正在崛起的纽约的实力进行权力大赌博，志在夺取一战前伦敦金融城所占据的世界金融心脏的地位。在这个过程中，黄金扮演了一个举足轻重的角色。

在纽约金融托拉斯内部，对于如何才能最好地完成事实上的货币政变还有不同的观点，然而对于纽约要在这场政变中取代伦敦成为世界金融的中心这一点上，大家的观点完全一致。

从19世纪70年代以来，摩根集团在美国的巨大势力是与伦敦的主要金融集团，首先是与罗斯柴尔德的密切联系中发展起来的；它看到了一个战略：建立一个“特殊关系”模式的联盟，一个衰落的伦敦金融城和一个崛起的华尔街结盟，将是通往美国世纪的最佳途径。摩根与伦敦金融城和英国财政部保持了非常紧密的关系，纽约的银行仍然是英国政府在美国的官方金融代理，直到1931年9月英国违反摩根公司的意愿放弃金本位制。担任纽约联邦储备银行行长的本杰明·斯特朗始终坚持着摩根的观点。❶

华尔街的其他人，特别是狄龙－里德公司以及他们有影响力的顾问埃德温·凯默勒（他在20世纪20年代为推动世界回归金本位制起了重要的作用，但是新的金本位制要由美国主导）却持不同的观点。他们也相信，一个正在成型的、以美国黄金储备和华尔街银行的地位为基础的美国应该最终取代英国作为世界的第一大国。然而，凯默勒和他的圈子里的人认为没必要像摩根家族那样对待伦敦金融城或英国，那样太温柔了。摩根公司有一个很有影响的分支机构——摩根·格伦费尔，与英格兰银行和斯特朗行长也保持着紧密的关系。❷

无论如何，华尔街所有的大财团都同意，它们的未来是在欧洲、拉丁美洲、日本和世界其他地方扩大有利可图的信贷，那些地方曾经在一个世纪的大部分时间里都是伦敦金融城的地盘。这些贷款，特别是华尔街认购的世界债券，使纽约的银行家赚到了5%甚至8%的外汇收益，这是非常有吸引力的。这些债券或贷款都由那些贷款国家的政府提供担保，它们都同意按照美国主导的金本位制来“稳定”自己的战后货币。这个货币稳定体系只不过是日后“国际货币基金组织”的一个粗糙的和不定型的蓝本，在国际货币基金组织和世界银行的体系中，纽约的银行制度将要被当成制度上的圣典，成为第二次世界大战后美元体系的核心。

---

❶ Kathleen Burk，Finance，Foreign Policy and the Anglo-American bank：the House of Morgan，1900～1931，Historical Research，vol. LXI，no. 145，June 1988，p. 210.

❷ Mark Metzler，Lever of Empire：The International Gold Standard and the Crisis of Liberalism in Prewar Japan，University of California Press，2006，pp. 170～171.

时间已经到了1922年2月，海外贷款泡沫的初期，沃伦·哈定总统在当时担任美国商务部长的赫伯特·胡佛的敦促下，召集了一次白宫特别会议；胡佛已经担心海外贷款的剧增和其中包含的风险。出席会议的人有总统、财政部长安德鲁·梅隆、国务卿查尔斯·埃文斯·休斯、胡佛，以及华尔街最大债券发行商的代表，主要有摩根、狄龙－里德、库恩－洛布等公司。会议的议题是：如此大规模的海外贷款，所包含的未知风险以及对美国经济的潜在威胁。这次会议最后形成决议，所有新的海外贷款计划都要先报国务院审核，国务院将转发给商务部长和财政部长，以听取他们的意见。国务院还要对新的贷款计划对美国的政治意义提出意见。❶

在不到一个月的时间里，有权有势的纽约银行家就进行了反攻。他们说服了纽约联邦储备银行行长本杰明·斯特朗，向国务院提出了强烈抗议，要求美国政府“不要插手”华尔街有利可图的对外贷款。金融托拉斯胜利了。哈定总统和财政部长安德鲁·梅隆（有势力的亲英银行家，其财产可与洛克菲勒匹敌）不得不撤退，那个决议成了一纸空文。海外贷款热高烧不退，直到发生1929～1931年的崩溃。❷

华尔街20世纪20年代制造海外信贷泡沫导致的危机，与华尔街1999年制造证券化泡沫导致的危机有很大的共同之处，后者于2007年夏天开始崩溃，并导致了历史上最大的金融灾难。

在20世纪20年代金融泡沫形成的过程中，华尔街银行和美国财政部长安德鲁·梅隆是紧密的盟友。梅隆是美国任职时间最长的财政部长，从1921年干到1932年，直到新当选的胡佛总统解雇他，在几届总统任期内经历了泡沫的全过程。直到进入21世纪，美国财政部、纽约联邦储备银行和华尔街这三驾马车将始终是美国金融势力的核心。

华尔街在1929年市场崩溃之前的10年里，共发行海外债券达70亿美元，

---

❶ Herbert Hoover, The Memoirs of Herbert Hoover, Volume Two: The Cabinet and the Presidency 1920～1933, New York, The Macmillan Co., 1952, p. 85.

❷ Ibid., pp. 86～88.

这是一个很大的数目，相当于国内生产总值的10%。[1] 送到欧洲去的贷款中，90%以上是给带着战争创伤的欧洲各国政府买美国货用的，这是给在纽约证券交易所上市的美国大公司的实惠。不久之后1929年市场崩溃时，这种贸易垮下来就转变成追打萧条中的美国工业的工具了。

斯特朗的纽约联邦储备银行控制一切

1914年以后，在摩根的密友本杰明·斯特朗（有权势的纽约联邦储备银行第一任行长）的指导下，到关键的1929～1931年为止，美国的货币政策和资本流动，实际上被J. P. 摩根领导下的华尔街的需要所左右：取代伦敦金融城，成为全世界的银行。作为这个计划的一个重要部分，其余11家地区性联邦储备银行的储备金都被斯特朗调入纽约。斯特朗过去是摩根控制的纽约银行信托公司的副董事长，曾经作为J. P. 摩根的个人代表参加了1910年在佐治亚州哲基尔岛的银行家秘密会议，就是在那次会议上起草了后来于1913年成立美联储的计划。说斯特朗是摩根的人，一点也没有夸张。

于是，以纽约为中心的银行将1920～1929年间美国工业和农业创造的财富通过华尔街，输送到海外信贷市场。在纽约联邦储备银行斯特朗行长掌控之下，12家联邦储备成员银行之一的纽约联邦储备银行（势力远在其他银行之上），以对外业务为第一要务，其任务是推动美国贷款走向世界、创造美国主导的新国际金本位制。其余11家地区性储备银行只负责处理本地或区域性经济事务。在20世纪20年代找不到途径去德国或其他能赚钱的海外市场的那些货币纷纷涌入了纽约股市，1925年以后越来越多。

破坏性的欧洲大战带来了这样的后果：从英国、法国、意大利到所有的欧洲交战国，都因为要打仗而不得不借债，让美国用它们的黄金来生产军火和军用物资。欧洲各中央银行数量空前巨大的黄金储备就这样流进美联储的金库里去了。

---

[1] Herbert Hoover, The Memoirs of Herbert Hoover, Volume Two: The Cabinet and the Presidency 1920～1933, New York, The Macmillan Co., 1952, p. 90.

凡尔赛和谈结束之时，美国已经持有相当部分的世界货币黄金，自开战以来美国的黄金储备增加了400%。黄金本来是商品，直到1914年大战爆发前一直是国际货币体系的基础，这个货币体系自从拿破仑战争以来一直以伦敦金融城为中心。

■ 摩根的银行家本杰明·斯特朗是强有力的纽约联储主席，他担任这一职务直至1928年去世。他提出的货币政策刺激了1929年股市泡沫的形成

1920年美联储持有世界全部货币黄金储备的40%。[1]在英国和欧洲大陆身负沉重的美国战争赔款和战争债务的时候，为了得到黄金，美国出得起世界上最高的价格。

本杰明·斯特朗在纽约为美联储制定了大政方针：第一位的目标是重建1914年前的国际金本位制度，但是真正的中心内容，则表现出他和华尔街的远见：让美国出钱帮助欧洲进行战后经济重建，让纽约银行提供贷款和担保债券，这是赚钱的好买卖。他们是这样想的：除非英国也参加进来，这个纽约主导的金本位制才是大家都能相信的对世界经济、金融和贸易的安排。

纽约的金融托拉斯，甚至本杰明·斯特朗自己，都把英国和英格兰银行的地位看做纽约中心计划中很小的或者从属的部分，但是伦敦金融城以及英国不会接受这一点。在1919年凡尔赛和谈中，美国财政部的要求是，协约国，其

---

[1] Leland Crabbe, The International Gold Standard and U. S. monetary policy from World War I to the New Deal, Federal Reserve Bulletin, June, 1989.

中最主要的是英国，必须还清美国几十亿美元的战争贷款。这等于是要英国承认，美国精英不再满足于充当一个小角色了。在真正的意义上，在1939年新的战争爆发前的这段时间里，英国地缘政治的全部历史，就是不动声色的拼命挣扎：避免在欧洲和世界其他地方沦为被支配的角色，她要保住帝国的全球霸权。❶

战争和她必须承担的巨大公共债务，严重削弱了英帝国的经济和政治实力，但是英帝国仍然是世界金融体系的基本成分，对于任何一个新的金本位来说，甚至是由纽约主导的金本位，都是重要的。

斯特朗个人是亲英国的。在整个20世纪20年代，每一年他都与英格兰银行的诺曼在英国和法国南部度假，直到1928年去世。他明确赞同诺曼的观点，即“世界应该被一个私人控制的世界金融体系管理，这个体系有能力控制所有国家的政治体制和整个世界的经济。”❷ 这正是已故的美国权势集团圈内人物卡罗尔·奎格利在他不朽的著作《悲剧与希望》里所描写的。

奎格利曾经担任过普林斯顿大学和哈佛大学的教授，后来他在20世纪60年代任教于华盛顿的精英大学——乔治敦大学时，当过比尔·克林顿的老师。据报道，他有查阅纽约对外关系理事会的秘密文件和档案的特权，目的是方便他研究和写书，但是有一个条件：在他的书里不能触及洛克菲勒家族的核心作用。他信守诺言，不过他可以集中力量曝光当时已经被削弱了的J. P. 摩根集团：大萧条之后它再也没有恢复过来。❸

摩根－斯特朗－蒙塔古·诺曼重回1914年金本位制背后的理念，正如奎格利所述：“这一体系将被世界上各个（国家的）中央银行以一个封建的方式控制，采取一致行动，背后是频繁的私人会晤达成的秘密协定……在每个国家里，中央银行的权力就是它对信贷和货币供给的控制。整个世界上的中央银行

---

❶ 有关两次世界大战之间的英美角逐，请参见笔者的《石油战争：石油政治决定世界新秩序》。

❷ Carroll Quigley, Tragedy and Hope: A History of the World in Our Time, The MacMillan Company, New York, 1966, p. 324.

❸ 根据笔者从奎格利在乔治敦大学的一个学生那里得到的第一手材料，奎格利在临终前担心他是不是揭露了权势集团太多的内幕和成果，尽管在他的这部1300页的著作中居然没有提到洛克菲勒的核心作用。

都因为控制了贷款和黄金流动才有实际权力。”❶

20 世纪 20 年代那个体系的核心，是本杰明·斯特朗手下的纽约联邦储备银行。

倒霉的赫伯特·胡佛后来在他的回忆录中严厉指责斯特朗应该为大萧条的巨大伤害负责。1941 年，胡佛在提到斯特朗指引美联储的政策方向时这样写道：“有的罪行比谋杀更严重，有人应该为此受到唾骂和惩罚。”胡佛把斯特朗称为“欧洲的思想附庸”，他这里是暗指蒙塔古·诺曼。❷ 胡佛在 20 世纪 20 年代初和斯特朗是亲密的朋友，但后来和他决裂，因为后者支持向欧洲银行无限制贷款的政策。

胡佛对斯特朗的批判是正确的，但是他的理由却是错的。胡佛忽视了或者看错了地缘政治计划的巨大规模，斯特朗和华尔街要干的事情，就是直接把纽约变成资本流动的中心。

胡佛进一步指出，为了让英国 1925 年以后回到黄金本位制（的行动坚持到底），斯特朗操纵了纽约储备银行的利率——人为地压低了美国的利率，1927 年正当股票投机热走向失控的当口，这实际上是在火上加油，随后发生了 1929 年惊人的崩溃。

斯特朗听从欧洲而不听从“美因街”❸

英格兰银行的诺曼、德意志帝国银行的雅尔玛·沙赫特和法兰西银行的夏尔·里斯特于 1925 年曾经一同来到纽约，敦促斯特朗降低美联储的贴现率，让英国更加容易地重新回到金本位制，并且刺激欧洲大陆经济复苏，让德国得以支付《道威斯计划》中对法国、英国和意大利的战争赔款，同时法国、英国

---

❶ 根据笔者从奎格利在乔治敦大学的一个学生那里得到的第一手材料，奎格利在临终前担心他是不是揭露了权势集团太多的内幕和成果，尽管在他的这部 1300 页的著作中居然没有提到洛克菲勒的核心作用。

❷ Herbert Hoover，Op. Cit.，p. 86.

❸ 英文为 Main Street，又译作“缅因街“、“商业街“等，指小企业主经营业务的地方，与金融大亨所在的华尔街相对。——译者

和意大利也需要借美元来支付美国的战争贷款。❶

20 世纪 20 年代美国有一系列保护性关税，上自 1922 年的《福德尼 - 麦坎伯法》，下至 1930 年臭名昭著的《斯穆特 - 霍利关税法》，将美国的进口壁垒提高到前所未有的水平，这样一来欧洲国家只能向美国银行借贷，否则就不可能（或者很难）偿还战争借款和赔款。在 20 世纪 20 年代的欧洲政府面前，几乎不存在通过用美元结算的对外贸易盈余的传统方式归还债务或赔款的可能性。与今天流行的自由贸易神话正相反，引起 20 世纪 30 年代世界大萧条的不是 1930 年的《斯穆特 - 霍利关税法》。它只是一个体系之中使事情恶化的一个很小的因素，这个体系的基础从 1919 年之后就腐朽了。美国在欧洲战争后建立的金融大厦整个建立在流沙之上。但是只要货币还在流动，这个基本的事实就不会引起关注。❷

在第一次世界大战期间，斯特朗作为纽约联邦储备银行行长曾数次前往伦敦，会见英格兰银行和伦敦金融城的银行业人士。仰仗自己作为纽约联邦储备银行行长的权力，斯特朗不顾联邦储备委员会一些成员如保罗 · 沃伯格和阿道夫 · 米勒的强烈反对，强行推动该委员会通过了一个致命的、没有先例的决定。尽管美国官方保持中立，摩根的亲信斯特朗曾经负责为协约国军火和军需品采购融资，那时还是 1915 年。前面已经说过，J. P. 摩根是英国政府、后来是法国政府的银行家，而本杰明 · 斯特朗和纽约联邦储备银行在战争中的角色，就是使停火的条件无法实现，把战争坚持到 1917 年美国参战。

斯特朗在摩根的支持下，在 1935 年《银行法》之前很多年，就把纽约联邦储备银行变成联邦储备银行系统、所有成员银行的所有国际金融业务的“领导”，这是没有先例的。直到通过 1935 年的《银行法》，纽约联邦储备银行才能（合法地）直接和独立控制美国的国际货币和银行政策。摩根和哲基尔岛的计划在 20 世纪 20 年代就提前实现了。纽约联邦储备银行行长的权力实际上是个人的权力，只有 20 世纪 30 年代发生的那个危机，才能迫使那个权力发生一

---

❶ Herbert Hoover, Op. Cit. , p. 86. The Great Depression: 1929 ~ 1941, pp. 6 ~ 7.

❷ Paul Alexander Gusmorino III, Main Causes of the Great Depression, Gusmorino World, May 13, 1996, accessed in www. gusmorino. com/pag3/greatdepression/.

点表面上的变化。

英格兰银行的黄金战略

20 世纪 20 年代，英国银行回归金本位制、重建伦敦金融城为世界金融中心，这两点对于英国的战后经济战略十分重要。它还是整个国际信贷金字塔的中心，这个金字塔重建于 1925 年，在 1929～1931 年毁灭性的经济崩溃中倒塌。比德国战争赔款或协约国欠的战争贷款更重要的，是由美国主导的战后黄金汇兑本位制和英格兰银行摇摇欲坠的地位，这才是引起历史上全世界最严重的经济紧缩的决定性因素。

英国在 20 年前打的那场痛苦的布尔战争，就是为了得到当时世界上最大的金矿，确保英格兰银行的控制地位。现在，在旷日持久的欧洲战争之后，来自黄金的利益已经消失，随之而去的是伦敦金融城对世界信贷的控制——英国地缘政治影响的核心。

1919 年在凡尔赛，协约国为战争债务和德国赔款谈判开始“战后之战”时，英国政府不得不正式将英镑撤出金本位制，放弃战前 1 英镑兑换 4.86 美元的基准汇率，这是因为华盛顿坚持要求还清贷款，这数十亿债务是英国从美国银行借来的，实际上是从摩根银行和后来的美国财政部借的。

英国企业界曾经天真地期望，如果英、美、法、意组成的联盟打赢这场战争，它们的美国“表弟”会把欠债的事情忘掉。当美国政府在摩根和华尔街的压力下拒绝让步时，它们的幻想破灭了。英帝国与美国的非官方贸易是长期入超，这样英国维持战前世界金本位制中心的幻想也化成了泡影。

英国极不情愿地走出了那一步。1919 年，世界上最强大的经济势力不再是英帝国，而是毫无疑问地成了美国。放弃金本位制——哪怕是暂时的放弃，也是在不情愿地承认这个事实。

美国以最强权的姿态从战争中崛起，成为所有欧洲大国的债主。在打仗的这几年中，美国的黄金储备扩大了四倍，把世界上最大的货币黄金储备握在手中。❶ 这个过程一直持续到股市大崩溃的1929年❷。英国债台高筑，主要是欠美国的债；英镑剧烈贬值，黄金储备下降到警戒线。

战后英格兰银行和伦敦金融界最担心的是纽约将取代伦敦金融城而成为世界金融的中心。在这种情况下，黄金的作用就举足轻重了。美国在1917年开始参战后的两年中暂停了美元钉住黄金的汇率，但是到1919年又恢复了。与英国不同，美国回归金本位制没有困难。它拥有创建新金本位制的决定性地位。

南非威胁要独立行动

对英国来说，世界上最大的黄金生产国南非将在未来把黄金直接装船运到纽约而不是伦敦金融城，这将把纽约变成世界主要的黄金市场。危险正在步步逼近。英格兰银行将失去最强有力的武器——对世界黄金流动的控制。世界金融中心将确定无疑地从伦敦转移到纽约，英国对世界事务施加的影响将荡然无存。

英格兰银行行长坎利夫勋爵在1919年3月（英格兰放弃战前4.86美元的固定汇率后）写信给伦敦黄金委员会（英国控制南非等地黄金开采的集团），在信中指出：

由于我们很糟糕的工业状态，今后几年中美国的兑换率将始终低于英镑的黄金基准价，我们很难想象会出现任何变化将其置于黄金基准价之上。因此，我们认为南非黄金生产者一定会把他们的产品运往纽约，南非政府也会全力以赴地立即采取行动帮助他们这样做。在几年之中那将是最好的市场。南非的黄金流向一旦被引导到纽约，日后将很难再扭转此种流向，如果纽约能够变成最好的和最自由的黄金市场，这个市场能够为把纽约建成世界的中央货币市场发

---

❶ Russell Ally, Gold and Empire: The Bank of England and South Africa's Gold Producers 1886～1926, Witwatersrand University Press, 1994, p. 42.

❷ C. Reinold Noyes, The Gold Inflation in the United States, 1921～1929, The American Economic Review, vol. xx, no. 2, June, 1930, pp. 181～198.

挥强大的影响。❶

为了避免产生如此破坏性的后果，英格兰银行和伦敦金融界用尽一切办法控制南非政府的决策。英格兰银行向英国航运公司施加压力，要它们降低从南非到伦敦的运费，试图用低成本来吸引原本向纽约运输的黄金。它还密切监视新开设的每一条美国－南非航线。

■ 史末茨曾经两度出任南非总理，他最为人诟病的一点就是支持种族隔离制度

不过，最严格的控制是英格兰银行直接插手，这是通过友好的南非政府的帮助而完成的。1919 年的南非总理是英国的“圆桌”会社成员扬·史末茨。欧洲战争的那几年，他既在伦敦作为劳合·乔治的帝国战时内阁成员，同时还保留了南非政府内阁的成员身份。他是英帝国利益的热忱捍卫者，凡尔赛和谈中国际联盟理念的主要设计者，是最困难的情况下也可以信赖的英国利益的支持者。❷

就在英镑放弃与美元和黄金的固定比价的时候，1919 年 8 月，史末茨担任了南非的总理。

1919 年 4 月，英格兰银行起草了一份与南非金矿主的协定，目的是保证在南非生产的全部黄金，除了当地货币所需之外，一律经过英格兰银行出售。英国议会也在 1920 年通过了《出口管制法》，限制英国黄金的自由出口。

对黄金流进流出伦敦的双重控制有利于伦敦的黄金银行，其中包括了罗斯柴尔德家族——南非黄金开采公司最大的融资人。伦敦不参加金本位制，同时有目的地

---

❶ Russell Ally，Op. Cit.，p. 43.

❷ 下面有关史末茨、伦敦以及控制南非黄金流的斗争来自艾利教授的宝贵研究，他的著作来自南非储备银行的档案以及其他政府文献，反映了 20 世纪 20 年代，纽约、伦敦和比勒陀利亚之间为了争夺世界货币黄金控制权紧张的三角斗争。笔者多年来还从前南非储备银行经济学家迪特里希·格戴斯有关金本位和国际央行的神秘运作方式的讨论中获益匪浅。

控制黄金向纽约的运输，这是关系到帝国未来的生死攸关的最高战略。

英格兰银行和南非金矿主协会之间于1919年7月签署的协议，看起来给了伦敦金融城所需要的力量：继续控制南非的黄金生产，避免南非黄金直接运往纽约。

南非在史末茨和伦敦圆桌会社领导者米尔纳勋爵的强力支持下，已经掌握了保证伦敦金融城日后重登一战前世界金融之都宝座的能力。

在南非黄金和伦敦之间重建联系的中心人物，是亨利．斯特拉哥什爵士，他是英格兰银行的顾问，蒙塔古·诺曼行长和罗斯柴尔德勋爵的密友。斯特拉哥什是伦敦金融城银行利益的得力代言人，也是联合公司的常务董事，这是一个投资于南非黄金生产的大型矿业公司。斯特拉哥什应史末茨的邀请，担任了南非政府和英国货币关系的顾问。

斯特拉哥什在20世纪30年代后期是温斯顿·丘吉尔的金融台柱，在20年代初期，他往来于比勒陀利亚的史末茨和伦敦的蒙塔古·诺曼之间，为把南非的金融牢牢地维持在帝国系统之内扮演了一个重要的幕后角色。[1] 正如斯特拉哥什所说，他的目标就是让南非“在走向有效的金本位道路上与大不列颠尽可能地步调一致。”[2]

这场进军在1924年突然中断。对于南非的国内经济来说，这场进军是以巨大的经济代价强制执行的。把南非的货币兰特和英镑挂钩，并且禁止向英格兰银行以外的买家出售黄金，南非的最大出口创汇产品——黄金——受到打击。许多金矿无利可图。因为兰特与英镑挂钩而发生了通货膨胀———战后英国通货膨胀严重，在放弃金本位制期间，普通南非人的生活水平急剧下降。矿工要求增加工资，罢工频繁发生。

1922年年初，整个南特区的矿工举行大罢工，史末茨宣布戒严，并且下令实行残酷的军事镇压，结果造成700名白人矿工死难，史末茨得到了一个绰号——“沾满鲜血的人”。南非国内反对与英镑挂钩成了政治热点问题。

---

[1] John Charmley, Churchill – The End of Glory, London, Sceptre, 1993, p. 336.
[2] Russell Ally, Op. Cit.

在这样不断增长的内部压力下，英格兰银行与南非金矿达成一致，对自由出口黄金的禁令到1925年6月30日就会废止。这就给伦敦回归英镑金本位制的准备时间施加了巨大的压力。

在1925年回归战前的1∶4.86平价的金本位制度，意味着英国面临严重的、在政治上具有爆炸性的通货紧缩，失业率将会大大上升，会发生许多工人罢工等。那个时候，英镑对美元的实际交易价格比平价低30%，为3.50美元兑换1英镑。他们使用的策略是拖延：竭力使南非保持一致，直到英国经济有更强的实力再回归战前的黄金价格。英国有自己的解禁黄金流动的时间表：在《出口管制法》中规定了1931年的最后期限。可以设想，英国还是给自己留出了充分的时间。很有讽刺意味的是，英国在1925年匆匆忙忙地重新加入金本位之后，恰巧也是在1931年（再一次）脱离金本位制。

在史末莰亲英帝国的统治下，伦敦的拖延战术并不是太困难。但是，1924年6月的南非全国选举突然改变了一切。史末莰的亲伦敦政府被击败，选举的结果有利于工党和以布尔国民军人赫佐格将军为首的国家党之间的联合政府。赫佐格参选的宗旨就是反对国家丧失国民经济控制权和史末莰对英镑的支持而造成的经济损失。

赫佐格就职后的最初几个动作之一，就是要成立一个政府顾问委员会，讨论政府是否应该与英镑决裂、是否应该重建以黄金为支持的独立的南非货币。南非政府破天荒第一次在南非黄金决策发生重大变化之前没有征求英格兰银行和斯特拉哥什的意见。更让伦敦忧虑不已的是，在南非新政府的坚持下，这个委员会将不是由英国人而是由美国人担任领导，这个美国人就是普林斯顿大学教授埃德文·凯默勒，一流的黄金和货币问题专家。❶

“货币博士”和华尔街的黄金梦想

凯默勒是国际上有名的金本位制倡导者。他在美国精英大学普林斯顿大学经济学院任教。自从他于1903年将菲律宾纳入金本位体系以后，他所代表的

❶ Russell Ally, Op. Cit. p. 99.

华尔街和美国政府的角色，为他在国际金融圈里赢得了“货币博士”的称号。他还秘密地担任很有影响力的华尔街公司狄龙－里德公司的顾问。凯默勒还是华尔街和纽约联邦储备银行体系的设计者，原来执行英国金本位制的国家被一个接一个纳入由美国主导的新的金汇兑本位制。当提到他为多个国家的战后货币稳定当过顾问时，凯默勒承认：“任何一个国家，只要任命了美国金融顾问并且遵循他们的意见重组金融，并按照美国投资者的想法走他们要求的最成功的现代化路线，就可以提高自己对美国投资者的吸引力，就可以得到优惠的资本。”❶

凯默勒用美国资本的“优惠贷款”来实现的稳定计划，是第一次世界大战之后华尔街行动的基石；在20世纪20年代华盛顿政府的大力支持下，华尔街打算控制全世界的金融体系，取代伦敦金融城在一战前的地位。这是一个大胆的计划，但是早产了20年。这也是联邦储备银行执行上述货币政策的主要原因，正是这些政策推倒了1929年的股市，引发了随后整个华尔街多米诺骨牌式的信贷违约和崩溃，延伸成为全球大萧条。

凯默勒所做的工作已经为法国、意大利、比利时成功地引入新的黄金货币基础，每个国家都以华尔街辛迪加式的巨大商业化贷款为支持，放贷银行以摩根家族为首。凯默勒作为道威斯委员会的成员于1924年访问过德国，起草了德意志银行重组和德国马克稳定计划，美国主导的新的金本位制度是这些计划的基础。此外，新的美国金本位汇兑制度于1925年被推广到哥伦比亚和智利，凯默勒是其中的核心人物，这也是摩根家族领导下的纽约－华盛顿战略的一部分：把拉丁美洲的金融制度和经济发展从英国霸权下转移到美国的霸权之下。

在每一个事件中实行的都是“货币博士”凯默勒的货币稳定计划。这种情景看起来很简单，会使人放松警惕：凯默勒有华尔街的关系，所以他能够找来“稳定”货币所需要的大量贷款，说到做到。作为回报，受援的国家要同意这么一个条件：刚刚稳定下来的货币以黄金来支持。美国作为世界上最大的中央

❶ Paul W. Drake, The Money Doctor in the Andes – The Kemmerer Missions, 1923～1933, Durham, Duke University Press, 1989, p. 250.

银行黄金储备持有者，自然成为这个新的黄金外交强大势力的中心。❶

凯默勒对南非的建议

毫不奇怪，警钟在英格兰银行和整个英国企业界敲响。对英帝国的战略利益的威胁来自南非，凯默勒正在那里与美国的一些兴风作浪的强力集团相互呼应，完全出人意料。

凯默勒提交给赫佐格政府的正式报告把问题问得很清楚："南非是否应该决定同英镑挂钩并希望英镑不久后回归金本位？是否准备好跟随英镑波动？或者，是否应该决定就此与黄金同行？"❷

凯默勒对这个问题的回答是，建议南非在1925年7月1日之前重返金本位制。

这就意味着事实上的以美国为主导的金本位制。凯默勒是这样论证的：重新使用黄金将增加外资对南非经济的投资，控制严重的通货膨胀，也会使重要的采矿业得到好处，这些都是真的，因为伦敦对于这一切知道得太清楚了。

1925年1月，赫佐格的政府宣布，它将要全面执行凯默勒的建议。伦敦认为这是挑起战争，美国暴发户得手了，这对英国势力的前途的影响太大了。英国唯一的问题是她已经没有力量再跟任何人打仗，更不用说美国了。1925年南非金矿的产量占世界每年新增开采量的50%，以后每年的产量都迅速增加。

在一个多世纪的历史中，伦敦金融城始终依赖于它对实体金块贸易的控制力来保持国际金融中心的地位。伦敦的罗斯柴尔德父子公司在他们的银行办公室里每天为世界黄金定价，英格兰银行掌握着世界货币黄金的主要部分。世界经济在19世纪的起起伏伏，与提供给伦敦买卖金银的银行（如罗斯柴尔德父子公司）的实体黄金所发生过的上下波动相伴而行。在1914年之前，伦敦的金本位制表现得如此成功，真实的原因是伦敦有能力首先在1840之后夺取加利福尼亚和澳大利亚大部分新发现的金矿。后来在1900年通过布尔战争，来

---

❶ Mark Metzler, Op. Cit., pp. 170 ~ 171.
❷ Russell Ally, Op. Cit., p. 128.

自南非威特沃特斯兰德的大量黄金再一次保障了伦敦的地位：主导全球对货币黄金需求的扩张。

从1873年到1896年，英国经济经历过一个长达23年的经济下滑，在英国经济史上被称为大萧条，其原因是英格兰银行手中缺乏黄金。在南非发现金矿时萧条才结束。

英国和英格兰银行要重建1920年以前的影响力，全英国都认为只有一条途径：以一己私利为准，操纵世界黄金的供给，掌控国际金融信贷领域。就像打板球那样，伦敦买卖黄金的银行和英格兰银行的黄金交易干的就是“打擦边球”。英国的一位知名经济学家保罗·艾因齐格在1931年3月皇家经济学会的《经济学学刊》发表的文章中生动地描写了这样的游戏：

只要黄金在出售之前实际上到达伦敦，那么英格兰银行就会总是比其他潜在的购买者更有利，后者为了拿到黄金必须支付从伦敦到他们那里的运输成本，而对英格兰银行来说是免费送货上门。因此，只要英镑与黄金的名义价值相等，黄金就会自己找到进入英格兰银行的路……外国购买者也许就无力与英格兰银行竞争……因为这一有利条件，银行的黄金储备在正常情况下总会得到兰德新出产的黄金补充，所以就不必以高于进口价位的高利率来提高兑换率。因此，最好还是要当心预防南非黄金运输系统发生变化……❶

英帝国的历史和外交史，特别是从19世纪50年代到20世纪20年代的新帝国主义时期这一段，其中有很多内容可以沿着对实物黄金的生产、流入和流出伦敦这条线索，追溯伦敦对黄金市场的操纵、对世界主要黄金市场这个特权地位的运用，其中的微妙之处，至今很少被人理解。南非黄金直接运送到纽约，对于伦敦金融城和英国金融机构重建凡尔赛和谈之后的统治计划来说，是一个非常沉重的打击。它不仅重拳打击英国，还沉重地打击了整个世界的信贷体系。

---

❶ Paul Einzig, Recent Changes in the London Gold Market, The Economic Journal of the Royal Society, March, 1931, p. 62.

丘吉尔力夺先声——阻止美国的金本位制

伦敦对华尔街施展的南非黄金诡计很快作出反应。1925 年 1 月下旬，财政部长温斯顿·丘吉尔（他的政治生涯在布尔战争期间开始于南非）发表了一份备忘录，力主英国提前回归金本位制，以便抢在令人恐惧的美国货币政变之前。英格兰银行行长蒙塔古·诺曼同意了。

几个月之前，以摩根的伙伴查尔斯·道威斯为首的美国银行家，在凯默勒的支持下，已经着手为 1922 ~ 1923 年魏玛时代的恶性通货膨胀之后稳定德国货币进行安排。这更加重了英国的紧迫感。在《道威斯计划》下，德国加入了美国的金本位制，摩根公司给了 1 亿美元贷款以支持新德国马克。就这样美国和德国被系于同一个金本位制中，正等待世界最大的黄金生产者南非的加入。英国成了局外人。

如果南非加入一个以美国为中心的金本位制，那么伦敦就要面临这样的前景：今后不断增长的世界贸易，特别是将要复苏的同德国的欧洲大陆贸易，将绕过伦敦金融城一去不返，英国将永远风光不再。纽约将成为无人可以挑战的世界金融中心。这是英国还没有做好准备接受、也无法接受的巨变。

1925 年 4 月 28 日，财政大臣丘吉尔来到下议院宣布政府的决定，在英格兰银行的全力支持下重返金本位制；汇率将被固定在 1914 年大战前夕的水平上，即 1 英镑兑换 4.86 美元。汇率的决定没有把工业生产率从 1914 年以来的 10 年中发生的明显下降考虑在内。即使按照战前的基准汇率计算，英国出口商品用美元的标价已经高得无法找到急需的出口市场。这个汇率的决定，也没有把英国的公共债务、通货膨胀和巨大的贸易赤字（主要是对美国的贸易赤字）考虑进去，另外还有决定一个国家货币价值应该考虑的其他因素。汇率就这样决定了。这是一个纯粹的政治决定，更准确地说是一个纯粹的地缘政治决定。是否能够成功，将取决于诺曼操纵本杰明·斯特朗和纽约银行业的能力，以及他按照英国利益操纵欧洲的各大中央银行的能力。

丘吉尔和蒙塔古·诺曼将英镑锁定在高估了的价格上，就这么重新和黄金联系在一起。他们的想法是，无论英国的国内工业和英国人民要付出多大的代

■ 诺曼是世界金融体系中的风云人物，他也因此登上过《时代》周刊的封面

价，也要重新恢复伦敦金融城的世界金融体系中心地位。丘吉尔在评价自己的行为时这样说："即使我们没有这么做，英帝国的其他部门也会采取这样的行动，并且它一定会走向金本位制，不是以英镑而是以美元为基础的金本位制。"❶

斯特朗的重大错误

1925 年当斯特朗决定按照蒙塔古·诺曼的请求，敦促摩根和其他纽约银行支持英镑返回黄金体系的时候，斯特朗完全没有想到，诺曼和伦敦的各家银行在行动上会做到何等有效，而且同时还能作为美国和纽约联邦储备银行领导人最强有力的支持者和最好的朋友出现。英国人计划的核心，是英格兰银行和英国财政部动手改造 1925 年以后出现的那个新的金本位制。

在 1914 年 8 月世界大战爆发前，世界贸易体系建立在国际金本位制之上，但多少进行了一点自我修正。国际贸易依靠的是市场供求原则，发生的不平衡用黄金结算。它至少在理论上是一个把货币与国家分开的技术体系。当英国是无人可比的金融中心时，伦敦主导了市场。在一战前的货币体系之下，英格兰银行充当"全世界的银行家"。其他主要国家，包括德国、法国、意大利、所有英国的殖民地，甚至美国，一战前都持有大量的英镑储备，存放在英格兰银行里，而该银行掌管着当时的大部分世界货币黄金。英国的许多自治领和殖民

---

❶ Winston Churchill, April 1925 Budget Statement to Parliament, cited in Ed Balls, Speech by the Chief Economic Adviser to the Treasury, in www. HM-Treasury. gov. uk/ed _ balls _ at _ 2002 _ cairncross _ lecture. htm.

地甚至没有自己国家的货币，它们使用的是掌握在伦敦手中的英镑。

这就是蒙塔古·诺曼、丘吉尔和伦敦金融城的银行家们想要重建的体系。1922 年，在热那亚举行的一次大型战后国际经济会议上，英格兰银行的诺曼发动了一场外交政变。面对大多数中央银行家的明确反对意见（其中包括纽约联邦储备银行的本杰明·斯特朗、德意志银行的沙赫特、法国银行的莫罗和里斯特、意大利银行的波纳尔多·斯琴赫），蒙塔古·诺曼依仗着他如同金融圣贤一样的国际声望和一战前英格兰银行以及伦敦金本位的独特经验，成功地说服大会同意了他的新金汇兑本位制概念。❶

在一战前的金本位制下，英镑实际上一直"与黄金同价"。国际市场通过私人的和公共的黄金储备的流入和流出而发生调节，没有对汇兑率水平的操纵。发生长期通货膨胀的国家将失去黄金，这样会强迫它提高利率保持储备，导致国内的信贷紧缩。持有纸币的人总是能够在要求支付的时候用纸币兑换黄金。市场的矫正多多少少是自动的。

然而到了 1925 年的时候，英国不能够也不打算回归一战前严格的金本位制。于是，诺曼和英国财政部采取了修正的办法，表面上看是对原金本位制聪明的修正，而且好像还可以满足占支配地位的纽约银行家的战略目标，特别是本杰明·斯特朗的目标。这个新的体制，被称为金"汇兑"本位制。

玩金融，美国人还是嫩了一点。在这个金汇兑本位制下，美国将在事实上充当英国、欧洲和世界其他地方膨胀的货币的最终支持者。在这个计划里，英国将主要以美元而不是像 1914 年前那样以黄金持有储备，而欧洲大陆上挣扎在战争创伤中的国家将以英镑而不是以黄金持有它们的储备。这一新的计划实际上允许英国将膨胀了的货币英镑和贷款置于美元之上，允许英国的债务国将它们的货币置于英镑之上。这实际上意味着，1925 年以后只有美国还保持严格的金本位制，而所有其他国家都可以拿本国纸币进行兑换了。❷

诺曼说，只有纽约和伦敦的中央银行才应该为持有金块而操心，而像法国

---

❶ Richard Hemmig Meyer, Bankers'Diplomacy: Monetary Stabilization in the Twenties, New York, Columbia University Press, 1970, p. 6, described in detail in footnote 7.

❷ Russell Ally, Op. Cit., pp. 88 ~ 89.

那样的其他国家应该拿到有黄金支持的英镑或美元就满足了。毫不奇怪，法国银行行长埃米尔·莫罗（金本位制的强烈倡导者）对诺曼的英-美黄金世界的计划并不高兴。莫罗1926年重建了法兰西银行的资产负债表，把黄金储备恢复到比英格兰银行还要高的水平。法国的黄金地位后来将要发挥关键性的作用。[1]

英国的黄金计划中国际联盟的重要作用

伦敦重建金融地位计划的核心，是英国要主导国际联盟的官僚机构。英国能够支配国际联盟强有力的金融委员会。蒙塔古·诺曼通过他的两个亲密伙伴——亨利·斯特拉哥什爵士和奥托·尼迈耶爵士——实际上控制了国际联盟的金融委员会。来自英国财政部的经济学家拉尔夫·霍特里也发挥了骨干作用，他呼吁整个欧洲采用新的金汇兑本位制。

诺曼和英国人利用国际联盟迫使成员国的中央银行与英格兰银行建立合作关系，合作的基础不是古典的金本位制，而是金汇兑本位制，这个制度将允许这些国家通货膨胀和赤字消费，而同时在表面上维持货币的稳定。欧洲国家被迫以定价过高的平价返回金本位制，这是为了使它们的出口不会威胁到英国的出口。这些国家的外汇储备都很少，而且不是黄金，是英格兰银行的英镑存款。整个大厦就是一个以信任为基础的海市蜃楼，信任首先就是对蒙塔古·诺曼指挥技巧的信任，他要导演一场全球货币，至少是欧洲的货币统一。

伦敦利用承诺美国银行的信贷以及通过控制日内瓦的国际联盟金融委员会而施加的政治压力，设计了一个非常类似20世纪80年代之后国际货币基金组织那样的体系。法国银行行长、诺曼的强烈反对者埃米尔·莫罗在1928年的日记里描绘了这个体系：

作为重建稳定和安全货币的第一个欧洲国家，英国利用了这个优势来奠定基础——真正从金融上控制欧洲的基础。日内瓦的国际联盟金融委员会已经成

---

[1] James Grant, Money of the Mind: Borrowing and Lending in America from the Civil War to Michael Milken, New York, Farrar Straus, Giroux, 1992, pp. 189～190.

为英国政策的工具。它的办法就是迫使每个国家都发生货币困难，这个国家于是就得听命于日内瓦的那个由英国人控制的金融委员会。它们开的药方总是会包括在中央银行设立一个外国顾问的职位，是个英国人或由英格兰银行指定的人，会指定把中央银行的一部分准备金存入英格兰银行，这笔钱既是对英镑的支持又能增强英国的影响。

为了防止可能的失败，他们小心翼翼地取得纽约联邦储备银行的合作。此外，如果它们感到对海外的贷款太多，他们就将其中一部分转交给美国，并且总是保留有利于这些操作的政治条件。这样，英国在奥地利、匈牙利、比利时、挪威和意大利全面地或部分地安营扎寨。她正在希腊和葡萄牙扎根。她寻求在南斯拉夫和……罗马尼亚得到立足点。货币将被分为两类。第一类是以黄金为基础的美元和英镑，而第二类是以英镑和美元为基础——这一类国家的一部分黄金储备被英格兰银行和纽约联邦储备银行持有。[1]

摩根公司在本杰明·斯特朗的鼓励下，为支持英国重新进入这个 1925 年修改过的金本位制提供了关键性的美元贷款。后来类似的摩根银行信贷扩大了范围，这种贷款总是由蒙塔古·诺曼和被他支配的日内瓦金融委员会提出建议，又总是第一个得到纽约联邦储备银行的本杰明．斯特朗签字批准。华盛顿政府在这个过程中没有扮演任何角色。这是华尔街银行家们的外交。在战争"英雄"约瑟夫·毕苏斯基将军军事独裁统治下的波兰、比利时以及墨索里尼的法西斯意大利，最后都在定价过高的平价下返回金本位制。纽约和伦敦银行家们越来越喜欢铁腕的独裁者，他们察觉到这些独裁者能够控制工会的抗议并且保证按时偿付贷款。

英国以很高的 4.86 美元比价返回金本位制后不久，为了在英镑定价过高的条件下保持出口的竞争力，英格兰银行试图对国内价格和工资进行大幅度削减。对削减工资的回应是 1926 年的大罢工，增长迟缓，工业出口仍然低迷，失业率几乎达到 10% 。到 1931 年英国最终离开金本位制的时候，失业率已经

---

[1] Cited in Kevin Dowd, R. H. Timberlake, *Money and the Nation State*, Edison N. J. , Transaction Books, 1997, p. 135.

达到全部劳动力的22%。

工会的抗议和大罢工表明，只有得到美国的帮助，英国才能让黄金坚持在4.86美元的高位。斯特朗很少咨询华盛顿的联邦储备委员会董事会，更不用说地区性联邦储备银行的董事长了。为了加强这个动摇不定的新的金本位制，他在20世纪20年代制造了一次严重的美国货币膨胀和信贷扩张，来支持定价过高的英镑平价和英国在欧洲的作用。在缓解美国货币困难的过程中，斯特朗还埋下了股市崩溃的种子，创造了房地产的泡沫。

蒙塔古·诺曼说服他的朋友本杰明·斯特朗，让他相信欧洲的恢复和杀手锏——美国的出口能力，都依赖于美联储人为地保持低利率来鼓励黄金向外走，流入英镑，因为英镑的利率较高。诺曼说，这样做将会反过来提供支持整个欧洲大陆和殖民地的黄金体系的基础，随后也会为世界贸易提供基础。美联储人为压低的利率刺激了华尔街股票中的保证金贷款交易，接下来又刺激了20世纪20年代后期华尔街股市前所未有的高涨。美国被人为压低的利率面对欧洲很有吸引力的通常为6%～8%的利息收益，推动着美国银行在1925年以后不断向执行新的金本位制的欧洲国家甚至更远的地区扩大短期贷款的规模。

斯特朗给市场倒了一杯“威士忌”

1927年7月，斯特朗在蒙塔古·诺曼的要求下，在长岛召集了一次秘密的国际央行会议。这次会议是决定美国货币政策转向的命运和方向的事件。在那里，斯特朗不顾德国和法国中央银行行长的反对，表示要降低利率、膨胀美国信贷，以支持英镑，停止伦敦黄金储备外流。芝加哥的联邦储备银行不像斯特朗那样跟蒙塔古·诺曼和欧洲信贷绑在一起，他强烈反对美联储降息，拒绝降低自己银行的利率；《芝加哥论坛报》要求斯特朗辞职。斯特朗辩驳说，他促进货币流动的目的是帮助美国中西部的农民。结果是斯特朗占了上风。后来他向朋友吐露，他的降息有一个意料之外的副作用：给股市“倒了一小杯威士

忌”。这可不是小小的一杯。在华尔街上，威士忌开始向水一样流动起来。❶

伦敦的黄金外流停止，英镑危机减轻，因为1927年在斯特朗领导下的美国纽约联邦储备银行降低了利率，后来伦敦的《银行家》杂志这样赞扬本杰明·斯特朗：“他用他的能力和技巧为英国服务。”❷

在诺曼的金汇兑本位制之下，美国是所有国家与黄金和所谓“硬通货”的唯一通道。如果美元也要抬高价格，就如1925年以后在斯特朗领导之下抬高美元的价格，美元也会开始变得不可靠，而整个大厦即全球信贷的金字塔会最终崩溃。信贷扩张在1929年趋停时，英国货币金字塔体系的这个小小疵瑕就显露出来了。在那之前，各种类型的美国银行和企业都为斯特朗所谓的永久繁荣和价格稳定的“新时代”欢呼，这正是艾伦·格林斯潘1999年宣布的那个不会再有周期性衰退的“新经济”的怪诞先声。现实却是大不相同，因为美联储不得不使用膨胀性的信贷扩张，在20世纪20年代的几年中把欧洲下降的物价再抬高起来。

正当斯特朗的政策好像能创造无限的繁荣、提高收入、抬高股票价格和经济增长速度的时候，没有多少不同的声音对斯特朗的政策提过意见。除了商务部长胡佛以外，斯特朗的国际信贷政策的批评者有同洛克菲勒结盟的大通国民银行主席巴顿·赫伯恩和《商业杂志》编辑帕克·威利斯（参议员卡特·格拉斯的前助手）。联邦储备委员会的若干成员也在其中。他们是少数派。掌握政策的是J. P. 摩根公司、本杰明·斯特朗和财政部长梅隆以及卡尔文·柯立芝总统。

在实行金汇兑本位制的头几年里，在1927年之前，它的缺陷还不明显。看起来欧洲各国经济终于要复苏了，黄金是经济复苏的工具。

在新的金汇兑本位制下，1925年信贷从纽约流出，流向了伦敦，进入战后欧洲大陆急需美元的国家。摩根家族、库恩－洛布公司、国民城市银行和其他

---

❶ James Grant, Op. Cit., p. 192. and Herbert Hoover, *The Great Depression*: 1929 ~ 1941, pp. 10 ~ 11.

❷ Cited in Murray N. Rothbard and Joseph T. Salerno, *A History of Money and Banking in the United States*, 2005, Ludwig v. Mises Institute, p. 416.

华尔街银行开始认购参加了新的金汇兑本位制的欧洲各国发行的债券。然后，认购的银行为了寻求回报和安全就向普通美国人家庭出售这些新的债券，利率比美国财政部的证券利率高 3% 。所以对纽约的银行来说，这纯粹是一台制造黄金的机器。

纽约的信贷大部分流入了 1924 年实行《道威斯计划》稳定货币之后的德国。在 6 年之内，德国的城市、私人公司、州政府、港口和其他实体都在发行债券，由纽约的银行认购然后出售给美国投资者，累计总额竟然达到了 25 亿美元。德国在此期间从海外借贷近 40 亿美元用于重建。1931 年银行危机发生时，德国被迫宣布债务违约拖欠，大势已定。

从 1924 到 1931 年，涌入欧洲的美国贷款差不多有 60 亿美元。如果加上美国财政部的战争借款和战争开支，在不到 15 年的时间里，有 400 亿美元的美国资金进入欧洲。这是 1914 年美国国内生产总值的五分之一。1925 年后，蒙塔古 · 诺曼和英国财政部打造的金融大厦的稳定程度，取决于最脆弱的那个环节的强度——金汇兑本位制。

直到 1927 年下半年，斯特朗才开始对整个大厦表示出明确的严重忧虑，他在两个月前刚刚采取过稳定英镑的行动，在那个行动中为不断高涨的华尔街股票泡沫火上加油。仅仅 3 年之前，蒙塔古 · 诺曼和英格兰银行才说服了斯特朗，让他相信这个体系对复兴世界贸易和稳定货币是有好处的。

斯特朗在 1928 年因结核病去世之前不久写过几封信，向他的朋友蒙塔古 · 诺曼和纽约联邦储备银行的其他人表明，他越来越怀疑金汇兑本位制不是世界货币稳定的正确政策，而他本人在密友诺曼的敦促下支持过它。1927 年 9 月的一封信，写于斯特朗决定支持英镑制止黄金流出之后，表达了斯特朗对美国一战后扩张性货币政策越来越沉重的担忧：

发行银行现在持有的美国一国的票据和（贷款）余额超过了 10 亿美元，还不用说伦敦掌握的数目大致相当的另外款项，还有在其他金本位国家中的大量钱款。我已经给你写过信，事实上我倾向于认为，事态发展已经达到了一个转折点，它本来应当加强这个金本位制，但实际上已经在破坏金本位制了——它在世界上的各个地方复制信用机构，用不多的黄金积累来维持它，只有少数几个国家如英国和美国的手中有黄金，它们的货币才真的建立在黄金之上。[1]

通常所说的美国20世纪30年代大萧条，其实起源于美国之外——1931年初开始的欧洲崩溃，腐朽的欧洲经济和政治结构发生了崩溃。那次崩溃与金汇兑本位制有直接关系。

就像2007年美国次级债抵押证券化的泡沫破裂一样，1929年10月纽约股市的崩溃只不过是全球金融体系更严重的根本性疾病的一个表征。英国银行的诺曼怂恿斯特朗继续保持低利率，因为这会影响英国和欧洲大陆的利率以及一战后英国的金融稳定，会有助于阻挡那里的衰退。低利率导致了纽约股市价格上扬，便宜的资金给美国的消费繁荣火上加油，很多这样的钱是被新近出现的分期付款信贷造出来的。

美国在“兴旺的20年代”的炫耀性消费只是一个假象，好像所有家庭的财富都增加了，其实国家的财富分配严重失当，这是1929年美国经济的唯一致命弱点。到1929年时，60%的美国汽车和80%的家用收音机都是靠分期付款的贷款购买的。人们靠信贷购物，因为大多数美国人在20世纪20年代的收入水平还是比较低的。

在柯立芝总统时代，共和党政府的一系列减税政策是由非常富裕的财政部长安德鲁·梅隆起草的，他的政策使收入进一步向少数企业主和大笔财富的继承人手中转移，使得只占人口千分之一的最富有的家庭获得了更多的不断增长的国民收入。年收入100万美元的个人税负从20世纪20年代的60万美元下降到后来的20万美元，而中产阶级和更贫穷家庭的税负却增加了。

到1929年时，美国钢铁公司、通用电气和RCA公司这样的巨头在四处崛起时，大约三分之二的制造业财富已经从个人手中转移到大型的、从公开市场融资的公司手中。在企业支配结构的金字塔顶上，耸立着华尔街和纽约的大银行：摩根、大通、库恩－洛布、梅隆等。非常保守的美国最高法院在1923年审理“艾德金斯诉儿童医院”案件的裁决中，作出的判决更加剧了不平等：最

---

[1] Benjamin Strong to Montagu Norman，cited in James Grant，Op. Cit.

低工资法违宪。❶

20 世纪 20 年代有一首流行歌曲《我们得到快乐了吗?》就是这样唱的:“富人更富了，穷人更穷了。”

1929 年，只占美国人口千分之一的最高收入人群的总收入相当于排在最后面的 42% 的美国人的总收入。用家庭数目来说就是，美国 24500 个富裕家庭的收入，和 1100 多万中低阶层美国公民的收入总和相当；高收入阶层控制了所有储蓄的 34%，而 80% 的美国人没有储蓄。20 世纪 20 年代美国繁荣的大厦，建筑在债务和幻想永久繁荣、股票价格永远上升的假想之上。一旦 1929 ~ 1931 年的消费信贷狂欢结束，消费能力就瓦解了，因为大多数美国人不能够再用信贷购物了。❷

股票价格上涨时会吸引更多人来投资，他们可以从银行贷款，只凭保证金购买股票：只支付大约实际价格的 10%，其余的部分就去借贷。当整个信贷金字塔的运转在 1929 年停下来时，惊慌失措的美联储赶快提高利率，想停止股票泡沫，可是一切都太晚了，整个分期消费信贷大厦和股市一起崩溃，不久以后真正的制造业经济也倒下了。❸

1929 年 10 月诞生了这样一项纪录：有 80 亿美元的纽约股票交易所的股票是贷款买的，必须清算，而且大多数购买的是只要保证金的那些股票。

纽约股市 10 月份的崩溃，发生在赫伯特·胡佛总统任期的第 11 个月。过去没有任何一位总统干预过市场崩溃，人们习惯的看法是，这样的事情应该让它自己去纠正，无须政府的干预。

1929 年年底，胡佛总统冲破了财政部长安德鲁·梅隆的反对意见，宣布了一项十点行动计划，其中包括避免银行恐慌，防止银行大量倒闭和住房断供被收回，帮助农业生产，救助贫困的失业者，保持货币的实力等。还有就是为了创造更多的就业机会而加快实施政府的市政工程项目。胡佛的确是真正的保守

---

❶ Robert S. McElvaine, *The Great Depression*: *America*, 1929 ~ 1941, 1984, New York, Times Books, pp. 37 ~ 41.

❷ Ibid., pp. 38 ~ 40.

❸ Ibid.

共和党人，他努力去挖掘政府的潜力，支持私人的首创精神，而不是让政府直接出手接管，他把那种做法与意大利墨索尼里的“社团主义”相提并论❶。到1931年年初时，美国经济在衰退中显示出一点稳定的迹象。不过这只是下跌中的一次暂停。

当脆弱的欧洲金本位制——蒙塔古·诺曼体系的基础——开始解体时，一波新的金融冲击正在聚集力量，它的破坏性足以毁灭世界。就在此时，法国作出了一个“教训德国人”的政治决定，决定对维也纳进行干预，为这个冲击波注入了更多的动力。

法国推倒了金本位制

1931年春天的风暴吹破了欧洲大坝。法国在不经意间扮演了一个决定性的角色，它所信奉的处事原则——“与众不同”采取了一个奇怪的形式，使它一出手就颠翻了整个世界的货币体制，把世界经济也推入衰退之中。

1931年3月，奥地利这个小小的600万人口的国家——一战前奥匈帝国的一部分，宣布它已经开始与德国谈判，两国要建立一个能够刺激贸易的关税同盟。这样一个同盟在技术上违反了《凡尔赛条约》，但对世界安全说不上有什么威胁。

法国政府迅速作出回应，要求这两个国家立即偿还大约3亿美元的短期贷款（德国和奥地利欠法国国家银行和其他银行的贷款），目的是强迫它们立刻停手。本来就不稳定的奥地利货币体系马上发生了恐慌性资金外逃。奥地利金融体系中最薄弱的环节，是维也纳信贷银行。

维也纳信贷银行是奥地利最大的银行，在匈牙利和整个多瑙河地区有很多贷款业务，还是奥地利工业和房地产业的主要债权人，持有国家全部银行贷款的50%以上。它在1931年5月的恐慌性挤兑中倒闭了。蒙塔古·诺曼和新成立的巴塞尔国际清算银行以疯狂的速度提供紧急贷款，试图把维也纳信贷银行

❶ 把整个社会纳入极权国家指挥下的主张，又称为“结合主义”或“各阶级合作主义”。——译者

的烂摊子稳定下来。可是法国政府坚持，从法国银行放出去的贷款有一个先决条件，就是德国和奥地利要放弃计划中的关税同盟，虽然它们这样做并没有在法律上违反《凡尔赛和约》，该条约只是禁止德奥两国的政治经济结盟，或德国吞并奥地利。❶

这场危机像野火一样蔓延开来，先是传遍奥地利，随后进入了相互连接的德国银行体系。

维也纳信贷银行的倒闭，导致了德国的储户对德国达姆施塔特国民银行的恐慌性挤兑和当政的布吕宁政府的货币危机。此时此刻，英格兰银行、美联储、德意志银行和法兰西银行聚在一起开会，讨论紧急注入信贷，尽力阻止货币恐慌继续蔓延。

胡佛在国会为德国赢得了延期一年偿付战争赔款的时间，于 1931 年 6 月 30 日生效。虽然有助于缓和德国的偿付压力，但是这个步骤微不足道，也为时过晚，不能阻挡外国银行从德国抽逃资本，它们担心事情会变得更坏。德国人自己也开始逃跑，把德国马克换成美元、英镑、法郎或者黄金。德意志银行行长汉斯·路德当年 7 月从巴黎前往巴塞尔和伦敦，警告大家，德意志银行需要一笔 5000 亿美元的紧急贷款，只有这样才能避免破产清算的违约拖欠。这条消息进一步扩散了恐慌。整个一战后的国际金融大厦开始崩溃。❷

在这个节骨眼上，法国政府手里还有一张王牌。法国在 20 世纪 20 年代早期经历过一场货币危机和准恶性通货膨胀。1926 年，右翼的雷蒙·庞加莱❸政府执政，在法兰西银行的莫罗支持下，立即采取行动，紧缩预算、增加税收和采取其他步骤，阻止资本外逃和稳定当时仍然在金本位体系之外的法郎。它公布计划尽早回归金本位制，以便进一步巩固信心。因此，在雷蒙·庞加莱政府于 1926 年回归金本位制后的几周内，法郎就增值了 40% 。

1928 年，在建立了黄金储备两年之后，雷蒙·庞加莱政府和埃米尔·莫罗

---

❶ Charles P. Kindleberger, *The World in Depression*: 1929 ~ 1939, 1973, Allen Lane, pp. 148 ~ 151.

❷ Harold James, *The German Slump*: *Politics and Economics* 1924 ~ 1936, 1986, Oxford Clarendon Press, pp. 283 ~ 285.

❸ 又译为“彭加勒”、“普安拉雷”或“普恩加来”。——译者

行长领导下的法兰西银行宣布，法国将强制实行《稳定法》，推动法郎向金本位制回归。不过，巴黎不想按蒙塔古·诺曼的规则来行事。

法国没有像英国那样不惜牺牲出口的竞争性，为了伦敦金融城的国际权力而死死钉住战前4.86美元的平价，法兰西银行是以战前水平20%的价格重新加入金本位制的。这样一来法国的出口很快就恢复了，就业率和工业产量上升，有大量的贸易顺差存在外国中央银行（首先是英格兰银行）里成为外国货币储备。然而在金汇兑本位制造出来的国际债务结构下，对法国来说是一件好事，对世界其他地方来说却是坏事一桩。从伦敦和欧洲大陆的各个首都流出的黄金，流入了法兰西银行。

1927年，法国银行试图将3000万英镑兑换成黄金，以此建立法国中央银行的储备并加入金本位制。英格兰银行为法国此举影响到英镑稳定而问计本杰明·斯特朗。法兰西银行担心，以外国纸币为储备会发生新的通货膨胀，因为纸币可以被操纵而任意膨胀。法兰西银行决定以黄金为唯一货币储备基础，并且还要采用1914年以前的金本位制，而不是英国和其他国家1925年发起的那个纸币加黄金的储备体制。[1]

在中央银行政策这个问题上，法国又一次想要一锤定音。法国保守的银行家莫罗有正当的理由和深刻的感受反对蒙塔古·诺曼搞的英格兰银行"金汇兑本位制"，那里面包含着危险的缺陷。莫罗决心在多年的混乱之后，让法国回到硬通货政策和谨慎的财政政策之下。唯一的问题是，诺曼－斯特朗的金汇兑本位制在那个时候已经主导了世界货币体系。而这个体系以及被它捆绑的负债累累的欧洲各国，已经从根上开始腐烂了。

法国围绕着黄金采取的行动，是在政治上担心德国复兴和国内经济再次发生动荡和衰退的混合结果。放松银根的货币政策会使法国爆发罢工和衰退，并迫使法国政府和法国银行再次孤军作战。

1926年法郎恢复稳定，1928年法郎执行20%的战前黄金平价，经济开始繁荣，法国外逃资本回国，新的外国资本流入。到1931年世界其他地区陷入

---

[1] Kevin Dowd，Op. Cit.

萧条时，法国做到了充分就业。法国开始感觉到自己在欧洲事务中有了独立身份。

1931 年时，法国是仅次于美联储的世界第二大货币黄金持有者，这是她将外国货币资产兑换成法兰西银行储备黄金的政策结果。在短短的 5 年中，法国中央银行的黄金持有量增加了 10 倍。1931 年 5 月，美联储和法兰西银行这两家中央银行控制的货币黄金储备，已经占到全世界的 75%。美联储在动用自己的黄金储备时要受严格的立法限制，这是国会在 1913 年的《联邦储备法》中规定的，这些限制到 1933 年和 1935 年才取消，当时全世界都已深深地陷入了大萧条之中。

欧洲爆发的危机给了法国和法兰西银行超常的有力地位。可是这个危机在事实上却是由于法国对德国和奥地利的政治和财政要求而触发的。

1931 年 7 月，当德国再次向伦敦、巴黎、纽约恳求 5 亿美元紧急央行贷款时，法国又充当了决定性的角色。她利用这个机会宣布，法国愿意再次出手向德国施加援手，唯一的条件是德国政府解散戴着钢盔的准军事力量，停止继续建造“袖珍战列舰”（这是凡尔赛条约允许的），并且要德国放弃德奥关税同盟。海因里希·布吕宁政府拒绝了法国的条件，认为这是对德国的羞辱，德国将因此沦为经济奴隶。

胡佛想堵住漏水的堤坝

此时，危机全部集中在德国的债务上，不论是私人债务还是公共债务，这是根据《道威斯计划》于 1924 年稳定德国马克以来像汽球一样膨胀的债务。20 世纪 20 年代的多数美国银行家，包括摩根公司和本杰明·斯特朗，都只想把德国当做又一个风险大一些的贷款者，就像贷款给美国铁路，为美国公司发行流动债券一样。他们相信世界上最强大的中央银行手里的黄金能为任何一种潜在的风险担保。他们的道理是，不管怎么说，科隆、法兰克福和柏林都是德国魏玛共和国的政府机构。

法国银行家和美国银行家想的不一样，他们把每一笔给德国的贷款都视为一种政治行动，而且都有助于德国最终推翻凡尔赛条约和恢复德国的统一。法国的观点要现实得多，它反衬了本杰明·斯特朗决定的致命错误：美国的金融和信贷结构正在单方面与1917年后的欧洲货币制度挂钩。

到1931年7月，德国、奥地利、匈牙利和大多数东欧国家的黄金储备已经流失，大多数银行已经关闭。

胡佛总统亲自召见了美国财政部部长和美联储主席，他要弄明白美国的各家银行介入欧洲到底有多深，以便决定美国该怎么办。胡佛的一个来自加州大银行的朋友警告过，美国银行向德国和其他欧洲银行发行的银行承兑汇票（一种短期贷款的形式）已经太多了。承兑汇票通常是为期60～90天的票据，只需要出具货物运出（但还未送到）的提货单就可以保证兑现。胡佛要美联储和财政部估计一下，这种向欧洲银行贷出的未担保的贷款到底有多少。❶

美联储告诉总统，它们估计最多也就是5亿美元，对美国银行不构成威胁。胡佛担心事情没那么简单，下令由货币审计署长进行独立的估算，结果很惊人：有17亿美元，甚至更多。这个消息如果泄漏出去，仅这一个数字就会对资本不足的整个美国的银行体系构成威胁。

法国在不断吸纳黄金。当本杰明·斯特朗在1927年7月为了帮助英格兰银行对此反击的时候，他降低了纽约联邦储备银行的利率，于是对欧洲的贷款增加了，因为欧洲的银行为了得到它们急需的美元信贷情愿支付高达7%以上的贷款利息。胡佛的审计官员告诉他，截止到1931年7月，欧洲各银行已经拖欠了很多已经到期的银行承兑汇票，而美国的银行都不吭声，害怕造成恐慌。❷

胡佛派他的财务部次长奥格登·米尔斯前往伦敦，秘密地询问他在英格兰银行界的熟人，英格兰银行在这种无担保的银行承兑问题中究竟暴露到何种程度。那家银行先是毫不知情，但是两天之后给了初步估算，对金汇兑本位制敲了更响的警钟：承兑汇单有20多亿美元，英国各家银行已经充分地暴露在大麻烦面前，和它在一起的还有荷兰和斯堪的纳维亚国家的那些银行。

胡佛估计，仅仅德国、奥地利和匈牙利的银行就持有这种短期汇票多达50

---

❶ Herbert Hoover, *The Great Depression*, Op. Cit.

❷ Ibid.

亿美元，60 至 90 天之内到期，这个让人目瞪口呆的数字竟然无人意识到。

银行已经把钱给了那些放贷款的人，并且确信这些贷款最终以实体货物的送达为担保。1931 年的春天，当数量可观的货箱在德国、奥地利和匈牙利流转的时候，货物的发送开始（与信用一起）出现混乱，以货物为依据的商业单据失去了价值，这很像 2007 年数万亿美元的美国证券市场崩溃：从次级贷款的债务拖欠（加上其他房地产断供）爆发开始，雪球越滚越大。

超短期的债务总量，比后来德国的工业、城市和政府的 50 亿美元长期借款还要多。

胡佛总统在他的回忆录里写下了当他听说欧洲债务金字塔怎样从四面八方一起倒塌时的感受：

埋藏在世界经济体系之下的地雷现在清晰地进入我们的视野了……现在可以看清楚了，欧洲危机为何拖延得如此之久：他们开空头支票付账和填补赤字。我从来没有感到过如此震惊。大批银行倒闭的图景在我眼前挥之不去，其中的原因和危害我却只能对美国人民缄默不语，更不能告诉他们，是我加重了银行挤兑，这令我寝食难安。形势已不再是如何帮助别的国家迂回得救。现在该想如何自救了。[1]

不幸的是，做什么都来不及了。在这个节骨眼上，胡佛不顾财务部长梅隆的强烈反对，公开号召各地所有与德国和欧洲国家央行有短期信贷关系的私人银行"暂停支付债务"——他呼吁延期偿付。梅隆当时和国务卿斯廷森在伦敦开会，会议要讨论的正是欧洲局势恶化的问题。梅隆强烈主张胡佛继续坚持，答应给德国再增加 5 亿美元的贷款。胡佛回答说，这样做只能拯救那些干蠢事的私人银行，而不能解决更大的问题。

胡佛坚持说："必须承担解决问题责任的是银行家，而不是我们的纳税人。"他没有听从梅隆、斯廷森和英格兰银行的强烈反对。相反，他发出了公开号召，呼吁银行自愿协商"暂停还贷"。上面提到的伦敦会议批准了《胡佛延期偿付动议》，这份文件现在已经公开，新成立的巴塞尔国际清算银行也同

---

[1] Herbert Hoover, *The Great Depression*, Op. Cit.

意这个办法。胡佛还要求该清算银行监督这个自愿计划的执行。一帮纽约的银行告诉总统它们反对这个限时协议❶。胡佛最后被迫同意美国再向德国提供一笔新的政府贷款。

■ 胡佛被金融危机引发的“大萧条”折腾得焦头烂额

国际清算银行在 1932 年发表的最终报告里说：“1931 年初全部国际短期（私人）债务总额达到 100 亿美元以上。”这是胡佛估算数字的整整两倍。

限时偿债的做法只是暂时平息了事态，直到 1931 年 9 月 21 日英格兰银行发生了对外支付的拖欠。

法兰西银行从 1931 年 7 月 24 日开始，从英格兰银行和纽约联邦储备银行提出巨额黄金储备。这个行动触发了对英镑的信任危机。

伦敦的各家银行手中也有大笔东欧和德国的短期贷款，现在也无力偿付了。1931 年 8 月，为了制止对英镑的挤兑，英格兰银行提高了利率。但是恐慌已经蔓延开来，提高利率只能让局势变得更糟糕。英国政府从美国的多家银行借了 6.5 亿美元，试图制止恐慌，结果只是再一次使局势恶化。9 月 14 日，英国的水手发动了兵变，一周后的 1931 年 9 月 21 日，英格兰银行正式脱离金本位制，强行关闭了欧洲的大多数证券市场和商品市场。

由于给自己的人民带来了灾难性的后果，美联储一直没有关闭（国内的）黄金兑换窗口。然而它不仅没有将流动性注入国内经济以阻挡不断恶化的经济紧缩，纽约联邦储备银行在时任行长乔治·哈里森的领导下（1928 年斯特朗去世后继任）反而从经济中撤回流动性，徒劳地坚持金本位制，还在 1931 年 10

❶ 债权国与债务国之间的协议，给无力偿还债务的债务国延长偿付期限，甚至减少偿还到期的本金。——译者

月把美联储的贴现率从 1% 提高到 3% 。

华尔街和纽约联邦储备银行的疯狂举动，是为了拯救它们的金汇兑本位制和这个制度背后的理想：美国金融帝国，尽管它尚未成型。它们不想承认，但是这个行动的确失败了。美联储把利率提高到极点，就此也把美国经济深深地推进了萧条和紧缩。

问题并不在于固定的金本位制在经济学中是否正统。问题在于指引华尔街和金融托拉斯的那股势力下定了决心，决不能牺牲金汇兑本位制——据此可以建立由美国控制的全球货币权力，这可是摩根公司、本杰明·斯特朗、狄龙－里德公司、埃德温·凯默勒以及美国的金融精英们从欧洲大战的废墟中看到的远大目标。他们试图从英国手中夺取全球金融霸权，徒劳无功，同时将美国推入历史上最严重的经济萧条，但是他们不会为此感到疑虑和不安。

同美国的变局相对照的是，1931 年后，英镑不再与黄金挂钩而是自由浮动。贬值约 40% 的英镑推动了英国出口的上升，减轻了世界经济崩溃的痛苦。除了法国以外的其他欧洲国家也迅速依次放弃了金本位制。只剩下美国还在坚持紧缩了的黄金平价，直到 1933 年 4 月。

危急的形势把联邦政府在美国经济生活中扮演的角色推到最高点。它采取的形式，是富兰克林·罗斯福的“新政”。罗斯福是第一次世界大战后的第一个民主党总统，1933 年 3 月 4 日就职。富兰克林的复兴计划实际上大部分是倒霉的胡佛倡议的基础设施项目的延续或补充。

从 1931 年大萧条全面蔓延以来，经过 1944 年的战争支出高峰，美国政府的债务占国内生产总值的比例从 29% 上升到 130% 。同样显著的是，整个国民经济中的公共开支部分从 1931 年的 12% 提高到 1944 年的 45% 以上。

把纽约变成欧洲和世界的银行这个本杰明·斯特朗的豪华项目崩溃了，同时也从根本上扭曲了全球的金融结构、贸易结构和经济发展的结构。

国内经济走出萧条、企业进行结构改革、在欧洲准备另一场新的世界大战，还要再花 6 年的时间，华尔街遭受的挫折才能够倒转过来。华尔街要取代大英帝国成为世界头号强权，必须一劳永逸地击败正在复兴的德国——未来美国霸权的竞争者。

这个过程后来被称为第二次世界大战。事实上这是第一次世界大战所没有解决的地缘政治问题的继续：在英国沉沦的时候，德国和美国这两个大国之间巨大的悲剧性争斗，将会决定由谁来继承世界的霸权。至少美国的精英是这样看的。德国的精英们在1914年之前，甚至到20世纪30年代的时候，是否把追求全球最高统治的理念认真地想清楚了，还是有点疑问的。希特勒对英帝国的统治权力所持有的敬畏有点过头（这无助于德国觊觎那个制高点）。[1]

可是美国的货币托拉斯毫无疑问有全球绝对统治的理念：一个在世界上最强大的军事力量保护下的无形的金融帝国。为了这个目标还需要再打一场世界大战。美联储也要为此再发挥举足轻重的作用。

强大的纽约银行集团的第一次尝试，虽然得到了私营的纽约联邦储备银行的支持，其结果却是触发了一场灾难，使美国陷入自己历史上最严重的金融危机、银行的连锁破产和经济萧条。

在十年之内，华尔街为全球霸权的第二次出击将准备就绪：最后的攻击，各就各位。

---

[1] Fritz Hesse, *Das Spiel um Deutschland*, 1953, Munich, Paul List Verlag, pp. 240 ~ 241. 黑塞是第三帝国的外交部长里宾特洛甫的高级顾问，他在回忆录中批评德国外交部和希特勒没有抓住英国人麦金德的地缘政治基本观点。黑塞这样说道："对英美来说，谁统治德国无关紧要。德国成为最强大的大陆强国这个简单的事实就足以让英美和法国对德开战。"

6.

The New Deal and Depression-Rockefellers Emerge Dominant

第六章

新政与萧条：洛克菲勒家族占领制高点

“嗨，总统先生，那不成盗窃了吗?”

——参议员托马斯·戈尔质问罗斯福总统于1933年停止用黄金偿还债务的决定

摩根家族的衰落

1931 年 9 月，英国和一批欧洲国家放弃了金本位制。这标志着把纽约建成以金汇兑本位制为基础、由美国主导的世界金融中心的第一次尝试失败了。

只要看看这个 1919 年凡尔赛和会以后由摩根家族公司建立的国际银行信贷体系和债券认购制度有多么脆弱，就会发现这次失败合法合理，而且完全可以预测。

■ 群拥挤在一家纽约银行的门前，这家银行即将破产的传言四起，大家争相挤兑

1930 年，美国的农业萧条已经蔓延到全国，1345 家银行倒闭，主要是小型农业银行。继续营业的银行也面对着不断加剧的储户提款、深不见底的衰退、信贷资金限量发放和更深的萧条，更多的银行倒闭。这是一个不断加速的下降螺旋。1931 年又有 2294 家银行关闭，这个数字几乎是上一年的两倍。1932 年又有 1453 家银行关闭。1932 年是大选年，危机已经从个别银行蔓延到所有的州。从内华达州开始，各州州长宣布全州“银行放假”，试图制止恐慌挤兑。不久，密歇根这个工业州也给银行放假了。

外国中央银行担心美国最终会让美元对黄金比价贬值，以刺激工业出口、遏制失业扩大的趋势，它们和其他美元持有者开始用手中持有的美元兑换黄金。最终必将来临的危机已经无法避免，这更加坚定了美联储不惜一切国内代价坚守黄金平价的决心。1931 年 10 月，美联储在一周内将贴现率从 1.5% 提高到 3.5%，增加了一倍多，试图在当时实行的金本位制下做到“失去的黄金收于货币流通”。

这么高的利率毁掉了美国国内银行复兴的任何希望，还进一步恶化了国内的危机。这一切反过来又刺激了更多的银行储户挤兑。从 8 月到 11 月，包括流通货币和银行存款在内的货币供给下降了 8%，在美联储短短的历史中前所未有。与此同时，在高利率之下，美联储的黄金储备并没有按照“高利息吸引金钱”的理论而增加，反而发生了惊人的下降，损失达 11%。

从 1929 年 10 月的股市崩溃到 1932 年年底（即富兰克林·德拉诺·罗斯福总统于 1933 年 3 月就职之前），美国国家财富的蒸发规模令任何人都无法想象。国民收入或国内生产总值从大约 880 亿美元下降到 1932 年年底的 420 亿美元，连一半都不到了。❶

就在 1929～1933 年纽约股市垮塌的混乱当中，在全美国好几千家小型地区性银行破产的浪潮中，一场巨大的权力斗争在纽约银行的最高层发生：谁将会从这场危机中脱颖而出呢？

如果不算 1861～1865 年内战时期，这是美国历史上第一次政府的公债主导了美国的资本市场。1929 年 10 月纽约股市崩溃之后很短的时间里，美国公债就达到 160 亿美元（1930 年），相当于国民收入的 22%。到 1946 年 1 月第二次世界大战结束时，美国公债达到 2780 亿美元，相当于国民收入的 170%。在仅仅 16 年之内，联邦政府的名义债务就增加了 17 倍以上。❷

美国的银行业务发生了急剧的转变：从为股票买卖和国际信贷融资，转向为联邦政府的债务融资。银行实际上变成了政府债券的交易机构，而不再是商业贷款人。在几乎 40 年的时间里，美国股市都无法恢复到 1929 年达到的水平。

---

❶ Paul Studenski and H. E. Kroos，*Financial History of the United States*，New York，McGraw-Hill Book Co.，1963，p. 353.

❷ Morris H. Hansen，*Statistical Abstract of the United States*，1946，Washington，D. C.，US Department of Commerce，US Government Printing Office，p. 355.

罗斯福政府的政策有一个后果，就是在国际投资银行业的权力大大缩小，特别是摩根、库恩－洛布、狄龙－里德等私人银行从事的那些国际投资业务。英国于1931年9月放弃金汇兑本位制时，这些银行向欧洲或拉丁美洲发行债券而赚大钱的能力也随之失去了。

摩根公司从此以后再也没有恢复它在纽约和国际金融界的统治地位。摩根公司在第一次世界大战中是英国财政部的独家代理银行，20世纪20年代摩根的继承人和本杰明·斯特朗与英格兰银行的蒙塔古·诺曼保持了亲密关系，从始至终摩根家族不断深化和扩大同衰落中的伦敦金融城的交往，以此建立了它如日中天的国际影响。

1931年夏天，英格兰银行的诺曼正在疯狂地、徒劳地竭力将英国保留在金汇兑本位制之中。此时，纽约联邦储备银行总裁本杰明·斯特朗告诉诺曼，英国政府的救援计划必须和摩根公司一起制订，该公司仍然是女王陛下的政府在美国的财务代理。如前所述，这是自1914年以来摩根一直占据着的能赚大钱的位置。

摩根公司提供贷款的先决条件是，英国必须大大降低失业救济金的标准，遭到内阁成员的多数反对，拉姆齐·麦克唐纳的英国工党政府为此下台。伦敦的《每日先驱报》写道，纽约的银行家要求以削减英国失业救济金作为贷款的前提条件。摩根保证要组织一个纽约和其他银行的辛迪加，筹集2亿美元的巨款，以此拯救英镑和摩根的金本位制。[1]

结果，摩根还是太晚了。1931年9月19日，麦克唐纳政府宣布英国脱离金本位制。这个事件标志了摩根将英国和伦敦金融城财力结合起来建设以纽约为中心的金融统治计划的失败。

从此以后，英国政府将不再让摩根公司作为他们在美国的政府独家金融代理。这是摩根自1914年以来一直在扮演的角色，曾给摩根公司带来了巨大的好处。[2] 从此摩根家族的内部权力在美国企业界明显衰落下去。鲨鱼最善于闻

---

[1] Kathleen Burk, *Finance*, *Foreign Policy and the Anglo-American Bank*: *The House of Morgan*, 1900－31, Historical Research, Vol. LXI, no. 145, June 1988, pp. 208～210.

[2] Ibid., p. 209～210.

到鲜血，尤其是对手的鲜血。

摩根在纽约金融界的首席地位遭受的第二次和毁灭性的打击，发生在1933年6月。国会通过了《格拉斯－斯蒂格尔法》，正式名称是《1933年银行法》。为了减少将来的股票和金融投机泡沫，该法令禁止拥有公司的银行同时拥有包括保险和投资银行在内的其他金融公司。它还设立了联邦存款保险公司，为银行存款提供担保。

On June 16, 1933, President Franklin Roosevelt signed the Banking Act of 1933, a part of which established the FDIC. At Roosevelt's immediate right and left were Sen. Carter Glass of Virginia and Rep. Henry Steagall of Alabama, the two most prominent figures in the bill's development.

■ 1933年，罗斯福签署了《格拉斯－斯蒂格尔法案》，为银行存款提供担保，并要求保险公司、商业银行和股票经纪公司分业经营，以避免金融大权过分集中

洛克菲勒的大通银行是支持国会通过《格拉斯－斯蒂格尔法》的唯一一家纽约大银行。大通银行主席温思罗普·奥尔德里奇是参议员纳尔逊·奥尔德里奇的儿子。纳尔逊·奥尔德里奇的《奥尔德里奇计划》是1913年《联邦储备法》的核心。温思罗普·奥尔德里奇在1933年的前几个月一直在华盛顿游说国会。尽管遭到摩根和纽约的其他银行的强烈反对，国会还是通过了《格拉斯－斯蒂格尔法》。大通银行向洛克菲勒旗下各公司（如标准石油公司）提供传统的（实业）贷款，已经建立了世界上最大的存款银行，它越来越不依赖国际债券的认购或买卖股票的投机，这一点和摩根很不一样。[1]

在摩根最虚弱的时候，洛克菲勒不失时机地在对手的后背上插了一刀。大通在美国国会参议院银行委员会对银行不正当行为的调查中不仅洁身自保，还能被描画成新政的“友党”，这在华尔街那个行当中十分罕见。富兰克林·罗斯福被轻蔑地说成是“自己阶级的叛徒”，因为他发表过攻击华尔街贪婪和腐败的讲话，说他们是“经济保皇党人”。罗斯福政府的措施，如设立国家工业

---

[1] Peter Collier and David Horowitz, *The Rockefellers: An American Dynasty*, 1976, Holt, Rinehart and Winston, 1976, pp. 160～161.

复兴总署，则被传统保守的华尔街银行家视为迈向布尔什维克主义的一大步。❶

J. P. 摩根被迫将本公司拆分成两家企业，即摩根银行和摩根士丹利投资银行，后者的营业范围是购买、出售和承销公司证券。《格拉斯－斯蒂格尔法》通过的时候，全国的银行尚在恐慌之中，罗斯福政府刚刚开始执政；一度强大的摩根家族遭到此项法令毁灭性的一击，再也没有从这个打击中完全恢复过来。❷

黄金危机和美元缩水

1934 年 1 月，以美国为中心的金本位制仍在带病运行，政府又公布了一份名单，列出了运行状况危急、需要政府援助的银行，结果触发一轮新的恐慌挤兑，遭难的是数千家资本匮乏的小银行。

1933 年 3 月 6 日，罗斯福就任总统两天后颁布了一项全国银行假日法令。每一家在美国的银行每周都要关门四天，不能存款也不能取款。总统先生表明他蔑视正式的法定程序，他只援引了一项 1917 年的《与敌方贸易法》作为他的法律依据。按照这个逻辑，持有以黄金为担保的美元的外国人，现在就成了“敌人”。

美国国会在 3 天之内就通过了《紧急银行法》，使总统的行动合法，并授予他采取进一步行动所需要的几乎全部法律权力。1933 年 4 月 5 日罗斯福签署了一项行政命令，宣布美国公民持有或拥有金币、金块或黄金证券为非法。联邦政府没收了本国公民的黄金。黄金是永远的通用货币和偿债的最终手段，国家大规模没收黄金就是对公民私有财产的强制侵犯，换来的只是印在纸上的支付承诺。公民没有采取行动的能力。他们在不断恶化的萧条中只能期望将来会有好光景。没有几个人能明白黄金的复杂运转。

同时，政府还停止用美元兑换黄金。1933 年 6 月，国会宣布传统的黄金条款合同失效。可是，有价值约 1000 亿美元的这类合同已到期，其中有按揭合

---

❶ Peter Collier and David Horowitz, *The Rockefellers: An American Dynasty*, 1976, Holt, Rinehart and Winston, 1976, pp. 161 ~ 162.

❷ Kathleen Burk, Op. Cit., p. 210.

同、寿险保单和铁路债券等。黄金条款本来是预防通货膨胀的手段和全额货币偿还的保证；债权人可以根据合同条款，要求以货币或黄金两者中的任意一种作为支付的手段。[1] 现在不能这么做了。债权人再也不能要求用金币偿还私人债务了。来自俄克拉何马州的参议员托马斯·戈尔，当被问及对国会废除黄金条款（罗斯福的诸多紧急稳定措施之一）的看法时，他怒气冲冲地反问道："嗨，总统先生，那不成盗窃了吗？"当美国财政部宣告不再用黄金还债时，伦敦称之为"美国式违约拖欠。"[2]

巴鲁克赚钱，别人赔钱

有这么一个人，能够走出金融危机并趁机大大增强了自己拥有的权力和财力。他就是伯纳德·巴鲁克，华尔街金融托拉斯最有政治影响力的人物之一，融资专家，华尔街在国会的政治"捐助人"。他不仅是威尔逊、胡佛、罗斯福总统的顾问，还是英国首相温斯顿·丘吉尔的顾问。

巴鲁克在当时是最推崇坚持正统的金本位制的人之一，他在第一次世界大战之前和期间发了大财，他的身份是以古根海姆家族为首的美国铜业托拉斯的股票推销人。

■ 华尔街金融托拉斯的内部人士伯纳德·巴鲁克（右）帮助丘吉尔（左）在 1929 年纽约股市崩溃之前成功抛售了股票

在美国参战之前的 1916 年，威尔逊总统任命巴鲁克领导国防部的顾问委员会，这个委员会是后来的军工委员会的前身。在美国参与战场拼杀的时候，他是军工行业事实上的统治者。在这个职位上，正如后来美国国会的调查所记录的那样，巴鲁克把美国工业的主要部门组成了企业卡特尔，还

---

[1] James Grant, *Money of the Mind*, Op. Cit., pp. 227～230.
[2] Ibid., p. 230.

帮助铜业等行业建立了大规模的托拉斯，如同价格同盟一般，就这样从战时的生产中赚了大钱。[1]

巴鲁克充分利用了他在国防部机构的职位，获得内部信息。在一份有记录的实例中，巴鲁克曾经在美国参战前两周向他在铜业卡特尔的生意伙伴们通风报信，暗示他们把黄铜价格提高到极高的水平，向美国政府出售重要的战争物资——黄铜，数量巨大。两周后的1917年4月2日，威尔逊总统宣布参战。[2]这一切都发生在巴鲁克担任涉及公信力的敏感职位期间。

美国在1917年4月参加欧洲战争之后，在明显的利益冲突中巴鲁克的谋私行为更加肆无忌惮，以至于遭到报纸的攻击。在战争时期，巴鲁克曾提名由他在华尔街的老朋友和商业伙伴小尤金·迈耶，来监督对铜的全部政府采购。当时迈耶是政府战时金融公司主席。内部人交易和利益冲突对于巴鲁克从来就不是问题。巴鲁克后来为他的朋友迈耶获得了很有政治影响力的《华盛顿邮报》的所有权，很可能就是对他的答谢。

华尔街崩溃时，巴鲁克被认为是华盛顿的胡佛政府内最有影响力的民主党人。随后在20世纪30年代初期，国会中的民主党力量开始不断上升，在这个时候当一个民主党人可以掌握很多的权力。在20世纪20年代共和党当政的时期中，巴鲁克就已经建立起了自己的名望，主要的手法是向国会中有影响力的民主党人提供大量政治资金。他曾经是一个没有竞争对手的权力掮客，能控制国会参众两院60张选票，这是尽人皆知的事实。

1930年之后，巴鲁克更频繁地被共和党的总统赫伯特·胡佛点名进行磋商，讨论有关对于一个由民主党领导的国会，总统应该采取何种行动，以及在对付国内蔓延的经济危机这一点上，国会能够接受什么样的建议。

巴鲁克在1929年10月股市崩溃之前几周售出手中的全部股票，抢在危机前面赚了大钱。他对此从不掩饰，因此在20世纪30年代早期，他在公众场合的讲话几乎被奉为神谕。但是他从来不告诉大家，他的密友、前英国首相温斯

---

[1] Jordan A. Schwarz, *The Speculator*: *Bernard M. Baruch in Washington*, 1917～1965, Chapel Hill, University of North Carolina Press, 1981.

[2] Ibid., p. 271.

顿·丘吉尔在他的建议下也这样做了。巴鲁克和丘吉尔都能做到在股市的巅峰期出手，而这事恰恰就发生在英格兰银行触发了一系列事件，导致了1929年9月的伦敦股市崩盘之前，这总有点令人生疑。人们会怀疑丘吉尔和巴鲁克利用了自己的内部人身份。

在1931～1932年的关键时刻，伯纳德·巴鲁克在国会的民主党人和共和党人中营造了和谐的氛围，进而主导了立法和政治辩论。很有影响的参议院金融委员会主席和其他权力在手的国会人物，是20世纪30年代初巴鲁克在南卡罗莱纳州庄园的狩猎常客。南卡罗来纳州的年轻参议员、后来的国务卿詹姆斯·伯恩斯也是巴鲁克圈子里的人。

在大萧条的头几年里，巴鲁克占据了对华盛顿的经济政策有特殊重要影响的权力职位。那种时代大家都没有经历过。他利用这种影响力所做的事情，日后将要证明对随后的进程有决定性的意义。

他力主参议院的民主党人不要和执政党作对、不要让白宫瘫痪，而是去和胡佛的共和党达成一致。“国家处在一种亢奋状态里，”他告诉参议院的朋友：“它现在需要的是休息，不是变革。我们现在不要试图纠正太多的东西。”

民主党有许多方案来代替胡佛灾难性的自由放任政策，但是每一种真正的替代选择在巴鲁克所发挥的独特作用之下都被扼杀了。在这关键的短短几个月时间里，民主党提不出替代胡佛自由放任政策的方案，这个不作为状态与80多年后的2008年国会对共和党7000亿美元拯救华尔街的史无前例的提案进行辩论时我们听到的那种震耳欲聋的沉默之间，其实没有什么不同。

巴鲁克是这样说服国会的：商品价格的下降在1930年10月已经到底，“自然疗法已经发生功效。我不相信政府可以做任何有用的事情。每一次政府插足都把事情弄得更糟糕”。

有一次他对一群民主党的学院派经济学家说：“商业必须经历被绞干的艰难，然后再从头开始。”好像国民经济只是一台巨大的洗衣机。一位在座的经济学家提出抗议，如果走这种放任自流的路，政府是在冒街头发生暴乱的风险，巴鲁克这样反驳他：“用催泪瓦斯总是可以对付的。”

他利用自己的影响全力以赴地反对一切政府市政工程支出和借此缓解失业

的建议，他轻蔑地说那叫“岗位膨胀”。1931 年 11 月 12 日《纽约时报》的头版标题是“巴鲁克认为国家正从衰退中复苏”，而同版上的一篇报告却是反映 67000 名失业者在纽约市排队登记找能救急的工作。巴鲁克呼吁提高税收，目的是在危机中保持政府预算的“平衡和健康”，他坚持认为所有能发挥作用的公共支出都将使美元膨胀。他的眼睛永远只盯着黄金，从来看不见大众的福利。

巴鲁克成功运用他对国会中民主党人的影响力，说服他们支持胡佛的共和党提出的破坏性财政紧缩政策。在国家更深地陷入经济萧条泥沼的时刻，巴鲁克瓦解了制定替代性经济政策的所有努力。在萧条的年代里，巴鲁克坚持不懈地把通货紧缩当作国家政策一直鼓吹下去。

巴鲁克的战略核心是金本位：他要防止国会修订美国联邦储备体系的任何尝试，不惜一切代价使美国坚守金本位制，即使英国和其他 24 个国家在 1931 年年底已放弃了该体制，他也不会改变，正如他写给参议员好友吉米·伯恩斯的信中所说：“这个国家是不能脱离金本位制这个基础的。”❶

巴鲁克力促国会和胡佛政府不要放弃金本位制。胡佛的财政部副部长是小奥格登·米尔斯，也是巴鲁克在胡佛时代在阿拉斯加金矿的商业伙伴，同他们在一起的还有巴鲁克的老朋友小尤金·迈耶，他刚刚被胡佛总统任命为美国联邦储备委员会的董事❷。

在民主党人富兰克林·罗斯福显然将赢得 1932 年 11 月的总统大选时，巴鲁克迅速转向，加入罗斯福联盟，而他先前曾反对提名罗斯福当总统候选人。与此同时，巴鲁克开始在纽约银行的金库中私自囤积金条，向欧洲的供应商购买黄金，还从他自己的阿拉斯加朱诺黄金矿业公司购买。1933 年 2 月，即罗斯福就职典礼前的一个月，巴鲁克已经有 66 根金条。他在此时突然停止了购买黄金。巴鲁克已经得知了当选总统罗斯福的黄金政策，他是精选出来的“智囊团”五个成员之一。

---

❶ Jordan A. Schwarz, *The Speculator*: *Bernard M. Baruch in Washington*, 1917 ~ 1965, Chapel Hill, University of North Carolina Press, 1981. p. 271, pp. 270 ~ 276.

❷ Ibid., p. 296.

1933 年 4 月 5 日，罗斯福发布了总统通告，表示所有的私人黄金要返还给美国财政部。此时巴鲁克在大家的眼中是“持有金条最多的个人”。当年的晚些时候，罗斯福政府又宣布，它将以高于市场价的价格购买所有新开采的黄金。这是一个错误的恢复商品价格的行动，巴鲁克是主要受益者。巴鲁克还随时向他的朋友丘吉尔通报事态的发展。

到 1932 年 2 月，在大选年里美国的黄金储备下降到了令人震惊的低点。超过 10 亿美元的货币黄金消失了。一方面是由于黄金外流，另一方面是私人囤积，这些都是随着美国银行业危机的扩大而发生的。根据法律，美国联邦储备银行必须筹集到 15 亿美元的黄金储备。当时，联邦储备银行的“自由黄金”数额下降到 4. 33 亿美元，而且还在以每周 1. 5 亿美元的速度消失。巴鲁克鼓足力气向私人和公众呼吁，不惜一切代价坚持金本位制。

胡佛坚定地宣称，他将不会采取进一步的行动来“触动”金本位制的自动运作机制。黄金继续从联邦储备银行的金库流出，倒闭的银行也越来越多。

从 1932 年 5 月《费城档案》的一篇社论中可以听见全国越来越尖厉的警报声：

在 3 个月内美国必须暂停黄金支付。如果政府要拖到最后才被迫动手，美国就要大难临头了。如果政府现在就采取行动，它还可以控制通货紧缩，结束萧条，赢回繁荣……以现在黄金逃离联邦储备系统的速度来看，6 周内市场公开的交易就会被迫停止。要到黄金储备耗尽时他们才会骤然停手——黄金的链条环绕着医治衰退的一切措施……我们为什么不能像打仗一样与萧条作斗争？1917 年我们就宣布了黄金禁运，为什么没有人想想这是为什么？……胡佛总统宣布协约国的债务延期偿付，但是却让这些债务国❶的国民抽走我们的黄金，还把我们朝毁灭的方向推动。我们是不是被奇异的迷思攫住，为什么只要一提到这种贵金属，我们的行为就失去理性？

结果，美元与黄金的自由兑换一直持续下去，直到新总统富兰克林·德拉诺·罗斯福于 1933 年 4 月 19 日宣布，美国已停止美元在金本位制之下的自由

❶ 指法国和英国。

兑换。这是他就职后的首次官方行动之一。

1934年1月罗斯福按照国会的《黄金储备法》恢复金本位制，这是美元对黄金自1900年以来的第一次正式贬值。1900年麦金利总统签署的《金本位制法》，曾再次确定1美元的价值为25.8格令❶黄金。

1934年的《黄金储备法》将美国置于国际金本位制之下，并规定国内美元不能兑换黄金。各联邦储备银行都要把自己的黄金送到美国财政部，换取财政部发行的黄金证券。罗斯福利用该法令赋予他的权力，宣布美元立即贬值59%，既1盎司黄金兑换35美元。自此美元保持了每盎司纯金35美元的比率，直至20世纪70年代初期那一场致命的美元危机，那是标志美国世纪走向终结的起点。此时即1934年，摩根家族的相对影响力的衰落已经显露无遗了。

洛克菲勒胜利亮相

摩根家族在美国权势集团中的衰退，导致了一个不可挽回的后果，这就是洛克菲勒家族的崛起。美国的经济和政治政策从此被一个家族的利益左右和支配，这在美国也是前所未有的。20世纪20年代在摩根建立全球美元势力的时候，洛克菲勒集团一直处于幕后。他们忙着建设标准石油公司，在中东、拉丁美洲、欧洲和其他地区扩展标准石油公司的势力，并且还集中力量建立了一个国际化学品工业和军事工业，这正是美国的冷战时代军工综合企业的前身。❷

到20世纪30年代后期，强大的洛克菲勒王朝实际上由四个兄弟掌管，即第二代的小约翰·D.洛克菲勒的四个儿子：戴维·洛克菲勒、纳尔逊·洛克菲勒、约翰.D.洛克菲勒第三，还有劳伦斯·洛克菲勒。第五个兄弟，温斯罗普·洛克菲勒，在家族王朝的政治活动中扮演的角色不太重要。这四兄弟以标准石油公司和纽约第一国民银行（行长詹姆斯.斯蒂尔曼）为中心，建立了在美国权力集团最高层里的洛氏集团。第一国民银行的董事会成员中有威廉·洛

---

❶ 又称“谷”，为英美最小的重量单位，等于64.8毫克，原为麦穗中部麦粒的平均重量。——译者

❷ 请参见笔者的《石油战争：石油政治决定世界新秩序》第五章。“军工综合企业”（Military Industry Complex）又译作“军事工业复合体”或“军工复合体”。——译者

克菲勒（小约翰·D. 洛克菲勒的兄弟）；大通银行是他们标准石油公司的家族银行，在1933年时居世界银行之首，当大通与洛克菲勒的公平信托公司合并后，即处于洛克菲勒的控制之下。

最初华尔街上的大多数人诅咒罗斯福新政，把它看做美国迈向经济布尔什维克主义的一大步，可是洛克菲勒兄弟意识到，他们可以利用萧条和危机以及国家的新角色这个巨大的优势，来建立他们的全球帝国。他们没有什么理由惧怕出自罗斯福内阁的任何政策。他们的人支配了总统著名的“智囊团”，其中最初的五人并没有正式职位，可是却能左右总统的政策决定。

在罗斯福总统身边，有一个最接近最高权力的人，总统的贴身知己，曾是洛克菲勒雇员，名叫哈里·霍普金斯。他为洛氏家族指点如何行事才能对他们家族利益有好处。在他主持“有组织的社会服务”这个团体的10多年里，从头到尾都有洛克菲勒基金会的资助。霍普金斯是美国在战争年代仅次于罗斯福的第二个最有权力的人，被新闻界称为“代总统”。后来他竟然住到白宫里去了。❶

■ 霍普金斯是罗斯福身边的红人，他是“罗斯福新政”的设计者之一，指导成立了公共事业振兴署

在同一时间里，洛克菲勒家族还与罗斯福智囊团的另一个成员有密切联系，这个人就是影响力很大的哥伦比亚大学教授A. A. 小伯利。他后来作为洛氏家族的顾问，为洛克菲勒的战后拉丁美洲利益而工作，又是纳尔逊·洛克菲勒自传的合作作者之一。他同洛克菲勒家族的紧密关系从自20世纪20年代在纽约

❶ Gerard Colby and Charlotte Dennett, *Thy Will Be Done*: *The Conquest of the Amazon – Nelson Rockefeller and Evangelism in the Age of Oil*, 1995, HarperCollins, New York, p. 89.

当律师时就开始了。

由于听从了他们这些人的建议，有助于早日走出经济衰退的政策没有被罗斯福所采用，国家被导向一种仿墨索里尼的意大利“社团主义”式的松散的国家管制。

1937年，罗斯福总统（以缺乏对经济学的理解而著名）的第二届总统任期开始后不久，他接受了财政部长亨利·摩根索的意见：萧条正在结束，过高的政府开支可能引起的通货膨胀是最大的潜在危险。

于是，罗斯福削减联邦开支，大大削减了整个政府中的新政机构的预算，如公共事业振兴署。美国联邦储备委员会不失时机地紧缩了货币供应，给消费者支出猛踩了一脚刹车。在发生美国历史上最严重的股市下跌的时候，有200万美国人失业。媒体把它叫做“罗斯福萧条”。美国第二次陷入了衰退，罗斯福再一次求助于小伯利这样的人和洛克菲勒利益集团，帮助他制定使美国摆脱第二次萧条的战略。洛克菲勒对此一定是求之不得的。❶

在低迷的股市氛围中，洛克菲勒家族正好可以大展宏图，把手中相互联结的工业和金融机构的网络进一步扩大，因为骨干企业的资产早已被纳入了这个庞大的工业帝国。把占多数的中小企业拿来作一下对比，罗斯福新政最善待的，是洛克菲勒集团和最接近他们的《财富》500强企业。❷

擅长调查的记者沃尔特·温切尔曾报道说，霍普金斯承认过，他被任命为商务部长的时候还欠着洛克菲勒的钱，所以他就把商务部部长助理的职位给了纳尔逊·洛克菲勒（小约翰·洛克菲勒的儿子❸）。1975年9月7日，洛杉矶的《先驱调查者报》指出，纳尔逊·洛克菲勒是被霍普金斯引进20世纪30年代的新政圈的。当时才30多岁的纳尔逊·洛克菲勒就任商业部部长助理后不久就成了罗斯福密友，曾与总统在香格里拉（即现在的戴维营）秘密休假。❹

---

❶ Gerard Colby and Charlotte Dennett, *Thy Will Be Done*: *The Conquest of the Amazon – Nelson Rockefeller and Evangelism in the Age of Oil*, 1995, HarperCollins, New York, pp. 88 ~ 89.

❷ Anthony Sutton, *Roosevelt und die internationale Hochfinanz*, Tuebingen, Grabert-Verlag, 1990, pp. 149 ~ 150.

❸ 洛氏家族第三代第二个儿子。——译者

❹ The New York Times, May 20, 1960.

1938年，小伯利成了负责拉丁美洲事务的助理国务卿。在任职期间，他可以让从委内瑞拉到巴西和其他地区的洛克菲勒石油等行业得到巨大的好处。

巴鲁克、洛克菲勒等大企业支持墨索里尼模式

那个时候洛克菲勒在华尔街的利益集团、伯纳德·巴鲁克和大企业的上层圈子下定一个决心，要重组美国的经济，使它按照墨索里尼的法西斯意大利的中央集权的社团主义模式发展。1931年，巴鲁克和他的密友伯纳德·斯沃普（通用电气公司和国民城市银行董事）力主胡佛总统实行一项“稳定工业”的紧急计划，那个计划的真实目的是要使大企业摆脱《谢尔曼反托拉斯法》的限制，为大型的公司合并打开大门。在萧条期间的股票价格很低，手中有钱的人（如洛克菲勒集团）吞并接管企业是很容易并且很廉价的。[1]

斯沃普计划和巴鲁克的想法被胡佛否决了。胡佛是从思想意识上反对国家干预的。当民主党人富兰克林·罗斯福将于1932年反对胡佛的形势变得清晰时，巴鲁克和他的华尔街朋友迅速地转换方向，用无数的金钱来铺路，试图打进罗斯福的内部圈子。同媒体精心策划的宣传相反，罗斯福不是它们描绘的“要把放债人从庙宇里赶出去的那个小个子英雄”，他是东海岸富裕家庭的子弟、特迪·罗斯福的远亲，他从头到脚、从里到外都是华尔街的人，特别是巴鲁克和洛克菲勒等集团的人。[2]

罗斯福的劳工部长弗朗西丝·珀金斯有这样的叙述：“在1933年总统就职典礼后的首次内阁会议上，罗斯福的顾问和金融专家伯纳德·巴鲁克以及他的朋友休·约翰逊将军（后来负责国家复兴管理局）来了。他们拿出意大利法西斯理论家詹蒂莱写的书送给每一个人，我们都十分认真地读了那本书。”[3]

---

[1] Anthony C. Sutton, *Roosevelt und die internationale Hochfinanz*, Tuebingen, Grabert-Verlag, 1990, pp. 149 ~ 154.

[2] Ibid., pp. 142 ~ 145.

[3] Frances Perkins, *The Roosevelt I Knew*, New York, 1946, p. 206. cited in Anthony C. Sutton, Op. Cit., p. 199.

社团主义的国家工业复兴管理局

同样的一个国家控制下的工业改组计划，巴鲁克和斯沃普在1931年没有能够让胡佛接受，但是罗斯福却接受了。

1933年5月，罗斯福在他就职几个星期之后，向国会提议成立国家复兴管理局（NRA）。在萧条的危机当中，这个提案只经过最低限度的辩论就通过了。它的第一任负责人是休·约翰逊，伯纳德·巴鲁克的同事和顾问，准将，曾在伍德罗·威尔逊的战争工业委员会里与巴鲁克一起共事。巴鲁克和约翰逊的这个国家复兴管理局的观念，主要来源于国家在战时对工业的紧急动员，他们两人在第一次世界大战期间都参与过执行。大企业和华尔街从那时到现在始终沉醉于再次手握这种经济大权的梦想中。[1]

大萧条将会成为他们的机会。约翰逊将是他们的人。在美国政府中，公开认为墨索里尼的意大利法西斯“社团主义”将来也是美国模式的人，就有约翰逊。

约翰逊的国家复兴管理局组织了数千企业，它的行动所依据的规章是由同业公会和行业组织起草的，经国家复兴管理局批准加入其中的公司，可以合法标识国家复兴管理局的标志“蓝鹰”。

指导国家复兴管理局政策的，是三个工业巨头组成的三驾马车，都是权利无边的人物：沃尔特·蒂格尔，洛克菲勒新泽西标准石油公司总裁；杰拉德·斯沃普，就是前述斯沃普计划的作者，也是通用电气公司董事长；路易斯·柯尔斯坦，波士顿法立尼父子百货公司副董事长。[2]

通过蒂格尔对约翰逊的国家复兴管理局的影响力，洛克菲勒集团现在可以重新把那33家独立的石油公司组合在一起了，它们是最高法院在1911年根据《谢尔曼反托拉斯法》下令解散洛氏石油公司后形成的。[3] 这只不过是罗斯福总统任职期间，洛克菲勒集团在巩固了自己对美国内外政策的决策地位之后，在

---

[1] Stanley G. Payne, *A History of Fascism*, 1914～1945, 1995, University of Wisconsin Press, p. 230, footnote 65.

[2] Anthony C. Sutton, Op. Cit., p. 153.

[3] Ibid., p. 167.

经济衰退期间采取的一系列行动中的一个而已。

1930 年，大部分银行都在艰难争扎，以图生存，洛克菲勒的大通国家银行却兴旺发达。在这段时间里，该银行的负责人是参议员纳尔逊·奥尔德里奇的儿子，温思罗普·奥尔德里奇；其父正是起草了 1910 年哲基尔岛成立美联储的秘密提案的那个人。与约翰.D. 洛克菲勒的儿子（温斯罗普·洛克菲勒）同名的这个温斯罗普. 奥尔德里奇，他的妹妹艾比嫁的正是小约翰.D. 洛克菲勒。

大通银行在 1930 年金融危机最初几个月的最大的并购行动，是对纽约公平信托公司的并购，小约翰·D·洛克菲勒是这家公司最大的股东。这一并购使洛克菲勒的大通银行成为美国乃至世界的最大银行。❶

由于大萧条时期摩根家族的衰落，洛克菲勒集团占据了主导地位这个制高点。它们除了控制纽约大通银行和纽约第一城市银行以外，还控制了美国最主要的几个大石油公司，如纽约标准石油公司（美孚石油公司❷）、新泽西标准石油公司（埃索/埃克森）、加利福尼亚标准石油公司（雪佛龙）和得克萨斯石油公司（德士古）。

洛克菲勒集团对大化工行业和国防工业产业形成了一种居高临下的态势，控制范围包括联合化学公司、安纳康达铜矿公司、杜邦公司、孟山都化学公司、奥林麦吉森公司、壳牌公司、海湾石油公司、联合石油公司、陶氏化学公司、塞拉尼斯公司、合成纤维公司、匹兹堡平板玻璃公司、城市服务公司、斯托弗化学公司、大陆石油公司、联合碳化物公司、美国氰胺公司、美国汽车公司、本迪克斯电气公司，还有克莱斯勒。❸

洛克菲勒开始购买通用汽车和摩根早年创建的通用电器的大量股票，也购买国际商用机器公司（当时还是一家新公司）的股票。

到 20 世纪 30 年代末期，洛克菲勒集团手中的工业资本和那些银行，已经稳稳当当地做好了发战争财的准备。他们用不着等待很长的时间了。

---

❶ David Rockefeller, *Memoirs*, New York, Random House, 2002, pp. 124 ~ 125.

❷ 又译作“飞马石油公司”或“莫比尔石油公司”。——译者

❸ Gary Allen, The Rockefeller File, Chapter Three, accessed in http://www.mega.nu:8080/ampp/gary_allen_rocker/ch1-4.html#ch3.

7.

Planning for the American Century: The War & Peace Studies

第七章

策划美国世纪：战争与和平研究

“如果把战争目标说成仅仅是英美帝国主义的事情，那么这些目标同世界各国人民就无关了。应当着重强调其他国家人民的利益，这样才会有更好的宣传效果。”

——对外关系理事会战争与和平研究组致美国国务院的备忘录，1941 年

洛克菲勒家族筹划他们的战后帝国

J. P. 摩根从来没有时间也没有兴趣，跑到他的银行大楼外面或者厂区外面去成立免税的基金会来安排他的财富，扩张他的影响力。只是在大量出现报道科罗拉多发生矿工罢工，私人警卫枪杀多名手无寸铁的工人对他造成不利影响之后，约翰·D. 洛克菲勒才被他生意上的首席顾问弗雷德里克·盖茨说服，用自己的财富成立一个免税基金会，从 1913 年开始，利用这笔免税的资金来扩大家族的权力和影响力。这有一点像是美国的美第奇家族[1]，只是略输文采。

洛克菲勒基金会在盖茨的指导下于 1913 年在纽约州成立。盖茨被洛克菲勒称为他所见过的最伟大的生意人。盖茨将精力集中在这个新基金会的部分项目活动上，这些项目不只是要增加洛克菲勒的财富，而且更重要的是要撬动为洛克菲勒家族利益服务的政治和社会力量。

在慈善的外衣之下，洛克菲勒基金会将从 20 世纪 30 年代后期开始，重新绘制世界版图。这个极其重要的事实几乎不为人知。

1939 年，纽约对外关系理事会得到洛克菲勒基金会的一笔经费，与美国国务院一起，开始进行一系列绝密的长期研究。该课题被称为战争与和平研究，为期 5 年，到 1944 年结束。该项研究的主持人是以赛亚·鲍曼教授，纽约对外关系理事会的负责人，他还是第一次世界大战期间伍德罗·威尔逊的秘密战略顾问机构“探索”小组最早的成员之一。鲍曼是约翰·霍普金斯大学校长，地

---

[1] 意大利佛罗伦萨 13～17 世纪时期在欧洲拥有强大势力的名门望族。——译者

理学家，自称是美国的豪斯浩弗，后者是希特勒推崇的地缘政治家。❶

早在美国打赢第二次世界大战之前，洛克菲勒家族、美国最大的公司和银行的负责人就已看出，美国市场对于他们的野心来说实在太小了。在他们的眼里，美国的“天定命运”，即美国力量的无限扩张，必将是世界性的。第一次世界大战看似轻松的胜利和从凡尔赛和约得到的欧洲财富，只不过是吊起了他们的胃口。

■ 对外关系理事会的创始人、地缘政治战略家以赛亚·鲍曼曾经领导过洛克菲勒基金会的秘密战时项目——战争与和平研究。“美国世纪”的提出者亨利·卢斯旗下的《时代》周刊曾经挑选鲍曼作为封面人物

在1939年德国入侵波兰仅仅两个星期之后，当时距离珍珠港事件导致美国直接参战还有整整两年时间，洛克菲勒家族就秘密成立了有很大影响力的政策小组。这个秘密小组的任务是由洛克菲勒集团布置的：制订美国战后的经济和政治目标，其所根据的假设是一场世界战争即将来临，而美国将要从这场战争的废墟中作为占主导地位的全球力量崛起。

纽约对外关系理事会的战争与和平研究小组，为人手不够的美国国务院完成了所有的重大战后规划。1942年之后，这个小组的大多数成员在无人知晓的情况下变成政府官员，从国务院拿工资，这样他们利用政府的高级职位可以把研究继续做下去。

1939年11月至1942年底之间，洛克菲勒基金会拨出至少35万美元的经费，由战争与和平研究组起草了战后的美国经济霸权方案。这是一种投资，就

---

❶ Neil Smith, *American Empire*: *Roosevelt's Geographer and the Prelude to Globalization*, Berkeley, University of California Press, 2003, pp. 325～326.

像洛克菲勒家族大多数的慈善投资一样，这些钱在后来得到成千倍的回报。它为战后的美国全球商业帝国确定了方向。“美国世纪”在很大程度上是一个洛克菲勒帝国，但是大多数美国人并不知道这个事实，这也算是一种幸运吧。❶

在几十年后由他们授权正式出版的历史纪录中，纽约对外关系理事会对战争与和平研究课题说了不少话：

在日本偷袭珍珠港两年多以前，对外关系理事会的研究人员就已经开始设想一项非常大胆的计划，这个计划支配了此后一段时间里这个机构的紧张生活。仿照“探索”小组的工作方式，以这个计划为中心，他们为对外关系理事会构想了制定国家政策的角色。1939 年 9 月 12 日，纳粹德国入侵波兰，（对外关系理事会的汉密尔顿·菲什）阿姆斯特朗和马洛里乘火车前往华盛顿，会晤助理国务卿乔治·梅塞史密斯。当时国务院手中并没有掌握多少供学习、研究、政策设计和制定的资源；在这些事务中，美国的职业外交官在二战前夕比他们参加第一次世界大战的前辈并没有多少长进。

对外关系理事会的人提出了一个令人回想起“探索”小组的谨慎的冒险计划：成立一个独立的分析和研究课题组，由它来指导美国在今后的战争年代和战后将要出现的、富有挑战性的新世界里的外交政策。这个课题被称为“战争与和平研究”。

“这件事高度保密，”以赛亚·鲍曼写道：“如果被很多人知道国务院正在与外部团体合作，整个计划就将‘搁浅’。洛克菲勒基金会同意提供资助，开始还不太情愿，但是一旦明白了它的适用性，就掏了差不多 35 万美元出来。在其后 5 年中，参加战争与和平研究的人员有将近 100 人，分为 4 个专题小组：财经、安全与军备、领土和政治问题。这些小组开会达 250 多次，通常是在纽约，从晚餐时间直至深夜。他们撰写了 682 份备忘录提交给国务院，国务院将这些报告定级为“保密”级，并在相关的政府部门里传阅。❷

---

❶ Peter Grose, *Continuing the Inquiry: The Council on Foreign Relations from* 1921 *to* 1996, New York, Council on Foreign Relations Press, 1996. pp. 23 ~ 26.

❷ Peter Grose, Continuing the Inquiry: The Council on Foreign Relations from 1921 to 1996, New York, Council on Foreign Relations Press, 1996. pp. 25 ~ 26.

对外关系理事会的秘密课题有明确的目标：为美国最终继承 1914 年之前英帝国的角色奠定坚实而持久的基础：一个新的日不落帝国、一个新的“美国治下的和平”、一个无人能挑战的美国对正走下坡路的“英国治下的和平”的继承。

对外关系理事会的那些决策者，都是从纽约对外关系理事会的精英成员中挑选出来的，而且逐渐被钦定的洛克菲勒派系所控制。与英帝国不同，这个美国版本的全球统治理念不是帝国的军事征服和殖民地占领，而是一个以经济目标为基础的控制理念。这也算是一种巨大的改进，它让美国企业巨头把“为了受压迫的殖民地人民”的民主和人权当做幌子，以“自由企业”和“开放市场”作为旗帜，把他们的一己私利隐藏在这一切的背后。

在战争期间，在战争与和平研究组政策战略的影响下，罗斯福被说服去向丘吉尔表示，美国参加第二次世界大战并不是为了“拯救英帝国”。被罗斯福省略掉没有说的话是，他们参战实际上是为了建立一个美利坚帝国，即后来所谓的美国世纪，连其中最微小的细节都是按照洛克菲勒在纽约和华盛顿的利益来制定的。

1941 年对外关系理事会战争与和平研究组提交美国国务院的一份秘密备忘录明确指出：“如果把战争目标说成仅仅是英美帝国主义的事情，那么这些目标同世界各国人民就无关了。应当着重强调其他国家人民的利益，这样才会有更好的宣传效果。”❶

对外关系理事会的研究团队所代表的利益可以是任何事情，唯独不是民主。它反映的是美国银行、工业公司和他们的律师事务所的少数精英在全球开发出来的利益。美国对外关系理事会所代表的商业界是与其他的美国人完全不同的一类人，是实行寡头控制的、坐拥权力和金钱的贵族。

对外关系理事会战争与和平研究组安全小组的记录，为美国的战后外交政策预见到了这样一些因素：“……过去的那个英帝国会再次出现，……美国可

---

❶ New York Council on Foreign Relations，Memo from the Council on Foreign Relations to the US State Department，War & Peace Studies，1941，accessed in www. worldproutassembly. org/archives/2008/11/the_ nature_ of_ e. html.

能不得不取而代之……”。美国“必须培育出一个有关世界安排的思想观念，这将使我们能够把自己的条件强加给别人，也许相当于……美国治下的和平。”他们提出，美国人要想永远保持自己的活力，只有接受无止境扩张的逻辑。1942年，对外关系理事会负责人以赛亚·鲍曼写道：“只有胜利之后对这个世界的控制，才能衡量我们取胜的意义……（美国必须得到）在战略上控制世界所必需的（地盘）。”

这个秘密小组在另一份E-B19号备忘录中包含了一些关于美国战后外交政策基本要素的陈述，总结了关于“实现美国至高无上的军事和经济地位的完整政策所必须考虑的元素……”他们提出的另一个主要因素是，战后美国与其他国家必须“协调与合作，要确定外国行使主权不能超过的限度，使其构成的威胁被局限于世界上的最小区域——那些对于美国和西半球的安全和经济繁荣必不可少的区域。”

美国国务院1944年4月的一份备忘录澄清了这个小组从西方“获取资源”这个概念背后的原则：平等获取世界资源的机会是美国公司才有的，其他人没有。美国要主宰西半球的生产，同时让美国的财产在世界的其他地方以各种形式散布开来。“要保持正在到手的绝对控制地位，警惕地保护美国手中现存的特许权，还要坚持美国公司在新地区机会均等的门户开放原则”❶。

对外关系理事会财经小组的研究表明，无论是否有纳粹的统治，一个统一的欧洲对于美国来说将是多么危险。对外关系理事会的汉密尔顿·菲什·阿姆斯特朗于1941年6月中旬指出，决不能让一个统一的欧洲发展起来，因为它会变成一个强大到足以严重威胁美国的“大区域”。一个统一的欧洲被认为“从根本上不能与美国的经济体系兼容。”

战争期间，对外关系理事会在美国国务院内部的工作小组确定，大部分非德国世界，必须成为美国的新的“大区域”，这还是只是“伸伸胳膊”的最低限度的“活动空间”。它的最后形态将包括西半球、西欧、远东、前英帝国（正在解体）、中东无与伦比的能源（因竞争对手法国和英国被赶出去而转到美

---

❶ Neil Smith，Op. Cit.

国手中）、第三世界其他地区，当然如果可能的话就是整个世界。中国也包括在内。在帝国的蓝图里没有“谦逊”这一说。

“美国世纪”

在日本轰炸珍珠港大约10个月之前，亨利·卢斯（《时代》和《生活》杂志的发行人，东海岸权力精英中背景很深的成员）在1941年2月17日发行的《生活》杂志上发表了一篇社论，题为《美国世纪》。卢斯在文章中介绍了以对外关系理事会和战争与和平研究组为首的洛克菲勒集团正在形成的一致意见。

卢斯写道：“暴政可能需要很大的生存空间。但是自由需要的生存空间现在和将来都要比暴政大得多。”他是在公开呼吁美国人接受美国作为世界第一强国这个新角色，虽然美国还没有参战。他写道：“对策就在这里：全身心地接受这个责任和机遇——为我们认为恰当的目的，用我们认为恰当的手段，对这个世界发挥我们的全部影响，充当世界上最强大最重要的国家。”❶

这是对美帝国的呼唤，但是没有用这个名称。卢斯为这个帝国披上了理想主义的民主外衣，很像战争与和平研究组所说的：“纵观整个17世纪、18世纪和19世纪，这个大陆上曾经有过各种各样的行动和无数宏大的目标。现在，在所有行动和目标的基础上，我们把所有行动和目标都编织起来成为一面整个世界和全部历史上最激动人心的旗帜：这就是自由的凯旋。”他用煽动性的言辞作了这样的总结：“我们所有的人都被这种精神召唤，每一个人都竭尽所能，每一个人都展望最宽广的地平线，我们要创建的是第一个伟大的美国世纪。”❷

卢斯是精英耶鲁大学的毕业生。他的出版帝国就设在纽约新建的洛克菲勒中心的时代-生活大厦。卢斯反映的是面向世界的围绕着洛克菲勒的美国企业界和银行系统的新视野。它们需要在战争结束后不受阻碍地使用全球的资源和市场，从所有的竞争对手都受到了战争的破坏这一点中，它们看到了机会。

---

❶ Henry Luce, *The American Century*, Life, 17 February, 1941.
❷ Ibid.

美国银行业和工业巨头需要的空间与战争与和平研究组所说的“大区域”概念和豪斯浩弗的“生存空间”有明显的相似之处。对外关系理事会战争与和平研究组的财经小组调查了20世纪30年代后期的世界贸易。他们以“美国至高无上的军事和经济霸权”为前提，建议把西半球与太平洋连接起来，成为一个美国主导的集团。❶ 这个集团包括了当时仍然是全球帝国的英国。美国的“大区域”要覆盖这个星球上除了苏联以外的大部分地区。让美国愤怒的是，对于美国的资本渗透，苏联的大门一直紧闭着。

早在美国参战之前，洛克菲勒资助的战争与和平研究组就对战后世界进行过深刻的思考。他们认为这个战后世界的目标将是一个“美国世纪”。他们并没有感情用事。财经研究小组在1940年提交给对外关系理事会和国务院的一份备忘录中写过这样的话：

对一个自己要在其中掌握不容置疑的权力的世界，美国应提出的第一位要求，是迅速实现全面的重整军备计划……要确定外国行使主权不能超过的限度，使它构成的威胁局限于世界上的最小区域——那些对于美国和西半球的安全和经济繁荣必不可少的区域。

60多年后，小布什政府在2002年9月宣布的美国国家安全政策中，几乎逐字逐句地重复了上面那些话。

以赛亚·鲍曼是对外关系理事会的创始会员，是该理事会战争与和平研究组组长，被称为第二次世界大战期间“美国的地缘政治家”。他给了“大区域”另一个名称：“一个美国经济的生存空间”❷。生存空间是希特勒为德国扩张寻找经济正当性的一个地理学名词。出于很明显的原因后来这个词不用了。他们用了一个听起来较为中性的名称：美国世纪。洛克菲勒集团对战后美帝国主义的设想越来越清晰了。

正如鲍曼和对外关系理事会在国务院的研究小组里其他人所看到的那样，

---

❶ Handbook, The New York Council on Foreign Relations, *Studies of American Interests in the War and the Peace*, New York, 1939 ~ 1942, cited in Neil Smith, *American Empire*: *Roosevelt's Geographer and the Prelude to Globalization*, University of California Press, Berkeley, 2003, pp. 325 ~ 328.

❷ Neil Smith, *op. cit.*, p. 287.

美国新经济地理的倡导者将他们自己定义为殖民地人民的自由的无私拥护者，是帝国主义的敌人。他们会把多国控制作为工具来倡导世界和平。第一次世界大战后期鲍曼曾在“探索”顾问组工作。如上所述，“探索”顾问组是伍德罗·威尔逊总统的绝密战略小组。为了掩饰美国的帝国野心，鲍曼干的就是用自由和仁慈的言辞编织伪装的外衣。

鲍曼和战争与和平研究组所预见的美国对1945年后世界的主宰，将通过一个由他们自己设想出来的新机构来完成。它就是“美国生存空间皇冠上的宝石”——联合国组织。这个组织体系包括了布雷顿森林体系的那些新机构：国际货币基金组织、世界银行以及后来的关税及贸易总协定❶。

鲍曼的对外关系理事会课题组已经为罗斯福总统起草了后来的联合国组织的基本纲要，并且把总统说服，全力以赴地支持它。在自由贸易和打开世界各地封闭市场的旗帜下，美国大企业将推进它们的方案，强迫打开尚未开放的新市场，以获得廉价的原材料以及战后美国制造业产品的新的销售渠道。

鲍曼的课题组为国务院和总统起草了600多份政策文件，涵盖了地球上每一个能想到的地方，从大陆到最小的岛屿。所有这些都是假定美国在战争中会取胜，而这个时候华盛顿甚至还没有正式参战。

对于洛克菲勒和其他具有前瞻眼光的美国决策机构人员来说，第二次世界大战后，全球力量的强弱将不再由殖民地领土的军事控制来衡量。英国的和欧洲的殖民帝国都已经证明，那种做法太昂贵了，效率太低。实际的权力将直接用经济状况来定义。在很大程度上，这就是哈佛大学的倡议者约瑟夫·奈后来所说的“软实力”。这个软实力其实是用世界上最强大的军事机器和最有控制力的金融系统来支持的。❷

---

❶ Neil Smith，*op. cit*，pp. 374 ~ 375.

❷ Joseph S. Nye Jr，*Propaganda Isn't the Way*：*Soft Power*，The International Herald Tribune，10 January 2003. 奈定义了软实力：“软实力是一种能力，它能通过吸引力而非威逼或利诱达到目的，是一国综合实力中除传统的、基于军事和经济实力的硬实力之外的另一组成部分。与硬实力不同，使用经济与军事的胡萝卜与大棒也许能让其他人服从你的意志。硬实力和软实力同样重要……但是吸引力比强迫更廉价，是一种值得培育的资产。”

洛克菲勒建立自己的拉丁美洲商业帝国

当战争于1945年结束时，没有任何一个集团能像洛克菲勒家族那样折射出美国大企业的全球观。洛克菲勒家族财富的基础，是石油和银行，是这两个行业的全球帝国。这个家族中最重要的人物是纳尔逊、约翰第三、劳伦斯和戴维四兄弟。正是他们的基金会资助了对外关系理事会的战争与和平研究课题。在这个家族的眼中，战争的胜利结束是实现他们称霸全球的战略从未有过的黄金机会。

纳尔逊·奥尔德里奇·洛克菲勒将要在确定所有这些全球利益的过程中扮演一个谨慎的而且又是决定性的幕后角色。这些利益被聪明地重新定义过了，洛克菲勒的私人利益现在成了“美国的国家利益”。

以赛亚·鲍曼和他在美国政府里的战争与和平研究的同事们设想和定义的“大区域”概念和发展自由市场的概念，很快就变得明确起来。纳尔逊·洛克菲勒是对外关系理事会战争与和平研究课题的主要支持者之一，他不失时机地抓住了这个新的、由第二次世界大战为他的家族开辟的、开发拉丁美洲商业的经济可能性。

在战争期间，纳尔逊曾在美国政府的一个高级情报机构——泛美洲事务协调处——担任职务。这个机构在名义上代表的是罗斯福的白宫。在这个具有战略意义的职位上，纳尔逊可以将美国政府的支持，在打击纳粹渗透美洲和促进“美国式民主”的幌子之下，用到洛克菲勒家族的商业盟友身上，这些盟友分布在从巴西、秘鲁、墨西哥、委内瑞拉甚至到阿根廷这样最重要的国家里。他精心地为战后美国在拉丁美洲的商业扩张奠定了基础，这首先是洛克菲勒利益的基础。❶

1940年8月，纳尔逊被罗斯福总统任命为泛美洲事务协调处处长，这是美国官方的中立地位所不允许的。为了掩盖这个微妙的麻烦，泛美洲事务协调处

---

❶ Kramer, Paul, *Nelson Rockefeller and British Security Coordination*, Journal of Contemporary History, Vol. 16, 1981, pp. 77～81.

把在拉丁美洲促进“美国文化”拿起来作掩护。

战争托词：罗斯福的“珍珠港”

当罗斯福总统于1940年赢得史无前例的第三届总统任期的时候，他对德国发起最终战争的秘密计划已经准备好几个月了。他不仅通过《租借法案》援助了丘吉尔——这样做违反了美国正式承诺的中立立场，而且在导致1941年12月日本决定攻击珍珠港、摧毁美国太平洋舰队的一些事件中，罗斯福也发挥了积极作用。

■ 罗斯福故意刺激日本于1941年12月偷袭珍珠港，以便在向日本宣战之外还对德国开战，后来发现的档案表明了这一点

美国国会战后公布的秘密档案、其他文件以及罗斯福之死，可以毫无疑问地表明，总统和他的陆军部长亨利·史汀生通过对日本禁运石油以及准备美国在太平洋反对日本扩张的军事行动，故意挑动日本进入（对美国的）战争。那些文件还表明，在日军轰炸珍珠港的前几天，罗斯福就已经充分了解了日本海军的行进路线和攻击时刻这样的具体细节。

是罗斯福和他的顾问们挑动日本袭击美国在夏威夷的海军基地，以便动员不知情的普通美国人同意参战，建立美国世纪。这是洛克菲勒的战争与和平研究组用来实施战后方案的工具。历史学家称它为“第二次世界大战”。

战争结束后，1946年美国国会调查珍珠港袭击事件的联合委员会（由肯塔基州参议员艾尔本·巴克利任主席）听取了美国陆军珍珠港委员会的报告。该报告被定为“绝密”级，20年后才解密。[1] 该报告明确地指控罗斯福政府、罗斯福总统本人和陆军部长史汀生。报告指出，日本决定轰炸珍珠港有这样一个背景，罗斯福1941年7月26日发布的行政命令冻结了日本在美国的资产。这

---

[1] Alben W. Barkley, Senator, et al, *Investigation of the Pearl Harbor Attack*, Report of the Joint Committee on the Investigation of the Pearl Harbor Attack, 79th Congress, 2nd Session, US Senate, Document No. 244, US Government Printing Office, July, 1946.

道命令将一切涉及到日本利益的金融交易和进出口贸易都直接置于美国政府的控制之下。该命令的效果是要实际上停止美国和日本之间的贸易。”❶ 在东京，它被解释为一种针对日本的战争行动。

1941 年日本对珍珠港和美国陆军航空队轰炸机群的突袭，造成美国人死亡 2403 名，受伤 1178 人，战舰 18 艘和飞机 188 架遭到损失。早在 11 月 26 日，攻击前的两个星期，丘吉尔曾亲自提醒罗斯福即将来临的攻击危险。罗斯福的回应是撤除珍珠港舰队的防空系统，这是确保日军袭击获得成功的措施。❷

美国海军上将理查森和金梅尔在 1941 年 1 月 25 日共同起草并发往美国海军作战司令的信中，警告过日本有可能攻击珍珠港，这是在袭击发生之前差不多 11 个月的时候。信中指出：“日本可能会不宣而战，可能采取任何一种形式……日本的袭击可能会针对航运、外围阵地或海军部队。袭击珍珠港或企图封锁航道都是可能的。”

此外，还有一些措施是可以确保珍珠港在日本攻击的时候没有防御能力，而且显然是有意而为的。正如上述美国陆军珍珠港委员会的调查显示：

12 月 7 日的情况可归纳如下：海军没有进行远程侦察；通常的 4 或 5 架 PBY 水上飞机❸都出去了；防空高炮和舰载飞机没有进入周日的常规机动状态，航母和舰载飞机都在离瓦胡岛一定距离的位置上；飞机都在地面上，处于停放状态；陆军和海军的位置非常接近；海军除第 9 和第 12 特混编队以外的舰队都在港口停靠，这两支特混舰队中有巡洋舰、驱逐舰以及列克星敦号和企业号两艘航空母舰。

除了高射炮固定阵地附近的弹药外，陆军弹药都在军械库里；当袭击发生时，两个战斗联队以及高炮部队都在各自的固定位置而非战斗阵地上。一切都按照反阴谋破坏一级战备的要求集中在密集的范围内。这使他们成为空袭的明

---

❶ Alben W. Barkley, Senator, et al, *Investigation of the Pearl Harbor Attack*, Report of the Joint Committee on the Investigation of the Pearl Harbor Attack, 79th Congress, 2nd Session, US Senate, Document No. 244, US Government Printing Office, July, 1946. p. 19.

❷ Ibid., pp. 75 ~ 79.

❸ 又称为“卡特林娜”，源自加州沿海旅游胜地卡特林娜岛。美国于 1941 年正式将“卡特林娜”定为 PBY 的绰号。——译者

确目标。总之，港口的布防完全适合空袭，而日方则充分利用了这一点。[1]

7月19日，珍珠港遭到袭击前5个月，美国太平洋舰队司令、海军上将金梅尔曾得到美国情报部门截获的日方电报，由代号“魔术”[2]的情报小组破译。这一份被截获的从广州发往东京的电报部分内容如下：

最近的全面动员令表明，日本已下定决心，要结束英美增援挫败日本自然扩张的努力……最近的目标是非武力占领法属印度支那，但必须镇压那里的抵抗并执行戒严令……我们下一个日程是向荷属东、西印度群岛发出最后通牒。在占领新加坡时海军将是主力……有了在托管地、中国海南和印度支那的潜艇舰队，我们就可以杀伤英美军队，粉碎阴谋抵抗我们的力量。[3]

在珍珠港袭击之前整整5个月，美国政府最高层就知道与日本的战争即将来临，其根据是美国情报部门绝密的“魔术”小组截获和破译的日本海军和外交电报。攻击发生前一个月，即11月7日，美国太平洋舰队总司令、海军上将金梅尔收到过海军上将斯塔克发自华盛顿的一封电报：“看来事态正稳步走向太平洋危机。何时爆发尚难断定。我对此的主要反应已如此前致你的信……一个月之内可看到事情的大部分真相。”

随后，1941年11月28日，金梅尔又收到斯塔克从华盛顿的来电，部分内容是：“与日本的谈判似乎实际上已经终止……日本今后的行动无法预测，任何时刻都可能采取敌对行动。如果下一个敌对性质的行动不可避免，美国要让日本首先公开动手。”[4]

在这个警告之后，金梅尔海军上将接到的华盛顿的命令，是珍珠港不安装

---

[1] Alben W. Barkley, Senator, et al, Investigation of the Pearl Harbor Attack, Report of the Joint Committee on the Investigation of the Pearl Harbor Attack, 79th Congress, 2nd Session, US Senate, Document No. 244, US Government Printing Office, July, 1946, p. 75, footnote 3.

[2] “Magic”是一个美国陆军信号官创立的电码字，他称呼自己的电码破解人员为“magicians”魔术师，他们的行动计划为“Magic”，如“Magic”外交简报。——译者

[3] Alben W. Barkley, Senator, et al, Investigation of the Pearl Harbor Attack, Report of the Joint Committee on the Investigation of the Pearl Harbor Attack, 79th Congress, 2nd Session, US Senate, Document No. 244, US Government Printing Office, July, 1946, pp. 92 ~93.

[4] Ibid., p. 97.

防范空袭的远距离侦察设施。❶ 从11月28日到12月5日，金梅尔按照陆军部长亨利·史汀生的命令，部署两艘航空母舰——企业号和列克星敦号，连同6艘重型巡洋舰和14艘驱逐舰一起，从珍珠港起锚驶往中途岛和威克岛，因此太平洋舰队最先进的战舰耐人寻味地远离了12月7日的袭击现场。华盛顿故意扣下了来自金梅尔的一份重要情报，该情报在袭击数天之前指出日本的目标是珍珠港。而他曾经被明确告知，袭击的目标可能是菲律宾或附近岛屿。

正如参议院的调查所进一步指出的："牛顿海军上将没有收到关于我们与日本关系日益危险的情报。他没有得到任何特殊的命令，并认为他离开夏威夷是一个没有特殊目标的任务，只是前往中途岛，以列克星敦号上的飞机中队增援该岛。结果是，除了例行公事以外，没有任何备战的命令来为战斗机配备武装，…… 港口❷备战条件没有变化，只有海岸警卫队照例在珍珠港附近海域巡逻，他们为海港的通道扫清了障碍。报告指出，进一步减少珍珠港防御的举措是，"来自珍珠港的巡逻机中队得到命令，去中途岛接替将前往威克岛的飞行中队。这个巡逻机中队于11月30日离开珍珠港"。❸

参议院的正式调查接着指出："然而，对来自北方和西北方向正在接近的敌对力量没有任何侦察行动，而这正是已知最危险的领域，我们所要调查的正是这种无所作为有何正当理由。"❹

正如调查所指出的，华盛顿有责任告知金梅尔海军上将，它如何估计敌人最主要的战略行动将会来自何方。

太平洋舰队总司令金梅尔海军上将的责任是，准备好应付最坏的情况，并且"当他得到战争警告并按照命令执行一项防御部署时，他必然会思考这样的

---

❶ Alben W. Barkley, Senator, et al, Investigation of the Pearl Harbor Attack, Report of the Joint Committee on the Investigation of the Pearl Harbor Attack, 79th Congress, 2nd Session, US Senate, Document No. 244, US Government Printing Office, July, 1946, p. 105.

❷ 即珍珠港。——译者

❸ Alben W. Barkley, Senator, et al, Investigation of the Pearl Harbor Attack, Report of the Joint Committee on the Investigation of the Pearl Harbor Attack, 79th Congress, 2nd Session, US Senate, Document No. 244, US Government Printing Office, July, 1946, pp. 105～106.

❹ Ibid., p. 107.

行动将可抵御所有可能的危险，而夏威夷就充满这样的危险。”❶

华盛顿的巫术

参议院报告中有这样的细节：陆军部和海军部破译了日本外交密码但却秘而不宣。有了“魔术”情报小组截获和破译的日本与她驻外机构之间的通信，华盛顿掌握了有关日本行动目标的大量情报。“魔术”小组的情报是绝密的，只有很少的几个人能看到，以保证无人知晓美国破译日方电码这个事实。

罗斯福甚至没有告诉丘吉尔这件事！丘吉尔设在切尔滕纳姆的代号为“超级机密”的绝密情报部门也破解了日本密码。当然丘吉尔也没有告诉罗斯福这个秘密。

能看到被截获和破译的日本情报英文文本的，只有美国陆军部长史汀生、总参谋长、作战计划部部长和军事情报部部长。在海军里只有海军部长、海军作战部部长、作战计划部部长和海军情报部部长。另外就是国务院和总统的海军助理（他直接呈交机密文件给总统）。❷

12 月 6 日，“魔术”情报小组截获并翻译了电报并于上午 9 点半至 10 点之间送达陆军部和白宫，交给了总统的海军助理、海军上将比尔德尔的助理，命令将它们在最短的时间内送交总统。主管舒尔茨将情报送给了总统，总统与哈里·霍普金斯一起阅读。情报也送给了国务卿费兰德·诺克斯，他也看了电报。情报也送给了威尔金森海军上将。

这封被截获的电报是东京发给日本驻华盛顿大使的通报，它说在华盛顿时间 12 月 7 日 13：00 或珍珠港的清晨，将要发生一个重大事件。这个事件就是日本轰炸美国珍珠港的海军舰队、使罗斯福得以推动国会向德国、日本和意大利三个国家宣战的那个事件。

海军上将金梅尔在作证时说：“如果我能在 11 月 28 日得知这些重要事实

---

❶ Alben W. Barkley, Senator, et al, Investigation of the Pearl Harbor Attack, Report of the Joint Committee on the Investigation of the Pearl Harbor Attack, 79th Congress, 2nd Session, US Senate, Document No. 244, US Government Printing Office, July, 1946, p. 108, 114.

❷ Ibid., pp. 179 ~ 180.

和‘舰只在港’的情报，我现在确信，我将不服从海军部将航空母舰派往威克岛和中途岛的要求。我将会命令第三艘航空母舰——萨拉托加号——从西海岸返港。我会随舰队出海，将舰队部署在实行拦截的海域。这将允许舰队部署打击力量，迎接对夏威夷海域的攻击。”❶ 然而，金梅尔却成为珍珠港遭遇袭击的替罪羊并且被迫辞职。

丘吉尔于1941年11月26日致罗斯福的信是他们的通信中至今因“国家安全”原因而从未公开的唯一文件。据报道，他警告罗斯福珍珠港即将遭到攻击。

对珍珠港的毁灭性袭击给了罗斯福立即宣战的理由。这是一场将要创造一个新的美帝国和卢斯的“美国世纪”的战争。

即使在美国国会1941年12月向德国、日本和轴心国宣战之后，罗斯福政府中的强势集团和美国工业界中洛克菲勒集团内部和周围的圈子，继续和德国主要的军事工业部门相勾结，这些非法的、叛国的事实在战后都被适时地埋进历史记录的底层。

洛克菲勒衣橱里的第三帝国骷髅

美国权势机构中的洛克菲勒集团以及从亨利·福特到杜邦的无数企业老板，都曾被墨索里尼的法西斯主义欧洲模式，甚至德国的纳粹主义所吸引。华尔街和美国大工业集团一向是反劳工的。当面临着必须向更广大的民众做出让步的形势时，他们的手段十分毒辣。他们显然很欣赏希特勒和墨索里尼在20世纪30年代初期强力对付有组织的劳工、打击工会及其他各种政党（无论是社会民主党还是共产党）过程中所表现出来的能力。

然而，他们在战前对法西斯的同情之中，还有一个比较大的地缘政治因素。他们就像在英国圆桌会社里的堂兄弟一样，渴望一场更大的战争，一场在难以战胜的、潜在的对手苏联和德国之间争夺欧亚霸权的战争，一场斯大林的

---

❶ Alben W. Barkley, Senator, et al, Investigation of the Pearl Harbor Attack, Report of the Joint Committee on the Investigation of the Pearl Harbor Attack, 79th Congress, 2nd Session, US Senate, Document No. 244, US Government Printing Office, July, 1946, p. 232.

苏联和希特勒的第三帝国参与其中的战争，正如英国的精锐部队英国特种空勤团❶的创始人之一戴维·斯特林爵士所说的，两个大国相互厮杀“流血到死”的战争。这与雅利安人种优越的意识形态和浪漫幻想没有多少关系，尽管直到1939年洛克菲勒基金会还在慷慨资助希特勒第三帝国的优生学研究和用人做的活体试验。这一切都是为了在欧洲的废墟上建设美国世纪。❷

1941年美国参战时，新泽西标准石油公司（后来更名为“埃克森公司”）是世界上最大的石油公司。它控制了84%的美国石油市场。它的银行是大通银行，由洛克菲勒家族和他们的免税基金会控股和拥有。标准石油公司中仅次于洛克菲勒的最大股东就是德国的法本公司——德国的大型石化托拉斯，它是德国军事工业的一个重要部分。洛克菲勒与法本公司的关系可追朔到1927年。大约从同一时间开始，洛克菲勒基金会开始大量资助德国威廉皇帝学会从事的优生学研究。❸

当纳尔逊·洛克菲勒负责的美国政府泛美洲事务协调处在表面上打击纳粹在拉丁美洲的经济利益的时候，洛克菲勒家族的标准石油公司却通过其主席沃尔特·C. 蒂格尔和董事长威廉·法里什，设法运送重要的四乙铅汽油给德国空军。标准石油公司的蒂格尔、亨利·福特和皇家荷兰壳牌石油公司的亨利·德特丁爵士在战争爆发之前，都是公开地亲近第三帝国的。❹

在希特勒于1933年上台后不久，蒂格尔就安排了洛克菲勒家族的私人公共关系“斯宾博士”❺艾维·李，向德国法本公司和柏林纳粹政府提供有关美国对德国重整军备、对第三帝国对待教会以及组织盖世太保的反应的情报。李

---

❶ 英国皇家空军下属的特种部队。——译者

❷ 请参见笔者的《粮食危机：运用粮食武器获取世界霸权》。有关英美驱使第三帝国对抗苏联的背景知识，请参见笔者的《石油战争：石油政治决定世界新秩序》。

❸ Charles Higham, *Trading with the Enemy: An Exposé of the Nazi-American Money Plot*, 1933～1947, Delacorte, New York, 1983, pp. 53～54.

❹ 1942年3月25日，美国副总检察长瑟曼·阿诺德宣布，标准石油公司的威廉·法里什对与纳粹相勾结的犯罪指控“不提出异议”。当老布什与1980年当选副总统之后，他的个人财产被存入由标准石油公司领导人的孙子掌管的封闭式信托基金。布什总统提名家族的老朋友，狄龙—里德公司的道格拉斯·狄龙担任财政部长。

❺ 即“舆论导向专家”，受雇代表某组织向媒体做正面宣传的发言人。——译者

的任务后来变成了在美国策划亲德宣传运动，以培育美国对第三帝国的同情。李拿的钱是通过在德国控制下的国际清算银行现金账户支付的，而这个国际清算银行正是根据1930年的《杨格（Young）计划》为了管理德国支付第一次世界大战的战争赔款而设立的。建立这个银行本身就是一个讽刺。艾维·李拿钱的时候，国际清算银行行长是曾经在洛克菲勒纽约大通银行和美国联邦储备委员会工作的美国人盖茨·麦克加拉。❶

杜邦家族和布什家族也难逃干系

后来在德国纳粹空军轰炸伦敦时，英国政府曾抗议标准石油公司给纳粹德国提供四乙铅基（汽油）——高辛烷值航空燃料必需的添加剂。没有它，德国空军的飞机就无法飞抵英国。标准石油、杜邦公司和通用汽车公司拥有四乙铅添加剂的世界专利权；1938年蒂格尔在伦敦与法本公司董事长赫尔曼·施米茨的一次秘密会见中，作出安排向法本公司“租借”数吨四乙铅添加剂；他也为日本提供同一种化学添加剂作过安排。

化学工业巨头杜邦公司，是动手为洛克菲勒标准石油公司和法本公司在战争期间的秘密协议实施合作的那个机构，总部位于特拉华州。通过这些石化项目的协议，洛克菲勒的标准石油公司成功地将杜邦纳入了洛克菲勒公司的轨道。项目中包括车用汽油抗爆添加剂四乙铅等。执行这一项目协议的是四乙铅公司，它是标准石油公司、通用汽车公司和杜邦公司合资建立的一家企业。❷

早在1919年，杜邦公司高管就向（德国的）卡尔·博世提出了生产染料的想法。这个博世就是后来的法本公司的创始人、合成氨的发明者、当时任巴登苯胺与苏打工厂董事会主席。博世认为与美国分享德国的专业知识并没有什么好处，因此拒绝了这个建议。杜邦公司并不气馁，始终不放弃获取德国技术诀窍的企图。1925年法本公司成立。翌年，杜邦公司高级职员就与它的两个制造炸药的重要子公司——炸药股份公司和科隆－罗特韦勒公司达成了一项秘密

---

❶ Charles Higham, Op. Cit., pp. 53～55.

❷ John K. Winkler, *The DuPont Dynasty*, Kessinger Publishing, 2005, pp. 275～277.

的“君子协定”，给予它们在生产新工艺和产品（例如黑色火药和安全导火线）方面的优先选择权。

在20世纪20年代，杜邦公司在德国军火工业的投资超过300万美元，使自己大大领先于自己的美国竞争对手。1933年希特勒上台后，杜邦公司高官同意向第三帝国出售“军用推进剂和军用炸药”，这违反了《凡尔赛和约》和美德之间的和平条约，而且受到驻德国的杜邦公司高管的警告：法本公司用金钱支持纳粹是“众所周知”的，但杜邦还是这样做了。❶

1934年，参议院就杜邦公司与法本公司和欧洲厂商签订秘密卡特尔协议举行了军火听证会，有关报道在会上向公众作了披露。杜邦家族高管，如拉莫特、费利克斯、皮埃尔和艾琳，都矢口否认，直到有文字证据说明杜邦与英国帝国化学工业公司和若干德国公司的确签有生产炸药的卡特尔协议。

尽管遭遇过这样难堪的曝光，杜邦公司在纳粹执政的那些年代还是进一步发展了与法本公司的关系，向对方提供过生产丙烯酸酯与合成氨产品的特许，并于1938年将制造丁纳橡胶所需的重要工序提供给德国化学制造商。丁纳橡胶是当时刚刚开发出来的合成橡胶，是制造轮胎的重要物质。

即使违反了美国中立的法律，即使派驻柏林的美国大使威廉·多德警告过罗斯福总统，这些战略工业专门技术的秘密交流还是在继续进行。杜邦一直与法本公司拉拉扯扯，继续进行关于贸易协定的谈判，直到1941年它的董事会终于通过投票决定卖掉这家德国公司的股票，“暂停”专利方面的交流，直到“当前的紧急状态”结束。在那个时刻，杜邦公司说的“当前的紧急状态”就是美国向纳粹德国和轴心国正式宣战。❷

洛克菲勒的标准石油公司也向敌方交出了制造合成橡胶的秘密、先进的乙炔生产工序以及合成汽油的生产方法。合成汽油工序使德国纳粹空军在空中能

---

❶ John V. H. Dippel, *Two against Hitler: Stealing the Nazis'Best-Kept Secrets*, New York, Praeger Publishers, 1992., pp. 80 ~ 86.

❷ Ibid., p. 86.

够继续飞行两年半，使得希特勒的庞大摩托化部队不至于瘫痪。❶

直到德国的装甲部队开进了低地国家和法国，内维尔·张伯伦周围的英国圈子和洛克菲勒集团的华尔街圈子才最后确信，第三帝国将向东而不是向西获得它的“生存空间”。围绕德国对捷克斯洛伐克苏台德地区的要求，张伯伦臭名昭著的慕尼黑“绥靖”外交的根本目的，就是怂恿德国向东朝着当时的苏联去扩大“生存空间”，其方式是暗示英国对此并没有兴趣。但是，第一次世界大战给德国的深刻教训，即永远不在两条战线上同时作战，已在德军总参谋部和纳粹领导层中根深蒂固，而美国人竟然未能体会出来。❷

1938 年 2 月，美国政府证券交易委员会开始调查标准石油控制美国 IG 公司（与施米茨的法本公司成立的一家美国合资企业）的问题。在调查中蒂格尔撒了谎，不承认他知道任何内幕。随后，他谨慎地在该公司改任一个不显眼的职务，并按照小约翰·D. 洛克菲勒的要求，将他对日常事务的控制权移交给他的朋友、标准石油公司高管威廉·法里什。标准石油公司也向政府撒了谎，说它已改变了政策。但是这种变化完全是表面的。它们改变的只是运输船队的登记地，即改在巴拿马登记，以逃避英国方面的搜查或扣押。它们的船只继续运送石油到摩洛哥海岸以外的加纳利群岛的特内里费岛，到非洲西北部的西班牙属撒哈拉近海，在那里用虹吸管将石油注入德国油轮再运往德国汉堡。❸

法本公司持有设在纽约的通用苯胺薄膜公司 90% 的所有权，在有利可图的美国市场上占据了一席之地。这家挂名公司控制的美国各公司的资产达到 1150 万美元，在这些公司里包括标准石油公司和杜邦公司。

这个消息的披露在新闻界和华盛顿引起轰动，导致通用苯胺薄膜公司的资

---

❶ Charles Higham, Op. Cit., p. 55. As well, see Art Preis, *America's Sixty Families and the Nazis: The Role of the US-Nazi Cartel Agreements*, Fourth International, Vol. 3 No. 6, June 1942, pp. 165 ~ 170.

❷ A. L. Rowse, *Appeasement: A Study in Political Decline*, 1961, W. W. Norton & Co., New York, pp. 30 ~ 75. 这份文件值得注意的地方在于，以战时驻华盛顿大使洛思安爵士为首的英国圆桌会社成员在 1938 年支持了德国的领土要求，而他们在 1914 年却鼓噪向德国宣战。两次都是摧毁大陆竞争对手的计划的一小部分。美国的洛克菲勒集团与圆桌会社紧密协同，以达到自己的目的。请参见 Carroll Quigley, Op. Cit., pp. 628 ~ 629 for a discussion of the strategic considerations of Chamberlain at Munich in 1938 to appease in order to fuel the German 'Drive to the East.'

❸ Charles Higham, Op. Cit., pp. 56 ~ 57.

产根据《与敌贸易法案》被查封，导致杜邦公司和另外两个美国公司在 1943 年遭到起诉，理由是它们有企图控制全球重要战略金属物资的阴谋。杜邦公司最终被判定有罪。

1944 年 1 月，特拉华州的那家公司再次作为炸药卡特尔垄断协议中的同谋被起诉并出庭受审。在德国知道这个协议的只有很少的几个人：法本公司监督委员会的卡尔·杜伊斯堡、当时的董事会主席卡尔·博世、博世的首席财务顾问格海姆拉特·赫尔曼·施米茨（为法本公司在美国和其他地方设计伪装控制的公司）、威廉·卡勒博士、三四个 IG 公司的高级董事以及参加起草协议的、深得信任的财务顾问埃尔温·雷斯蓬德克。❶

1941 年 12 月，德国和美国之间开战，并没有影响这一协议。正如雷斯蓬德克在战后所说，法本公司“在战前和直到 1945 年 1 ~ 2 月的德美冲突期间，通过一条经过巴塞尔的安全路线，一直在向杜邦公司提供极其详尽的情报”。法本公司送到杜邦公司的和它从杜邦公司收到的机密文件“被锁在一个特别的保险箱里，除了三四个特别主管之外，公司里没有任何人能够看到”。❷

杜邦和法本公司都参加了大量极其敏感的与战争有关的研究和开发。早在第一次世界大战期间，一位名叫瓦尔特·黑尔特的德国化学家就已经改进了被称为“大旋风 B”的毒气，当时是作为除虱剂使用的。这种气体的生产由德国虫害控制学会掌管。该学会资产的 42.5% 掌握在法本公司手里。纳粹于 1942 年建立毒气室开始执行“最后解决”的时候，正是这个虫害控制学会提供了大旋风 B 毒气。

战争期间，美国参议员哈里·杜鲁门在 1942 年提交参议院的一项调查中指控洛克菲勒与法本公司的关系“已触犯了通敌罪”。❸ 哥伦比亚广播公司新闻部的战地记者保罗·曼宁 1944 年 8 月 10 日报道说，洛克菲勒 - 法本合作伙伴，通过下属的美国、德国、法国、英国和瑞士各家银行，转移了它们的“外逃资本”。在罗斯福白宫的保护下，洛克菲勒和杜邦公司因违反《与敌贸易法案》

---

❶ Charles Higham, Op. Cit., p. 85.
❷ Ibid., pp. 85 ~ 86.
❸ Ibid., pp. 67 ~ 69.

的行为只交了轻微的罚款，没有受到其他任何惩罚。

在洛克菲勒和华尔街支持第三帝国同苏联打仗的大人物中，还有普雷斯科特·布什，即前总统老布什的父亲。普雷斯科特·布什，像他的儿子和他的孙子小布什一样，都是耶鲁大学精英秘密会社“骷髅会”的成员。

布什家族与强大的洛克菲勒集团在第二次世界大战前几十年就有了密切的合作。两个家族都从石油和军工赚了大钱。

乔治·H. 沃克和塞缪尔·普雷斯科特·布什是前总统老布什的祖父辈、第一次世界大战期间和之后布什王朝的创建人。沃克是圣路易斯市的金融家，靠战争合同发了大财。1919 年，他被铁路大王的继承人艾夫里尔·哈里曼雇用，担任驻华尔街的哈里曼公司董事长，在20 世纪20 年代投资于石油、航运、航空和锰金属，其中的一部分业务在俄国和德国。塞缪尔·布什开办了在俄亥俄州的公司，即七叶树钢厂，是生产武器的。他于 1917 年到华盛顿担任伯纳德·巴鲁克联邦军工委员会的小型武器、弹药和军械部的负责人。❶ 乔治·沃克和塞缪尔·布什都参与了美国军工综合企业的建设。

普雷斯科特·布什在第二次世界大战期间担任几个军火公司的负责人，走了财运，那几家公司都是通过德国钢铁巨头蒂森公司❷秘密生产武器并且给第三帝国提供资金。布什家族的另一家公司——得克萨斯德雷塞工业公司，生产的是投掷到东京的燃烧弹和原子弹项目用的气体扩散泵。

布什家族不仅与有权有势的哈里曼银行和铁路部门有长久的关系，而且与洛克菲勒家族及其控制的美国石油工业也有亲密的联系。

布什家族与约翰·D. 洛克菲勒和标准石油公司的关系可追溯到 100 年前。当时，洛克菲勒说服替他运送石油的、部分属于哈里曼的铁路部门，从七叶树钢铁公司购买运输需要的重型设备。就这样，洛克菲勒让塞缪尔·布什的七叶树钢铁公司发了大财。20 世纪 20 年代，乔治·沃克曾帮助苏联石油工业重建，而正是在担任得克萨斯德雷塞工业公司的董事期间，普雷斯科特·布什取得了

---

❶ Kevin Phillips, *Bush Family Values*: *War*, *Wealth*, *Oil*, February 8, 2004, The Los Angeles Times.

❷ 即蒂森康采恩，其控制的联合钢铁公司于 1949 年被拆分为奥古斯特·蒂森钢铁公司和莱茵钢铁公司。——译者

国际经验；德雷塞工业公司部分由哈里曼家族银行控股，与洛克菲勒石油行业关系密切。后来德雷塞公司成为哈利伯顿公司的一部分，那个公司由于迪克·切尼❶而臭名远扬。❷

作为1929年股市崩溃后改组华尔街权力的结果，艾夫里尔·哈里曼的投资银行哈里曼公司与英美投资公司布朗兄弟公司于1931年合并，成立布朗兄弟-哈里曼投资银行，其中的高级合伙人是艾夫里尔、他的兄弟、普雷斯科特·布什和撒切尔·布朗。伦敦分行以布朗-希普利公司之名继续运作。蒙塔古·诺曼在担任英格兰银行行长之前，一直是这家银行的高级合伙人。❸

在20世纪20年代，哈里曼已经在为德国钢铁巨头弗里茨·蒂森在纽约当银行家了。1934年，第三帝国的第二年，普雷斯科特·布什，即布朗兄弟哈里曼公司的高级合伙人，开始担任德国钢铁托拉斯的联合银行公司的董事。1926年，普雷斯科特·布什的一个密友、华尔街的投资银行家、狄龙-里德公司的克拉伦斯·狄龙，代表蒂森创建了德国钢铁托拉斯，并在这家新钢铁托拉斯董事会里占有两个席位。❹

1924年，联合银行公司在哈里曼公司的曼哈顿办公室正式成立。联合银行公司与蒂森在荷兰的贸易航运银行有连锁业务。它被用作蒂森在德国和美国的企业通过在荷兰的银行跨越大西洋来回转移资金的工具。布朗兄弟、哈里曼、普雷斯科特·布什和艾夫里尔·哈里曼（像布什一样也是耶鲁大学秘密会社“骷髅会”的成员）都是蒂森在德国以外的金融业务经理。

1942年，美国政府外侨财产保管署的利奥·T. 克劳利签署了《第248号接管令》，根据《与敌贸易法案》扣押了普雷斯科特·布什的财产。这项命令刊登在含混不清的政府记录当中，没有向新闻界发送。它只是这样解释说，联合银行公司是为“德国的蒂森家族和/或匈牙利……这一指定敌国的……侨

---

❶ 小布什的副总统。——译者

❷ Kevin Phillips，Bush Family Values：War，Wealth，Oil，February 8，2004，The Los Angeles Times.

❸ Sir Henry Clay，*Lord Norman*，1957，MacMillan & Co.，London，pp. 18，57，70～71.

❹ Robert Sobel，*The Life and Times of Dillon Read*，1991，Dutton-Penguin，New York，pp. 92～111.

Thyssen Funds Found in U.S.

NEW YORK—(INS)—Existence of a $3,000,000 fund established here by Fritz Thyssen, German industrialist and original backer of Adolf Hitler was disclosed today in a news story in the New York Journal American.

The story added:

Whether the money is for Thyssen personally, or, perhaps, for some of his high-placed Nazi friends in the event of an "emergency" compelling them to leave Germany, no one knew.

However, it will do neither Thyssen nor any of his Nazi friends any good now, as it has been "frozen" along with the $4,500,000,000 Axis assets now held in this country.

The money exists in funds of the Union Banking corporation, an investment company incorporated and licensed under New York state laws in August, 1924.

Money for its $400,000 capital stock came from Thyssen's bank Voor Handel En Scheepvaart in Rotterdam.

Among members of its board of directors are E. R. Harriman, Ray Morris and Prescott S. Bush, partners in the firm of Brown Brothers Harriman and company, of which W. Averell Harriman is now American minister plenipotentiary to England.

Also a director is H. D. Pennington, Brown Brothers Harriman and Co. manager.

On Jan. 14, 1941, Knight Wooley, another partner in the Harriman company, wrote to State Banking Superintendent William R. White in behalf of Harriman, Morris, Bush and Pennington:

"Should the United States enter the war, they felt they might be under some embarrassment because of their connection with the bank, even though we have no financial interest in the Union Banking corporation, nor do we participate in its earnings."

■ **美国媒体于1942年7月报道了普雷斯科特·布什、哈里曼及其他洛克菲勒圈子里面的人的丑闻，他们资助了蒂森·克虏伯以及其他德国的战争工业**

民……而开办的。”❶

战后，美国国会调查人员调查蒂森的股权、联合银行公司和相关的纳粹机构。他们报告说，联合钢铁厂在第三帝国期间提供的德国国民总产值份额如下：生铁 50.8%、普通钢板 41.4%、厚钢板 36.0%、马口铁 38.5%、金属管 45.5%、电线 22.1%，还有 35.0% 的炸药。❷ 这些东西对战争军备所具有的重要意义是不言而喻的。

洛克菲勒、哈里曼和布什家族不仅可能曾经在理念上赞同过希特勒德国控制工人、实行指令性经济这些办法，而且他们还向第三帝国的战争集结提供决定性的战略支持，其介入的程度之深，几乎不为人知，归根到底，这一切只是一个更加野心勃勃的宏大计划的组成部分。他们的目的不是支持一个获胜的德国，他们是要创造一个美国世纪，更准确地说，是一个将要在 1945 年以后浮出水面的洛克菲勒世纪。

布什、洛克菲勒、哈里曼、杜邦和狄龙都在多年前向第三帝国提供关键性

---

❶ Office of Alien Property Custodian, Vesting Order Number 248. Signed by Leo T. Crowley, Alien Property Custodian, executed October 20, 1942; F. R. Doc. 42 ~ 11568; Filed, November 6, 1942. 7 Fed. Reg. 9097 (November 7, 1942). The New York City Directory of Directors 1930s ~ 40s, listed Prescott Bush as a director of Union Banking Corp. from 1934 through 1943.

❷ United States Senate, Elimination of German Resources for War, 'Hearings Before a Subcommittee of the Committee on Military Affairs, 79th Congress; Part 5, Testimony of Treasury Department, July 2, 1945. Page 507; Thyssen organization including Union Banking Corporation pp. 727 ~ 731.

支持，作为他们宏大的地缘政治博弈计划的一部分：让欧洲列强，特别是德国和俄罗斯，相互打击，正如一位英国战略家所说："让双方都流血而死"，从这里打开美国世纪霸权的大门。这是洛克菲勒的"战争与和平研究"课题的真正内容。

除了战争期间在德国和欧洲干的那些事情以外，纳尔逊·洛克菲勒还要扮演一个战略角色，这就是为了正在崛起的那个战后美帝国获取拉丁美洲的大量资源和政治联盟。

建造洛克菲勒的拉丁美洲帝国

战争期间纳尔逊·洛克菲勒在拉丁美洲的作用，是在中央情报局成立之前协调美国的情报和秘密行动。他是罗斯福总统和英国首相丘吉尔的美洲事务私人情报负责人威廉·斯蒂芬森爵士之间的直接联系人。斯蒂芬森爵士领导一家挂名公司，名称是"英国安全协调处"。值得注意的是，斯蒂芬森非公开活动的秘密总部设在纽约市洛克菲勒中心第3603号房间，离纳尔逊自己的办公室不远。这不会是巧合。洛克菲勒和斯蒂芬森在美洲共同的情报行动中密切协调，同时洛克菲勒正在组织力量，攫取英国在该地区的上等资产。[1]

洛克菲勒给华盛顿带来了一支他从家族企业关系网中挑选出来的队伍，其中包括大通银行的约瑟夫·罗文斯基、来自安德森·克雷顿农业商品公司的得克萨斯州棉花大王威尔·克雷顿。[2] 纳尔逊的助理约翰·麦克林托克在战后经营的联合果品公司在中美洲有广大的种植园，美国中央情报局用他做代表，适时地策划了1954年的危地马拉政变。

纳尔逊·洛克菲勒在战争期间所做的工作，为他的家族在20世纪50年代巨大的利益扩张奠定了基础。是他提出了美国与拉丁美洲的防务概念，即在冷战期间将该地区的军事精英与美国的政策捆绑在一起，其办法往往是通过残酷的军事独裁者，他们都得到洛克菲勒家族的支持，并且都保证给洛克菲勒商业

---

❶ William Stevenson, *A Man Called Intrepid*, Ballantine Books, New York, 1976, pp. 308 ~ 311.

❷ Gerard Colby and Charlotte Dennett, *Thy Will Be Done: The Conquest of the Amazon-Nelson Rockefeller and Evangelism in the Age of Oil*, HarperCollins, New York, 1995, pp. 115 ~ 116.

上的优惠待遇。纳尔逊称由他支持的拉丁美洲军事独裁者为“新军”。这个模式在若干年后将要成为北大西洋公约组织的模式。❶

纳尔逊·洛克菲勒是20世纪30年代以来美国企业在拉丁美洲投资的领军人物，当时他担任标准石油公司在委内瑞拉的子公司克里奥尔石油公司的董事。1938年，他曾经尝试与墨西哥总统拉扎罗·卡德纳斯谈判解决标准石油公司在墨西哥的问题，但没有成功。当时，卡德纳斯已经将标准石油公司国有化，导致美国与墨西哥关系恶化。❷

20世纪40年代，洛克菲勒成立了墨西哥美洲开发公司，并且对战后的墨西哥产业进行私人投资。他还鼓励他的弟弟戴维设立大通银行拉美分行。❸

战争期间，纳尔逊担任过罗斯福的泛美洲事务协调处处长，他组织过一个由新闻记者和大报业主组成的拉美网络。他用停止供应加拿大出产的新闻纸的办法来威胁中立的拉丁美洲报纸出版商。不久以后洛克菲勒就可以吹嘘他控制了1200家报纸的发行，只要拿新闻纸来吓唬那些报社就足够了，因为这些新闻纸必须由美国的船只运来。❹

洛克菲勒的媒体工作人员用特别策划出来的、对美国有利的新闻故事充满了拉丁美洲的出版物，其中最多的是有利于洛克菲勒在当地利益的新闻报道。在打击拉丁美洲的纳粹影响的幌子下，纳尔逊·洛克菲勒和他的兄弟们正在为他们战后建立庞大的私人商业帝国打下基础。轴心国（德国、日本和意大利）战败之后，美国一直是无人可以挑战的全球第一强国。它用纳税人的钱生产用于战场拼杀的飞机、坦克、军火、炸弹和其他物资，美国的工业因此得以在当时最先进的技术上得到重构。罗斯福新政以及胡佛大坝、科罗拉多大坝、田纳西河流域管理局等庞大的公共基础设施项目，为美国的铝厂和兵工厂提供了充

---

❶ Thomas O'Brien, *Making the Americas: U. S. Business People and Latin Americans from the Age of Revolutions to the Era of Globalization*, History Compass 2, LA 067, 2004, pp. 14 ~ 15.

❷ Gerard Colby, Op. Cit., p. 116.

❸ Los Angeles Times, *Mexico 75 Years Later*, *Today's Zapatistas Still Fight the Rockefeller Legacy*, 14 May, 1995.

❹ William Stevenson, *op. cit.*, p. 309.

足的廉价电力。化学工业中的杜邦公司、陶氏化学、赫克力火药公司等已经成长为巨人。在所有这些成功者中，只有一个集团高居于美国权力的顶峰：洛克菲勒集团。1945 年，洛氏兄弟占据了一个新兴的全球巨人的心脏。这个巨人被称为“美国世纪”。

8.

War and Conflicting Geopolitical Agendas

第八章

战争与地缘政治冲突

“谁统治了东欧，谁就控制了心脏地带；谁统治了心脏地带，谁就控制了世界岛；谁统治了世界岛，谁就控制了全世界。”

——哈尔福德·麦金德，1919 年[1]

---

[1] Halford J. Mackinder, *Democratic Ideals and Reality*, 1919, Henry Holt & Co., p. 150.

英国地缘政治中被人遗忘的教训

“对外关系理事会”（CFR）的领导班子和洛克菲勒集团周围的跨国企业家们，在同一个时间里干的两类事情，怎么看都是自相矛盾和难以理喻的。一方面，在“对外关系理事会”的“战争与和平”研究项目中，他们又出钱又出人。这个研究项目研究的是战后美帝国主导全球的宏图大业，甚至包括操作性细节；另一方面，洛克菲勒家族的公司、标准石油和陶氏化学、杜邦等企业，又在不惜代价、不图回报、不遗余力地公然支持德意志第三帝国厉兵秣马的备战行为。

要解释这个悖论，关键在于理解美国的地缘政治战略，而且要像对外关系理事会的以赛亚·鲍曼和耶鲁大学的尼古拉斯·斯皮克曼那样思考。他们把英国人麦金德理论的精华浓缩到一个有美国特色的帝国地缘政治蓝图中。

对外关系理事会的美国精英们，不过是把战争当作一种政策工具，他们的目的很清楚——要扩大战后对世界金融的统治，创造一个美帝国式的“生存空间”[1]，英帝国、德意志帝国或任何潜在的大陆强国，都必须被“取代”。正如斯皮克曼所说，他们非常明白，他们的战争就是拓展更大的美国生存空间、征服和占领新的市场。世人所谓的和平，其实只能算是“临时停战”，当劫掠某一新地区的财富的渴望突破了某种极限，又一场新的征服战争就势在必行，

---

[1] 德国纳粹版的生存空间——译者。

“临时停战”就会终止。[1] 斯皮克曼极有地缘政治远见，他在1938年就写道：“除非欧洲联盟的梦想能够实现，否则50年后世界四大强国很可能就是中国、印度、美国和苏联。”[2] 斯皮克曼、鲍曼和洛克菲勒王朝周围的精英就是这样理解国际政治的。他们把克劳塞维茨的名言作了一个重大的修改：战争是外交手段的继续。

英国圆桌会社的主要人物不明白德国最根本的地缘政治要求，德国人特别是希特勒也不清楚，无论出于何种原因，他们似乎都严重地误解了英国的基本地缘政治原则。

但是洛克菲勒、以赛亚·鲍曼和纽约对外关系理事会的精英们倒是非常明白，在美国世纪作为全球主导力量崛起之前，所有逐鹿天下的潜在对手都必须在战场上拼杀角斗，最重要的一件事情，就是要彻底排除第三帝国填补法国及其盟友崩溃造成的中欧权力真空这个可能性。

早在美国1941年12月参战之前，罗斯福和丘吉尔就有过秘密通信。丘吉尔精明且不择手段地维护着英帝国的利益，试图利用他与美国总统的私交来为英国获得尽可能多的利益。欧洲战争最初数年里最神秘的一个疑点是：希特勒在向东进攻苏联之前，曾经可以在敦克尔克轻易征服丘吉尔的英国，但他却没有这样做，为什么？

第二次世界大战这场悲剧，目的是为了争夺统治权，是相互对立的地缘政治战略的一场巨大冲突。英国有自己的传统地缘战略：分裂欧洲大陆，控制海洋。丘吉尔出人意料地与对手中最强大的美国结盟来反对德国，他作出这个决定的依据是：要想维持英帝国全球主导力量的地位，这是唯一的办法。

德国的工业界和金融界以及军队高层中希特勒的反对派，奉行经济帝国主义而不是军事帝国主义的地缘政治纲领，即对东欧的和平渗透[3]，在某种程度上也包括对苏联的渗透。希特勒的“生存空间”地缘政治战略会引发对斯拉夫

[1] Nicholas J. Spykman, *Geography and Foreign Policy*: *I*, The American Political Science Review, Vol. XXXII, No. 1, February, 1938, pp. 28 ~ 50.

[2] Ibid., p. 39.

[3] 德语称为“对东部的渴望”。——译者

人的残酷军事征服——以战争而不是工业界所希望的经济手段去征服这片领土。[1]

而美国，特别是罗斯福、洛克菲勒、杜邦、普雷斯科特·布什和以对外关系理事会为核心的跨国企业界，则有一个完全不同的地缘政治纲领，他们要支持希特勒，利用德国的地缘政治设想，在德国、英国和斯大林俄国的战争废墟上实现美国的全球统治，把德国再一次挑战美国生存空间的可能性一劳永逸地消灭掉。洛克菲勒家族和他们的同伙不是什么“亲德”派或者“亲英”派，他们是“美国世纪”派，忠诚于洛克菲勒，好似君主专制一样。对他们来说，时而与纳粹德国、时而与俄国和英国的策略性联盟，只是为了实现最终的战略目标：美国的全球霸权、他们想象的美国“天命”、他们的“生存空间”，或者无限的空间……

弗里茨·黑塞是德国外交部长里宾特洛甫的英国事务顾问。他认为，希特勒军事战略的主要缺陷，在于对英国地缘政治原则致命的错误估计。德国元首想不通，为什么丘吉尔会拒绝和他瓜分世界。当然在那会儿，英国连自身能否生存下去都没什么把握。

黑塞看到，希特勒这么做似乎是出于奇特的天真或有害的自负，而反对希特勒的那些高层人物也是一样的无能。在德国外交部、国防军总参谋部内部以及德国银行业和工业界上层（即德国内部反对希特勒的派别），也不具备把握英国地缘政治原则的能力。这个错误注定了他们主导的第三帝国政策的失败：在1940年未能与英国达成临时妥协。

即使张伯伦想要改辙也不行，他显然在对希特勒的绥靖政策上陷得太深了。他无法利用盘踞在德国总参谋部核心的高层反对势力，阻止德国在与波兰接壤的“但泽走廊”处采用军事行动的方式解决争议。

不知为何，温斯顿·丘吉尔在1940年5月上台后没有采取任何行动来支持德国的反对派，而他当时公开反对张伯伦的绥靖政策。英国新任首相在欧洲战

---

[1] Alfred Sohn-Rethel, *Industrie und Nationalsozialismus*: *Aufzeichnungen aus dem'Mitteleuropaeischen Wirtschaftstag*, Verlag Klaus Wagenbach, Berlin, 1992, pp. 102 ~ 110.

争一开始的时候如果支持反对派，即使不能完全消除，也可以大大减少希特勒对西欧，甚至最直接地对英国本土的军事威胁。

■ 丘吉尔在唐宁街首相官邸前高举象征胜利的“V”字手势

丘吉尔 1940 年 5 月入主唐宁街 10 号时，德国国防军已经占领了波兰、捷克斯洛伐克的绝大部分、奥地利、丹麦、挪威、比利时、荷兰和卢森堡以及法国的大部分。希特勒与意大利结成了军事战略同盟。他与中立的西班牙佛朗哥政权也有合作关系。此外，德国与斯大林的苏联就分割欧洲大陆的其他地区也签订了战略协议。

英国发现自己和欧洲大陆的每一个盟友都被分隔开了，可要是打起仗来总是需要盟友当主力的。英国可以并肩作战的盟友一个也没有了，1914 年第一次世界大战的时候，还有法国和英国站在同一条战线上呢。丘吉尔十分清楚，那个时刻离美国派兵上欧洲战场去捐躯的时候也还早着呢。

丘吉尔并不是不知道德国内部反对派的重要性。甚至在进入张伯伦的政府之前，丘吉尔就已经知道德国内部的高层势力真的希望避免一场新战争，他们具有很大的影响力。

他会见过反对希特勒的精英队伍中的一些最高层代表，包括埃瓦尔特·冯·克莱斯特－施门齐恩，他是波美拉尼亚[1]的容克贵族，是埃尔温·冯·克莱斯特将军的表兄弟和合作者。1938 年夏季，丘吉尔曾邀请埃瓦尔特到他的查特韦尔庄园讨论德国的局势。一年后，即 1939 年 8 月，在希特勒入

[1] 波美拉尼亚是中欧历史区域名称，位于德国和波兰北部，波罗的海南岸。——译者

侵波兰的前夜，丘吉尔还在伦敦会晤了冯·克莱斯特在反对希特勒阵营里的密友——法比安·冯·施拉伯雷恩德夫，这次会晤是由德国的军事反间谍机构首脑卡纳里斯海军上将安排的。丘吉尔完全知道希特勒体制内的反对派处于何等的高位，具有何等的影响力。

英国首相为什么拒绝支持和鼓励希特勒的反对派？这是那场战争的一个神秘的疑点。对于那些不了解英国地缘政治原则的人来说，这是一个明显的悖论。可是，张伯伦和丘吉尔在一个基本战略点上不谋而合，他们二人所界定的英国地缘政治利益，受到来自德国军队、政界和产业界中希特勒反对派的威胁程度，并不亚于受到希特勒本人的威胁程度甚至更严重。

黑塞曾非常准确地指出，对于英国来说，两个集团中无论哪一方在德国掌权都一样。只要德国主宰欧亚大陆的威胁还存在，德国就永远是英国地缘政治的主要战略对手。早在哈尔福德·麦金德爵士于 1904 年不加掩饰地描述欧洲心脏与世界岛的关系之前，防止任何一个欧洲大陆势力对欧亚大陆实现统治，从来就是英国的地缘政治均势理论的核心。

黑塞很熟悉麦金德的地缘政治思想，他也引用麦金德的观点来支持自己的论点。他对麦金德关于盎格鲁－撒克逊和美国地缘政治中的驱动力的精辟论述心领神会。黑塞指出，英国以及后来的美国都不会允许任何一个大陆强国不受挑战地主导欧亚大陆；欧洲大陆列强尤其是 20 世纪的德国对这一点却完全不能理解，这就是当时爆发战争的原因。正如麦金德在 1919 年的文章里所说的："谁统治了东欧，谁就控制了心脏地带；谁统治了心脏地带，谁就控制了世界岛；谁统治了世界岛，谁就控制了全世界。"❶

对于反希特勒派的人来说，黑塞并不是外人，他熟识其中的许多人，因为

---

❶ Fritz Hesse, *Das Spiel um Deutschland*, 1953, Paul List Verlag, Munich, p. 240. In a footnote referencing Mackinder's 1919 work, *Democratic Ideals and Reality*, Hesse noted, '*Die vorgefasste Konzeption der Englaender und Amerikaner finde ich inbesondere in dem Buche von Sir Halford Mackinder,*' *Democratic Ideals and Reality*, *London*, 1919, *vertreten. Seine Lehre vom Herzland sowie die des Admiral Mahan haben zu dem voelligen Missverstaendnis der Politik der Kontinentalmaechte gefuehrt, ohne die man die englische und die amerikanische Politik in diesem Jahrhundert nicht verstehen kann. Es sind insbesondere diese gedanken gewesen, auf Grund derer Angelsachsen im Interesse ihrer Sicherheit Deutschland zerschlagen zu muessen glaubten.*' (footnote, p. 240.)

从20世纪20年代起，他们都是冯·格莱兴－鲁斯武尔姆男爵的反对派精英组织——柏林的“德国人俱乐部”的成员。在这个俱乐部里与黑塞在一起的人，有些后来成为反对希特勒的有影响力的人物，如乌尔里希·冯·哈塞尔、希尔玛·沙赫特、弗里德里希·维尔纳伯爵冯·德·舒伦堡、库尔特·冯·哈默施泰因将军、沃尔夫·冯·鲍迪辛伯爵，以及克虏伯的冯·维尔莫斯基男爵。[1]

黑塞在20世纪30年代初还曾被任命为德意志东方联合会的领导人，这个德国地缘政治和工业发展的联合会具有重要的战略意义。这个联合会还有另外一个名称——“中欧经济理事会”。自从1934年以来，黑塞就是德国工业界的地缘政治战略行动的中心人物，其目标是开拓德国的大区域（即纳粹所谓的“生存空间”）。[2] 早在他们达成协议，让希特勒当选总理之前两年——1931年，德国大工业界就按照他们的想法重新塑造了中欧经济理事会。

第三帝国的大中欧区

后来的反希特勒组织的核心人物，也是来自这个把总理宝座拱手交给希特勒的保守的上流社会和官僚体系。他们在1933年1月还在支持希特勒，因为希特勒是他们能看到的唯一希望，希特勒能替他们挽回凡尔赛的损失，并且在他们设计的欧洲新秩序的心脏地带重建德国。

凡尔赛和谈以后，德国的一切外交、军事和经济政策，全都定位于重振德国这个完整的国家目标上。1930年后，这个重新崛起的强国的战略就是以建立中欧的霸权为中心。

1918年惨败之后，德国的四个永久性制度权力支柱，即德国工业界、军界、普鲁士地主容克贵族和德国官僚阶级，加上银行界领袖，事实上制定了一个长期的、秘密的、坚定不移的战略——重新获得德国注定要担当的在世界事务中的经济和政治大国角色。第三帝国总统冯·兴登堡在20世纪20年代对青年人的一次讲话中这样说过：“曾经是德国的，以后还会是德国的。”

---

[1] 德国反对派领导人与丘吉尔之间的讨论被记录下来了，参见Schlabrendorff，Fabian von，*The Secret War Against Hitler*，Westview Press，Boulder，1994.

[2] Alfred Sohn-Rethel，Op. Cit.，p. 12.

德国的法本公司❶是一家化学卡特尔，在希特勒上台两年之前的1931年，它与洛克菲勒标准石油公司、杜邦公司和其他美国大公司之间达成的秘密战略协定，可以说明德国工业界精英的经济战略目标。法本公司总裁卡尔·杜伊斯堡是这样说的：德国必须建立“一个自成一体、自力更生、从波尔多到敖德萨的经济组织集团，这是欧洲的脊梁”。他说这话不仅代表法本化学卡特尔，而且代表强大的德国工业联合会，他本人就是这个联合会的主席。

杜伊斯堡所指的从波尔多(在法国）到敖德萨(在乌克兰）的经济区，是德国有可能占据支配地位的区域；这个地区覆盖的横跨欧洲的中心地带，正是希特勒的纳粹党宣传中所说的德国的“生存空间”。如果德国有一天要挑战世界上的竞争对手，挑战英国、法国并最终挑战世界上最难对付的经济强国——美国，那么绝不能缺少这样一片经济区。

为了建立与德国东部和东南部毗连的中欧经济领地，产业领军人物用上了私人游说组织，就是上文所说的那个“中欧经济理事会”。

1931年8月，当世界经济越来越深地陷入危机之际，德国的大钢铁卡特尔(即那个长名协会❷）启用“中欧经济理事会”作为推动它的经济扩张计划的工具。它们眼中的这场国际经济危机是天赐良机，早些时候根本无法想象的国际行动计划现在可以推进了。

中欧经济理事会当时设在维也纳，是快要寿终正寝的一个机构，长名协会接管了它的财务，把总部迁到柏林，安排自己人蒂洛·冯·维尔莫斯基男爵担任主管。这位冯·维尔莫斯基是钢铁和军火巨头克虏伯股份公司的董事。20世纪20年代，他曾在前苏联主管克虏伯公司的业务。他是德国工业界领袖古斯塔夫·克虏伯·冯·鲍伦-哈尔巴赫的姐夫。古斯塔夫·克虏伯于1931年9月接替卡尔·杜伊斯堡成为德国工业联合会的负责人。

在中欧经济理事会的背后，是德国的大型工业集团。除了克虏伯公司和长名协会这个钢铁卡特尔之外，我们还看到杜伊斯堡的法本公司、鲁尔煤矿辛迪

---

❶ 德国最大的化学垄断组织。——译者

❷ 该组织因名称太长而被称为“长名协会”。——译者

加、钾肥卡特尔、东普鲁士容克农业集团、德国机械制造协会，还有德国工业联合会，这是德国大工业界最强大的组织。德累斯顿银行董事卡尔·格茨和德意志银行的赫尔曼·阿布斯在中欧经济理事会重组之后也成为其中的重量级人物。

冯·维尔莫斯基男爵的这个中欧经济理事会在德国官僚机构体系中的地位非同寻常，乔治·托马斯上校（后来晋升为将军）同它的关系非常密切；这位后来的陆军部战时经济办公室主任被冯·维尔莫斯基男爵称为“我们的靠山”。希特勒命令生产越来越多的武器，生产的压力不断增大，托马斯在陆军部、军事统帅部和中欧经济理事会背后的私营工业集团之间，发挥着关键性的中间人作用。托马斯可以决定把哪些订单给哪些公司，第三帝国的整个战争部门越来越多地由他负责，一直到1942年。

在整个过程中，特别是在1934年之后，中欧经济理事会背后的工业界（克虏伯公司、法本公司等）是形成战争经济和领导它成长壮大的统帅。[1] 它们和洛克菲勒标准石油公司、大通银行、杜邦公司和美国其他大工业集团之间是有秘密协议的，其中最关键的内容，是使德国得到生产合成橡胶和合成汽油的技术。战争迫在眉睫，德国的经济要立足于自给自足，然而，洛克菲勒标准石油集团却没有告知德国的法本公司，合成汽油的生产工艺还有待完善。法本公司和第三帝国将不得不花费数量惊人的资金，建造特别的装置来生产合成汽油。[2]

中欧经济理事会在德国外交部高层中的后台，是第二把手、外交部次长恩斯特·冯·魏茨泽克男爵。在外交部供职的另外一个人物——乌尔里希·冯·哈塞尔，20世纪30年代德国外交部常驻罗马的大使——也和冯·维尔莫斯基男爵一样，是“德国人俱乐部”的成员。当时冯·维尔莫斯基的私人朋友中还有一位显赫人物——希尔马·沙赫特，他同时担任经济部长和帝国银行行长，也曾与中欧经济理事会密切合作，推动中欧经济理事会背后的那些制度性力量

---

❶ Alfred Sohn-Rethel, Op. Cit., p. 105.

❷ Ibid., pp. 86 ~ 87.

的经济扩张方案。

1932 年 10 月，在希特勒担任总理几个月之前，中欧经济理事会与外交部和国防部的人一起秘密前往罗马，会见了意大利法西斯独裁者墨索里尼。他们面呈了一份秘密备忘录，其中提出了一个由德国和意大利联合瓜分中欧的建议。

中欧经济理事会在这份非正式备忘录中简述了意大利在东南欧地区的罗马尼亚、塞尔维亚、保加利亚、阿尔巴尼亚和希腊的经济利益，提议把这个区域划给墨索里尼。德国自己将把波兰和捷克斯洛伐克作为主要的势力范围，重建 1931 年与奥地利结成的关税同盟（奥地利在法国巨大的压力下被迫取消了该关税同盟）并把它扩大，这样德国就有办法直接介入匈牙利经济。[1]

备忘录还提出，由匈牙利、克罗地亚－斯洛文尼亚和罗马尼亚的特兰西瓦尼亚组成的多瑙河联盟，应当同德国和意大利达成详细的优惠关税和贸易协定。南斯拉夫应该被肢解，正在与国王亚历山大一世作战的帕维利奇部队应该得到德国和意大利的资金和武器支援。后来对南斯拉夫这个富裕而重要的巴尔干国家的分割，就是沿着这个备忘录提出的路线进行的，这样就回到了凡尔赛和谈以前的状况：斯洛文尼亚和克罗地亚属于德国的经济领地，塞尔维亚属于墨索里尼的经济领地。

在内部的讨论中，中欧经济理事会想得很清楚，备忘录中建议的德、意对中欧的瓜分难以长期维系，最后还将完全由德国主导。经济上和军事上都较弱势的意大利人将被更机敏的德国公司逐步挤出舞台。

引诱法国

向墨索里尼提议分割中欧是对法国的直接挑战。法国一直支持由捷克斯洛伐克、南斯拉夫和罗马尼亚组成的所谓“小协约国”联盟，这是它们继续遏制德国扩张威胁的一步棋。

20 世纪 30 年代初，中欧经济理事会中的德意志银行的代表在一份内部备

---

[1] Alfred Sohn-Rethel, Op. Cit. , pp. 69 ~ 70.

忘录中提出，中欧经济理事会的目标是“开发和培育与多瑙河国家的关系；切断这些国家对法国的依赖；创建这些国家与德国之间的合作，因此需要从切实可行的、纯粹的经济方面来把握。”这份备忘录还强调指出，只有德国在中欧的政治影响力与经济影响力足够大，这一切才有实现的可能。❶

1921 年以来，法国利用国际联盟，已经在捷克斯洛伐克、罗马尼亚和南斯拉夫之间建立起一种强有力的外部经济关系，他们有施耐德钢铁工业集团的巴黎联合银行提供的信贷和资金流，还有在奥地利通过法国的罗斯柴尔德家族从维也纳信贷银行得到的贷款。法国已经创建了有实际意义的“小协约国”，德国重建奥匈经济圈的一切努力都被压制，在苏联和西欧之间的一个缓冲地带也已经形成。❷

20 世纪 30 年代初，中欧经济理事会的经济目标是引诱巴尔干地区和中欧周边国家，使它们在经济上完全依赖德国。相对落后的、以农业经济为特征的巴尔干国家将向德国出口农产品和工业原料，出口所得用于进口德国的工程物资、农用设备、机械等，实现农业机械化，建立农业联合企业，并建立地区性的小型工业。

中欧经济理事会的工业发展政策在国会得到了德国容克大地主的重要政治支持，后者得到的回报之一，是对粮食进口征高关税以保护他们的利益。德国的重工业界和东普鲁士反动容克贵族之间的联盟，一直就是自俾斯麦时代以来发展相对较晚的德国工业的主旋律，这种现象被一些人称为“德国工业的封建化”。❸

中欧经济理事会的计划是，牺牲德国小型家庭农场的利益，对生产粮食的大规模容克贵族地主给予保护关税和补贴。德国大型企业将控制新的势力范围

---

❶ The Deutsche Bank memo on the aims of MWT can be found in ZStA, Potsdam, Deutsche Bank AG, nr. 21 838, Bl. 131. (cf. *DDR Lexikon zur Parteigeschichte*, Band 3, p. 370, Leipzig 1985).

❷ Alfred Sohn-Rethel, Op. Cit., pp. 81 ~ 82.

❸ 有关 19 世纪末德国“工业的封建化”的描述，参见 Helmut Boehme, Deutschlands Weg zur Grossmacht, Kiepenhheuer & Witsch, Cologne, 1972. As well, Otto-Ernst Schueddekopf, Die deutsche Innenpolitik im letzten Jahrhundert und der konservative Gedanke, Verlag Albert Limbach, Braunschweig, 1951. Klaus Epstein, Vom Kaiserreich zum Dritten Reich, Ullstein Verlag, Berlin, 1972. 对世纪之交时，容克－产业界共生现象的记录，参见 Kurt Gossweiler, Grossbanken, Industriemonopole, Staat, Deutscher Verlag der Wissenschaft, Berlin, 1971.

并得到原料和廉价农产品，其中的潜在的价值无法估量，超过他们因凡尔赛和约和失去德国在非洲殖民地而蒙受的损失。

1935年以来，根据战时经济办公室托马斯上校的命令，克虏伯公司和法本公司动手购买了南斯拉夫的铜矿、锌矿和铝土矿的“控股权”❶。它们通过设在比利时的一家只有邮政信箱的皮包公司秘密采购。国防部还要求法本公司在罗马尼亚、保加利亚和匈牙利建立大型农业企业，这些国家适合大规模种植富含蛋白质的大豆（这些大豆以前从东亚进口），这样可以使德国掌握重要动物饲料和食用油的独立来源，在未来发生战争时不受制于人。法本公司还受托与德累斯顿银行一起在罗马尼亚保护大型油田的生产能力。这些油田当时由洛克菲勒标准石油公司在经营。石油对于准备打仗的德国至关重要，因为德国的石油全部依赖进口。❷

当德国的贸易打入法国主导的“小协约国”，逐渐渗透东欧国家与法国原有关系的时候，中欧经济理事会的鲁尔钢铁和煤炭卡特尔利益集团奉行的政策，是“合理对待”法国钢铁工业，由此逐步达成了一系列贸易合作协定。这些具有重大政治意义的成就的顶点，是1937年7月的法德条约，由经济部长沙赫特代表第三帝国签署。根据这个协议，法国所需的煤炭将主要由德国供给；作为回报，法国钢铁制造委员会（洛林的德·文德尔和洛朗家族控制的钢铁卡特尔）同意向德国钢铁公司出口铁矿石，这实际上是把法国重工业的命运和德国人绑在一起了。

被文德尔和洛朗控制的法国钢铁卡特尔，变成了法国国内强大的亲德国工业派系的核心，而反希特勒的巴黎荷兰银行工业集团就被日益边缘化了。这个反希特勒的集团曾经提出，为了遏制德国，应该和苏联建立更紧密的联系。当时法国驻柏林大使是安德烈·弗朗索瓦－蓬塞，此人与法国钢铁工业界有私交。他担任大使职务直到1938年，公开代表法国钢铁卡特尔的利益集团，寻求与德国钢铁工业界更密切的经济合作。弗朗索瓦－蓬塞因此在柏林被称为“希特勒特别喜爱的大使”。

---

❶ 持有过半数有表决权的股票，从法律上讲即可控制一个企业。——译者

❷ 持有过半数有表决权的股票，从法律上讲即可控制一个企业。——译者

在世界经济萧条的环境中，法国钢铁工业与德国的长名协会签订了特别的价格同盟协议，这对法国稳定钢铁工业很有帮助。类似的协议在德国法本公司和法国化学公司（特别是库尔曼公司和阿尔贝·布韦松的罗纳－普朗克化学公司）之间也存在，后来还有进一步增加。时间已经到了 1931 年 9 月，法国总理皮埃尔·赖伐尔和他的朋友（同时也是商业伙伴）布韦松被邀请到柏林，和法本公司谈判一项卡特尔协议；提议成立一个由法国和德国大工业组成的法德委员会，目的是鼓励法国对德国工业投资，德国以技术专利权相交换。

在 1936～1939 年的战前关键时期，法国工业一步一步地被德法“经济合作”的政策征服了；强大的亲德意识和亲德利益轴心也在法国工业集团内部逐步建立起来了，这个工业中心分布的区域大致上从法国南部的里昂到东北部里尔一线。

1939 年年初，慕尼黑绥靖政策会谈之后，法国外长乔治·博内在法国大工业的支持下，把法德工业合作的趋势合法化为官方外交政策，放弃了早先的军事遏制政策。倾向法德合作的法国大工业集团支配了全国主要媒体。他们拥有巴黎的四家大型日报，即《时报》、《评论报》、《信息报》和《工业日报》，大力资助另外 10 家报纸，使他们自己有坚实的力量来制造有利于德国经济战略的舆论。❶

在所有的重要问题中，中欧经济理事会和卡尔·杜伊斯堡设想的那个波尔

---

❶ The role of major German industry and banking circles of the *Langnamverein* and *Reichsverband der Deutschen Industrie*, through the *Mitteleuropaeische Wirtschaftstag* (MWT) is found in the memoirs of MWT former director, the Krupp representative, Tilo Freiherr von Wilmowsky, *Rueckblickend moechte ich sagen...* Gerhard Stalling Verlag, Oldenburg, 1961. As well, a useful account by one who worked with von Wilmowsky and Fritz Hesse in the Deutschen Orient-Verein within the MWT is Alfred Sohn-Rethel, *Industrie und Nationalsozialismus: Aufzeichnungen aus dem'Mitteleuropaeischen Wirtschaftstag*, Verlag Klaus Wagenbach, Berlin, 1992. A published doctoral dissertation by Axel Schildt, *Militaerdiktatur mit Massenbasis?: Die Querfrontkonzeption der Reichswehrfuehrung um General von Schleicher am Ende der Weimarer Republik*, Campus Verlag, Frankfurt am Main, 1981, also has details on the relation of the MWT industry group in the end of the 1920's and early 1930's. John R. Gillingham, Industry & Politics in the Third Reich, Columbia University Press, New York, 1985, details the role of the Ruhr coal and steel industry and the agreements with French industry. A declassified US Government document, Report on the Banque Nationale pour le Commerce et l'Industrie: Laval's Bank by Alexander Sacks, Antitrust Division, Department of Justice, 225 Broadway, New York to Fowler Hamilton, Esq., Chief, Enemy Branch, OEWA, Board of Economic Warfare, Washington, D. C., dated April 21, 1943, contains the details of the role of Laval and Albert Buisson of Rhone-Poulenc in 1931 with I. G. Farben and German industry.

多－敖德萨经济空间中的“波尔多”一翼，在1936年之后也实现了。实际情况是，20世纪30年代后期，法国与德国工业界之间的大量工业合作协议，对法国形成以赖伐尔和贝当为首的绥靖派具有决定性作用。1940年5月，与德国“战斗到底”的一切行动都被绥靖派压制了。

中欧经济理事会（即杜伊斯堡和克虏伯）的和平经济渗透扩张战略大获成功，而它唯一没有取得进展的地方，是斯大林的苏联。20世纪30年代中期，前苏联视纳粹德国为首要的战略威胁。这一局势也将要发生重大变化，正如佐恩－雷特尔所指出的，第三帝国自1935年以来就一直在秘密地活动，设计将苏联拉入战争。

欧亚经济空间

尽管在主要战线上有进展，但中欧经济理事会在东欧和东南欧的和平经济渗透战略的最大障碍，却越来越集中到德国元首一个人身上去了。大工业界和金融界当初支持希特勒当总理，目的就是要收复凡尔赛和会上的失地，这是它们的主旨。可是希特勒却沉迷在战争狂想中，他要打一场彻底摧毁布尔什维克和“劣等斯拉夫种族”的战争，这在10多年前《我的奋斗》一书中已公开宣扬过。

在德国军队于1935年10月进军莱茵兰之前数月，希特勒曾召集他所谓的核心内阁，讨论过1939年春季发动对苏战争所需要做的准备工作。这比他1934年2月提出的时间表提前了整整一年，原来的计划是1940年向苏联开战。

出席10月会议以及后来的规划会议的人，除了希特勒，还有他的副手鲁道夫·黑斯、海军上将埃里希·雷德尔、陆军部长维尔纳·冯·勃洛姆堡将军、空军的赫尔曼·戈林、外交部长康斯坦丁·冯·诺伊拉特、财政部长施威林·冯·克罗希克伯爵，以及沙赫特，此人具有新的双重身份，不仅是帝国银行行长，还是德国经济部长。

在内阁的讨论中，沙赫特为银行和大工业界的计划（中欧经济理事会的和平渗透政策）辩护，竭尽全力把经济渗透中欧和东欧的作用说得明白而有力，反对直接的军事占领。他用尽一起办法试图说服希特勒，德国在经济上还没有准备好打一场全面战争，在战争中法国和“小协约国”可能会卷入进来反对德国。托马斯将军的盟友，总参谋长路德维希·贝克将军，也提出军队缺乏足够的战争准备。沙赫特反对戈林的赤字融资筹措军费的主张，后来这也是希特勒的主张；沙赫特坚持认为这样做会带来新的通货膨胀，结果是破坏整个经济的稳定。

■ 沙赫特在纽伦堡国际法庭作证时说，德国工业界之所以支持希特勒，向纳粹党提供资金，是因为希特勒允诺保护私营业主，禁止一切形式的罢工

沙赫特和支持他的工业界（如中欧经济理事会的冯·维尔莫斯基）坚定不移地认为，德国要实现对中东欧经济统治的战略，最好的途径是采用卡尔·杜伊斯堡的和平渗透、对邻国实行经济统治的战略，而不是领土征服和军事占领。

1935 年 11 月，希特勒下了命令：德国为 1939 年对俄国发动全面战争进行备战。贝克和他的总参谋部，会同托马斯将军和中欧经济理事会的工业界，起草了一份清单，开列出赢得这样一场战争的四个先决条件。❶

第一个先决条件是，德国必须首先实现对中欧经济的稳固统治。他们指出，不能以军事征服和占领来实现这种统治，因为战线太长，军队会过于分散。德国必须实行经济和政治等方面的控制，以保证整个中欧得到所需要的原材料、农产品、能源、交通、邮政服务和市政基础设施，这样才能支持与苏联进行一场大型战争。他们实际上是要求把中欧经济理事会的中欧计划变成第三帝国的国家政策。克虏伯公司、法本公司和长名协会在关键时刻支持总参谋部。

总参谋部提出的第二个先决条件是，波兰的军队如果要成为德国的盟友，

❶ Alfred Sohn-Rethel, Op. Cit., pp. 103 ~ 110.

共同对抗苏联，它就要达到德国军队的战斗水准和纪律要求。他们建议，要做到这点应该通过一项《波兰与德国共同防御条约》，就像德国在 1934 年提出却遭到波兰拒绝的那个条约一样。

第三个先决条件是，希特勒与日本签订一个针对苏联的相互结盟条约，在德国军队进攻苏联西部边界时，日本将同时发动对苏联远东地区西伯利亚的入侵。最后，总参谋部要求英国保证在德国向东进攻时严守中立，以避免 1914 年两线作战的灾难。

这些提议是经过深思熟虑的，目的是想尽一切办法，把他们的中欧核心地带的经济战略维持下去，而且贝克、沙赫特和其他人都想尽力引希特勒走上另一条道路，即以武力威胁去实现对奥地利、苏台德区以及后来对波兰的领土要求，而不进行实际的战争。沙赫特和中欧经济理事会的重型武器生产商克虏伯公司等还支持一项出口武器的政策：德国可向西班牙佛朗哥将军的军队、向中国、希腊梅塔克萨斯独裁政府和其他对德国有经济利益的地区扩大武器出口，这样第三帝国还能获得必需的外汇。如有必要，在巴尔干地区经济比较差的地方，可以用武器交换原材料，用易货贸易的方式，由托马斯上校的陆军部规定交换哪些原材料。身为第三帝国经济部长的沙赫特经常和克虏伯公司的高级主管一起前往客户国家出售军火。

1936 年下半年，希特勒任命戈林主持起草并管理新的四年计划，在燃料、橡胶和其他必需品方面提高自给自足能力，为战争做准备。沙赫特作为工业界和银行业界利益代表的影响力从此开始显著下降。

除了直接受益于希特勒进口替代经济计划的法本公司以外，沙赫特和大工业界都坚决反对自给自足，因为那样效率低下，代价高昂。沙赫特认为，德国应该做的事情恰恰与此相反：应该通过更有效的出口竞争来对付英国或美国的经济竞争对手。几个月前，也就是 1936 年 5 月，希特勒突然给予戈林控制原材料进口和外汇控制的权力，从此沙赫特的影响力明显地削弱。愤怒的沙赫特向希特勒提出辞职。辞呈被断然拒绝，沙赫特留任但权力越来越小。

1937 年年初，戈林更进一步要求沙赫特的帝国银行改变传统的反通胀谨慎态度，开动印钞机来融资提升军备的速度。沙赫特仍然试图以经济上的理由阻挡戈林的命令。沙赫特和中欧经济理事会所代表的大工业界和银行界还试图将德国势如破竹的外交攻势维持在和平渗透的轨道上。德国经济帝国主义要想获得长期成功，还是要靠和平渗透，而不是公然的军事扩张。

戈林在希特勒内部圈子里的权力不断增长，沙赫特控制赤字开支的努力威胁到了战备的进程，1937 年 11 月希特勒终于解除了沙赫特经济部长和事实上的战时经济全权代表的职务，任命没有头脑但非常顺从的帝国新闻办公室主任瓦尔特·冯克接替了他的职位。鉴于沙赫特的国际声望，希特勒给了他一个毫无意义的不管部部长的职位，还让他继续担任帝国银行行长。

沙赫特与帝国银行的其他七个董事签署了一份备忘录，公开谴责戈林和冯克的无限赤字开支政策并指出其必然导致的经济后果。随之而发生的是，希特勒在 1939 年 1 月把沙赫特帝国银行行长的职位也解除了，但还是给他保留了一个帝国顾问的职位。奇怪的是，沙赫特直至 1943 年才正式离开希特勒内阁。

尽管沙赫特被革了职，但中欧经济理事会的实业家们一点儿也没有失去对戈林四年计划的影响力。他们设法使戈林提名中欧经济理事会在战争部的“庇护神”托马斯上校（沙赫特的亲密盟友）担任戈林四年计划办公室的副手，对托马斯和中欧经济理事会来说，这是一个更有影响力的位置。

就在这个时刻，1939 年 8 月发生的惊人事件给中欧经济理事会和支持沙赫特的各个机构注入了新的活力。[1]

1939 年 8 月 23 日，德国和苏联在莫斯科签署《莫洛托夫－里宾特洛甫互不侵犯条约》。希特勒对波兰外长约瑟夫·贝克失去了耐心，决定接受斯大林的精明的建议。波兰被外国军队占领，四分五裂。

与俄国签订的这个协议，瓦解了贝克的总参谋部以及其他机构对希特勒的所有抵抗。英国和法国向德国宣战，却只是表面上保护波兰，而且这场自导自

---

[1] 沙赫特和戈林之间的紧张对立得到了详尽的记录，其中包括沙赫特自己写的不大可靠的自传性悔过书，Hjalmar Schacht，76 Jahre meines Lebens，Kindler & Schiermeyer，Bad Woerishofen，1953；and John Weitz，Hitler's Banker，Little，Brown & Co.，Boston，1997. 沙赫特的门徒卡尔·布莱辛在战后担任前联邦德国央行总裁达 12 年之久，他的角色请参见 David Marsh，The Bundesbank，Heineman，London，1992.

演的“虚假战争”的实质很快就昭然若揭。此外，与俄国战略联盟的前景，好像足以抵消与英法处于理论上的交战状态带来的不便。希特勒内部的反对者甚至可能这样想过：这一切都会很快烟消云散吧。

德苏两国在军事上互不侵犯的承诺，产生了意义更加深远的《德苏贸易和贷款协定》。这个协定的条款给予苏联 2 亿马克立即生效的信用额度，用来购买德国工业产品，德国人以此换取苏联的石油和工业原料。

《德苏贸易和贷款协定》的第一条明确规定：“建设工厂，发送机器、机床和用于建设石化工业的设备、电子技术工业设备、船舶、车辆、运输设备、度量衡仪器、实验室设备……”苏联购买德国工业设备的最初 2 亿帝国马克的贷款来自德意志黄金贴现银行，简称“德金”。

德国与斯大林签订的贸易和信贷协议，为德国对领土广袤的苏联进行和平的经济渗透打开了意义深远的前景，至少在理论上是这样。冯·魏茨泽克男爵的外交部根据第三帝国驻莫斯科大使弗里德里希·维尔讷·冯·德·舒伦堡伯爵（中欧经济理事会冯·维尔莫斯基男爵的老朋友）的评估，起草了给里宾特洛甫、希特勒和内阁的一份备忘录，把他们想到的与莫斯科签订的这个新经济协定的重要性描述了一番。

德国外交部兴高采烈。他们写道：“两国经济都会以最自然的方式富裕起来：苏联的原材料取之不尽，有着巨大的、长期的投资规划前景，在今后最长一段时期对高质量的制成品会有大量需求。德国拥有最专业和最高质量的工业，能够为苏联工业化提供工业部门所需的厂房和设备；苏联当前只是在部分领域里获得了发展。德国向苏联提供进口设备的能力是无限的……”

在经济上支配广袤的欧亚大陆，这是德国的国家目标，在 1940 年夏天好像突然变得伸手可及了。

欧洲新秩序

尽管沙赫特个人失宠，冯·维尔莫斯基的中欧经济理事会在第三帝国内部的地位却攀向顶峰。代表这一转变的事件发生在战争的头两年，即从 1939 年到1941年6月针对苏联的巴巴罗萨行动[1]，这是很有讽刺意味的。

根据希特勒－斯大林条约的经济条款，原来预想的苏联作为原材料供应地和德国生产的工业品进口地的作用，终于实现了。在这种情况下，中欧经济理事会同德意志银行的赫尔曼·阿布斯一起，费尽心机地把希特勒提出的欧洲新秩序的蓝图描绘出来，力图把以德国为主导的、从波尔多到敖德萨的欧洲一体化巩固下去，希望能持续到久远的将来。

沙赫特在经济部的继任者瓦尔特·冯克得到戈林的命令，为从经济上巩固第三帝国占领的地区，巩固那些经济上依赖于第三帝国的地区，制订了一系列计划。1940年7月25日，冯克宣布了"欧洲新秩序"，承诺要在希特勒德国的范围内结束经济危机、失业和社会混乱。在经济一片混乱和萧条的时刻做这样的承诺，实际是在有意叫板自由主义正统经济学。

冯克在第三帝国经济部的助理是沙赫特的门徒卡尔·布勒辛。布勒辛负责整合欧洲被占领地区的银行和经济关系。1941年入侵苏联前夕，布勒辛被戈林提名，与冯克、德意志银行的赫尔曼·阿布斯和德国法本公司的卡尔·克劳赫一起，成为国有控股的大陆石油公司的董事。当时有许多德国公司通过挂名公司与洛克菲勒标准石油公司合作，用这样的方式获得至关重要的石油供应，特别是来自罗马尼亚的石油供应。大陆石油公司就是其中之一。

瓦尔特·冯克的"新秩序"设想的是一种单一的欧洲经济区，单一的欧洲市场，从"波尔多到敖德萨"，甚至更遥远的地方。在这个区域中的国家，处于希特勒第三帝国霸权下的东欧国家和部分西欧国家，它们与德国之间的经济关系，将表现为它们的本国货币同帝国马克之间的固定汇率。

柏林将要成为"欧洲新秩序"的金融中心。"新欧洲"所有国家的货币汇率最终都将被固定在帝国马克上，由各国政府用刚性价格管制来维持。有了钉住帝国马克的固定汇率，黄金就用不着了，这与1971年8月美元放弃黄金没什么两样。冯克宣布："我们奉行的货币政策无论如何也不应使我们依赖于黄金，因为我们不能把自己束缚在一个价值不确定的交换媒介上。"这个说法对于德

[1] 巴巴罗萨为1155～1190年的神圣罗马帝国皇帝。——译者

国都是牵强附会的，更不用说对被占领的国家了。

最终的设想是一个“四大国公约”：德、意、日、苏四国实行联合的经济控制，控制从大西洋到太平洋之间的整个欧亚大陆。这样一种首尾呼应连成一体的欧亚大陆权力，正是麦金德曾警告英国精英要不惜一切代价制止的，也是他们的美国表兄弟、洛克菲勒的对外关系理事会的人决不会允许的。弗里茨·黑塞对这一点太清楚了。

建设“欧洲新秩序”的核心，是位于柏林的第三帝国大银行，其中最重要的两家银行是德意志银行和德累斯顿银行。德意志银行是德国最有势力的银行，赫尔曼·阿布斯是那里对外银行业务的负责人。阿布斯于1937年在经济部长沙赫特的推荐下进入德意志银行管理层的董事会，接替已故的董事。

德国的银行拥有主要工业集团财产，这个模式被传播到新欧洲，特别是东欧被占领地区。德意志银行通过收购博米舍联合银行控制了被占领的捷克斯洛伐克的大部分银行业务，并且通过接管维也纳的信用准备联合银行控制了奥地利的银行业和工业。德累斯顿银行也接管了维也纳国家银行以及布拉格重要的博米舍贴现银行。

德国银行出手控制维也纳和布拉格的银行这个行动，把中欧经济理事会设计的东南欧经济贸易发展战略大大向前推进了。德意志银行仅仅是运用信贷工具，就轻松获得了原哈布斯堡帝国的银行收益，包括萨格勒布、布达佩斯、利沃夫和贝尔格莱德等地。通过控制布拉格的银行，德意志银行就控制了布拉迪斯拉发、贝尔格莱德、索非亚和布加勒斯特，至少在这些地方获得了宝贵的立足点。在这些国家里，银行控制着最重要的地区性农业和工业企业。第三帝国经济部在解释德国接收东欧银行业这项政策时，是这样说的：这样做“对获得生存所需的原材料来说必不可少”。

苏联外长莫洛托夫于1940年11月12日访问柏林之后，柏林的大银行、大工业开始疯狂运转起来，中欧经济理事会建立欧洲新秩序的扩张性经济大行其道。莫洛托夫曾愤怒地当面质问过希特勒，为何德国违反1939年他与里宾特洛甫签署的协定，特别是在芬兰和罗马尼亚违反这些协定。就在莫洛托夫访问柏林之前几天，罗马尼亚独裁者扬·安东内斯库让德国国防军占领了他的国家，为第三帝国获取普洛耶什迪联合企业的宝贵的战略石油资源敞开大门。

在柏林与希特勒的会谈中，莫洛托夫有力地重申芬兰和巴尔干地区特别是罗马尼亚是苏联的利益范围。斯大林还要求控制达达尼尔海峡，这是威胁德国与墨索里尼意大利联盟的举动。

1940 年 11 月与莫洛托夫发生当面冲突之后，希特勒很快下了决心，要把苏联从计划中的德意日苏四国协议中排除。不仅如此，1940 年 12 月 18 日，希特勒下令，德国的军事统帅部要准备一场与苏联的全面的毁灭性战争，代号为“巴巴罗萨行动”，重拾 1935 年的计划。❶

此时此刻，罗斯福和洛克菲勒战争与和平研究组的人已经知道，他们将要从历史上这场最昂贵的战争中胜出了。巴巴罗萨行动从 1941 年 6 月一直持续到严冬 12 月。这场对苏联的入侵战争动用了德国和轴心国数量惊人的 450 万军队。如果从人力、涉及的国土面积和伤亡人数来衡量，巴巴罗萨行动是人类历史上规模最大的一次军事行动。

到了这个时候，冯·维尔莫斯基的中欧经济理事会的战略和影响力就全部崩溃了。他们的党羽在第三帝国的工业体系和国家机构体系中重新定义了自己的活动，这在战后被称为“抵抗运动”。

从 1939 年到 1944 年 7 月 20 日，从活跃的希特勒战争计划的反对派到克劳斯·冯·施陶芬贝格上校刺杀希特勒的图谋，其间包含着无数的事件和潮起潮

❶ 纳粹德国和苏联于 1939 年 8 月 19 日签订的协议文本请参见 Akten zur Deutschen Auswaertigen Politik 1918 ~ 1945，aus dem Archiv des deutschen Auswaertigen Amtes，Imprimerie Nationale，Baden-Baden，1956. 德国外交部 1939 年 8 月 20 日备忘录的完全复印件请参见 Hass，Gerhard，23. August 1939：Der Hitler-Stalin Pakt，Dokumentation，Dietz Verlag，Berlin，1990. 有关 1936 年后德意志银行和其他柏林大银行在扩大德国在巴尔干和东欧影响力的过程中所发挥的作用，一份解密的美联储主席会议备忘录——“德国银行业在欧洲大陆的渗透，1944 年 9 月”——提供了宝贵的细节，尤其是在德意志银行于 1938 年在捷克斯洛伐克和奥地利进行的并购方面。Harvey，Patricia，“The Economic Structure of Hitler's Europe：The Planning of the New Order in 1940，” in “Royal Institute of International Affairs ‘Survey of International Affairs：1939 ~ 1946：Hitler's Europe，” Oxford，1954，details the Funk speeches on the New Order. Gall，Lothar，et al，“Die Deutsche Bank：1870 ~ 1995，” Verlag C. H. Beck，Munich，1995 details Abs’ central role in trying to create the economic and banking framework for Die Neue Ordnung after 1940. 1940 年 11 月，莫洛托夫和希特勒之间决定命运的冲突在很多材料中得到了详尽的记载，其中一位目击证人的记录十分有用，他是第三帝国的财政部长，参见 von Krosigk，Lutz Graf Schwerin，Memoiren，Seewald Verlag，Stuttgart，1977.

落，要理解这个令人好奇的过程，也许只有沿着沙赫特、克虏伯、托马斯将军和冯·维尔莫斯基的中欧经济理事会这条线索，从控制中欧和欧亚大陆计划的视角，从观察这条线索随大潮起落而发生的消长中，才有可能得到解释。正如丘吉尔首相从冷冰冰的英国地缘政治视角所见，德国内部反对希特勒的抵抗运动是他更危险的对手。丘吉尔对"抵抗运动"了如指掌。

阿尔弗雷德·佐恩－雷泰尔的母亲是犹太教徒，父亲是雅利安人。1936年，盖世太保对他的监视越来越严密，于是他逃离了德国。他在流亡地法国详细地描写了他在中欧经济理事会、在德国实业家圈子中的经历，以及德国的经济帝国主义纲领。看到他作品的人中有一位很接近英国"圆桌"会社，他是圆桌会社拥有的伦敦《泰晤士报》的外国稿件编辑威克姆·斯蒂德，也是温斯顿·丘吉尔首相的密友。[1]

丘吉尔很清楚，英国的地缘政治利益不允许德国在中欧经济理事会的中欧战略中成长为对英国的威胁。为了有效地对付这个威胁并保护英帝国，丘吉尔看得很清楚，他必须与更强大的竞争对手——美国——结成前所未有的特殊关系。就个人而言，罗斯福当然是太愿意结盟了，但是必须严格遵守美国的条件，这可不是丘吉尔想要的。

1945年9月，德国、日本和意大利组成的轴心国战败。胜利实在来之不易：动用全球军事人员的规模达到1亿以上，使得这场战争成为历史上规模最大的战争。在"全面战争"状态下，各主要大国都将全部经济、工业和科技能力投入战争行动，模糊了民用资源和军用资源的区别。死于战争的人数超过7000万，其中大部分是平民。这是人类历史上最惊人、最致命的大冲突。

战争结束时，美利坚合众国已是无可匹敌的全球强国。它用纳税人的钱生产用于战场厮杀的飞机、坦克、军火、炸弹和其他物资，美国的工业因此得以在当时最先进的技术基础上得到更新重构。罗斯福新政以及胡佛大坝、科罗拉多大坝、田纳西河流域管理局等庞大的公共基础设施项目，为美国的铝厂和兵工厂提供了充足的廉价电力。化学工业中的杜邦公司、陶氏化学、赫克力火药

[1] Alfred Sohn-Rethel, Op. Cit., p. 23.

公司等已经成长为巨人。在所有这些成功者中，一个集团高居于美国权力的顶峰：洛克菲勒集团。1945年，洛氏兄弟占据了新兴的全球巨人的心脏。这个巨人被称为“美国世纪”。

美国的精英们分布在两个中心的周围：对外关系理事会和华尔街。他们提出了囊括全球的新的“开门”理念，门外恰好就是对外关系理事会的以赛亚·鲍曼说过的“大区域”。现在他们已经准备就绪，要出门去穿越“大区域”了。他们将要在复杂的地缘政治博弈中，塑造一个洛克菲勒的美国世纪，塑造对外关系理事会和美国大工业集团的美国世纪，他们将要横扫全球，所向披靡。最具有讽刺意味的是，那些曾经积极地秘密帮助第三帝国进行战争准备的人，在战后又成了美国在世界各地“传播民主”和“自由企业制度”的头面人物。这些与个人的信念毫无关系。对他们来说这一切都很正常，只不过是到了哪里都要做的买卖。

美国世纪就是这样诞生的。

9.

The Dawn of the American Century

第九章

美国世纪的黎明

“暴政可能需要很大的生活空间。但是，自由需要的生活空间无论现在还是将来都要比暴政大得多。”

——亨利·卢斯，1941年论美国世纪[1]

“我认为，没有国外市场就没有美国国内的充分就业和繁荣。”

——迪安·艾奇逊，1944年11月[2]

---

[1] Henry Luce, *The American Century*, Life, February 7, 1941. Reprinted in *The Ambiguous Legacy*, M. J. Hogan, ed., 1999, Cambridge University Press, Cambridge.

[2] Dean Acheson, cited in William Appleman Williams, *The Tragedy of American Diplomacy*, New York, Delta Books, 1972, pp. 202～203.

请英帝国敬陪末座

1945 年第二次世界大战最戏剧性的结果是，主宰世界一个半世纪的英国的政治强权消失了——差不多等于大不列颠的死亡。用更宽广的地缘政治眼光来看，从 1914 年开始到 1945 年为止的这两场世界大战，其实就是一场“争夺英帝国继承权的竞赛，这场发生在德国和美国之间的争夺战一直进行到第二次世界大战结束、德国无条件投降才见分晓”；这是一个麦金德地缘政治学说的英国学生对这两次大战的最佳理解。[1]

美国的权势集团和盟友没有坐失良机，马上以实际行动继承了世界帝国的位置。早在战争还没有结束的时候，华盛顿就已经向丘吉尔讲清楚，战后的世界不会遵守传统的势力范围划分。最能体现这个转变的，是英国不仅会丧失在中东石油政治中的主导身份，而且还不能参与开发原子弹。后来杜鲁门切断了依据《租借法案》对英国提供的援助，还在美国提供的战后财政援助条件上不讲情面地讨价还价，至此，什么叫做在经济上“战后不遵守传统的势力范围划分”就一清二楚了。

罗斯福制造的沙特政变：美国世纪的太阳升起了……

美国石油业的利益和权势从第二次世界大战中崛起，战后和战前的情形完

---

[1] Peter J. Taylor, *Britain and the Cold War*: 1945 *as Geopolitical Transition*, 1990, Pinter Publishers, London, p. 17.

全不可同日而语。这主要是因为来自英国和法国石油竞争对手在战争中元气大伤。华盛顿毫不犹豫地利用了对手衰落的机会。

罗斯福总统任由战争与和平研究组的人实际上掌控美国国务院的政策，对戴维·洛克菲勒的大通银行在战时的违法行为睁一只眼闭一只眼——大通银行在亲德国的法国维希政权时期，在纳粹占领下的巴黎为德国的法本公司和其他第三帝国的客户转移资金；罗斯福还委任纳尔逊·洛克菲勒全面负责对拉丁美洲的“睦邻”政策；在这一切之上，他还要最后一次给这个正在上升的洛克菲勒帝国一个大大的关照——把沙特阿拉伯王国的石油专营权交给洛克菲勒石油公司。沙特阿拉伯令人惊叹的石油财富和专营权力授与这个事件的意义如此深远，它决定了从那时直到今天美国的全部中东政策。

哈罗德·伊克斯担任罗斯福的内政部长达 13 年之久，负责处理联邦土地矿产租赁的各种问题。他自 1941 年开始担任国防石油协调员，还担任过罗斯福新政的公共工程管理局的负责人，权力非常大，在大萧条时期曾经把纳税人的数十亿美元辗转投到私营产业中去。洛克菲勒的沙特阿拉伯 - 美国石油公司（阿美石油公司）通过伊克斯说服了罗斯福总统，于 1943 年按照《租借法案》向沙特阿拉伯提供慷慨的援助。这是美国政府第一次介入沙特的国内事务。此举为洛克菲勒的阿美石油公司的财团利益打造了一面盾牌，而这个公司始终在伺机往沙特的石油财富中插进一只脚。❶

伊克斯也是罗斯福的圈内人，洛克菲勒家族的密友。自 20 世纪 30 年代以来，伊克斯一直是洛克菲勒家族在纽约州波坎迪科山的私人庄园的常客，这种特权很少给予圈外人。❷

1942 年 12 月，美国国务院在给白宫的一份备忘录中写道：“我们非常肯定地认为，应该用国家利益的眼光来看待沙特阿拉伯石油资源的开发。”❸ 这里说的国家利益，由洛克菲勒家族和他们的亲信伊克斯代替罗斯福下了定义，就是

---

❶ Robert Lacey, *The Kingdom*: *Arabia and the House of Saud*, 1981, Avon Books, New York, pp. 262 ~ 263.

❷ Peter Collier & David Horowitz, Op. Cit. , pp. 156 ~ 157.

❸ Robert Lacey, Op. Cit. , p. 263.

为美国获得对沙特石油财富的独家权力，把英国这个对手挤出去。

1943年2月罗斯福宣布对沙特王国提供《租借法案》的援助，他说，沙特阿拉伯“对美国的防务至关重要”。至于如何重要，他认为不需要作任何解释。阿美石油公司拿到《租借法案》中规定的援助，就有办法往沙特石油财富大门里插进第一只脚。罗斯福是把这个项目作为他总统任期内最重要的一件事情来做的，而他活在这个世界上的时间不多了，只剩下最后几个星期。

伦敦对罗斯福用数百万美元援助沙特王国的决定暴跳如雷，但是没有任何办法——伦敦可没钱去和华盛顿盟友竞标。英国已经不得不依赖美国《租借法案》的援助款来维持自己的经济。❶

美国国务院介入沙特阿拉伯的时间其实很晚。自从第一次世界大战中英国特工人员T. E. 劳伦斯(即“阿拉伯的劳伦斯”）来到这里以后，伦敦一直认为中东是掌握在不列颠手中的。直到1942年华盛顿才在利雅得开设了一个很小的公使馆。

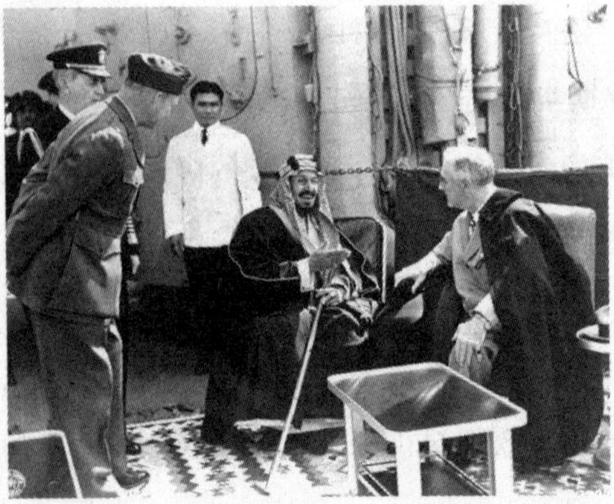

■ 1945年，罗斯福在去世前拉拢沙特阿拉伯国王阿卜杜勒·阿齐兹（伊本·萨乌德）和他的石油，让他远离英国

1945年，在结束雅尔塔三国会议回国的路途中，罗斯福在他自己的军舰上与沙特国王阿卜杜勒·阿齐兹有一次秘密会晤。1945年2月，美国军舰“墨菲号”驱逐舰曾经在沙特港口吉达靠岸，这是美国军舰首次停靠沙特。阿卜杜勒·阿齐兹和随从登上驱逐舰驶往苏伊士运河的大苦湖，在那里他转登美国“昆西号”军舰，会见了美国总统，时间是1945年2月14日。这是阿卜杜勒·阿齐兹第一次会见外国领导人。❷

❶ Robert Lacey, Op. Cit., pp. 266 ~ 267.
❷ Ibid., pp. 262 ~ 271.

罗斯福在沙特国王面前很谨慎，没有吸烟，也不喝酒，以免冒犯国王的宗教情感和习惯。他答应沙特国王，他“将不会做任何事情帮助犹太人反对阿拉伯人，对阿拉伯人民不会采取敌对行动”。国王所担心的是，大批欧洲犹太难民会涌入当时还是英国托管地的巴勒斯坦。据报道，阿卜杜勒·阿齐兹与罗斯福会谈后离开时，对于美国总统“理解”沙特阿拉伯在敏感的巴勒斯坦问题上的观点感到非常高兴。罗斯福把自己的轮椅和一架 DC3 飞机作为礼物送给沙特国王，来确认双方的“友谊”。❶

三天后，丘吉尔也要求与沙特国王进行一次会面。这位英国首相是众所周知的酒鬼和烟鬼。在正式会谈开始之前，丘吉尔对国王陛下说，在他这里，吸烟和饮酒被认为是一种庄严的仪式。国王显然很不高兴。丘吉尔拒绝对阿拉伯人对巴勒斯坦的要求的问题上作出任何让步。对于沙特国王镶满珠饰的豪华礼物，丘吉尔只是回赠了一盒廉价的香水。1945 年 4 月 5 日，罗斯福在一封信件里正式承诺他对沙特国王的保证，特别说明各项承诺都是罗斯福以本届政府行政首脑的资格作出的。❷

一个星期以后，罗斯福去世。讨厌丘吉尔的约瑟夫·斯大林写了密函给罗斯福的遗孀埃莉诺·罗斯福，主动提出派自己的私人医生前来独立验尸。他告诉第一夫人说，他相信丘吉尔设法给罗斯福下了毒。罗斯福夫人婉言拒绝了这个建议。❸ 不过罗斯福已经活得足够长了，他已经给洛克菲勒颁发了获取全球石油统治权所需要的最大奖品：阿美石油公司及合作伙伴对沙特全部石油财富的专营权。

有史以来第一次，美国国家安全正式与沙特这个沙漠王国的命运连接在一起。这个王国距离美国的海岸有一万多英里，地处波斯湾畔。这不是最后一次把美国外交政策的“国家利益”与中东石油供应联系在一起。此举把沙特的石油财富变成了美国利益的一部分，这种联系在 20 世纪 40 年代显得有点不同寻常，因为当时美国的石油完全自给自足，并不需要进口。世界上最大的油田哈

---

❶ Robert Lacey，Op. Cit.，p. 272.

❷ Ibid.，p. 274.

❸ Harriman biography citation.

瓦尔于1948年在沙特阿拉伯被发现，它为美国的石油权力对全世界经济的控制增加了一个重要杠杆。石油在战后迅速成为世界经济增长的基础，是最重要的能源。美国的洛克菲勒石油巨头将牢牢地抓住这项权力。

……英帝国的太阳落下了

历时6年、覆盖全球的世界大战在1945年结束时，造成有5500多万人丧生。在几个大国中没有谁的伤亡能超过斯大林的苏联——至少有2200万人在战争中死去。华盛顿很清楚谁失去了什么。他们最先要关注的，是如何经营刚浮出水面的美国霸权。在自由和民主的幌子下，美国踌躇满志，要主宰世界事务了，而在1914年第一次大战之前，甚至连英帝国都没有能力做到这一点。

在凡尔赛和会之后的1919年，英帝国的统治范围曾经达到了顶点。它的版图覆盖了整个地球表面的四分之一，是名副其实的"日不落"帝国。短短30年后，到1949年时，英帝国在世界上的每一个地区都土崩瓦解了，因为殖民地反对压迫它们的宗主国，要求独立。英帝国所经历的，也许是历史上任何王朝都不曾遭遇过的巨痛。此时美国的外交政策是偷偷摸摸地鼓励殖民地为自由和独立而斗争，但并不去认真地帮助这些国家完成独立后的去殖民化进程。

1946年2月印度皇家海军发动了一场兵变，随后，战后的工党首相克莱门特·艾德礼任命了最后一任印度总督——驻缅甸的蒙巴顿子爵，他的任务是安排英国殖民军队撤退，把行政管理部门也从印度撤出。蒙巴顿把广袤的印度次大陆分割成一张奇怪的拼花毯子：以穆斯林人口为主的东、西巴基斯坦之间，是印度教徒为主的印度。蒙巴顿抵达印度5个月之内就完成了这个行动，时间是1947年8月15日。在短短几年中，英国正式放弃了她在非洲、太平洋、地中海地区的大部分殖民控制权。这不是出于善意，也不是因为对殖民地人民的自决要求突然产生了同情。实际上正相反，这样做完全是迫不得已。原因就是从20世纪40年代后期到50年代初期，华盛顿毫不留情地要求重绘战后势力分布地图。丘吉尔早就担心过，美国参与第二次世界大战，就是为了"指挥对英帝国的拆分"。20世纪40年代的后期，英帝国仍然是有可能在未来挑战美国霸权的唯一大国。英国可以是盟友，但是亨利·亚当斯很早就说过"英国是美国体系的一部分”这样的话。[1] 他是美帝国主义哲学家、两任美国总统的后裔，他的祖先之一起草了《美国宪法》。

战争破坏了支撑英国金融权力的贸易体系。庞大的海外投资早已为偿付战争费用卖光。英国拥有的是前所未有的沉重国债。英国国内的厂房设备破烂不堪，电力供应很不稳定，住宅失修，民生凋敝。到战争结束时，英国的出口贸易已下降到 1938 年战前水平的 31%。

当时英国是靠美国的财政援助才得以维系的，而在美国一方，如果想主宰战后的世界，伦敦金融城掌握的对这个辽阔世界的渊博知识以及与它的合作，是美国所需的；以东海岸权势集团和国际主义分子为首的美国，对这一点认识得很到位。1945 年后的英国还能发挥全球性的影响，但是只能在发展和深化同美国的“特殊关系”中迂回实现了。

美国在战后还要依赖它在世界上占主导地位的军事力量，才能保证以金融和货币为支柱的美国霸权继续统治 1945 年以后的世界。用什么办法，才能防止新的国家联盟形成并挑战美国世纪？用什么办法才能防止 1945 年的盟国变成 10 年或 20 年后的致命的敌手？华盛顿的答案恐怖到令人无法想象。美国已经秘密开发了战争史上最可怕的武器，美国政治家将要向全世界表明，如果把他们激怒了，他们就会把这种最恐怖的武器用到对手身上去。

华盛顿扔下原子弹

1945 年，杜鲁门总统下达了轰炸日本城市的命令，采用的是恐怖的新式炸弹。

华盛顿在日本广岛和长崎投下的两颗原子弹，传达的是比任何战争行为都

---

[1] Henry Adams, The Education of Henry Adams: An Autobiography, 1964, Time Books, New York, p. 143. 亚当斯的先辈中包括《美国宪法》的起草者、曾任总统的约翰·亚当斯，以及另一位总统约翰·昆西·亚当斯，他本人是西奥多·罗斯福的顾问，鼓吹美帝国。布鲁克斯·亚当斯曾在 1898 年对他进行过描写，当时美国刚刚通过美西战争取得了菲律宾、古巴和波多黎各：“一个半世纪前通过《印花税法》之后发生的一切在他的脑海中历历在目，尤其是他那些声名赫赫的祖先可以追溯到 1750 年的无休止的争论，还有他在南北战争中发挥的重要作用，这每一步都是为了将英格兰纳入美国的体系之中。”

■ 遭受原子弹轰炸之后的长崎，一片废墟，图中的佛像静静地矗立在一座小山之上，俯瞰着生灵涂炭的山谷

更清晰的信号：战后的美国强权是残忍而毫不留情的。这是当时美国仅有的两颗原子弹，里面是浓缩的可裂变铀－235和钚－239，威力超过了战争史上的任何炸弹。

投在广岛的炸弹威力比英国炸弹“大满贯”的爆炸力还要强2000倍，“大满贯”已经是有史以来的最大的常规炸弹。投到长崎的炸弹仅含8公斤钚－239；炸弹故意在广岛上空大约2000英尺（600多米）的空中爆炸，目的是用事实向全世界证明最新的核武器所具有的威力。从地面“零高度”到空中500米之间，一切都在100万度的高温中白炽化了。

这个城市的2.2万人在几分钟内死去。把正式记录以外的情况都算上，死亡人数很可能还要增加几千人。另有1.7万人在原子弹爆炸后最初4个月里死于辐射和核散落物污染，共计达3.9万人。加上广岛的死亡人数，原子弹大屠杀的死亡人数高达10.3万人。

这个数字非常保守。美国政府官员刻意淡化和否认核辐射和散落物的杀伤力。日本官方的详细报告指出，还有无数日本人后来患先天畸形、脱发、皮肤紫斑、白血病，癌症发病率也很高。美国占领当局蓄意隐瞒有关核辐射死亡和疾病的报告。

罗斯福于1945年4月突然去世。他的副总统、来自密苏里州的前参议员哈里·杜鲁门匆忙继任。杜鲁门在听了军事参谋们介绍原子弹后批准了向日本投放原子弹，这是他以总统身份采取的最早的行动之一。其实，在1945年8月与斯大林和丘吉尔在德国波茨坦会谈时，这个决定已经得到杜鲁门的秘密授权。这是杜鲁门与未来的冷战敌人唯一的会晤。

向日本扔原子弹引起的争议是空前绝后的。杜鲁门声称他采取这个行动的目的是迫使日本投降，是为了缩短战争和减少美国人的死亡。对于细心观察事态的人来说，这个说法无法令人信服。

1945 年 5 月，即杜鲁门继任总统后的第一个月，希特勒的德国已经向盟军投降。日本孤立无援，经济上破产，实际上已经战败。据军事专家的观察，美军及盟军的战舰对日本进行了有效的海上封锁，这足以迫使日本天皇投降，无论华盛顿提出的条件有多么苛刻。这样本来可以减少死亡的人数。

然而，华盛顿却拿出了可怕的新式原子武器。杜鲁门坚持说他是根据军事人员的建议而采取行动的，他的目的是“拯救 10 万美国青年的生命”。实际上，他是要向世界，尤其是向苏联的斯大林表明，美国强权强大无比，超乎世人的想象。

杜鲁门在 1945 年 7 月的私人日记里这样写道：“希特勒一伙人或斯大林那些人都没有掌握原子弹，这对世界肯定是一件好事。原子弹似乎是迄今发现的最可怕的东西，但它也可以是最有用的。”这很说明问题。杜鲁门私下收到过一份有关原子弹效果的详细军事情报。据传说他露出天真的笑容并高喊：“这是历史上最伟大的东西！”一个刚刚下令使用这个“最可怕的”武器来打击日本的人竟然说出这样的话，真让人感到怪异莫名。

1945 年夏天，原子弹在新墨西哥州阿拉摩哥多试爆成功。美国国务卿詹姆斯·伯恩斯建议杜鲁门拒绝日本天皇可能结束战争的任何有条件投降。他说，有了原子弹和俄国参战，已经没有必要再和日本做交易了。

扔在广岛和长崎的原子弹，真正的打击目标是莫斯科，其次才是东京。美国陆军部长亨利·史汀生听说在新墨西哥州阿拉摩哥多第一次成功试爆原子弹后十分欣喜。他用打牌术语在日记中写道，美国压倒性的战后经济实力，再加上对原子弹的垄断，将给予美国“一手同花顺牌（其中还有 A 打头的同花顺），我们在玩牌的方式上绝不能干蠢事”。杜鲁门告诉史汀生，他认为“牌在

美国人手中”，并且说他是要“把它们作为美国牌来打”的。❶

1945 年美国拥有生产原子弹必需的工业能力和资源的垄断权。1943 年罗斯福总统就与丘吉尔的英国签署过一项秘密协议，即《魁北克协议》，目标是控制原子能的开发和铀燃料。军事作家汉森·鲍德温这样说过，美国新的战略实力现状以及美国使用原子弹的意愿，永远终结了美国自己是世界道义领袖的幻想。然而，它的确开辟了通往另一种领导权的道路，后来被称为冷战的长久冲突的体系就是这样出现的。

美国秘密建造原子弹的计划被称为“曼哈顿计划”。该计划由陆军将领莱斯利·R. 格罗夫斯领导。格罗夫斯掌握着这个秘密和可怕的新武器，他利用这一独特的军方人员身份来影响美国的外交政策。杜鲁门的几位顾问认为，许多国家都能够很快地开发自己的原子弹和铀燃料。而格罗夫斯反对这种意见，他坚持认为美国能够垄断原子弹很多年。

在给杜鲁门的简报中，格罗夫斯谎称只有瑞典和苏联两个国家有能力挑战美国和英国对高品位铀矿所在地区的联合控制——在那里可能有全世界 97% 的铀矿，这是原子弹的燃料。格罗夫斯进一步错误地声称“苏联的原材料资源远不如”美国所控制的资源。格罗夫斯费了很大劲去说服杜鲁门，要他相信俄国需要 20 年以上的时间才能造出一颗原子弹来。❷

杜鲁门决定轰炸日本前所考虑的因素之一，就是相信了苏联在数十年内不能与美国可怕的新原子武器竞争。掌控着军事秘密和原子弹项目的格罗夫斯故意扣下了一份给美国总统的请愿书，由 70 名研制原子弹的美国知名科学家签名、1945 年 7 月下旬提交的请愿书。科学家们力劝杜鲁门不要向日本投放原子弹，“除非要日本接受的条款已经公布，而日本了解这些条款后还是拒绝投降”。没有人事先告诉过日本这个核武器的可怕力量，而杜鲁门是直到原子弹

---

❶ Gregg Herken, *The Winning Weapon: The Atomic Bomb in he Cold War*, “ 1980, Alfred A. Knopf, New York. 围绕杜鲁门总统作出决定向广岛投放原子弹所发生的争吵，赫尔肯提供了详尽的细节。很显然，主要的目标并不是日本，而是苏联，华盛顿需要向斯大林表示准备统治战后的世界。斯大林完全理解了这个信息，在美国的苏联特工已经获得了制造苏联第一颗原子弹所需的关键科学信息，这为延续四十年的所谓“冷战”奠定了基础。

❷ Ibid.

扔下几天后才听说了科学家们请愿这件事。

然而，对日本的原子弹轰炸并没有使斯大林的苏联产生任何恐惧，没有出现一点苏联会服软的迹象。斯大林在美国政府的高层机构里安插了克格勃间谍，使莫斯科获得了关于美国原子弹项目的充分情报。生产原子武器所需的图纸被秘密送到了苏联科学家的手里。仅仅四年之后的 1949 年，苏联就爆炸了自己的原子弹，震动了美国和全世界。核武器对抗的冷战就这样开始了。

美国对原子武器的垄断和工业经济上的优势，在格罗夫斯的眼里就是 1945 年后美国主宰世界的开门钥匙。他公开提倡把原子弹作为“为了打开世界而在外交上讨价还价的支点”，他在 1946 年给美国国会的备忘录中说：“如果世界上必须有原子武器，我们就要掌握最好的、最大的和最多的。”他在陆军部汇报会上说：“我们占据了优势地位……我们现在应该建设基地，并且做 50 年到 100 年的规划，而不是只做 10 年的规划。”

美国世纪的军事版本是被放射性蘑菇云笼罩着的。[1]

为了保证美国的核优势，格罗夫斯还建议美国军方对苏联的核研究设施进行一次先发制人的核打击。

杜鲁门政府的内阁讨论过对日本平民使用原子弹这一决定引出的后果，亨利·A. 华莱士副总统以及陆军部长亨利·史汀生主张与苏联友好合作，维持和平，不进行军事对抗。国务卿吉米·伯恩斯、曼哈顿计划负责人莱斯利·格罗夫斯将军和海军部长詹姆斯·福雷斯特的主张是对新式武器进行保密和军事垄断。华莱士在私人日记中描写了那场辩论，距离原子弹投在日本的事件刚刚过去了几周。

1945 年 9 月 21 日

内阁会议讨论的议题是原子弹和原子能在和平时期的开发。总统请陆军部长史汀生首先发言。他的发言开头很漂亮，陈述很全面。他说，所有在陆军部

---

[1] US Joint Chiefs of Staff Records, August 24, 1945, Air Force Series 7-18-45, ‘*Effects of Foreseeable New Developments.*’格罗夫斯将军在此声称，他知道“如果是对德国来使用，那原子弹就开发得太迟了。”许多人相信，选择日本作为打击对象的原因是，杜鲁门和美国军方的计划者觉得日本人不是白人。有人认为这是向斯大林表示美国可以为所欲为。

工作过的科学家都深信，要想把持原子弹的科学秘密几乎是不可能的，因此他们认为联合国成员国之间应该有科学信息的自由交流。他说，科学家们告诉他，投出去的原子弹只利用了原子的很小一部分能量，今后的原子弹将具有无限的破坏性——比现在的原子弹先进得多，就像现在的原子弹已经比1945年之前的原子弹更先进。他说，有一些人担心，原子武器的威力如此强大，有可能会点燃大气层，毁灭全世界。他说，他想到过与联合国其他国家的科学信息交流难免都会把苏联问题提到桌面上来。然后，他开始长时间地为苏联国防辩护，说在整个历史上，苏联一直是我们的朋友——我们手里没有任何苏联想要的东西，苏联也没有拿着我们想要的东西。他还说，我们与苏联的关系最近几个月一直在改善……

"接着，总统要（财政部长）弗雷德·文森发言。他不同意陆军部长史汀生的说法，并且说其他国家都是不可信任的。陆军部长史汀生说，可以想见的是，有一些国家能够在三年之内不依靠我们的帮助就掌握原子弹的秘密，最多不会超过五年。文森质疑这个判断。汤姆·克拉克的态度与财政部长文森相同。海军部长福雷斯特的看法最极端。他宣读了一份由海军将军们准备的备忘录。一个好战的、大海军的和孤立主义的姿态……❶

几天后杜鲁门向新闻界宣布，他已作出决定，英国和苏联不能分享关于原子弹的任何秘密。军方说服了总统。军方背后是它在工业界的同盟者杜邦公司之流。

为了把新的权力关系强调得更明确，1945年11月，杜鲁门告诉英国首相克莱门特·艾德礼，华盛顿方面不会提供英国要求的60亿美元无息贷款了——英国重建被战争破坏的经济很需要这笔钱。相反，他能拿出来的是37.5亿美元利率2%的贷款。此外，杜鲁门明确地表示，华盛顿会紧紧地看守住美国的核垄断地位。杜鲁门退出了《魁北克协议》（战时和加拿大、英国进行原子能合作的协议），按照那个协议，美国和英国在决定使用原子弹之前要进行

---

❶ Henry A. Wallace, *The Price of Vision*: *The Diary of Henry A. Wallace*, 1942～1946, 1973 Houghton-Mifflin Co., Boston.

协商。华盛顿决心保持对核武器的彻底垄断，连最亲密的盟友都不许染指。

华莱士私下表示过他的失望。他给杜鲁门写过一个先知先觉的警告："科学的本质、各个国家的知识目前达到的状态，决定了没有办法防止别的国家重复我们做过的事情，并在五六年内超过我们……世界将分成两大阵营，非盎格鲁-撒克逊的世界最终会在人口、资源和科学知识方面占上风。"❶

华莱士当时没有想到，他说的那些正中要害：美国正是要想尽一切办法防止那种情形发生。

美国的战后"生存空间"

洛克菲勒的对外关系理事会、战争与和平研究组、罗斯福总统带领美国参战事件、整个美国的战争行动、打仗所需要的战争动员和公共债务，所有这一切努力，都是为了一个战后的目标：为美国建立一个广大的垄断市场或经济空间——美国的"生存空间"，这正是对外关系理事会以赛亚·鲍曼所说的"一个真正的美国世纪"。

这个帝国很像1815年之后的英帝国，但有一个显著的差别：它把经济帝国主义隐藏在"推广自由企业制度、支持民族自决和民主"的漂亮空话背后。它在国务院、白宫和对外政策机构的操刀手们创造了很狡猾的欺瞒方式，他们说这个制度不是帝国，因为它没有对其他国家实行军事占领，至少表面上是这样的。然而，这是彻头彻尾的帝国，尽管在形式上好像是非正式的；它的根基是美国在国际金融中扮演的角色（美元是战后金融体制的支柱）和美国拥有的军事优势。

这种欺瞒行为取得了惊人的成功，部分原因在于，美国上层精英看到了市场的价值：可以把富人和腐败的精英放到（外地和外国的）市场上去，让他们去切那些地方的财富蛋糕——他们看到的就是这种市场价值。同样，华盛顿和好莱坞之间的亲密联盟也创造了非常有效的政府宣传机器，他们把大多数国家

---

❶ Henry A. Wallace, *The Price of Vision*: *The Diary of Henry A. Wallace*, 1942~1946, 1973 Houghton-Mifflin Co., Boston.

的人民内心深处改善生活的愿望挑出来大做文章；尽管如此，从1945年的形势演变出来的是这样的模式：被一个唯一拥有压倒性力量的国家——美国——所主宰的那种市场，其中有越来越多的国家臣服；臣服的国家中富有的统治精英要通过某种方式依附于美国、得到美国的恩宠，才能生存下去。

本书的前几章已经指出，过去将近一个世纪的美国历史，一直被一个由金融精英组成的越来越强大的卡特尔和它们控制的大工业托拉斯推动着。他们的利益，而不是国家和全体人民的利益，决定着那个卡特尔的战略重点；他们对国家媒体有着绝对的控制权，这使得他们手下的宣传专家可以肆无忌惮地把主子的私利说成“美国的利益”。

在美国扩张主义者（如弗里德里克·杰克逊·特纳和布鲁克斯·亚当斯）的心目中，有一个上帝赐予美国的“天命论”或“天定命运”，就是说美国必须永远不停地开疆拓土。这个理念其实只是把下面的事实神秘化了或者说进行了浪漫的改造：美国从19世纪60年代后演化出来的垄断经济，要靠征服新的市场来维持生存；而经济垄断化是金融托拉斯和卡特尔化的结果。他们的经济模式是英国东印度公司的模式，或者更准确地说，是巴巴利海盗❶的模式：依靠抢掠一个又一个地区来维持自己的帝国，所过之处鸡犬不留。对于洛克菲勒

❶ 17～19世纪活跃于北非的海盗，掠夺欧洲船只，俘掳数以百万计的人口，许多被俘者因此死亡，一些改信伊斯兰教，其他俘虏则被教会、政府及其家庭所救。——译者

家族这个战后最前卫的“天命论”集团来说，这个世界整个都是他们的“边疆”。❶

1944年，美国助理国务卿迪安·艾奇逊告诉研究战后经济问题的国会委员会：“……没有哪一个部门相信我们的国内市场可以吸纳现有生产体系下的全部产品。因此，你们看到了，必须寄希望于别的市场，而那些市场都在海外。”❷

艾奇逊曾被称为“冷战的设计师”。他提出了“杜鲁门主义”，说服杜鲁门1950年在朝鲜打了一场没有正式宣战的战争。他还在1944年制定布雷顿森林协议中起了很关键的作用，那些协议推进着美国对“海外市场”的探索。

1945年那一年，纽约对外关系理事会和华盛顿的外交政策界的计划可以说取得了巨大的进展。在他们看来，唯一存在的问题是，如果他们真的要主宰世界经济和市场，那么还存在着两个巨大的封闭区域没有变成“天命论”经济扩

---

❶ 弗雷德里克·杰克逊·特纳充分表达了这个理念。特纳的主要观点是，美国的独一无二之处在于她是不断扩展的边疆的产物。他将美国的历史定义为向西的地缘政治扩张。“一片无主土地的存在，它的不断缩小，以及美国定居者向西前进说明了美国的发展。”“上天对美国人的恩赐，不断增长的人口扩大了他们的统治。”对特纳来说，美国的历史就是“不断开拓新边疆……”的历史，“新边疆是美国化最快捷、最有效的途径……主要的特点是运动……美国的能量将会不断需要为生存获得更广阔的土地。”正如历史学家威廉·爱波曼·威廉斯所说的，独一无二的美帝国主义者世界观蕴涵在布鲁克斯·亚当斯的理念中，美国的独特之处只有通过扩张的外交政策才能得以保全。亚当斯的贡献在于将特纳对美国历史的解释应用到了未来。“结合在一起，特纳和亚当斯的理念为美帝国的建设者提供了宏观图景和对世界的解释，以及从1893年至1953年之间所采取的计划，”威廉斯解释道，“扩张的是这个年轻的‘弥赛亚’（特纳）解释美国的独特之处和无上权威的不二法门……特纳把世界的视野带给了美国的民族主义者，解答了他们的疑虑……鼓励他们的野心。”特纳回顾了美国的过去，发现对西部的最终征服意味着西半球“天命论”的实现。亚当斯看到了即将到来的新边疆——整个世界。很明显，肯尼迪总统的指示性理念——新边疆完全合乎这个传统。布鲁克斯·亚当斯的全球视角不可避免地引向一个世界性帝国——美利坚世界帝国，而不是什么“扩张空间”或“泛区域”的复合形式，卡尔·施密特或豪斯豪弗尔预见到了这一点。参见 Frederick Jackson Turner，The Significance of the Frontier in American History，1995，Henry Holt and Co，New York. As well，Brooks Adams，The Law of Civilization and Decay，1896，The Macmillan Co.，New York. 富兰克林·罗斯福等20世纪早期的精英都接触了特纳和布鲁克斯·亚当斯的理念。对南北战争之后，美国精英体内这种新边疆驱动力的眼花缭乱的文化和历史分析，可以在19世纪和20世纪初期的许多优秀著作中找到。德国作家 Oswald Spengler，The Decline of the West，Vol. 1：Form and Actuality，London，George Allen & Unwin，1926'especially Chapter 4，The Problem of World History：The Idea of Destiny and the Principle of Causality. 对斯普林格来说，给定文化的扩张文化驱动力如果超越了他的文化基础，这就是帝国处于最终衰落的明显表征，无论罗马、不列颠和美国，尽皆如此。

❷ Michael Tanzer，*The Sick Society*：*An economic examination*，1971，Holt Rinehart & Winston，New York.，p. 77.

张版图的一部分。它们必须被破坏或肢解：先是苏联，然后是（即将成立的）中华人民共和国。

以赛亚·鲍曼在为洛克菲勒和对外关系理事会的战争与和平研究项目工作期间，说服了年迈的英国地缘政治之父哈尔福德·麦金德爵士，为他的《外交》杂志写了一篇有关战后地缘政治秩序思想的战略性文章。麦金德文章的题目是《圆的世界与和平的胜利》，1943 年 7 月登载在《外交》上，此时距离盟军在诺曼底登陆还有将近一年。

麦金德在文章中概述了他的见解——战后的世界秩序将是以美国为主导的。他重申了最初于 1904 年提出的心脏地带的定义，即心脏地带是英美战后维持霸权要对付的最难缠的对手。他说的心脏地带基本上指苏联领土所在的地方。

麦金德为后来的冷战播下了地缘政治的种子。他是这样写的："如果苏联在这场战争中作为德国的征服者兴起，她就一定会成为全球最大的陆地强国，这个结论毋庸置疑。此外，她将在战略上处于最强大的防御地位。心脏地带是地球上最大的天然堡垒。"❶

鲍曼和美国外交政策界的主要成员对此显然心领神会，但思路却是美国的而不是麦金德的——麦金德认为苏联应该是英美战后遏制德国的盟友。

罗斯福去世之后不久，美国的外交政策集团将配合丘吉尔，把他们战时的盟友苏联定义为威胁世界和平的主要敌人。其实在战争结束之前，丘吉尔就是这样看的：用英国经典的均势理论来考虑，英国的两个欧亚霸权竞争对手中较弱的那一个，就是德国，在将来某个时候还要成为英国的盟友，来对付现在更强大的那一个——斯大林的苏联。这种算计与意识形态没有关系，有关系的只是纯粹的地缘政治权力博弈。没有多少人能够理解这一点，也没有多少人想要理解这一点。

1945 年 4 月 15 日，富兰克林·德拉诺·罗斯福下葬后数日，德国投降前

---

❶ Sir Halford J. Mackinder, *The Round World and the Winning of the Peace*, Foreign Affairs, Vol. 21, No. 4, July, 1943, p. 601.

仅仅几天，外交高层决策者在华盛顿的美国国务院关起门来召开了一次会议。出席会议的 15 人中有时任陆军部副部长的约翰·J. 麦克洛伊，他是大型国防承包商通用汽车公司的董事长，以及其他一些被指定的权力集团内部人士。普通美国人认为战争已经取得了胜利，现在是恢复和平的时候了。面对主流的民意，这次会议要讨论的，是如何引导美国舆论转向，把战时的盟友苏联变成敌人，需要如何挑动斯大林采取某种侵略性行动，让苏联看起来是背信弃义、威胁和平的。❶ 他们已经学好了英国的均势权术课并且做好了一切准备，要以决定命运的大手笔在美国的外交政策中运用它。

他们还意识到，在西欧的东部边境矗立起一个敌对的苏联，就是在事实上把西欧、日本和许多亚洲国家、非洲和南美洲纳入了同一个经济空间，这个从 1945 年以后将由美国主宰的经济空间，还必须仰仗美国的军事保护。对外关系理事会战争与和平研究组的战略就要实现了：这就是他们在口头上不挑明不宣布的战后美帝国。

在 20 世纪 70 年代中期石油和粮食危机期间，亨利·基辛格同时任尼克松总统的国务卿和国家安全顾问两项职务，他曾说过："控制了石油，你就控制了所有国家甚至所有大陆；控制了粮食，你就控制了所有的人；控制了货币，你就控制了整个世界。"❷

1945 年，美联储的手中控制了自由世界❸的绝大多数货币黄金。在华盛顿和华尔街银行所构建的战后布雷顿森林体系之下，它的货币（即美元）被有意识地当作美国控制下的全球货币体系。早在 1941 年，美国的政策界就曾经推测，希特勒进军苏联的行动会消灭掉德国这个竞争对手的威胁，战后的经济霸权就以此为基础进行准备。他们干得非常有效，但只是一时有效而已。

---

❶ Mansur Khan, *Die geheime Geschichte der amerikanischen Kriege*, 2003, Grabert-Verlag, Tuebingen, pp. 237～238.

❷ Henry Kissinger, remarks attributed to, as cited in http://www.spingola.com/new_world_order23.htm#_ednref2.

❸ 西方学者指资本主义世界。——译者

创建布雷顿森林美元体系

美国的经济战略的核心，是塑造一个美国的战后世界，就是后来所说的同盟国之间的布雷顿森林协定，战争还没有结束，他们就把这个协定先签订了。促进自由贸易，使美元成为世界贸易的唯一货币，是这个战后世界的核心内容。

自由贸易涉及降低关税和取消国家保护主义。关税和国家保护主义阻碍出口，特别是妨碍美国向全球市场出口。当英国于 1846 年废除农业保护主义的《谷物法》时，他们相当清楚，“自由贸易”或“公平的竞技场”❶ 总是最强大、最先进的经济体发出的战斗口号，他们是在为自己的产品寻找并打开那些欠发达国家的市场。1945 年后，美国银行界和工业界的精英决心要完善这一体系，把它变成实际上谁也不能挑战的宗教教义。

欧洲的各个经济体经过将近六年的战争破坏，已经别无选择，只能同意美国的战后国际经济管理体系的设想，甚至认为自己至少在谈判桌上能与美国平起平坐的英国，在美国的苛刻要求面前，也不得不学习苦涩谦卑的一课。

经过几个月谈判，特别是英国和美国谈判代表之间激烈的明争暗斗，1944 年 7 月，在美国新罕布什尔州布雷顿森林的华盛顿山饭店达成了有关货币和经济事务战后“世界新秩序”的最后协议。英美称霸世界金融和贸易是这个协议的核心。英国财政部顾问凯恩斯勋爵和美国财政部长摩根索的助理哈里·德克斯特·怀特从 1941 年以来举行的一系列私下谈判，早就敲定了那些最要紧的

❶ 原文为“a level playing field”（一块平整的操场）。——译者

关键性条款。[1]

■ 在新罕布什尔州布雷顿森林的华盛顿山饭店，美国谈判代表敲定了战后的美国货币体系——1944 年的布雷顿森林体系

被罗斯福称为“联合国”的布雷顿森林会议，意在取代以英国为主导的国际联盟，成为战后联合国组织的第一个机构。联合国组织不同于国际联盟，它将是一个以美国为主导的机构，要推动的是美国的战后世界计划，甚至连设在曼哈顿的联合国总部都是建筑在洛克菲勒兄弟捐赠的土地上的，外国外交官入住曼哈顿抬升了相邻土地的价值，洛氏兄弟得到的回报远远超过了他们的慷慨捐赠。

尽管英国极力反对，但国际货币基金组织和世界银行这两个新机构的投票权、规则制定和其他重要方面最终都按照华盛顿的意愿确定下来。

为了确保在联合国中有足够的选票，纳尔逊·洛克菲勒亲自组织了一场很不平常的“拉”选票活动，这种活动一旦在报刊上曝光，就会导致政治上的尴

---

[1] 布雷顿森林的历史有一段奇特的注脚，在 1991 年苏联秘密档案公开之后，正如后来美国情报机构所怀疑的那样，怀特的确是在美国政府机构内部的苏联特工。在得到他可能是苏联特工的报告后，杜鲁门撤回了由怀特担任国际货币基金组织第一任总干事的提名，没有给出任何理由。怀特在制定旨在对战后的德国去工业化的摩根索计划中发挥了作用，这个计划更符合苏联的利益，而不是美国的，尽管疯狂憎恨德国的罗斯福打心眼里支持这个计划，直到他去世为止。怀特在这个病态的摩根索计划中发挥了重要作用。根据参谋长联席会议 1067 号令，盟军占领军将和苏联一起拆解德国的工厂，让德国彻底变成一个“粮食生产国”。1945 年 3 月，在罗斯福去世之前，参谋长联系会议提醒他这个计划行不通，除非他打算消灭 2500 万德国人，他的答复是“给他们开粥棚！让他们的经济完蛋！”当被问及他是否打算让德国人挨饿时，他回答：“为什么不？”据说罗斯福还告诉摩根索：“我们必须对德国人狠一点，我的意思是德国人不仅是纳粹。我们要么必须阉割德国人，要么我们必须用残酷的方式对待他们，这样他们不至于继续繁殖，继续走他们过去走过的路。”1945 年 5 月 10 日，在罗斯福去世之后，杜鲁门签署了参谋长联席会议 1067 号令，它在接下来的两年里依然有效，尽管遭到了丘吉尔以及其他人的强烈抗议。参见 Allen Weinstein & Alexander Vassiliev，The Haunted Wood，1999，Random House，New York，p. 90 for the details of White's KGB activities as revealed in declassified Soviet archives after the end of the Cold War.

尬局面。这些选票要从泛美联盟 14 个国家拉来，其中包括阿根廷在内的七个在战争期间保持中立的国家。洛克菲勒刚刚被总统任命为拉丁美洲事务部长助理，就向拉丁美洲各国发出最后通牒，她们必须在 1945 年 2 月前正式向轴心国宣战，否则就不许参加新的联合国组织的创建工作。联合国是对外关系理事会战争与和平研究组有关战后美国主导地位的地缘政治议程的核心，而正式向轴心国宣战必须遵守刚刚达成的雅尔塔三国协定。

只有阿根廷仍然置身世外，但美国需要她这一票来抵消英国掌握的票数。洛克菲勒请病中的罗斯福签署了一份授权书，向阿根廷发出邀请来参加联合国的成立工作，这样做违反了数周前在雅尔塔与英国和苏联刚刚达成的协议——只有已经向德国宣战的国家才能成为联合国的创始成员国。这种宣战在军事上已经毫无意义，因为战争事实上已经结束，宣战只不过是一个名义上的姿态而已。这是纳尔逊·洛克菲勒拉选票反对英国的一个小计谋，在创建联合国的过程中，英国利用了自治领和英联邦国家来增加她的得票数。斯大林对此愤怒不已。❶

布雷顿森林体系建立在三个支柱上：一个是国际货币基金组织，其成员国的会费将构成应对国际收支困难的紧急储备；一个是世界银行或国际复兴开发银行，它将贷款提供给成员国政府从事大型公共项目的建设；稍后还有关税及贸易总协定，其目的是通过有组织的多国削减关税谈判，建立一个可控的“自由贸易”框架。

每个成员国都要按照分配的限额把货币和黄金放进国际货币基金组织的基金里；她们在理事会里所拥有的投票权，决定于她们在整个国际货币基金组织配额里所占的份额。这是一场从一开头就由美国主宰的游戏。美国是最强大的经济体，持有最大数量的黄金储备，最终得到总投票数的大约 28%，英国拿到 13%。相比之下，法国仅有 5%。这个新的国际货币基金组织其实是英美按照

---

❶ Peter Collier & David Horowitz, *The Rockefellers*: *An American Dynasty*, 1976, Holt Rinehart & Winston, New York, pp. 234 ~ 235.

自己的愿望塑造战后世界经济发展形势的一个工具。❶

布雷顿森林恰到好处地为美国改进了早先的金本位制，因此参加协议的其他成员国只能同意把她们的货币价值同美元挂钩，而不是以黄金的重量来定值。1945 年有人说“美元像黄金一样值钱”，一个世纪以前英国人对英镑也是这样说的。把美元当作国际金融稳定的“不证自明”的前提，20 年后，时间证明这是一个悲剧性的幻想。1945 年欧洲急需美元信贷来进行重建。她们的货币不能自由兑换，它们的经济已是一片废墟。“美元像黄金一样值钱”是 1945 年的现实。

纽约联邦储备银行是一家私人机构，自从 1913 年成立以来就为华尔街金融托拉斯所控制。它是布雷顿森林体系的心脏，拥有非共产主义世界的大部分货币黄金。布雷顿森林货币体系对美国有特殊的好处。在实际运转中，因为美元是主要的储备货币，其他国家的本币只好钉住美元；今后一旦恢复自由兑换，这些国家将要买进和卖出美元，使市场汇率的浮动区间保持在平价的正负 1% 之间——这是国际货币基金组织的规则所要求的。美元接替了黄金在实行金本位制的时候在国际金融体系中曾经扮演的角色。在实践中，这意味着世界贸易几乎完全以美元结算交易，后来的事情将会证明，这对美国的利益是一个具有决定性意义的安排。

美元成为世界储备货币，不受任何挑战，这是战后美国力量的两个基本支柱之一。第二个支柱是作为唯一的军事超级大国，美国的军力也无人可以挑战，这个巨大的优势甚至连冷战期间的苏联都不能抗衡。参与第二次世界大战的西欧国家债台高筑，却要在美国政府的要求下把大量的黄金转移到美国去。这一切造就了美国在 1945 年以后作为“自由世界领袖”的至高无上的霸主地位。

布雷顿森林体系成员国的本国货币必须钉住美元。美元官方价格则定为 1 盎司纯金兑换 35 美元，这还是罗斯福总统确定的价格，时间是在大萧条期间的 1934 年，也就是一场世界大战的重大经济影响发生之前。这个制度与1919 ~ 1934

---

❶ Victor Argy, *The Postwar International Monetary Crisis*, 1981, George Allen & Unwin, London, p. 24.

年实行的金汇兑本位制的区别在于，这一次美国当了霸主，无论是在政治上还是在军事上它都没有对手了，它可以随心所欲，为所欲为了。

纽约联邦储备银行已经在战争期间堂而皇之地积累了大量的黄金储备，美元已经是世界上最坚挺的货币，并且以世界上最强大的经济体为支持。在一场世界大战的废墟上，已经没有哪一个国家还有资格和能力去跟这个战后的美元本位制度较真儿了。

国际货币基金组织根据华盛顿的蓝图建立起来，给战后的美国银行业和金融业提供了巨大的国际优势。美元同时（自动）变成全球储备货币，在事实上取代了黄金。美元正式取代黄金是后来在1973年发生的。

美元的这个地位使美国的资本获得了超越一切潜在竞争对手的优势，无论是英镑、德国马克还是法国法郎。更重要的是，它赋予美国财政部和美联储不受节制的权力，几乎可以无限量地发行作为世界储备货币的美元，根本不用顾及这样发行货币是否有黄金的支持。

实际上美元并不能“等值于黄金”，可是很多年以来美元就是这样被使用的。由洛克菲勒的大通银行和国民城市银行主导的纽约银行界，终于取代了1914年以前作为“世界银行家”的伦敦。在战后的年月里，美国的资本涌向欧洲、拉丁美洲和世界各地，用在投资项目上。美元在世界贸易中的世界储备货币的独特身份，赋予美国又一项决定性的优势——美国可以通过增发货币而不是增加黄金储备来筹措海外军费，激愤的苏联经济学家曾经这样指出过。是的，世界上没有任何一个国家能够享受这种奢侈，除了美国。❶

杜鲁门政府的地缘政治战略在1945年4月罗斯福去世后初步成形，国际货币基金组织和世界银行当时并没有发挥什么作用。鲍曼领导的对外关系理事会战争与和平研究组的最初想法是，战后美国应该与俄国及盟友结成联盟，防止一个强大的德国再次出现，而中国是对付日本的盟友，为避免将来日本死灰复燃还有用处。然而，杜鲁门倾向于听从前驻莫斯科大使埃夫里尔·哈里曼和国务卿艾奇逊这几个顾问的意见，他们要求用更强硬的姿态反对斯大林在东欧的

---

❶ A. Stadnichenko, *Monetary Crisis of Capitalism*, 1975, Progress Publishers, Moscow, pp. 100 ~ 103.

活动，尽管这样做是违反雅尔塔协定的。罗斯福利用联合国来扩大美国“生存空间”的宏大计划被搁置在一旁，华盛顿将要采取的是双边行动，但是追求的是同一个目标。

1946年，丘吉尔在杜鲁门的家乡密苏里州的富尔顿发表了著名的铁幕演说，宣布欧洲又在发生分裂。至少从1943年以来，丘吉尔和他周围的英国“圆桌”会社就算计过，他们需要制造和苏联的冲突，以便使英国成为国际战略新手苏联和美国之间不可或缺的“调停人”。甚至在1945年初德国投降以前，丘吉尔曾经有一次下令被俘的德军部队保持建制原地待命，武器也不收缴，以备可能对付苏联红军的战斗行动，这可是一个非同寻常的举动。那个潜在的计划作为军事行动遭到艾森豪威尔将军和白宫的否决，但是它透露出来的意图是，英国已经在着手为下一阶段的世界权力均势做准备了。❶

丘吉尔甚至在罗斯福担任总统时就意识到，哪怕只是为了维持战前大国权力的门面，英国都不得不与华盛顿拼死抗争。杜鲁门很早就清清楚楚地表明，美国就是要这么干。

杜鲁门当了总统后干的第一件事，就是在1945年8月日本投降以后突然取消对英国的租借援助，并要英国归还打仗欠的战争贷款。英国人大吃一惊，他们本以为美国会继续慷慨解囊，帮助英国进行战后重建。1945年上半年，英国55%有劳动能力的人不是在军队服役就是在从事军工生产。战时严格的配给意味着英国的人均消费比1938年的水平下降了16%。战争结束的时候，英国的黄金和美元储备只有不足15亿美元，而她的短期债务达到了惊人的120亿美元。英国除军工行业以外的工业一片凋零。煤炭产量大幅度下降，停电司空见惯。还有数以百万计的退伍士兵得安排到摇摇欲坠的民用经济部门里去。❷

取消对英国的租借援助是打压伦敦的行动，这一点再清楚不过，因为杜鲁

❶ Fraser J. Harbutt, *The Iron Curtain: Churchill, America and the Origins of the Cold War*, 1986, Oxford University Press, Oxford, pp. 101 ~ 149.

❷ Sir Richard Clarke, *Anglo-American Economic Collaboration* 1942 ~ 1949, 1982, Clarendon Press, Oxford, pp. 21 ~ 26.

门在同一个时期还在继续对中国提供租借援助——这是一个例外。[1] 对于华盛顿和对外关系理事会的人来说，取消对英国的信贷和供给，就是瞄准并且压制战后潜在的经济竞争对手英国；要知道英国及其在世界各地的自治领和庞大的殖民地之间还维持着一个英镑特惠协定。

罗斯福和洛克菲勒家族参战不是为了拯救英帝国。他们的目的正相反，一定要打掉英国的威风，她必须同意在一种英美“特殊关系”里充当明白无误的二等角色。英国的哈罗德·麦克米伦（温斯顿·丘吉尔的战时使者）向理查德·克罗斯曼（著名的英国社会民主党人）这样表述新的现实：“我亲爱的克罗斯曼，我们是美帝国里面的希腊人。你会发现很多这样的美国人，就像希腊人看到的罗马人一样——大块头、粗俗、吵吵嚷嚷，比我们更有活力也比我们更懒惰，比我们有更多天然的美德但也更加腐败。我们必须掌管盟军总部，这和希腊的奴隶替克劳狄皇帝作战是一回事。”[2]

“马歇尔计划”：美国世纪的开始

到了 1947 年，华盛顿的方案确定了：把西欧纳入美国的经济领域，孤立苏联。他们提出了一个重建欧洲的“马歇尔计划”，这是一个美国－欧洲双边计划。

美国东海岸权势集团、纽约银行和国际公司——其中大多数与洛克菲勒集团或它们的亲信有关系，对于美国战后政策的思路心领神会。标准石油公司主席就总结得很好。

1946 年，洛克菲勒标准石油公司财务主管里奥·D. 韦尔奇对华盛顿表示：“……美国对德国以外的国家，包括英国、西半球和远东地区，对她们在政治、军事、领土和经济上的要求和条件，都可以明着说出来了。”他的讲话很可能是对外关系理事会战争与和平研究组为他起草的。

韦尔奇用美国商业界的行话接着说道：“我们是最大的资本源泉，我们对

---

[1] Richard N. Gardner, *Sterling-Dollar Diplomacy*, 1956, Clarendon Press, Oxford, pp. 184 ~ 186.

[2] Harold Macmillan, quoted in Christopher Hitchens, *Blood*, *Class and Nostalgia*: *Anglo-American Ironies*, New York, Farrar, Straus & Giroux, 1990., p. 23.

全球机制的贡献最大，我们必须当领跑者，我们必须为大多数股东负责任，我们股东的公司就叫做世界……这可不是为了干完一个任期，这是一个永久不变的义务。”❶

■ 美国援助欧洲的马歇尔计划是美国经济战略的工具

1948年，美国国务院制定冷战战略的主要人物之一乔治·凯南，给国务院写了一份机密的内部备忘录。它非常简洁地概述了以洛克菲勒兄弟为首的美国权势集团的战后纲领：

……我们拥有世界50%的财富，但人口只占世界的6.3%。亚洲各国与我们之间的差距尤其显著。在这种情况下，我们不能成为忌妒和仇恨的目标。下一时期我们的真正任务是设计一种在不危及我们国家安全的情况下允许我们保持这种差距的关系模式。为了做到这一点，我们不得不摆脱所有的多愁善感和白日做梦，把注意力集中在我们国家最直接的每一个目标上面。我们不能自欺欺人，在世界各地干那些毫不利己、乐善好施的事情，这对我们来说太奢侈了。❷

凯南在艾夫里尔·哈里曼（洛克菲勒的商业伙伴）当国务卿的时候任美国驻莫斯科的外交官，是冷战“遏制”政策的设计师。他简述了真正的美国战后政策。凯南诚实得可怕，他把战后美国精英的真正目标讲得太真实了。这就是美国主宰世界，或者至少像在1948年那样尽可能广泛地主宰对外关系理事会

---

❶ Quoted in, Michael Tanzer, Op. Cit., p. 78.

❷ George Kennan, *Policy Planning Study* 23 (*PPS/23*): '*Review of Current Trends in U. S. Foreign Policy*,' Published in Foreign Relations of the United States, 1948, Volume I, pp. 509 ~ 529, marked 'Top Secret' but later declassified.

提出的那个“大区域”。

1947 年 7 月，国务卿乔治·马歇尔在威廉·克莱顿和乔治·凯南的协助下，制定并公布了一项欧洲经济重建计划，真正的目标是使美国制造业、大型石油工业和金融业在战后的欧洲保持控制力。这就是“马歇尔计划”，它的正式名称是“欧洲复兴方案”。

“马歇尔计划”援助条件的起草者精心设计了一个提议，即美国向苏联提供援助进行战后重建，但这是有条件的援助：斯大林必须对西方和美国实行经济开放，向西欧供给大量原料，等等。还有其他很难接受的条件，苏联肯定会拒绝这种援助，这样一来美国独自在经济上主导西欧，就不必顾虑是否要和苏联合作的麻烦了。❶

“马歇尔计划”的援助条件有意识地包括大规模输送美国工业产品到欧洲的内容，这种渗透西欧新市场的方式非常有效。最重要的援助是来自洛克菲勒标准石油王国的石油。根据美国参议院的调查，“马歇尔计划”给受援国最大的一单支出，是以最高价格购买的美国石油，由洛克菲勒标准石油公司供货。❷

战争结束时，洛克菲勒控制的石油五姐妹（即美国的石油工业）就像英国石油工业一样，已经从里到外完全国际化了。它的主要资源在委内瑞拉、中东和其他遥远的地方。“油老大”是这五家巨头公司的别称，即新泽西标准石油公司（埃克森）、苏康尼－真空泵石油公司（美孚）、加利福尼亚标准石油公司（雪佛龙）、德士古公司和梅隆家族的海湾石油公司。这五家公司朝着决定性地控制欧洲的战后石油市场的目标采取行动。

战争的创伤已严重地破坏了欧洲以煤炭作为主要能源基础的格局。德国东部的煤炭落入了苏联控制区，而西部煤炭的产量只有战前水平的 40%。英国煤炭产量比 1938 年的水平低 20%。东欧的石油储藏远在丘吉尔所谓的“铁幕”后面，西方国家无法进入。1947 年，西欧的石油一半以上是由这五家美国公司提供的。

---

❶ William Appleman Williams, Op. Cit., p. 208.

❷ US Senate Select Committee on Small Business, ECA and MSA Relations with International Oil Companies Concerning Petroleum Prices, 82nd Congress, 2nd Session, 1952.

美国石油巨头毫不犹豫地抓住了这个天赐良机。美国国会的调查报告、政府中层机构工作人员的批评抗议都没有用，一边在批评滥用“马歇尔计划”的资金，另一边美国石油巨头却在欧洲迫使用户就范。1945 年至 1948 年，洛克菲勒石油公司在欧洲把石油价格提高了一倍多，从每桶 1.05 美元提高到每桶 2.22 美元。虽然石油来自中东油田，由美国公司控制（那里的开采费用通常不到每桶 25 美分），但是运费标准的计算公式故意被弄得很复杂，把加勒比地区到欧洲的运费当作计费标准，那样成本当然要高出得多。

即使在欧洲市场，这些石油公司的差别定价也是很惊人的。希腊买一吨燃油必须付 8.30 美元，同样的燃油在英国每吨只卖 3.95 美元。此外，在华盛顿的支持下，美国石油公司不允许用“马歇尔计划”的钱建设欧洲本土炼油厂，这样进一步加强了美国“油老大”对战后欧洲的控制力。❶

马歇尔的重建计划始于 1947 年 7 月 12 日，持续到朝鲜战争之后的 1953 年。在此期间华盛顿为欧洲国家的恢复提供了 130 亿美元的经济和技术援助，受援国都是加入了总部设在巴黎的欧洲经济合作组织的国家。马歇尔的援助有许多附加条件。例如，法国必须放映美国电影以换取美国的财政援助，法国的电影业因此受到伤害。华盛顿十分清楚好莱坞作为宣传工具的价值——可以在观众不知不觉的状态下宣传“美国生活方式”和美国产品。“马歇尔计划”还为美国大公司廉价投资西欧产业开辟了道路，因为欧洲货币相对于美元严重贬值。

“马歇尔计划”的援助最初主要是用于购买美国的物资，如粮食和燃料，后来是用于购买重建所需的工业产品。1950 年朝鲜战争爆发后，越来越多的援助——主要是美国制造的军事装备——以创建新的大西洋防务组织（北大西洋公约组织）的名义用于重建西欧军队。美国的武器出口将成为美国战后出口政策中的一个优先战略。

---

❶ David S. Painter, *Oil and the Marshall Plan*, Business History Review, no. 58, Autumn 1984, pp. 359 ~ 383.

北约和冷战巩固了美国的经济空间

杜鲁门的鹰派国务卿迪安·艾奇逊敦促总统支持英国援助希腊的反共产主义势力。丘吉尔已经开始了援助自由派的察尔扎里斯政府的行动。自 1946 年以来，这个政府就与强大的希腊共产党作战——希腊共产党打算夺取政权。

根据 1944 年 10 月丘吉尔和斯大林在莫斯科会议上所达成的条件，苏联和英国领导人已经商定了战后如何将东南欧分别纳入苏联和英国各自的利益范围。根据该协议，丘吉尔建议，苏联在罗马尼亚的影响力可以是 90%，在保加利亚是 75%；英国在希腊的影响力是 90%。丘吉尔还建议，在匈牙利和南斯拉夫，她们应该各自占 50%。

10 月 10 日和 11 日，英国外交大臣安东尼·艾登和苏联外交部长维亚切斯拉夫·莫洛托夫就势力范围的百分比举行了谈判。讨论的结果是，苏联势力在保加利亚和更重要的匈牙利的百分比，修正到 80%。没有提到任何其他国家。斯大林对希腊的事情信守诺言，英国支持内战中的希腊政府军，但苏联却没有帮助共产党游击队。❶

尽管有这个非常小的细节，艾奇逊还是设法让杜鲁门总统同意，虽然那时人们并不认为希腊是美国在欧洲利益的战略重点，可是对希腊的自由发表一份强烈支持的声明还是很迫切也很有必要的。

1947 年 3 月 12 日，在希腊的内战危机当中，杜鲁门总统在对美国国会的演说中宣布了后来的“杜鲁门主义”。他宣称：“我认为，美国的政策必须支持自由的人民抵抗武装的少数人的征服企图，或者外力的征服企图。”

杜鲁门强调，如果希腊和土耳其得不到所需要的援助，她们将不可避免地倒向共产主义：20 年后这个说法在越南还会再重复一次。

杜鲁门意外地得到参议员阿瑟·H. 范登堡的支持。范登堡在参议院外交关系委员会很有影响力，是这个机构的负责人，曾经当过参议院孤立主义派别

---

❶ P. M. H. Bell，*The World Since 1945：An International History*，2001，Hodder Arnold.

的领导者。在玛塔·哈莉[1]式的英国间谍、美艳绝伦的伊芙琳·帕特森的引诱下，他"看到了灵光"。1946 年 4 月，他在开始与帕特森秘密来往后不久突然改变了孤立主义立场，努力说服他在参议院的同事们批准给英国一笔极需的贷款。现在，这位很有影响力的共和党参议员、美国参议院外交关系委员会的负责人，又说服了共和党控制的国会，在希腊总理察尔扎里斯的访问之后，同时也是"在英国大力的敦促之下"，在这里发表了杜鲁门主义。[2]

■ 杜鲁门公开提出"杜鲁门主义"，宣称要以自由的枪杆子来对抗非自由的枪杆子

丘吉尔在密苏里州的富尔顿当着杜鲁门发表著名的铁幕演说后不到一年，就把杜鲁门纳入了他的反对苏联的冷战战略。同样的反苏政策被洛克菲勒兄弟和对外关系理事会的主要人物向杜鲁门反复提出已经数月之久，但动机却大不相同，他们已经看明白斯大林不会为美国的经济渗透敞开苏联大门，他们的美国的"生存空间"就得按照这个情况再行修订了。

杜鲁门主义的目的是取代英帝国，通过美国自己来当希腊和土耳其的经济和军事担保人。这是美国外交政策的一次剧烈的转向。有一位历史学家这样说："在总体上没有发生战争的和平时期，美国在历史上第一次选择了干预北美和南美以外人民的事务。"[3]

---

❶ 德国女间谍，其 1917 年的真实间谍经历被拍成了电影《玛塔·哈莉》，由著名影星嘉宝出演。——译者

❷ 英国情报部门利用伊芙琳·帕特森引诱具有影响力的参议员、孤立主义者范登堡，使他持对英国友好的态度，有关内容参见 Thomas E. Mahl，*Desperate Deception*：*British Covert Operations in the United States*，1939 ~ 1944，1998，Brassey's，London，pp. 150 ~ 154.

❸ Stephen Ambrose，cited in Reza Zia-Ebrahimi，Which episode did more to consolidate the Cold War consensus：the Truman Doctrine speech of March 1947 or the Czech crisis of February-March 1948?，January 2007，accessed in http：//www. zia-ebrahimi. com/truman. html.

杜鲁门主义干预的理由，在对外关系理事会一篇耸人听闻的文章里可以找到。应对外关系理事会战争与和平研究组主要成员和杂志编辑汉密尔顿·菲什·阿姆斯特朗的要求，这篇文章刊登在他们的《外交》杂志上，署名是“X先生”。这是根据一封来自莫斯科的很长的电报编辑而成的文章，电报出自哈里曼手下的国务院驻莫斯科助理乔治·凯南之手。1946 年 2 月，华盛顿询问美国驻莫斯科大使馆，为什么苏联不支持新成立的世界银行和国际货币基金组织。凯南写了这一“长文电报”作为答复，说明他对苏联人在 1946 年 2 月时的意见和看法，并将它发送给国防部长詹姆斯·福雷斯特——洛克菲勒在政府里的亲密盟友之一。国防部长把这封电报交给了对外关系理事会。

凯南提到的问题之一是，他认为苏维埃政权对理性逻辑是迟钝的，但对武力逻辑却是高度敏感的。他说，斯大林式的国家认为世界分为不可调和的共产主义和资本主义两个部分。正是在这个看法的基础上，美国确定了“遏制”苏联的政策，这也是长达 40 多年的宣传遏制政策和冷战的基础。[1]

美国的外交政策明显转向了，从与苏联结盟共同对付德国的威胁，转变为与战败的德国结盟共同对付苏联的威胁。这是经典的英国均势阴谋诡计，只不过换成了美国风格。然而，尽管希腊危机、苏联封锁柏林，甚至 1948 年 2 月共产党接管捷克斯洛伐克政府这些事件，推动了一个本来不情愿的美国国会投票通过“马歇尔计划”，对西欧进行财政援助，并且很快导致了美国支持北约，可是这些对于美国的经济结构调整来说还是不够，而这个调整是美国权势集团的大银行业和工业界所需要的。

毛泽东领导中国共产党于 1949 年取得胜利，腐败的独裁者蒋介石所领导的国民党逃到台湾，1949 年 10 月 1 日中华人民共和国宣布成立，甚至连这些事件也不足以刺激美国民众支持增加军费开支，而军费开支正是强大的国防产业游说集团（其中许多是洛克菲勒的公司）所期待的。

---

[1] George F. Kennan (‘Mr. X’), *The Sources of Soviet Conduct*, Foreign Affairs, vol. 25, no. 4, July 1947, pp. 566 ~ 582. The article was written by George F. Kennan, the Deputy Chief of Mission of the United States to the USSR, from 1944 to 1946, under ambassador W. Averell Harriman.

在朝鲜打一仗实现“国家安全状态”

到1949年下半年时，杜鲁门政府里里外外的主要派系得出的结论是，要鼓动美国人民的牺牲精神从而支持较大的军费开支，唯一的手段是打一场新的战争。这项军费开支是保护他们新的全球“生存空间”所需要的，而这场战争是一场能够控制的战争，对美国或仍然脆弱的西欧不构成直接的威胁。

1948年，美国经济面临战后急剧的衰退，军工合同大幅度减少后，民用支出的规模太小，填补不了经济赤字。从1948年至1950年，美国官方报告的失业率上升了130% 。全国生产指数在战争动员最高峰时达到212的顶点，1948年却已下降到170，1949年再降到156。1950年第一季度资本投资比上年同期下降了令人震惊的11% 。从1947年开始美国的出口就不景气，1949年3月至1950年3月再下降了大约25% 。

出于各种原因，朝鲜被选定为发动一场有限战争的理想场所。打这场战争的目的是动员美国民众支持永久性国家安全状态（的开支），支持永久性的快速军工扩张和金融家、杜鲁门的顾问伯纳德·巴鲁克所谓的“冷战”。

1948年年底，华盛顿宣布了一项计划，要与“马歇尔计划”的伙伴国建立一个新的大西洋军事联盟，以换取在西欧国家设立永久的军事基地。这个建立北大西洋公约组织（北约）的条约于1949年4月签署，签约国有比利时、卢森堡、荷兰、法国和英国。几个月之内，朝鲜战争还要激发这个欧洲组织的成员国，把这一个由华盛顿控制、总部设在布鲁塞尔的机构，当作处于常备状态的军事防御组织来接受。厌战的欧洲又被拖进了美国的军事同盟。将要构成冷战战略的脊梁的这个同盟，它的影响力远远超过了大约40年后解体的苏联。

北约第一任军事司令官是英国的伊斯梅勋爵。他宣布北约的目的是“让俄罗斯人出去，让美国人进来，让德国人下去”。[1] 朝鲜战争期间当华盛顿向德国钢铁工业求助以生产军火的时候，这个说法就得做修改了。到20世纪50年代初期，德国被纳入美国冷战的新地缘政治体系，但基本的设想保持不变。北约

---

[1] Quoted in Reynolds, *The origins of the Cold War in Europe*, International perspectives, p. 13.

■ 杜鲁门签署了《北大西洋公约》，拉开了成立北大西洋公约组织（北约）的进程

将要充当美国世纪的主要军事支柱。

1949 年，即北约成立一年后，美国国务院的一个绝密小组就着手制定一项美国的战略新政策，但遭到了国防部长路易斯·约翰逊及其在预算局的盟友的反对。为了绕开正式的国家安全委员会渠道，艾奇逊的国务院获得杜鲁门的批准，成立了一个特设的部门间委员会，在政策规划负责人保罗·尼采手下行动，而尼采与标准石油公司家族有姻亲关系。他们的报告，即《国家安全委员会第 68 号文件》（简称 NSC-68），于 1950 年 2 月开始起草。

《国家安全委员会第 68 号文件》主张美国以扩大军备对付它所声称的敌人，那个敌人“不同于以往的霸权追求者……被一种新的狂热信念鼓动着，和我们自己的信念针锋相对”。尼采提出，苏联和美国处在一个两极化的世界里，苏联期望“把它的绝对权力强加给世界其他地区”。该报告主张：“苏联现在把它的力量用于统治欧亚大陆。美国是非苏联地区的首要权力中心和反对苏联扩张的堡垒，是苏联的首要敌人，美国将会受到各种方式的打击，如果克里姆林宫要实现它的基本目标，敌人（美国）的完整性和活力就必须被打乱或毁灭。”❶

这份绝密文件称，这将是一场信念的战争，“法治政府的自由信念与克里姆林宫冷酷无情的寡头统治下的奴隶制思想”是相互对抗的。作为“自由世界的权力中心”，美国应该建立一个国际社会，美国社会在其中将会“生存并繁荣”，还能够推行遏制政策。这个文件在很大程度上来自凯南早些时候以“X 先生”署名的文章，但是对于他们所说的苏联全球性威胁，这个文件强调的是采取军事手段而不是政治行动。❷

---

❶ Paul Nitze et al, *NSC* 68: *United States Objectives and Programs for National Security*, *A Report to the President Pursuant to the President's Directive of January* 31, 1950, dated April 14, 1950, reprinted in Naval War College Review, Vol. XXVII (May-June, 1975), pp. 51 ~ 108.

❷ Ibid.

《国家安全委员会第68号文件》描绘了一幅1950年苏联军事意图的图景，令人毛骨悚然，但是这个判断相当不现实。苏联当时还远远没有从第二次世界大战的破坏中恢复过来。她在这场战争中失去了2200多万身强力壮的青壮年，那时大量军人正在复员，以增加劳动人手去收拾战争留下的烂摊子。这一现实并不影响艾奇逊的尼采团队。他们只是在一味地描绘一幅令人震惊的威胁图：

> 如果1950年发生一场大战，美国参谋长联席会议认为，苏联和她的卫星国处于备战极为充分的状态，并可以立即进行下列战役：
>
> 1. 横扫西欧，可能不包括伊比利亚和斯堪的纳维亚半岛；向近东和中东产油地区挺进；巩固共产党在远东地区的成果。
>
> 2. 对不列颠诸岛进行空中打击，对大西洋和太平洋西方列强的交通线路进行海空攻击。
>
> 3. 用原子武器攻击选定的目标，现在包括对阿拉斯加、加拿大和美国本土的可能攻击行动。另外，这种打击能力，再加上苏联会采取的其他行动，可能会使英国无法成为盟军的有效的作战基地。苏联也能够制止盟国强行进入欧洲大陆的任何“诺曼底”式的两栖行动。❶

尼采报告所建议的在1950年对苏联采取的各种明确的行动中，就差先发制人的核战争了。报告的结论是：“建设政治、经济和军事实力以及对自由世界的信心，以比现在已经设想的速度采取更快的行动，这是推进我们的宏图大业的唯一途径。为了挫败克里姆林宫的计划，自由世界必须制定一个运转良好的政治和经济制度以及打击苏联的强有力的政治攻势。这一切反过来需要得到足够的军事保护才可以发展。”❷

对尼采的《国家安全委员会第68号文件》的最初反应很难说是积极的。杜鲁门考虑的问题是预算和执行的费用（报告中未提及），他把报告发回重审；

---

❶ Paul Nitze et al, *NSC 68*: *United States Objectives and Programs for National Security*, *A Report to the President Pursuant to the President's Directive of January* 31, 1950, dated April 14, 1950, reprinted in Naval War College Review, *V. Soviet Intentions and Capabilities*: *C. Military*

❷ Ibid., IX. *Possible Courses of Action*: *D. The Remaining Course of Action – A Rapid Buildup of Political, Economic, and Military Strength in the Free World.*

国会认为这是危言耸听。杜鲁门主管经济事务的助理国务卿威拉德·索普不同意关于苏联已经做好战争准备的令人震惊的判断。对尼采报告所说的“苏联正在稳步缩短它与美国在整体经济实力方面的差距”，索普说：“我不认为有证据能够表明这一趋势，而且恰恰相反……实际的差距正在日益扩大，这种扩大是由于我们的原因。”关于苏联的军事投资，索普很怀疑苏联会把国内生产总值的大部分用于军事。他说：“我估计苏联的住房建设占用了大部分投资。”

预算局的威廉·肖布也持批评意见。他说在空军、陆军、海军、核武器数量以及在经济的“每一个领域”，美国都远远领先于苏联。凯南也不同意尼采文件，特别不同意他呼吁的大规模重整军备。正如尼采报告的一个咨询顾问所说的：“在争取公众支持国家项目这种事情上，政府还需要有人来协助一下，而且很快就会看到这样做的必要性。”负责公共事务的助理国务卿爱德华·R.巴雷特说：“如果不发生真正的和持续的危机，一个专制的国家无疑可以在常规军备竞赛中比民主国家坚持的时间更长久。”[1]

国务卿艾奇逊把杜鲁门主义制造出来之后，政府的宣传机器就紧锣密鼓地进行冷战宣传，试图说服广大民众反对“邪恶的、不信上帝的”苏联共产党人。他们自信能够赢得多数选民支持大量增加联邦国防开支的打算，就像杜鲁门的一个亲信所说的，可以“把美国人唬得灵魂出窍”，也可以用制造“战争恐慌来欺骗国家”。[2] 艾奇逊在回忆录中明明白白地承认：“政府官员在解释一项重大政策，或寻求对这个政策的支持的时候，他不是在写博士论文，话必须讲得简单明了、讲得好听，还要把握住直率和粗鲁的分寸，不能有书生气，你的目的是要把别人说服，让他们同意你的观点。”[3]

艾奇逊、哈里曼以及五角大楼的军方要人（道格拉斯·麦克阿瑟将军、洛克菲勒家族等）周围的精英，开始动手加工制造这样一个“真实的和持续的危

---

[1] *FRUS*, 1950, 1: 170－72, 191, 225－26. See also NSC－68, pp. 43, 54.

[2] See John Lewis Gaddis, *The United States and the Origins of the Cold War*, 1972, New York; Richard M. Freeland, The Truman Doctrine and the Origins of McCarthyism, 1985, New York; Frank Kofsky, Harry S. Truman and the War Scare of 1948, 1993, New York.

[3] Dean Acheson, *Present at the Creation*: *My Years in the State Department*, 1969, New York, pp. 374～375.

机”了。就在尼采报告被有选择地送交国会之后两个月，美国扶持的南朝鲜[1]李承晚独裁统治开始了；李承晚在美国生活了33年之后，被华盛顿政府送回去控制朝鲜半岛的南方。

保卫南朝鲜的这场战争有许多吸引人的地方。首先，它将使苏联间接卷入进来，因为苏联是北朝鲜的主要支持者。第二，洛克菲勒家族和杜勒斯兄弟以及他们的业务伙伴早已在南朝鲜甚至北朝鲜大量投资。日本战败之后，美国和苏联曾同意暂时以三八线为界，把这个国家一分为二，别的事等到恢复和平秩序以后再说。

1950年6月25日，世界各地收到来自南朝鲜令人震惊的报告：北朝鲜军队大举入侵南方。然而，最初几天的报告是相互矛盾的；当天正与麦克阿瑟一起在日本旅行的历史学家约翰·根舍有亲身经历，他的第一手材料描述这位美国将军的助手激动地从汉城打来的电话报告是：“南朝鲜人进攻北方了！”[2]

关于朝鲜半岛问题的华盛顿版本中有这样一个疑点：在苏联提出一次临时抗议时，美国召集了联合国安理会特别会议，这样的话莫斯科就没能到会，不可能去对安理会决议行使否决权——联合国安理会决定派遣联合国“维和部队”（实际上是道格拉斯·麦克阿瑟指挥的美军）前往阻止北朝鲜的侵略。美国大使馆和华盛顿在正式声明中不经意地忽略了以下的事实：6月25日北朝鲜“回应”南朝鲜之前两天，南朝鲜空军曾多次轰炸北朝鲜的目标，南朝鲜军队开进北朝鲜的海州并占领了那个地方。按照华盛顿的观点，“联合国”采取干预行动（技术性地称为“联合国警察行动”）的全部根据是北朝鲜的共产党先动手，无端地大规模入侵南朝鲜，后来在所有美国官方的宣传中都守住这个界限是很重要的事情。

麦克阿瑟曾经向杜鲁门要求，让他指挥的美军利用朝鲜半岛冲突这一借口，对中国本土直接发动军事攻击。美国国防部长约翰逊也深信，现在发动一

---

[1] 1948年5月10日南朝鲜举行单独选举，成立国会。7月1日宣布国号为“大韩民国”，简称“韩国”。7月20日，李承晚出任总统。为尊重历史性的引文和作者的行文，本书里的韩国仍称南朝鲜，朝鲜仍称朝鲜或北朝鲜。——译者

[2] John Gunther, *The Riddle of MacArthur*, 1951, Hamish, London, p.150.

场战争，在中国共产党政权立足未稳的时候就打击它，比以后再打他所谓的“未来不可避免的战争”更容易。麦克阿瑟也同意这一点。麦克阿瑟、美国参谋长联席会议主席奥马尔·布莱德利将军、国防部长约翰逊、洛克菲勒的律师兼国务院顾问杜勒斯，都希望利用朝鲜作跳板，直接对苏联的亚洲地区作战。❶

■ 朝鲜战争爆发后，杜鲁门签署法令，宣布美国进入紧急状态

他们的观点被华盛顿的哈里曼、艾奇逊等人否决了。后者所理解的战争目标并不是“打赢”。在朝鲜半岛打的战争只是为了移动一个地缘政治大战略中的亚洲棋盘上的棋子，调动北约和美国人对冷战的恐惧，为美国创造“国家安全状态”提供一个永久性借口。朝鲜战争刚一打起来，国会就马上通过了《国家安全委员会第68号文件》。

美国媒体的战争宣传也大力渲染美国在南朝鲜的重大投资。它们准确地报告说，美国银行和公司在南朝鲜投资高达12.5亿美元以上。洛克菲勒控制的国民城市银行是主要投资者，而洛克菲勒的律师约翰·福斯特·杜勒斯则是该银行驻汉城❷的新高丽公司董事。❸

利用朝鲜战争来服务于华盛顿冷战派的计划，美国干起来游刃有余。美国国防预算增加了400%，从战争开始时的不到130亿美元增加到1953年战争结束时的600多亿美元。美国的傀儡政权——台湾的蒋介石和南朝鲜的李承晚，

❶ Mansur Khan, Op. Cit., p. 245.

❷ 2005年1月，汉城市宣布，将该市中文译名改为“首尔”，韩方希望在中国也使用这一新译名。同年10月，中国决定开始启用汉城的中文新译名“首尔”。——译者

❸ Mansur Khan, Op. Cit., pp. 241 ~242.

以及麦克阿瑟（他当时的助手是一个年轻的纽约银行家，名叫约翰·D. 洛克菲勒三世）领导的美国驻日本军政府，为冷战时期美国在东亚的存在提供了依据。日本工业被允许重组为巨大的联合大企业集团，它们将成为在亚洲“抵御共产主义”的防波堤。同样是由于朝鲜半岛战争，德国获准开始重建鲁尔钢铁工业。

国防部的600亿美元的年度预算，使它成为世界上最大的军火合同发包者；为了防务方面“防患于未然”的目的，它向美国和指定的欧洲及日本企业发出数十亿美元的订单。20世纪50年代，军工综合企业已经成长为庞然大物。冷战之风劲吹，这是标准石油公司的“利好”，因为它给五角大楼的空军、坦克、吉普车和其他车辆提供燃料。在美国国内经济方面，政客们很快就意识到，只要为美国的国家安全辩护，他们的任何计划都能在国会通过。

1953年，美国公众表达的对战争和国家安全的忧虑达到了一种发烧的程度，以至于选举了退休将军艾森豪威尔当总统。当初正是洛克菲勒家族说服艾森豪威尔去竞选，也正是他们筹来了华尔街的助选资金，而死心塌地的孤立主义者、参议员罗伯特·塔夫脱没有得到洛克菲勒家族的青睐。他于1952年共和党全国代表大会之后曾经这样宣布：“自1936年以来每一个共和党总统的候选人都是大通银行提名的。”❶ 所以洛克菲勒的利益在艾森豪威尔确定内阁人选的时候起了重要作用，这一点都不奇怪。

新总统任命艾伦·杜勒斯为他的中情局局长。杜勒斯是对外关系理事会的上一任主席，他在那里的同事、战后刚一结束就担任该理事会副主席的以赛亚·鲍曼，就是这个对外关系理事会所属的战争与和平研究组（洛克菲勒基金会出钱资助）的负责人。❷

正如前面指出的，艾伦·杜勒斯和他的兄弟约翰·福斯特·杜勒斯两人都是洛克菲勒利益集团的律师；❸ 是他们促成了标准石油公司、洛克菲勒大通银行和第三帝国的法本公司之间那些战时的商业交易。战争临近结束的时候，艾

---

❶ Mansur Khan, Op. Cit., pp. 270 ~ 271.
❷ New York Council on Foreign Relations, *Officers & Directors*, 1947.
❸ 参见第七章。

伦·杜勒斯担任战略情报局（中央情报局前身）驻瑞士伯尔尼站的站长；战略情报局的负责人威廉·多诺万把他最初的总部设在洛克菲勒中心第 3603 号房间。

为了让洛克菲勒的对外关系理事会有更多的权力去支配艾森豪威尔的冷战外交政策团队，艾森豪威尔任命约翰·福斯特·杜勒斯担任国务卿这一重要职务。艾森豪威尔对外扩张的外交政策牢牢地掌握在对外关系理事会和洛克菲勒圈子的手里。作为华尔街上的沙利文和克伦威尔律师事务所的合伙人，约翰·福斯特·杜勒斯曾经代表过洛克菲勒的标准石油公司，并且在洛克菲勒基金会当理事。❶

1954 年纳尔逊·洛克菲勒被艾森豪威尔任命为负责冷战战略的特别助理，他的职责是监督中情局的秘密行动计划，研究美国在各种战略中的政策立场。那一年在他手中控制的还包括设在纽约的两家最大的银行——詹姆斯·斯蒂尔曼·洛克菲勒大通银行和纽约国民城市银行、还有世界上最大的石油企业——标准石油集团以及多个军事战略工业以及化学和农业综合企业，更重要的是他对对外关系理事会、中央情报局和国务院的控制。❷

1953 年，艾伦·杜勒斯的中情局采取行动推翻了危地马拉的哈科沃·阿本斯民选政府，罪名是后者威胁了美国的商业利益，“受到共产党的影响”。这里说的美国商业利益是跟洛克菲勒和杜勒斯有关联的“联合果品公司”的利益。❸阿本斯是一个民族主义者，他努力推行温和的土地改革，分给农民土地，但是得罪了大规模的外国香蕉种植园。不久后杜勒斯的中央情报局发动了另一场政变，推翻了非常受欢迎的伊朗民选首相穆罕默德·摩萨台，原因是他把英国石油公司（即英波石油公司）国有化了——这个公司不肯按照伊朗的要求提高付给伊朗政府的石油资源费。美国支持伊朗国王回国掌权，随后对伊朗石油的控

---

❶ Peter Collier & David Horowitz，Op. Cit.，pp. 240 ~ 241.

❷ Ibid.，pp. 272 ~ 276.

❸ 这个公司有“绿色魔鬼”和“香蕉帝国”之称，1970 年与美国机器公司合并后，称为“联合商标公司”。——译者

制权就从英国石油公司转移到洛克菲勒标准石油公司的手里去了。[1]

就是在国内，洛克菲勒利益集团也在冷战氛围中大牟其利。艾森豪威尔总统最大的公共投资项目是公路，其投资依据是《全国州际和国防公路法》、《公共法第84－627号》。该法令于1956年6月29日实施。国会拨款达250亿美元，拟在20年内建造41 000英里（约66 000公里）州际公路。这是当时美国历史上最大的公共工程项目。全国的公路基础设施为战后美国的汽车和卡车运输时代奠定了基础。底特律的通用汽车公司和洛克菲勒的标准石油公司是最大的受益者；原有的铁路基础设施被故意忽略，为卡车和客车运输让路。当过艾森豪威尔的国防部长的通用汽车公司前总裁，查尔斯·威尔逊，在1955年说过这样一句名言："只要对通用汽车公司有利，就是对美国有利。"

可是到了1957年时，战后美国的布雷顿森林美元系统就开始出现断裂的痕迹了。美国经济已经处在严重的不景气中；西欧成了推动经济的动力，前德意志联邦共和国的表现最为突出。前联邦德国应用最先进的技术重建了钢铁工业，在其他领域也是如此。美国公司自身已经逐渐放松了国内产业，更乐于用坚挺的美元在欧洲、拉丁美洲、非洲和世界各地收购要倒闭的公司。美联储的黄金储备仅仅在10年前还无比巨大，世界第一，现在却正在慢慢地流失，因为外国的央行都在用美元贸易盈余兑换黄金，用这种方式来建立自己的黄金储备。

---

[1] William Blum, *Killing Hope: US Military and CIA Interventions since World War II*, 2004, Common Courage Press, Maine, pp. 64～82.

10.

The New Dollar Standard Takes over the World

第十章

新美元本位制接管世界

“战后美国必须培育出一种有关世界秩序的眼光，把我们自己的这一套东西提升为美国的和平女神。”

——美国国务院内部备忘录，1942 年[1]

[1] Advisory Committee on Postwar Foreign Policy, Security Subcommittee, Minutes S-3, 6 May 1942, *Notter File*, Box 77, Record Group 59, Records of the Department of State, National Archives, Washington D. C.

经济世界的帝国以及新的金本位制度

1950 年朝鲜战争爆发时，美国的新“生存空间”的范围，包括对夏威夷、菲律宾、利比里亚、沙特阿拉伯、希腊、土耳其和以色列的全面经济统治。通过军事占领，美国实际上控制了日本和前联邦德国，并在经济上有效地不断增强对阿根廷、西班牙、埃及、泰国和南斯拉夫的控制。

在新成立的中央情报局的协助下，美国控制了西欧的比利时、挪威和意大利各国政府和重要的工业集团和金融集团。美国在荷兰、瑞典和法国有很强的政治和经济影响力。

华盛顿和英国之间有“特殊关系”，美国的北方邻国加拿大的经济由美国主导，在英联邦国家包括澳大利亚、新西兰、南非以及盛产石油的中东大多数地区和前荷兰殖民地印度尼西亚，美国的影响无处不在。它还主导了南方邻国墨西哥的经济。[1]

杜鲁门主义名义上是针对希腊和土耳其内战危机的，但实际上美国是在单方面宣布她有权干预世界上任何国家，她要确保各个国家的政府都服从她的愿望。几乎没有一个国家能与之相抗衡。北大西洋公约组织的建立，使美国在反对苏联共产主义对自由世界威胁的旗帜下，在和平时期把一个永久性的陆海空军事基地网络建立起来，这些基地分布在从挪威到土耳其、从希腊到西欧的西班牙以及从非洲到南美洲和亚洲的每一个大陆上。世界上除了中华人民共和国

---

[1] Victor Perlo, *American Imperialism*, New York, 1951.

和苏联直接政治控制之外的地方，事实上都处在美国的庞大势力范围以内——这就是她的战后“生存空间”。

詹姆斯·伯纳姆是战后美国世纪地缘政治思想家之一，曾经被称为“冷战第一勇士”。他供职于美国政府的战时组织——由怀尔德·比尔·多诺万领导的战略情报局（中情局的前身）。伯纳姆在战后创立了最保守的杂志《国家评论》。1947 年他写了一部歌颂美国新的世界权力的专著，书名倒是很严谨——《为世界而斗争》。这本书改编自战略情报局的绝密备忘录，是 1944 年伯纳姆为参加雅尔塔会议的美利坚代表团对付苏联的地缘政治战略而准备的。伯纳姆以最积极的措辞描述他心中的“一个正在出现的美利坚帝国，虽然没有占领正式的边界，却能够决定性地控制世界”。[1]

伯纳姆继续写道：“美国不能仅仅通过呼吁理性在一定时间内赢得对世界政治秩序的实际领导权……美国必须有权力，并且要以权力进行威慑，无论是间接的经济制裁，还是直接的炸弹爆炸。权力体系的最高端就是对原子武器进行垄断控制”。[2] 美国世纪将是一个“不容挑衅”的事业。伯纳姆还说了这么一句：“独立和自由毕竟是很抽象的。”[3]

美国控制的经济空间里有 5.6 亿多人口，潜在的市场规模比英帝国战前的广阔领地更大，美国这个非正式的经济帝国对这个经济空间的许多地方拥有不同寻常的控制权。运用控制权的途径，是利用布雷顿森林体系（国际货币基金组织和世界银行）的机制、通过控制“马歇尔计划”和总部设在巴黎的经济合作与发展组织（经合组织）宏大的西欧经济政策、通过美元作为世界储备货币和世界金融中心的功能，最重要的是通过金融托拉斯在纽约的银行，以及在华盛顿的已经结为盟友的行政官僚。

肢解英国的竞争对手——德国

德国是美国在战场上的对手，二者为角逐英帝国的全球霸权曾兵戎相见。

---

❶ James Burnham, *The Struggle for the World*, 1947, John Day & Co., New York, pp. 188, 193 ~ 195.

❷ Ibid., pp. 193 ~ 195.

❸ Ibid., p. 201.

现在德国已经屈服，并在1945年后被分裂为东西两部分。华盛顿和华尔街战后最初的行动重心是肢解英国——这个虽然虚弱但仍然很难对付的潜在竞争对手。他们把这活干得很彻底，虽然口头上一直在不停地赞扬“友谊”和英美的“特殊关系”。

就像黑手党的礼仪书中的伎俩，华盛顿对战时亲密盟友的政策就是一种变相的“落井下石”。1941年罗斯福和丘吉尔在大西洋宪章会议期间有这样的会面，根据罗斯福的儿子埃利奥特·罗斯福的亲眼所见，沮丧的丘吉尔急促地对美国总统说：“总统先生，我相信你是在试图消灭英帝国。你有关战后世界结构的每一个想法都表明了这一点。但是，尽管如此，无论如何，我们知道你们是我们唯一的希望。”❶ 丘吉尔从来都能够明白无误地把握华盛顿意图背后的地缘政治权力的平衡方式。

1945年，美国突然停止了对英国的租借援助，英国不得不与华盛顿就经济复苏贷款进行艰苦的谈判。英国最终拿到了贷款，但条件是苛刻的。华盛顿是要补偿的，英国和英联邦国家要给美国“非歧视”贸易的待遇作为补偿。这意味着英国在战争期间的所有的努力都徒劳无功：英国曾经竭尽全力与南非、加拿大、澳大利亚等前殖民地一起创造自己的经济空间（即所谓“英帝国特惠制”）以减少对美元的依赖。❷ 华盛顿深知英国战后经济的致命弱点在哪里，一出手便打击这个弱点。

美国和英国作为“世界银行家”的主次位置在战争期间颠倒了过来。在私人对外投资方面，1949年美国的总额超过英国对外投资的3倍。如果加上美国政府的海外投资，1950年美国的对外投资不仅超过英国3倍，而且还超过了所有其他工业国家对外投资的总和。美国已经将英国无情地抛在了身后。作为战后布雷顿森林体系美元本位制的掌管者，纽约的大小银行和华盛顿携起手来，最大限度地扩张它们新的金融权力。它们手中有的是世界其他地方迫切需要的美元。

---

❶ Elliott Roosevelt, *As He Saw It*, 1946, p. 41.

❷ R. Palme Dutt, *The Crisis of Britain and the British Empire*, 1953, Lawrence & Wishart, London, p. 166.

美国对英国控制下的中东国家丰富的石油资源垂涎已久。利用新的杜鲁门主义，通过供应美国武器和防止“共产党接管的威胁”，美国向中东步步推进。“马歇尔计划”的条件中有专门的条款，即某几个主要位于非洲的欧洲殖民地国家必须向美国提供充足的用于“防御”的战略性原料。在1949年欧洲发生美元短缺危机的时候，美国曾抓住这个机会强迫英镑贬值，进一步削弱英国利用帝国特惠制避免在经济上受制于美元的能力。[1]

随着1949年4月签署《北大西洋公约》、建立北约组织，华盛顿还制定了一个新的经济干预措施来取代“马歇尔计划”下的“欧洲复苏”。现在，美国能够以军事准备、战略规划和统一指挥这些随意的名义，对欧洲北约“伙伴”的事务进行更为广泛的经济干预了，而这些都是为了发动“冷战”。美国对东西方贸易进行了大量的限制，大大地影响了西欧的而不是美国的传统贸易模式。这些限制对英国的打击尤其严重。同样地，前联邦德国经济由于得到朝鲜战争期间美国资本的支撑，正在迅速重建，成为英国工业出口的又一个竞争对手。由于所有这些压力，1951年，英国国际收支的美元赤字达到了战后的新的危险水平。[2]

1951年，美国在加拿大（英联邦成员）的资本投资，从1939年战争开始时的40亿美元上升至90亿美元，大大超过了英国在加拿大的投资，后者到1948年已降至16亿美元。[3] 美国的资本投资在其他英国殖民地或前殖民地也形成了类似的格局，这些殖民地包括印度、澳大利亚和新西兰。

最具有地缘政治意义的事件，是美国侵入石油资源丰富的在中东的英国的传统势力范围。除了前面提到的罗斯福对丘吉尔的巧妙计谋为洛克菲勒标准石油公司集团获得沙特阿拉伯王国的石油财富，美国情报机构还曾秘密在伊朗行动，导致英国从伊朗把石油工人撤出来。

1952年，在英属北罗得西亚（以英国圆桌会社创始人塞西尔·罗得斯的名

---

[1] R. Palme Dutt, The Crisis of Britain and the British Empire, 1953, Lawrence & Wishart, London, pp. 166～167.

[2] Ibid., p. 168.

[3] Ibid., p. 170.

字命名），美国资本通过控制罗得西亚美国金属公司，控制了丰富的罗得西亚铜矿带。

在南非，洛克菲勒集团通过合并两个银行集团，即拉扎德弗里尔斯公司和拉登伯格塔尔曼公司，进而控制了100多家南非工业和矿业公司。J. P. 摩根公司与奥本海默家族强大的南非英美公司联合，志在控制黄金和金属的开采。亨利·卢斯的《时代》杂志称这一事件是“美国资本在南非的首个桥头堡”。纽约巨头肯尼科特铜公司投资于那里的两座大型新金矿，而特拉华纽蒙特矿业有限公司采取行动接管了德国的矿业和铁路公司先前在西南非洲的资产。❶

对于正在崛起的美国大区域或“生存空间”来说，非洲的矿产资源中没有一个超得过比（利时）属刚果的巨大铀矿的价值。洛克菲勒财团，特别是洛克菲勒大通曼哈顿银行通过收购股票掌握了坦噶尼喀特许有限公司的控股权，而这个公司于1950年4月控制了比利时上加丹加联合矿业公司。按照当时的估计，比属刚果东南部的加丹加地区拥有50%以上的世界已知钴储量和60%的世界已知铀储量，这对于建造美国核武库、打朝鲜战争和随后的美苏冷战来说，是一个重要战略的关键部分。❷

战后美国大厦初现裂缝

美国主导“自由世界”的货币和经济事务的黄金时代持续了仅仅10年多一点，布雷顿森林体系大厦下面那个有毛病的地基就出现了裂缝。1957年的“艾森豪威尔衰退”就是美元世界出麻烦的第一个预警信号。实际上，1957年的警报显示的是美国军工的老龄化问题——钢铁、铝、机床业等都是在20年前军备建设期间建立的。而20世纪50年代末期，大多数西欧国家，特别是前联邦德国和稍小一些的法国和意大利，都在变成拥有现代厂房和设备的不可小

---

❶ R. Palme Dutt, The Crisis of Britain and the British Empire, 1953, Lawrence & Wishart, London, p. 174.

❷ 有关洛克菲勒家族在刚果独立前所扮演的角色，请参见 Paul David Collins, Conquest by Convergence: The Case Against Elite Convergence. 2003, accessed in http://www.conspiracyarchive.com/NWO/Elite_Convergence.htm.

觑的竞争者。西欧不仅不需要进口美国工业产品来重建经济，到 1957 年，它们甚至再次变成与美国公司直接竞争的出口国。

美国工业界和金融界最大的跨国公司都是靠到海外去搜刮强势美元产生利润，而不是致力于投资国内工业的重建。1957 年 10 月苏联成功发射了第一颗人造地球卫星，领先于美国的任何同类计划，这让每一个人都看到美国在技术上落后于世界的其他国家了。

还在朝鲜战争期间，美国就开始在布雷顿森林体系金汇兑本位制背后瞒天过海玩弄规则。为了支付日益增长的巨额战争开支，美国采取了“大炮加黄油”计划。尽管根据规定美国必须用黄金来支付外债，可是华盛顿却发行了美联储特别债券和美国短期国库券用来偿债。第一次得手使美国的金融界意识到，这个世界会把美联储的特别债券当作“像黄金一样值钱”的东西，他们就决定要不断扩大在全世界发行美元纸币，但是不再按比例扩大黄金储备了。[1]华盛顿就这样在事实上悄无声息地把美元慢慢地针对贸易伙伴贬值，打击的主要是西欧的贸易伙伴。

从肯尼迪时代开始，1961 年之后美国出现了严重的贸易赤字。对于外国的中央银行来说，这是一个明确无误的信号，应该在问题恶化之前，用它们的贸易顺差美元来兑换美联储的黄金了。美国自己的工业几乎没有对厂房设备进行重大的新投资。相反，剩余的钱被用来投资——购买西欧国家中最先进的工厂，因为在西欧，美元依然坚挺，汇率由布雷顿森林体系固定并保持不变。

肯尼迪拉响了警报

1949 年朝鲜战争爆发前，美国的黄金储备比美国的外债总额多 180 亿美元。到 1960 年 10 月，形势已天翻地覆。美国的外债总额比黄金储备还多 8 亿美元。在同一时期，对外直接投资总额和美国公司持有的长期海外资产数量从 1949 年的 270 亿美元增加到 1960 年的 620 亿美元，增长近 250% 。[2]

---

[1] A. Stadnichenko, Monetary Crisis of Capitalism, 1975, Progress Publishers, Moscow, pp. 126 ~ 127.
[2] Robert Triffin, *The Dollar in Crisis*, 1961, pp. 228 ~ 229.

总有一天这个世界会意识到，美元不再像黄金一样值钱，如果人们想把手中越来越多的美元钞票兑换成黄金，他们最好排在纽约美联储黄金贴现窗口的第一位。这意味着作为整个战后布雷顿森林体系债权国的美国，已经没有偿债能力——用黄金偿还短期债务的能力。

20 世纪 60 年代，美国欠外国央行——尤其是德国联邦银行、法兰西银行和日本银行——的外债，已经变成了填不满的鸿沟。这种状况对于在国外经营的美国公司来说，却是巨大的利好。在 1961 年 1 月总统对国会的第一次国情咨文中，肯尼迪承认美国国内经济的状况令人不安："我们就职的时候，经济衰退已经发生 7 个月，滞胀持续了 3 年半，经济增长减速延续了 7 年之久，而农业的收入连续下降已经发生了 9 年。"

他继续说："企业破产已经达到大萧条以来的最高水平。1951 年以来，农民收入已缩水 25% 。除了 1958 年的短暂时期以外，失业保险发放达到历史上最高纪录。在大约 550 万失业者中，有 100 多万人找工作的时间超过 4 个月……近 1/8 的失业者生活在将近 100 个绝望而且不安定的地区。此外，刚毕业的学生无处发挥聪明才智，农民不得不放弃维持生计的兼职工作，熟练工人和非熟练工人从金属、机械、汽车和服装这些重要行业中被解雇。[1]

肯尼迪接着描述了美国国际金融和货币令人震惊的状态："1958 年以来……我们的负债余额（赤字）在 3 年中增加了将近 110 亿美元，海外的美元持有者用美元兑换黄金的总量已达到近 50 亿美元，这些黄金已经从我们的储备库中流到了海外。造成 1959 年赤字的主要原因是，对我们的货物的限制和没有竞争力的价格；我们的出口未能打入海外市场。另一方面，1960 年的财政赤字更是由于不断有私人资本流出，去寻求海外的新机会和高得多的回报或者投机利益。"[2]

从美国外逃的大部分资本滞留在海外，开始再投资，不流回国内。

为了"保卫"美元，华盛顿呼吁前联邦德国和其他北约成员国提高（为北

---

[1] John F. Kennedy, Annual Message to the Congress on the State of the Union, January 30, 1961, accessed in http://www.jfklink.com/speeches/jfk/publicpapers/1961/jfk11_1961.html.

[2] Ibid.

约承担的）防务开支的份额。1962 年华盛顿对西欧施加压力，要它们对美国进口货物取消关税和其他贸易壁垒，以便减少美国的贸易失衡；欧共体的共同农业政策受到的压力最大。这是法国和前联邦德国之间欧洲经济共同体协议的核心。但这一切措施收效甚微。

肯尼迪与美联储

作为总统，肯尼迪在他短暂的执政期内树敌很多，这些强大的敌人有美国钢铁公司领导层、中央情报局局长艾伦·杜勒斯，还有五角大楼（国防部）。然而，谁都没有像华尔街的强势银行家那样强烈地反对肯尼迪。戴维·洛克菲勒当时正在作为大通曼哈顿银行负责人继承洛克菲勒王朝的权力。1962 年 7 月，他在亨利·卢斯的《生活》杂志上发表过一篇文章，公开攻击肯尼迪的经济政策——指责肯尼迪把利率定得太低。他提出了一个“财政责任”问题，说白了就是要提高华尔街上的政府债券交易商（例如大通曼哈顿银行）的利率。

而肯尼迪关注的事情，是如何摆脱持续了 7 年之久的经济衰退。[1]

肯尼迪遇刺事件在 20 年后被证实是中情局刺杀小组所为。[2] 在被刺杀前 5 个月，肯尼迪发表了一份几乎不为人所知的公告，可能就是这份公告要了他的命。就像不肯借伦敦银行的钱来打南北战争的亚伯拉罕·林肯——当年他发行了无息的美国政府债券“绿背”，1963 年 6 月 4 日，肯尼迪总统发出第 11110 号行政命令，授权美国财政部“以银条、白银或标准银元为依据发行银元券”。[3] 肯尼迪的这个第 11110 号行政命令并不需要国会的批准。

---

[1] Donald Gibson, *Battling Wall Street: The Kennedy Presidency*, 1994, Sheridan Square Press, New York, pp. 73 ~ 75.

[2] Wim Dankbaar, *Files on JFK: Interviews with confessed assassin James E. Files*, 2005, Trafford Publishing, Victoria BC, Canada, pp. 43 – 108. Files, sitting in US Federal Prison in Joliet Illinois made a recorded confession that he had been part of a CIA ‘hit team’ that was led by CIA officer, David Atlee Phillips, with the mission to assassinate JFK and leave Lee Harvey Oswald to take the blame as a ‘lone assassin.’

[3] John F. Kennedy, Executive Order 11110: Amendment of Executive Order No. 10289, as Amended, Relating to the Performance of Certain Functions Affecting the Department of the Treasury, June 4, 1963. Reprinted in The Final Call, Vol. 15, No. 6, January 17, 1996, accessed in http: //www. john-f-kennedy. net/executiveorder11110. htm.

JOHN F. KENNEDY
LIBRARY AND MUSEUM

Executive Order 11110

AMENDMENT OF EXECUTIVE ORDER NO. 10289 AS AMENDED, RELATING TO THE PERFORMANCE OF CERTAIN FUNCTIONS AFFECTING THE DEPARTMENT OF THE TREASURY

By virtue of the authority vested in me by section 301 of title 3 of the United States Code, it is ordered as follows:

SECTION 1. Executive Order No. 10289 of September 19, 1951, as amended, is hereby further amended --

(a) By adding at the end of paragraph 1 thereof the following subparagraph (j):

"(j) The authority vested in the President by paragraph (b) of section 43 of the Act of May 12, 1933, as amended (31 U.S.C. 821 (b)), to issue silver certificates against any silver bullion, silver, or standard silver dollars in the Treasury not then held for redemption of any outstanding silver certificates, to prescribe the denominations of such silver certificates, and to coin standard silver dollars and subsidiary silver currency for their redemption," and

(b) By revoking subparagraphs (b) and (c) of paragraph 2 thereof.

SEC. 2. The amendment made by this Order shall not affect any act done, or any right accruing or accrued or any suit or proceeding had or commenced in any civil or criminal cause prior to the date of this Order but all such liabilities shall continue and may be enforced as if said amendments had not been made.

JOHN F. KENNEDY

■ 约翰・肯尼迪的 11110 号行政令挑战了美联储的权威，这或许导致了他遇刺身亡

■ 肯尼迪在被刺杀之前摆脱美联储发行了无利息的美国纸币。纸币的顶端写着美国纸币，而不是美联储纸币。这批纸币很快被他的继任者收回了

这就意味着，动用美国财政部金库里的白银，政府可以把新的资金注入流通领域。肯尼迪把总计近43 亿的2 美元和5 美元面额的美元钞票引入流通。面值10美元和20美元的钞票还没有流通过，但在肯尼迪遇刺时财政部正在印这些钞票。这是继林肯以后发行无息货币的第一位美国总统，也是第一次现任总统向私人的美联储这个货币权力的寡头提出挑战。

在肯尼迪担任总统期间，威廉·麦克切斯尼·马丁是美联储主席。1970年当马丁作为任职时间最长的美联储主席离开华盛顿后，去当了洛克菲勒兄弟基金会和洛克菲勒家族基金会的负责人。[1]

肯尼迪死后，第11110号行政命令被束之高阁，也没有再发行更多的白银凭证，已发行的也被回笼。[2] 第11110号行政命令从公众视野消失，然后就被遗忘了。

伦敦黄金总库流失

尽管采取了措施，美国黄金还是继续流失，1961年年底华盛顿说服英国和欧洲的各中央银行在英格兰银行设立一个国际黄金总库，以便共同避免对任何国家黄金储备的恐慌性挤兑。黄金损失数额的50%由美联储支付，其余50%由英国、前联邦德国、法国、意大利、比利时、荷兰和瑞士共同支付。

到1962年10月，美元的私人对外直接投资超过350亿美元，大多数投向西欧、加拿大和拉丁美洲。尽管1964年9月美国国会通过了利息均等化税，试图减缓美国资本的外流，但是又在加拿大这里留了个投资免税的漏洞，让美元外逃继续有增无减。[3]

直到1967年11月，布雷顿森林体系链环上的薄弱环节——英镑——断裂时才进行美元援助行动。英国已成为战后布雷顿森林体系的第二大支柱，她在非洲、亚洲和其他地方的前殖民地为了方便而纷纷把英镑外汇储备存放在伦敦

---

[1] Peter Collier and David Horowitz, *The Rockefellers: An American Dynasty*, 1976, Holt, Rinehart & Winston, New York., p. 560.

[2] Anthony Wayne, John F. Kennedy vs the Federal Reserve, accessed in http://www.john-f-kennedy.net/thefederalreserve.htm.

[3] Lyndon B. Johnson, President, Executive Order 11198 – Imposition of Interest Equalization Tax on Certain Commercial Bank Loans, February 10, 1965, accessed in http://www.presidency.ucsb.edu/ws/index.php?pid=60529.

的英国银行。尽管英国的技术落后于西德和法国，工业经济相对薄弱，但是金融中介这个身份使伦敦金融城仍然是仅次于纽约的世界第二大资本中心，中央银行的黄金和美元储备都放在那里。伦敦金融城的银行家一心一意要恢复伦敦在二战爆发前扮演过的角色。

事态还在发展。英国的银行和它们的纽约表弟一样，也是宁愿损害英国的国内产业也要去海外投资，对欧洲工业投资的资本回报率可以达到12% ~14%，是美国或英国国内工业投资收益的两倍以上。英国的银行也是这样一步步削弱了英国保持贸易支付平衡的能力，并逐渐威胁到英镑对美元自1949年以来一直固定不变的那个平价。

20世纪60年代中期，英国被迫两次动用国际货币基金组织的巨额贷款，试图稳定英镑。持有英镑的外国人信心动摇，开始从英国银行大量撤出资金，他们把英镑兑换成黄金或其他货币，使英镑承受的压力进一步增大。由于私人金融投机者不得拿英镑去购买黄金，他们就用英镑买进美元，造成美元走强的错觉。英镑是整个战后布雷顿森林美元体系的事实上的薄弱环节。

英镑菜汤里的法国苍蝇

1965年2月，林登·约翰逊决定大量增加美国对越南战争承担的义务，把美国用来支付对外贸易的钱拿去打仗。法国总统戴高乐发表讲话，尖锐地批评这个货币体系，指责美国拒绝美元对黄金贬值、不调整黄金汇兑美元的比率，不去反映已经变化了的现实。他非常正确地指责美国的决策者事实上向欧洲输出通货膨胀，用这个办法为越南战争和国内计划（约翰逊所谓的“大炮加黄油”计划）融资，美国只需要印刷更多的没有黄金支撑的美元就行了。戴高乐向英国和美国呼吁返回真正的金本位制，那个可能迫使各国调整经济政策的制度，以纠正美国外汇支付中越来越大的赤字。❶

英国和美国的黄金流失继续恶化。1965年3月，在纽约和其他金融派系的

---

❶ Lyndon B. Johnson, President, Executive Order 11198 – Imposition of Interest Equalization Tax on Certain Commercial Bank Loans, p. 156.

敦促下，美国国会通过了一项法律，废除了《1945 年货币法》。那个法律要求联邦储备体系保持 25% 的黄金储备或抵押债券的比例，不仅要支持流通中的联邦储备发行的钞票，而且也要支持联邦系统中的会员银行的存款。美联储的黄金储备水平已经逼近 25% 的门槛了。20 世纪 60 年代中期，美国作为战后布雷顿森林体系金汇兑本位制堡垒的地位已经急剧恶化。

1949 年美国持有的官方黄金储备为约 230 亿美元，而流通中的美联储钞票和存款约 410 亿美元，黄金支持率达到令人印象深刻的 57% 。到 1965 年初，美国的黄金储备已下降到 150 亿美元，而存款和流通中的纸币已上升到 550 亿美元，黄金储备率仅为 27% 。1945 年货币法限定美国必须保持 25% 的黄金准备率，美元成了整个世界的支付系统，美元从此不再只是一个国家的货币。❶这一切做法依据的是 1944 年的布雷顿森林条约；废除《1945 年货币法》之后，(全世界的)“货币汤”中唯一的那只苍蝇就是美元（纸币）了。整个世界贸易中的所有国家都接受美元代替黄金进行支付，是因为她们相信，美元真的有黄金的坚定支持，它们需要的时候还是可以兑换的。

法国、前联邦德国、意大利、比利时、荷兰和瑞士都在利用自己 20 世纪 60 年代末的贸易顺差不断增加自己的黄金。法国还呼吁美元大幅贬值，遭到华尔街和美联储的尖锐攻击，声称这是对想囤积黄金储备的国家给予“不公平的利益”：在布雷顿森林制度下各国还是想把积累起来的出口顺差从美元兑换成黄金，而不是继续持有膨胀了的美元。华尔街和美联储从来都不屑于解释“不公平的利益”为什么不公平。

美元贬值将在事实上削弱美元，降低美国跨国银行和跨国公司在世界经济中的作用，这是金融托拉斯最不情愿的。戴高乐的经济顾问雅克·鲁伊夫 1969 年 6 月 5 日在《华尔街日报》的一篇文章里解释了法国的立场。他指出：“目前水平的黄金价格是 1934 年罗斯福总统定下的。从那时起，美国的所有价格都已经提高了一倍以上。”❷

---

❶ The United States Federal Reserve System, *Consolidated Position of the Federal Reserve Banks*, Federal Reserve Bulletin, Table 15, February 1965, p. 230.

❷ Jacques Rueff, *The Wall Street Journal*, June 9, 1969.

1967年英国已经不得不通过借入外国货币来支持英镑，这是固定汇率制寿终正寝的信号。这一年国际上对黄金而不是英镑或美元的私人需求越来越大，英格兰银行的伦敦黄金总库被迫加强了干预。

根据1967年1月法国议会通过的一项法律，法郎实行完全自由兑换，因为法郎有80%以上的黄金储备支持。这是法国出手把国际货币改革这个迫切问题提上桌面的一次尝试。1967年夏天法国退出了黄金总库，不愿意再拿自己的黄金来徒劳地支持美元。结果是英镑的外汇汇率持续下降，市场上私人手持的黄金价格上涨。挤兑已经发生。

投机者现在只赌一个确定无疑的东西了。他们迅速地将英镑兑换为美元和别的货币，然后去购买苏黎世、法兰克福、巴黎和比勒陀利亚等所有市场上的黄金。私人黄金市场的价格相比于布雷顿森林体系的固定价格大大上涨，锚定整个世界支付系统稳定性的美元，现在处在巨大的压力之下。

这是一场与1931年英镑危机（黄金储备流失）很相似的戏剧性事件。稳定英镑的紧急借款并没有减轻英镑的压力。1967年10月，持有大量黄金的、以瑞士联合银行为主的瑞士银行财团向英国提供了1.04亿美元的贷款，但是国际货币基金组织和欧洲的主要国家拒绝进一步支持英镑。英国政府再次与瑞士谈判，要求瑞士私人银行增加10亿至30亿美元的贷款时，1967年11月18日，工党首相哈罗德·威尔逊宣布英镑对黄金贬值14%，对美元的新平价固定为2.40美元兑换1英镑。这个贬值的幅度远远小于1949年的30%，但已经足够使20世纪60年代末这个已经变化了的世界，把压力集中到全球货币体系的心脏——美元——上去。[1]

美国对法国伺机报复

华盛顿是不能容忍法国这样干涉美元金融秩序的，它要报复。华盛顿在华尔街银行家的支持下，发动了一场攻击法国和法郎的全面的经济战争，打击这

---

[1] Aaran Hamilton, *Beyond the Sterling Devaluation: The Gold Crisis of March* 1968, Contemporary European History, vol. 17, no. 1 (2008), pp. 73～95.

个货币改革的主要推手。为了破坏法国货币改革的理念，华尔街银行界和华盛顿要打破法国货币和金融的稳定性。一场幕后操纵的静悄悄的全面货币战争在1968年初爆发，所有主要市场的参与者都很清楚，是美国银行界操纵了对法郎和法国黄金储备的挤兑。纽约的银行突然从法国银行取出存款去买德国马克，这是沉重的一击。华盛顿向前联邦德国银行施加压力，要后者跟进，给人们心中的一个模糊的暗示增加点分量——好像大家对法国货币政策已经普遍没有信心了，而并不是美国在推动金融战争。美国还限制法国对美国的出口，建议美国人不要去法国度假。在法国投资的美国公司还悄悄地从法国撤出资本，给法郎再增加一点压力。❶

然后就发生了在时间上看起来几乎不可能的巧合——一个鲜为人知的激进左派无政府主义集团"情境主义国际"突然在法国新左派中出现。这一事件被英美主流媒体（如伦敦的《经济学人》）大加渲染。他们好像是空降来到斯特拉斯堡大学的学生团体领袖，在巴黎大学索邦神学院的激进学生运动中也具有相当大的影响力。

■ 美国在1968年对戴高乐展开了经济战，为5月的学生运动做了铺垫。这最终导致戴高乐在一年后辞职

华尔街和伦敦金融城充分地利用了1968年5月被大肆渲染的学生暴乱。情境主义国际的说客丹尼尔·科恩－本迪特那样的激进分子一夜之间就变成法德左派的切·格瓦拉了。这位科恩－本迪特一直是一个团体的成员，这个团体在1967年11月组织了有12 000名学生参加的罢课活动，抗议学校人满为患的现状。在此前的10年中，学生人数从17万上升到51.4万，几乎增加了两倍，但是从1962年以来，大学校舍的总面积只

❶ A. Stadnichenko, Op. Cit., pp. 204 ~ 211.

增加了一倍。设施严重不足，校园过度拥挤，这就是背景和社会火种。点火是很容易的。❶

戴高乐受到了打击。一年后的1969年4月戴高乐辞职。金融危机对他的民意支持率非常不利，警察对1968年5月的学生暴乱事件处置不当。美国情报机构人员在学生造反的现场出现，至少采取了鼓励行动。❷

指挥了法郎攻击行动的那个集团巧妙地散布谣言，说德国马克即将对法郎升值，为法郎的恐慌性抛售和法国黄金的流失推波助澜。当学生造反的战场被打扫干净的时候，法国的外汇储备已经减少了80%（1968年3月至1969年3月），尽管法国银行始终没有放弃保卫法国法郎对美元的比价，但到1969年8月，法郎被迫贬值12%。同年10月，前联邦德国金融当局不得不让德国马克增值，幅度达8%。这两个经济最强大的欧洲共同体成员国之间的差距一下子就扩大了20%。

前联邦德国没有资格支持法国的金融新秩序改革的要求，也没有力量抵制美国银行要她进攻法郎的压力，因为她担心失去美国驻军，华盛顿曾这样暗示过。

打击戴高乐政权的这场金融战，为华尔街和美联储赢得了一点时间，人们的注意力不那么紧盯着美元的脆弱性。不过这种注意力转移的时间很短，对美元的攻击很快又要开始了。

---

❶ Rene Vienet, Enragés and Situationists in the Occupations Movement, 1968, in Situationist International Online Archive, accessed on http://www.cddc.vt.edu/sionline/si/enrages.html.

❷ Council for Maintaining the Occupation, Report on the Occupation of the Sorbonne, Paris, 19 May 1968, accessed in Situationist International texts, http://www.cddc.vt.edu/sionline/si/occupation.html.

11.

The Beginning of the End of the American Century: Nixon Walks away from Bretton Woods

第十一章

美国世纪开始谢幕：尼克松离开布雷顿森林体系

“您已经说了，美国是怎样给英国和历史上所有想称王的国家设圈套。我们玩了一把天字第一号骗钱术。”

——赫尔曼·卡恩，哈德逊研究所，1971年，他被告知美国收支赤字是如何用来盘剥其他国家的。[1]

[1] Michael Hudson, Super Imperialism: The Origins and Fundamentals of US World Dominance, 2003, Pluto Press, London, p. xiii. 哈德逊的记录部分是因为他曝光了二战后美国利用失调的国债以及同期的贸易赤字对金融的操控，其他国家没办法这样做，这是因为美元是世界的储备货币，而且其他国家都依赖美国的军事保护。她们别无选择，只能利用贸易顺差得来的美元购买数千亿的美国国债。事实上，正如哈德逊告诉卡恩的，这样做迫使其他国家支持美国发动战争，诸如此类的事情使得这些国家购买美国国债无利可图。哈德逊指出，1971年8月黄金与美元的脱钩正是使得这样做成为可能的关键一步，尽管华盛顿和华尔街一开始都没有意识到这一点。该书全文可在网上查阅。

1971年：美元体系开始谢幕

20世纪70年代最初的两年标志着一个分水岭：美国政策发生了转向。为了确保美国继续当全球经济和金融超级大国，采取大刀阔斧的措施迫在眉睫，他们好像一时还不知道该究竟怎么干。不过执掌华尔街的那些实力集团很快就制定了战略。

由于林登·约翰逊在东南亚打的战争不断升级，巨额开支使得国际银行和央行加快了出售美元、买进黄金的行动。1968年，巨额的战争费用使美国的联邦预算赤字雪上加霜，上升到当时史无前例的300亿美元。黄金储备继续下降，跌至法律所允许的25%的底线。国防部长罗伯特·麦克纳马拉递交了辞呈；他有一个“打不赢的战争”的战略设计师之名；此时此刻的政治混乱更加促进了资金的外逃。

战后的布雷顿森林体系注定在核心处发生破裂，这只是时间早晚的问题。最后这个裂口出现在1971年8月15日：尼克松总统向世界宣布，他下令关闭了纽约联邦储备银行的黄金贴现窗口。持有美元的外国人没有得到任何预警，就被美国总统的单方面行动剥夺了兑换黄金的权力，虽然这是美国的一项由国际条约规定的义务。

尼克松听从的建议是来自洛克菲勒圈子的那些顾问，其中有预算顾问乔治·舒尔茨，他是后来的国务卿，卸任后当了庞大的建筑工程巨头柏克德公司的董事长。这个小圈子还包括财政部杰克·F. 贝内特（后来当了洛克菲勒埃克森石油公司董事）、财政部负责国际金融事务的副部长和前大通曼哈顿银行执行官保罗·沃尔克（洛克菲勒财团的终身走卒）。沃尔克将在八年后再一次扮演一个决定性的角色：在戴维·洛克菲勒的操纵下，卡特总统任命沃尔克为美联储的主席，把银行家的重大行动计划付诸实施。❶

同年12月在华盛顿举行的国际对话上，在欧洲各主要国家、日本和其他一些国家面前，美国重申了尼克松对黄金兑换采取的单方面行动，并且同与会者达成了一个很糟糕的妥协，这就是《史密森氏学会协议》。尼克松在会谈之后是这样宣布的：他们“缔结了世界历史上最重要的货币协议”。美国已正式降低了美元的价值，但没有达到欧洲国家所期望的程度。美元对黄金贬值仅8%，黄金固定价格从每盎司纯金兑换35美元变成38美元，虽然欧洲认为如果重建全球性均衡，美元有必要更大幅度地贬值。该协议还正式允许币值在上下2.25%的幅度内波动，布雷顿森林规则中国际货币基金组织规定的波动幅度只是1%。

尼克松的“黄金兑换停止”声明启动了一系列即将震动世界的行动。在仅仅数周之内，对《史密森氏学会协议》的信心就开始崩溃了。

黄金有一点工业用途，可以做漂亮的首饰，此外这种物质本身没有什么特别的性质。但是在历史上，它因为稀缺而成了公认的价值标准，不同的国家之间对照此标准来确定其贸易条件，因此成为货币。当尼克松决定不再履行美国货币对黄金的义务时，他拉开了全世界防止投机的防洪闸门，历史上从未有过的拉斯维加斯式投机狂潮就要开始。

1971年8月之后的世界经济并没有被这个固定汇率调整过来，国际贸易变成了另一种投机的舞台，赌注下在各种货币之间汇率变动的差别上。这一切的后果是：世界流通中的美元总量的增长从20世纪60年代末相当稳定的状态变成了指数型增长，20世纪90年代末流通中的货币指数是2500%。❷

20世纪70年代初暂停兑换黄金以及由此产生的国际“浮动汇率”没有解决任何问题，它只是为美国金融权势集团准备下一步行动赢得了一点时间。在

---

❶ 《石油战争：石油政治决定世界新秩序》，知识产权出版社，2008年。

❷ Richard Duncan，*The Dollar Crisis*，2003，John Wiley & Sons-Asia，Singapore，p.，Figure 1.1.

《史密森氏学会协议》无效的背景下，进入1972年后形势进一步恶化，资本大规模流向日本和欧洲，逃离美元体系，直到1973年2月12日尼克松终于宣布美元第二次贬值，这次相对于黄金贬值10%，黄金的官方价格定在每盎司42.22美元，一直沿用至今。贬值还是阻止不了卖出美元。1973年5月，在斯德哥尔摩城外一个度假小岛上召开了一次高度机密的会议，会议决定以牺牲世界工业增长为代价为美元注入新的生命力。以国务卿和事实上的代理总统亨利·基辛格（他本人就是洛克菲勒财团的附庸）为首的华尔街和华盛顿的权力精英的决定是：对世界经济实施一次重大打击，以便挽救不断贬值的美元——作为世界贸易资产和金融资产、作为美国经济帝国主义战略支柱的美元。

萨尔茨约巴登与彼尔德伯格的石油冲击

1971年8月15日的尼克松美元战略背后还有一项计划方案，一直到1973年10月才出台。即使在那时，除了极少数内部知情者以外几乎无人了解其中的关联。1971年8月美元的“去货币化”（和黄金脱钩）是纽约的金融权势集团用来争取时间的，决策者要制订的计划是一项无法无天的新货币主义方案，有人喜欢说它是“范式的转变”——是重建坚挺美元的战略，目的是在这个眼看要全线败退的时候，再一次加强美元在世界上压制对手的政治力量。

1973年5月，美元的下跌还在继续，84名世界顶级金融和政治人物举行了一次集会，地点是瑞典瓦伦堡银行家族僻静的度假海岛——萨尔茨约巴登。在伯恩哈特亲王彼尔德伯格集团的这次会议上，美国来的一位与会者把提高欧佩克石油收入400%的“方案”讲给大家听。萨尔茨约巴登秘密会议的目的不是预防石油价格可能会带来的冲击，而是如何管理将要被创造出来的大量石油美元。美国国务卿基辛格后来称这个过程为“石油美元的回收”。

这个美国人沃尔特·利维是洛克菲勒标准石油公司的顾问。他告诉研究大西洋－日本能源政策的彼尔德伯格会议，未来世界对石油的需求将由少数几个中东产油国供给。他预言：“进口这些石油的费用将大大增加，石油消费国将会遇到平衡国际收支的困难。”而沙特阿拉伯和阿联酋这些国家会积累前所未有的外汇，这也会造成严重的问题。“国际石油公司的母国与石油的生产国、进口国和她们的国有石油公司之间，在政治、战略和权力关系方面的关系正在彻底改变。”他预计欧佩克中东石油收入的上升将会刚好超过400%，不久后基辛格要求伊朗国王做的正好也是这么多。

出席1973年5月萨尔茨约巴登会议的，有大通曼哈顿银行的戴维·洛克菲勒（享有“美国的董事长”美称），洛克菲勒的盟友、大西洋富田石油公司的罗伯特·O. 安德森，英国石油公司董事长格林希尔勋爵，华宝银行公司的埃里克·罗尔爵士（欧洲债券的共同创造者之一），雷曼兄弟投资银行的乔治·鲍尔（10年担任过助理国务卿，曾推动他的银行家朋友、伦敦华宝银行公司的西格蒙德·沃伯格开发伦敦的欧洲美元市场），兹比格纽·布热津斯基（戴维·洛克菲勒私人的三边委员会的新执行主任，很快将担任卡特总统的国家安全事务助理），意大利菲亚特集团的乔万尼·阿涅利，德国的奥托·沃尔夫·冯·阿梅龙根（德国战后最有影响力的商界人物之一，被任命为洛克菲勒埃克森石油公司的第一位德国董事）。亨利·基辛格也应邀到会。

绝密的彼尔德伯格俱乐部1954年5月会议的召集者是一个大西洋精英团体，到会者有戴维·洛克菲勒、乔治·鲍尔、约瑟夫·雷廷杰、荷兰的伯恩哈特亲王、乔治·C. 麦吉（时任美国国务院外交官，后来担任洛克菲勒美孚石油公司的高级主管）。第一次开会的地点——荷兰阿纳姆附近的彼尔德伯格酒店——成了这个年度会议的名称，与会者都是欧美顶级精英，他们进行秘密协商和讨论，“形成”的一致意见在随后的新闻评论和媒体报道中被精心地加以宣传，但是对彼尔德伯格俱乐部秘密会议本身从不提及。彼尔德伯格的行动是战后英美政策形成的最有效的手段之一。❶

❶ Anonymous, Saltsjoebaden Conference, Bilderberg meetings, 11～13 May, 1973. 笔者得到了本次会议讨论稿的原始文件。这份文件是相当神秘地在巴黎的一家二手书店里买到的，上面还有彼尔德伯格内部人士谢泼德·斯通的签名。1973年彼尔德伯格会议的议程是由罗伯特·墨菲准备的，他于1922年在慕尼黑当过领事，并与当时还默默无闻的希特勒举行过会谈，在给华盛顿的上级发回的报告中对其称赞有加。墨菲后来作为政治顾问制定了对战后德国的占领政策。发表萨尔茨约巴登能源报告的沃尔特·列维与石油巨头关系密切。1948年，作为“马歇尔计划”的石油经济学家，列维试图阻止政府调查石油公司是否定价过高。

那一年的5月，在彼尔德伯格俱乐部的那些权势显贵很显然做出了一个决定，对全世界的工业发展实施一次重大打击，把权力的天平回转到有利于美国经济和美元的方向上来。为了做到这一点，他们决定拿出最得心应手的战略武器——对世界石油的控制。

彼尔德伯格俱乐部的决定是利用美国的外交手段在6个月之后即1973年10月制造一次全球石油禁运，目的是迫使世界石油价格大幅度上涨。1945年以来以美元标价进行世界石油贸易成了国际惯例，因为美国石油公司主导了战后市场。因此，世界石油价格飙升意味着世界对美元的需求发生同样程度的上升，这是支付石油费用必不可少的。这样不仅埃克森石油公司、美孚石油公司和洛克菲勒等公司将成为世界最大的企业，它们的银行——大通银行、花旗银行和少数其他银行，也将成为世界上最大的银行。

洛克菲勒主导的美国金融权势集团拥有的石油权力，以及他们行使这个权力的那种惊心动魄的方式，无人能够想象。这是一个无耻的计划，没有人能想象这样的事情竟然是有意而为的。但事实的确如此。[1]

基辛格的赎罪日石油冲击

1973年10月6日，埃及和叙利亚入侵以色列，发动了后来所谓的赎罪日战争。赎罪日战争不是简单事件的结果，不是阿拉伯世界决定用军事行动打击以色列这样的失算或者失误。整个10月战争事件是华盛顿和伦敦秘密策划的，通过由尼克松的白宫国家安全事务助理基辛格建立起来的强大秘密外交渠道推进。

基辛格通过他与以色列驻华盛顿大使西姆哈·迪尼茨的亲密关系，有效地控制了以色列的政策反应。此外，基辛格还建立了与埃及和叙利亚的沟通渠道。他的手段是在关键问题上分别向双方说另一方的坏话，确保战争一定能打起来，确保随后阿拉伯石油禁运会发生。沙特阿拉伯国王费萨尔曾多次明确地

---

[1] Jack Bennett, *Memorandum*, *reproduced in International Currency Review*, Vol. 20, no. 6. January 1991. London.

■ 尼克松的国家安全事务助理基辛格同以色列驻美大使迪尼兹（后左一）一同煽动石油输出国组织（OPEC）于1973年展开石油禁运，从而拯救了美元

向基辛格和华盛顿说，如果美国继续单方面向以色列提供军火，欧佩克将对美国实行石油禁运。❶

基辛格扣压了美国情报部门的报告，包括截获的阿拉伯官员之间确认军队集结的通话。基辛格是尼克松的情报“沙皇”。基辛格臭名昭著的“穿梭外交”，在战争爆发前6个月和战争开始之后，都是沿着上一年5月在萨尔茨约巴登召开的彼尔德伯格会议制定的精确路线推进的，在华盛顿早已写好了脚本。全世界的愤怒即将到来，阿拉伯石油生产国将成为替罪羊，而真正应该负责的英美利益集团却静悄悄地躲在后台。❷

1973年10月中旬，前联邦德国总理维利·勃兰特通知美国驻波恩大使，前联邦德国在中东冲突中将保持中立，不允许美国从北约在前联邦德国的军事基地向以色列提供军事补给。1973年10月30日，尼克松向勃兰特总理发出一份措辞严厉的、据说是基辛格起草的抗议照会，几乎是17年后将发生的类似事件的恶兆。

尼克松的回应十分简短：“在我们看来，欧洲人比我们更加依赖阿拉伯石油，但是你们的弱点不会因为你们在这个重大的问题上与我们分道扬镳而减少……你们应该看到，这场危机不是同盟的共同责任问题，为以色列提供军用物资的目的也不属于联盟（北约）的责任。我根本无法区分出这有什么细微的

❶ Robert Lacey, *The Kingdom: Arabia and the House of Saud*, 1981, Avon Books, New York, pp. 398 ~ 399.

❷ Matti Golan, *The Secret Conversations of Henry Kissinger: Step-by-step diplomacy in the Middle East*, 1976, Bantam Books Inc., New York.

不同……”❶

华盛顿不允许前联邦德国宣布在中东冲突中保持中立。但是意味深长的是，它允许英国明确表示她的中立立场，从而避免受到阿拉伯石油禁运的影响。伦敦在它自己亲手推动发生的国际危机中游刃有余。

后来欧佩克石油提价四倍的一个巨大后果是，英国石油公司、荷兰皇家壳牌公司和其他英美石油康采恩在北海投入的风险很大的数亿美元石油勘探开采项目，变得有利可图了。这是一个光天化日之下的怪事，新开发的北海油田在基辛格的石油冲击之前，是没什么指望获利的。当然这也可能仅仅是巧合，运气太好了。

1973 年 10 月 16 日那一天，在维也纳石油价格会议之后，石油输出国组织（欧佩克）宣布原油提价 70%，即从每桶 3.01 美元提高到每桶 5.11 美元，这在当时是一个惊人之举。同一天欧佩克的阿拉伯成员国指出美国在中东战争中支持以色列的事实，宣布对美国和荷兰实行石油禁运——西欧获得石油的主要港口在荷兰。

次日，即 1973 年 10 月 17 日，沙特阿拉伯、科威特、伊拉克、利比亚、阿布扎比、卡塔尔和阿尔及利亚宣布削减原油产量，她们将把 10 月的产量削减到比 9 月份低 5% 的水平，并且以后每个月再削减 5%，直到以色列撤出自 1967 年 6 月以来占领的全部阿拉伯被占领土，巴勒斯坦人民的合法权益完全恢复为止。世界上第一次“石油冲击”就这样开始了。

值得注意的是，石油危机最严重之时，正是美国总统尼克松个人深陷“水门事件”之际。这样基辛格就成了事实上的总统，执掌了 1973 年后期危机期间美国的外交政策。

1974 年，尼克松的白宫派了一个高级官员去美国财政部，想命令他们制定一项迫使欧佩克降低原油价格的战略，但遭到了毫不留情的拒绝。这位官员在备忘录中说：“银行界的头面人物抛开我们的忠告，他们想的是大力推动（美元）循环的程序以适应更高的油价。这是一个关系到命运的决定……”这些银

---

❶ Henry A. Kissinger, *Years of Upheaval*, 1982, Little, Brown & Co., Boston.

行领导人中毫无疑问包括戴维·洛克菲勒和与大石油公司相关联的那些银行的负责人。

杰克·贝内特所在的美国财政部和沙特阿拉伯货币当局订立过一个秘密协议，后来在1975年2月杰克·F. 贝内特（美国助理财政部长）致基辛格（国务卿）的备忘录里确定了最后的文本。这位杰克. 贝内特就是尼克松1971年8月美元政策的策划人。根据这个协议中的条款，从天上掉下来的沙特阿拉伯石油横财将被拿来弥补美国政府的赤字。被派往沙特阿拉伯担任沙特阿拉伯货币局首席“投资顾问”的是戴维·马尔福德，华尔街上一位年轻的投资银行家，他供职的公司是首屈一指的欧洲债券公司——怀特韦尔德公司。他负责指导沙特把石油美元投向正确的地方，这自然主要指在伦敦和纽约的美国银行。彼尔德伯格计划按部就班地实行。在以往数年中建立起来的那个欧洲美元市场，很快就要在海外石油美元“循环”战略中大显身手了。[1]

尼克松神通广大的国家安全事务助理基辛格，牢牢地控制着美国情报机构，也控制着美国的外交政策。在10月赎罪日战争爆发几周之前，他说服尼克松任命他为国务卿。基辛格特别愿意在每一个事件中都扮演核心角色。他既当白宫的国家安全委员会负责人又当国务卿，能够干到这种境地的，真的是前无古人，后无来者。在尼克松总统任期的最后几个月里，没有一个人能像基辛格那样手握那么大的权力。基辛格竟然在1973年被授予诺贝尔和平奖，这是在全世界的伤口上撒的一把盐。

1974年1月1日德黑兰会议之后，石油价格第二次上涨，幅度超过100%，欧佩克基准油价上涨到11.65美元。令人惊奇的是，这次提出涨价要求的是伊朗国王。其实国王是按照基辛格的秘密指令干的——他能够在1953年重新掌权，完全要归功于美国中央情报局和华盛顿的支持。[2]

---

❶ Jack Bennett, *Memorandum*, reproduced in International Currency Review, Vol. 20, no. 6. January 1991. London. p. 45.

❷ 2000年9月，在伦敦郊外的家中进行的私人会谈中，石油禁运时期担任沙特石油部长和欧佩克发言人的亚马尼王子，将1974年年初他同伊朗国王的谈话内容告诉笔者。当亚马尼根据沙特国王的指示，询问伊朗为何要求欧佩克大幅提高油价时，伊朗国王回答：“要回答你的问题，我建议你去华盛顿问基辛格。”

仅仅两个月前，伊朗国王礼萨·巴列维还在反对欧佩克把石油价格提到3.01美元，他担心的是这样会迫使西方出口商对伊朗要价更高，国王有一个雄心勃勃的实现伊朗工业化的计划，需要从西方进口工业设备。美国和西方在10月战争中对以色列的支持，已经使欧佩克国家在开会商议的时候更加愤怒。基辛格手下的国务院完全不知道他与伊朗国王之间是有密谋的。[1]

从1949年直到1970年年底，中东原油价格平均约为每桶1.90美元。按照彼尔德伯格俱乐部那次重要的萨尔茨约巴登会议的决定，1973年年初要提高到每桶3.01美元——按计划实现；而欧佩克未来的石油价格应该上涨的幅度是400%。1974年1月，石油价格提高四倍已是既成事实。

“游资－热钱”：离岸欧洲美元诞生

虽然尼克松不得不撕毁布雷顿森林条约，宣布美元不再兑换黄金，但其实在此之前，以戴维·洛克菲勒的大通曼哈顿银行和花旗银行为首的纽约银行界已经着手制订一个计划，目的是为存放在伦敦和欧洲大陆的海外银行里的数十亿美元开发出新的用途。通过纽约银行界精英的努力游说，美国银行的外国分行获得了一项优惠，它们对外国居民发放的贷款将免受1964年通过的新《利息均衡税法》的限制。而该法正是为了遏制美国银行的海外贷款和防止美元外流。

这样一来，美国的银行争相在伦敦和其他经济中心城市开设分支机构。尽管英国经济疲软，伦敦金融城却由于发展了新的、以自身为中心的伦敦“欧洲美元”融资和借贷市场，而再次占据了世界金融和银行业的中心地带。[2]

20世纪50年代后期以来，纽约的中心银行已经开始合并；它们的权力和影响力由于一系列的银行合并而极大地增强。洛克菲勒的大通国民银行与曼哈顿银行合并，形成大通曼哈顿银行，行长是约翰·J. 麦克洛伊，他刚卸任美国

---

[1] James Akins, interview regarding his tenure as Director of Fuels & Energy Office of US State Department at that time, later Ambassador to Saudi Arabia.

[2] Marcello de Cecco, *International Financial Markets and US Domestic Policy Since* 1945, International Affairs. July 1976, London, pp. 381 ~ 399.

驻德高级专员回到纽约，就担任了洛克菲勒的律师和洛克菲勒基金会理事，还当了纽约对外关系理事会主席。纽约国民城市银行接管了纽约第一国民银行，重组成纽约城市银行，即后来的花旗银行，董事长是詹姆斯·斯蒂尔曼·洛克菲勒。

纽约的其他大银行，包括化学银行、汉华实业银行和信孚银行❶也进行了类似的兼并和重组。根据1961年美国司法部的报告，由洛克菲勒财团的两家银行掌控的五家最大的纽约银行已经是世界金融的中心——它们控制了美国所有大城市全部存款的75%。20世纪60年代货币权力的这种非同寻常的集中，将要决定随后40年直至21世纪的国际政治和金融格局。

美国政府为银行免除了反托拉斯法的限制。该项法律所禁止的就是过度集中或卡特尔化。❷

20世纪60年代，这些新合并起来的纽约银行，为建立一个美国以外的新的离岸美元市场——欧洲美元市场——而行动起来。华盛顿不断地劝导海外的美元持有者，不要用美元兑换黄金。越来越多美元长期留存在海外，大部分在西欧或伦敦。伦敦的银行业——伦敦金融城——开始在海外美元市场上呼风唤雨，伦敦低迷已久的财运又一次光鲜起来。英格兰银行以及伦敦的银行家西格蒙德·沃伯格爵士是城市商业银行——华宝银行——的创始人，他在华盛顿的朋友们的帮助下，特别是在美国副国务卿乔治·鲍尔的帮助下，巧妙地引导美元流向（英国）这个美国本土以外最大的美元信贷市场，在这里实现了最高度的集中。

如此造就的这个伦敦欧洲美元市场是“离岸的”，也就是说它不受任何监督——没有任何国家法律或中央银行的监督。纽约的银行和华尔街经纪公司纷纷在伦敦开设立办事处，在爱管闲事的美国税务当局视野以外的地方经营繁华的欧洲新赌场。纽约的国际银行从欧洲美元市场获得廉价的资金和大型跨国公司的业务。20世纪60年代初，华盛顿有意地大开闸门，让美元越过美国海岸

---

❶ 又称为“美国纽约银行家信托公司”。——译者

❷ Marcello de Cecco, *International Financial Markets and US Domestic Policy Since* 1945, International Affairs. July 1976, London, p. 386.

线外逃到这个新的“游资－热钱”欧洲美元市场上去。

这些新的欧洲美元债券——“欧洲债券”——的买家是不具名的，他们被伦敦、瑞士和纽约经营此债券的银行家们戏称为“比利时牙医”。这些欧洲美元债券是“过户”债券，在任何地方都没有买家姓名登记，所以是那些逃税的投资者、毒品大王和其他洗黑钱者的最爱。你拿着来自欧洲美元债券的黑色收入，通用汽车公司或意大利高速公路公司为你付利息，天下哪有比这更划算的好事？一位深谙此道的欧元交易过程分析人士这样说过：“欧洲美元市场是20世纪60年代最重要的金融现象，这里是20世纪70年代初期的金融地震的震源所在。”[1]

一边是纽约的大银行，另一边是海外美元（即欧洲美元）的快速积累，二者之间关系的重大转折点发生于1966年。战后美国金融政策的重大变化基本上都是从洛克菲勒的大通曼哈顿银行开始的，这次也不例外。

在这家银行里传阅过一份机密的内部备忘录，内容是关于美国（即纽约的银行）未能抓住油水横流的“外逃资本”国际市场。这份备忘录指出，目前占据了优势的是瑞士银行，在这个隐秘的财富市场上有菲律宾的马科斯，有沙特阿拉伯的王子，还有毒品大王等人物。这份备忘录建议大通银行推出一项对外业务，去追逐这个蒸蒸日上的离岸外逃资本或“游资－热钱”的主体部分。花旗银行与IOS基金[2]的可疑的创始人伯尼·科恩菲尔德已经开始这样做了。[3]

在大通银行这个内部备忘录中，黎巴嫩的贝鲁特被当做一个模型讨论过。那时贝鲁特只有一家银行，即英特拉银行及其下属的黎巴嫩赌场。这是世界上最大的赌钱和洗钱场所，甚至超过拉斯维加斯。[4]

1966年，黎巴嫩的英特拉银行在非常可疑的状况下发生了资不抵债，竟然需要借款来支付股票和黄金交易的损失。沙特阿拉伯国王以往在做重大决定之

---

[1] Marcello de Cecco, *International Financial Markets and US Domestic Policy Since* 1945, International Affairs. July 1976, London, p. 398.

[2] 全称为“海外投资服务公司”（Investors Overseas Services）。——译者

[3] R. T. Naylor, *Hot Money and the Politics of Debt*, 1988, Unwin Paperbacks, London, p. 33.

[4] Ibid., pp. 33 ~ 35.

前一般都会和华盛顿打招呼，这一次他却突然撤出了大量存款。然后，大通曼哈顿银行冻结了英特拉银行在纽约的大量存款，作为未偿还贷款的抵押。这家银行被迫于1966年10月14日停止了支付。它的存款户将他们的资金都转移到大通曼哈顿在贝鲁特的分行，以图“安全”。

■ 黎巴嫩的赌场于1966年成为洛克菲勒的大通银行开办离岸热钱业务的目标

这时大通银行派出了一名调停人物罗杰·坦拉兹。他出生于黎巴嫩，是华尔街的基德尔皮博迪公司高级执行官。踌躇满志的坦拉兹成功地使这家黎巴嫩大银行重新开业。这家成立于1951年的银行拥有贝鲁特港口管理局、中东航空公司以及黎巴嫩赌场。这家银行的崩溃使黎巴嫩经济陷入停顿，并且冲击了整个中东地区。这是自从第二次世界大战以来世界上最大的银行灾难。❶

大通曼哈顿银行插足黎巴嫩的海外“游资－热钱”银行业，是纽约的海外货币中心银行业在远离政府监管的地方、逃脱了纳税义务的状态下发生重大转折的开端。其中的利润惊人，因为它是在海外并且有美国当局的“允许”，完全不受任何控制。

插足海外银行业标志着纽约银行实务的彻底转型，在未来30年或更久以后，这个转型的重要性将要以爆炸性的方式显示出来。大通曼哈顿银行、花旗银行和纽约或美国的其他大银行将要洗白数千亿美元的非法“游资－热钱”，没人问钱从哪里来；没人问其中是否有亲美独裁者的钱，例如菲律宾的费迪南·马科斯、墨西哥的劳尔·萨利纳斯·德戈塔里（墨西哥前总统卡洛斯·萨

---

❶ Naharnet, *Roger Tamraz Arrested in Morocco*, Jan 29, 2009, Lebanese Forces Official Website, accessed in http://www.lebanese-forces.org/regional/Roger-Tamraz-Arrested-in-Morocco1002728.shtml.

利纳斯·德戈塔里的兄弟）；没人问其中是否有华雷斯贩毒集团要转移的毒资，它们是否被转移到乌拉圭、阿根廷等无数的地方。[1]

尼克松在1971年8月取消了黄金汇兑机制之后，海外欧元市场爆炸性扩张，甚至要超过美国国内的银行市场规模了。到20世纪70年代中期欧佩克石油提价400%之后，欧洲美元市场的“游资－热钱”总数估计达到了1.3万亿美元。到20世纪80年代末期，通过这种海外“游资－热钱”银行洗过的国际毒品收入，每年就超过了一万亿美元。纽约和伦敦的大银行获得利润大头的计划就落实了。

伦敦的欧洲美元银行市场将要成为巨额石油美元循环业务的中心渠道：位于伦敦的“海外银行”将要把欧佩克存入的石油收入款，作为贷款提供给阿根廷、巴西、波兰、前南斯拉夫、非洲和别的石油进口国，这些国家和地区为了进口1974年以后更昂贵的欧佩克石油，迫不及待地需要得到美元。

金融托拉斯发动一场反革命

20世纪70年代之初，美国的经济没有一点活力。1971年8月单方面撕毁布雷顿森林条约、停止美元与黄金自由兑换这个决定，实际上是美国世纪终结的起点；美国世纪的体系一直是建立在1944年美国作为世界上最强大的经济体、拥有一个健全的货币体系这个基础上的。

美元体系1971年8月后投胎转世，被赋予了一个不兑现法定货币的“肉身”。从那时到现在，它的“转世”经历过若干个阶段。第一阶段可称为“石油美元”，它的力量源泉在于世界市场上涨价四倍的石油完全以美元标价，以及石油美元“循环”创造的利润——通过美国、英国和伦敦金融城（欧洲美元的离岸天堂）里个别其他国际银行推行的“循环”中产生出来的巨大赢利。这一阶段持续到大约20世纪70年代末。

1971年“转世”以后的美元体系所经历的第二阶段，从沃尔克发动的1979年10月利率政变一直持续到1989年；柏林墙倒了，美元更加普及了，华

---

[1] Raúl Salinas de Gortari（brother of former Mexican President Carlos Salinas de Gortari）.

尔街银行抢劫资产的广阔新天地也打开了。这个“打开”导致全世界各国都发生工资的全面急剧下降，在工业国家最为显著。

“转世”后的美元体系的下一个阶段，始于1997年由政治目的驱动的对冲基金对经济高速增长的东亚“四小虎”经济体弱势货币的攻击：从泰国开始，经过菲律宾、印度尼西亚并蔓延到韩国。这一危机过程在很大程度上导致了亚洲各国央行的美元大规模流入美国，以期建立美元储备来防御可能出现的新的投机性攻击。1998年后数千亿美元资本从亚洲的流入，助长了1999~2002年美国信息技术的股市泡沫。

“转世”后的美元体系的最后阶段是格林斯潘的金融革命。他在2001~2002年信息技术的股市泡沫破灭后发动了这场革命：他大力支持融资、按揭、抵押贷款和其他在资产领域里以发行新债券为目的的担保革命——证券化革命，以2007年不动产证券化泡沫的破灭为终结。

戴维·洛克菲勒的三边计划

无论怎样看，1973年都是以戴维·洛克菲勒和他的兄弟们为首的美国权力集团总体战略的重大转折点。

洛克菲勒家族、英美石油卡特尔和它们一伙的银行家决定在1973年10月赎罪日战争期间，操纵全球油价巨幅震荡飚升，为作为全球经济和贸易体系基础的美元延寿，但这是不能持久的，还需要采取更大胆的行动，才能保证洛克菲勒家族、对外关系理事会、银行巨头和跨国公司主宰金融的权力。

1973年，担任纽约对外关系理事会主席和洛克菲勒家族大通曼哈顿银行行长的戴维·洛克菲勒也认为有必要建立一个新的国际组织，来拓宽美国影响力的政治基础。这个组织应该是彼尔德伯格会议那样的私人性质的机构，只对受邀请者开放，但是不仅限于美国和欧洲的决策者，这一点和彼尔德伯格俱乐部不同。这个1973年由洛克菲勒建立的三边委员会，从名字上即可看出它有三个支柱：北美、欧洲和日本。

作为亚洲的经济奇迹，日本有必要同纽约权力集团的战略目标拉近距离。这个三边委员会的成员差不多都是戴维·洛克菲勒的“劳力士”名单上的人。

第一批成员大部分是同洛克菲勒财团的利益关系最大的、最有影响力的商业伙伴或政治家，如法国的爱德蒙·德·罗特希尔德[1]、比利时银行家莱昂·兰伯特男爵、英国商业银行家兼欧洲美元的创立者（伊普斯登的）罗尔勋爵、意大利菲亚特公司的乔万尼·阿涅利和皇家荷兰壳牌石油的约翰·劳登。洛克菲勒选择了他的亲密朋友、地缘政治战略家兹比格纽·布热津斯基为第一任执行主任。在这个名单上还有这几位美国成员：华尔街银行家艾伦·格林斯潘、大通曼哈顿银行的保罗·沃尔克，还有当时尚无名气的佐治亚州州长吉米·卡特。[2]

在 1975 年的京都（日本）会议上，三边委员会工作小组提交的报告题目是"重塑世界贸易和金融纲要"，其中提出："三边委员会在维护和平、管理世界经济、促进经济发展和缓解世界贫困方面紧密合作，将为全球体系的稳定的、和平的演变提供更好的机会。"在这个委员会的另一份文件中有这样的解释："压倒一切的目标，是使这个相互依赖的世界保持和平，因此需要保护它为每一个国家提供的利益，对这种利益的外部和内部的威胁，会不断地出现在不惜代价要求更多国家主权的（那些地方）。有时候可能因此需要放慢相互依存的进程……但是更多的时候必须注意制止那些中央政府侵犯国家之间的交易，无论是经济物品还是非经济物品的国际交易。"

三边委员会议程就是整个洛克菲勒和美国权势集团的议程，当年由戴维·洛克菲勒的哥哥约翰·洛克菲勒宣布。

1973 年，约翰·D. 洛克菲勒三世出版了一本书，书名是《第二次美国革命》，提前向 1976 年美国建国 200 周年献礼。这本书合情合理地由对外关系理事会出版社出版，出版社的主管是约翰的弟弟戴维·洛克菲勒。这是一篇具有里程碑意义的政策宣言。金融托拉斯的精英们在这里宣布了"第二次美国革命"。

约翰·D. 洛克菲勒在这本书中首次公开呼吁大幅度减少政府的权力，呼吁私有化，呼吁"将尽可能多的政府职能和责任转交给私营部门"，他指的是

---

[1] 又译为"洛希尔"。有人按英语发音翻译为"罗斯柴尔德"或"罗思柴尔德"。——译者
[2] 有关三边委员会及其成员，请参见拙作《粮食危机：运用粮食武器获取世界霸权》

那些长期由国家行使的职能。这是一个放弃罗斯福新政和凯恩斯主义的呼吁——这些办法是从20世纪30年代以来，由国家来纠正就业和收入分配不公平的做法。❶

洛克菲勒1973年的呼吁，是一场全国性媒体宣传运动的启动信号，这场宣传运动采用精心挑选的、每一个公民都能认可的事例，来证明政府效率低下、不称职、不办事，引导大众否定国家的角色，为了利润最大化的私人公司和银行的私利，去废除规范商业秩序和调节公共福利所必要的国家职能。

■ 名不见经传的"乡巴佬"卡特出人意料的当选了美国总统

1976年，洛克菲勒的"第二次美国革命"纲领取得了重大进展。戴维·洛克菲勒的门徒、佐治亚州的农民吉米·卡特在总统选举中击败了现任总统杰拉尔德·福特意外取胜。福特在尼克松因水门丑闻辞职后继任总统。卡特内阁的重要职位都安排了洛克菲勒的三边委员会成员。兹比格纽·布热津斯基当了总统国家安全事务助理，三边委员会成员赛勒斯·万斯当国务卿，卡特政府中至少有26个高级职位由洛克菲勒的三边成员担任，所以有媒体称它为"三边执政"。更准确地说，这是戴维·洛克菲勒执政。政府"去管制化"和私有化的漫长进程正是从卡特开始的，而他的继任者罗纳德·里根更是要把"去管制化"作为他的总统任期内的中心工作来推行。

值得注意的是，卡特的共和党前任杰拉尔德·福特听从了年轻的幕僚唐纳德·拉姆斯菲尔德的意见，决定在1976年竞选中放弃提名纳尔逊·洛克菲勒

❶ John D. Rockefeller III, *The Second American Revolution*, 1973, Harper & Row, New York, pp. 103～112.

担任副总统；在此之后，戴维·洛克菲勒在三边委员会日本京都会议上介绍民主党人吉米·卡特时，称他为“下一任总统”。

新自由主义的回应：收复新政失地

20世纪70年代初，洛克菲勒家族和主导美国的权势集团所采取的非同寻常的举措、所形成的激进新战略，都是在一场深刻危机的背景下进行的：全球市场和美国市场以及总体利润都处在停滞状态甚至下降当中，美国当时还是世界上最大的商品和服务市场。1975年，美国1%的最富有家庭的财富，以住房、股票、债券、现金和其他耐用品来衡量的全部财产，在财富总量中的份额已经下降到1922年以来的最低水平。❶

他们大手笔地操纵世界石油价格，是引发战后最严重的全球性经济衰退的原因。1975年世界经济收益率下降，清楚地显示出经济学家所称的“结构性危机”，其中包括增长率递减，劳动生产率下降，失业扩大和越来越高的通货膨胀率。

就在此时，有一种被称做“新自由主义”的新社会秩序，首先出现在英国和美国这样的核心国家，后来逐步输出到周边的国家和地区。新自由主义与凯恩斯的“自由主义”经济学毫无联系。20世纪70年代中期出现的新自由主义，是美国和英国权势集团特别是洛克菲勒兄弟的一个项目。他们推崇芝加哥大学经济学家米尔顿·弗里德曼的激进的自由市场教义。弗里德曼是最保守的朝圣山学社的成员，后来当了大学教授；这所大学是数十年前洛克菲勒标准石油公司出钱开办的。这个“新自由主义”更应该称为“新封建主义”。

弗里德曼登峰造极的新自由主义热门畅销书《自由的选择》是约翰·D. 洛克菲勒三世1973年宣言的回声。他推崇一种不受任何限制的自由市场和自由贸易，攻击工会是“倒退”到前工业化状态。❷ 巴黎国际商会把“新自由主义的使命”定义为“打破国际贸易和投资的障碍，使所有的国家都从贸易和

---

❶ Gérard Duménil and Dominique Lévy, The Neoliberal (Counter) Revolution, contained in Neoliberalism: A Critical Reader, edited by Alfredo Saad-Filho and Deborah Johnston, 2004, Pluto Press, London.

❷ Milton Friedman, *Free to Choose*, 1979, Penguin Books, New York, p. 271.

投资的扩张中获利来提高生活水平。”这个巴黎国际商会是新自由主义革命最卖力的全球倡导者，而新自由主义实质上是全球化了的约翰·D. 洛克菲勒三世的“第二次美国革命”。❶ 这就是20年后的那个“全球化”的初级阶段。

围着洛克菲勒家族转的美国金融权势集团，大张旗鼓地呼吁建立“符合债权人和股东利益的新的劳动纪律和管理原则，逐步取消国家对发展和福利的干预，大量增加金融机构，对金融部门提供（相对于非金融部门）更多优惠（政策），采取有利于企业并购合法（化）的新姿态，强化中央银行以稳定物价为目标的活动，将边缘国家的资源重新导向中心国家，行动要果断”。❷

这个全球化中的新问题已经随着新自由主义显现了，例如处在边缘的发展中国家里不可持续的状态——1973年以来几千亿石油循环美元的债务负担（用来支付石油和其他进口产品）和资本在国际上的自由流动对她们造成的破坏。而“新自由主义”的基本特色，就是向地球上所有的地方不停地扩展，这就是它所谓的“全球化”。这个恶性毒瘤在新的多国机构（如世界贸易组织）的推动和华盛顿及其自由市场盟友（特别是英国）施加的巨大贸易压力之下，会以毁灭性的速度和效率扩散开来。

米尔顿·弗里德曼的“货币主义”教条是这场新革命的理论代言。1979年具有决定性意义的事件，是戴维·洛克菲勒说服卡特总统，任命他的走卒保罗·沃尔克担任美国联邦储备委员会主席。1979年10月，沃尔克强制实行了美联储历史上最激进的货币政策。他提息的幅度超过300%，利率达到20%的水平，并且把如此之高的利率一直保持到1982年8月第三世界债务危机爆发，这场危机正是高利率造成的无法避免的结果，随后他就把利率政策转了180度的大弯。

1979年是“新自由主义政变年”。❸ 洛克菲勒家族、沃尔克和他们金融托拉斯的盟友，已经可以拿“失控的通货膨胀”事件来证明货币“休克疗法”

---

❶ International Chamber of Commerce, Policy and Business Practices, accessed on ICC official website, http://www.iccwbo.org/policy/trade/.

❷ Gérard Duménil and Dominique Lévy, Op. Cit.

❸ Ibid, .

的正当性了，不过这场通货膨胀的真正源头，其实是远在1973年彼尔德伯格会议上做出的石油价格冲击的决定。沃尔克最喜欢说的一句话是："休克疗法"可以"把通货膨胀从系统中挤出去"。

其实高利息政策是富豪集团强制推行的"收复失地"长期战略的一部分：在20世纪30年代大萧条期间，他们被迫放弃了一些权利，因为凯恩斯主义主张社会福利国家和社会保障，政府在罗斯福新政时期支持了工会组织。面对停滞不前的国内市场、绝对利润的减少以及对巨额投资的需求，洛克菲勒集团的选择不是在美国国内对经济基础进行更新和投资，而是随它去变成智囊团所称的"后工业社会"。

沃尔克的利率政策的"真东西"，是把经过通胀指数减缩调整后的实际利率，保持在6% ~8%的水平上，对于持有大量债券的富豪来说，这简直是天上掉下来的横财；这些得利的富豪才是金融体系的真正核心。沃尔克政策创造出来的成果是经济衰退，随之而来的就是在欧洲和美国不断上升的失业浪潮，这将为实行新的劳动纪律创造出条件，工会在工资谈判中的影响力也将被大大削弱。里根和玛格丽特·撒切尔在20世纪80年代初期强制实行的，正是削减工资。

20世纪70年代是"美国世纪"的过渡性十年。曾经有人指出，20世纪60年代末，当欧洲国家和日本经济复苏的时候，美国发生了二战结束以来第一次持续的贸易赤字，这两者之间是有关系的。在美国以外的地方积累起来的美元顺差是一种越来越大的威胁——用海外美元兑换美国黄金的威胁。美元不得不对黄金和其他主要货币贬值。美国于1971年停止了美元对黄金的自由兑换，开始实行浮动汇率。

1973年以后，浮动汇率制的永久化成为无法更改的事实。美国伙同伦敦的盟友，通过1973年5月的彼尔德伯格密谋急剧拉高石油价格，以支持贬值的美元。沃尔克1979年对美联储的政变，再次凭借美元升值把巨额财富奉送给手持大量债券等资产的富豪。

1980年共和党人里根上台后，美国蓄意实施了报复性的赤字政策。里根在他任期内创下的贸易赤字和预算赤字是美国历史上最高的。这就是哈德逊研究所创始人、美国未来学家赫尔曼·卡恩所说的“天字第一号骗钱术”的真正开端，他在理解了美元浮动（即不受黄金支持的制约）的真正含义后非常满意地说了这句话。❶

在1973年敲定浮动汇率永久化的多国谈判中，华盛顿把话讲得很明白，它将利用自身在北约和亚洲地区的军事优势地位，来迫使贸易伙伴做出最大的让步。在1973年与韩国的双边谈判中，美国提出的条件是“向美国市场出口的韩国企业有进口一定数量的美国原材料的义务”。❷

1973年，美国作为西欧、日本主要贸易伙伴的“地位”确定了。“赚大钱的好买卖”规定美国几乎不对日本或欧洲的产品，如汽车、钢铁以及后来的电子产品设限，美国打开了边界；反过来，外国必须同意购买美国的国防设备、美国的农产品，她们国内的航空公司所需要的飞机也得买美国的。

但是，1973年之后美国各届政府所坚持的这一套新汇率－贸易制度最深远的意义在于：美元不能再兑换黄金，在浮动利率制度下，全世界的外汇储备都是美元，那些向美国出口而持有美元盈余的外国，特别是日本和德国，将被迫拿这些贸易顺差美元来投资美国国债，这样可以赚一点利息，并且这个放钱的地方也相对安全。

华盛顿在对日本、德国进行双边贸易谈判时做到了滴水不漏：这些国家拿到贸易顺差美元后都得投资到美国国债或证券，一点儿也不能含糊。❸

就这样开始了一种出口国对进口国的依赖——各国对美国这个“最后的进口国”的反向的、反常的依赖。美国国债的买卖是华尔街银行垄断的，由于美国赤字爆炸性的增长，由于美国国内的产业被故意忽视——这是上述决策的后果，以华尔街银行为首的美国将要成为20世纪80年代世界上最大的资本市场。收获金钱的是华尔街债券经纪人。罗纳德·里根被这个权势集团挑出来当总统，去实施这个“天字第一号骗钱术”。

---

❶ Michael Hudson, Op. Cit. , p. xiii.
❷ Michael Hudson, Op. Cit. , p. 369.
❸ Ibid. , p. 363.

12.

The Reagan Revolution for the Monied Class: America's Internal Rot Brings New Crises

第十二章

里根的有产阶级革命：美国内部腐朽带来新的危机

"他们是历史上最卖力毁坏美国工业的人，但他们却到处宣扬一切都好得很。像《绿野仙踪》里讲的故事一样。"

——美国石油商人罗伯特·O. 安德森论沃尔克和里根[1]

---

[1] Robert O. Anderson, cited in William Greider, *Secrets of the Temple: How the Federal Reserve runs the country*, 1987, Simon & Schuster, New York, p. 648.

保罗·沃尔克的货币政变

如果说石油冲击开启了社会的两极分化进程，让少数人越来越富有而绝大多数人的生活水平逐渐下降，那么1979年10月以后保罗·沃尔克实行的货币休克疗法就把这个任务最终完成了——这是一场美国有产阶级的政变。

■ 沃尔克作为洛克菲勒挑选出来的美联储首脑，在1979年开始实施货币休克疗法

沃尔克从1979年10月6日起在美国实行的货币休克疗法，是由英国发明的，并且在几个月前就已经付诸实施。沃尔克和纽约银行圈的密友（其中包括华尔街公司——摩根担保信托公司的刘易斯·普雷斯顿）只不过是把撒切尔[1]政府的货币休克模式移到美国的情境中来。两个地方一个目标，就是要把财富和收入的再分配安排得对本国最富有的人（5%或更少）更有利，比以前更好。

1979年5月初玛格丽特·撒切尔在英国大选中获胜，她的竞选口号是“把通货膨胀挤出经济”。撒切

❶ 即玛格丽特·撒切尔。下同。——译者

尔和她身边的推崇亚当·斯密"自由市场"的理论家帮伙，实施了一次欺诈行动。他们坚持说，英国高达18%的通胀率的主要"原因"是政府的赤字支出，而不是由于伊朗国王垮台以后石油价格上涨了140%。

按照撒切尔的顾问的说法，只要减少投放到经济中的"多余的货币"，膨涨的价格就可能下降，但是可能会引发经济衰退。撒切尔认为，多余的货币主要来源于政府的长期预算赤字，所以政府开支必须大幅度削减，据说这是为了减少一种所谓的"货币的膨胀"。在同一时刻，英格兰银行以高利率政策限制信贷投放量。所有这些在每一个方面都同洛克菲勒的"第二次美国革命"一模一样，只是它被称为"撒切尔革命"。

1979年6月，撒切尔上台后仅一个月，她的财政大臣杰弗里·豪爵士就动手提高银行基准利率——在12周内从12%提到17%，提高了5个百分点，令人目瞪口呆。这相当于工业投资和买房的借贷成本增加了42%。在现代历史上，从来没有一个工业化大国在没有发生战时紧急状态的情况下，在这样短的时间内经受过这样沉重的冲击。

英格兰银行同时减少了货币供应量，使利率在高水平上维持。撒切尔的货币主义革命导致企业因无力支付借贷成本而破产，家庭无力购买新的住房；发电厂、地铁、铁路等基础设施的长期投资几乎全面刹车。

撒切尔有办法迫使向来英勇无畏的英国矿工在罢工数月后屈服，这为她赢得了"铁娘子"的称号。英国的失业人数从她上台时的150万人增加到19个月后的300万人。增加失业，这是银行家战略的一部分：失业工人拼命寻求体面的工作，但不得不降低要价。撒切尔坚称工会是妨碍货币"革命"成功的绊脚石，也是发生通货膨胀的首要原因——她的敌人是通货膨胀。撒切尔还采取行动，用解除外汇管制来迁就伦敦金融城的大银行。这样一来，资本没有投向英国以重整衰败的工业基础，而是向国外流出，投机于香港房地产或向拉丁美洲贷款，去挣更多的利润。❶

撒切尔和洛克菲勒的走卒保罗·沃尔克的激进货币主义从1979年以后像

---

❶ Sam Aaronovitch, *The Road From Thatcherism*, 1981, Lawrence & Wishart, London. 1981.

癌症一样蔓延，从英国到美国，然后延伸到英美世界以外的地方。货币主义要求削减政府开支，减税，产业去管制化，削弱有组织的劳工的力量。在世界各地出现了和平时期不可想象的高利率。

20世纪80年代初的沃尔克货币冲击政策把美国的利率推升到20%（名义水平）这个惊人的地步。这种高利率、紧缩经济的“经济学”很快就让人看清：在20%，甚至17%的利率水平上，任何工业投资都不可能“有利可图”，任何正常的、需要4~5年时间才能完成的项目都毫无意义了，只要看看要付的利息就知道没戏了。

无知而且手足无措的卡特总统接受了沃尔克的休克疗法。1980年3月，卡特心甘情愿地签署了一份非同寻常的法案——《1980年储蓄机构放松管制和货币控制法》。通过这项立法是纽约银行一系列重大举措中的第一步；以戴维·洛克菲勒的大通曼哈顿银行为首的纽约银行要把那些重大行动的后果陆续强加给美国和世界经济。

这项1980年的法案授权沃尔克的美联储对所有的银行执行准备金规定，甚至美联储系统以外的银行如储蓄与贷款银行，都必须执行同样的准备金规定，只有这样才能确保沃尔克成功扼住信贷发放的咽喉，把缩减信贷流量的规模落到实处。此外，这个新的法律逐步取消了银行向客户收取利率的法定上限（美联储所说的《条例Q》），还废除了各州法律中限制最高利率的法规——被称为反高利贷法的那些法规。[1]

在英国人所说的新自由主义的货币主义新教义中，利率将以天顶为上限。货币是国王，而整个世界都是它忠实的仆从。

20世纪80年代初，世界范围内长期的、政府资助的基础设施和资本投资（如铁路、公路、桥梁、下水道、发电厂）都难以为继。国际钢铁协会有一个估计，从1975年第一次石油危机到1985年，主要工业化国家用于公共基础设施建设占政府总支出的份额，已降至20世纪70年代中期水平的一半。世界上生产的钢铁、航运吨英里和实体经济流量的其他指标，都反映了英美灾难性的

---

[1] William Greider, *Secrets of the Temple*. 1987, Simon & Schuster, London, pp.. 1987.

货币休克政策的后果。世界钢铁工业被推入20世纪30年代以来最严重的一次萧条。❶

保罗·沃尔克的货币休克政策以及随后美国经济的低迷，是吉米·卡特在1980年11月选举中落败的主要因素。最保守的共和党总统、前好莱坞影星里根毫不犹豫地支持沃尔克的休克疗法。里根任加州州长时就已经聆听过货币主义大师、从朝圣山来的经济学家米尔顿·弗里德曼的教诲。

1981年年初，里根总统最早采取的行动之一，就是利用他的权力解散工会组织“空中交通管制专业委员会”。这个行动也是一个信号，告诉工会不要再因高利率去寻求政府的救济。里根像他的英国“搭档”撒切尔一样信奉“挤掉通货膨胀”这个主张，而且他简直达到了痴迷的境界。

里根把米尔顿·弗里德曼当做他在经济政策方面的非正式顾问。他的政府里到处都是弗里德曼的激进货币主义的门徒，就像卡特的政府里曾经充满了戴维·洛克菲勒三边委员会的鼓吹者一样。

法力无边的纽约银行界要做的下一件事情是，利用弗里德曼的激进货币措施搞垮智利的经济，智利当时处在奥古斯托·皮诺切特将军的军事独裁统治之下。美国金融相对于任何对手的强势，让美国夺回了霸权。沃尔克的高利率政策（一直坚持到1982年10月）的副产品是美元再次坚挺，资本流入并投到美国的债券和其他资产上，目的是赚取高额利息。

沃尔克引爆债务炸弹

拉丁美洲1982年债务危机是2007年美国次贷危机的前兆，它的直接原因就是沃尔克的货币休克疗法。1982年8月，墨西哥宣布，她没有能力继续用美元支付巨额债务的利息了。墨西哥和大多数从阿根廷到巴西、从尼日利亚到刚果、从波兰到前南斯拉夫的第三世界国家一样，已经落入纽约银行的债务陷阱。这个陷阱就是石油美元和国际贷款：被“回收”的欧佩克石油美元是用来投资的——投资到位于纽约、伦敦的欧洲美元银行，这些银行将美元贷给那些

---

❶ International Iron and Steel Institute. *Infrastructure: Problems and Prospects for Steel*. Brussels. 1985.

等米下锅的第三世界国家，开始时的汇率是与伦敦银行同业拆借利率相联系的那个“浮动汇率”。

当伦敦银行同业拆借利率在数月之内随着沃尔克的“休克疗法”飞升300%的时候，这些债务国就死定了。此时国际货币基金组织被邀请介入——世界历史上最壮观的抢劫大戏开幕，却被错误地命名为“第三世界债务危机”。沃尔克的货币休克政策想必对此早就了然于心。

沃尔克的美联储把严酷无情的高利率政策兜售给轻信的公众，说是可以“将通货膨胀挤出美国经济”。这项政策执行了7年后，到1986年时，美国自身的经济状态也已经很糟糕了。不断扩大的贫民窟、两位数的失业率和日益严重的犯罪和吸毒，让美国的许多地方逐渐变得有点像第三世界了。美联储的一项研究表明，美国家庭中有55%是净负债家庭。联邦的年度预算赤字超过2000亿美元，这是前所未闻的规模。

实际上，沃尔克这个来自洛克菲勒大通曼哈顿银行的戴维·洛克菲勒的走卒，被派往华盛顿的目的，就是挽救美元——不让美元像自由落体那样落下去。这样的衰落会威胁美元作为全球储备货币的地位，同时他也要为美国上层社会富豪的利益挽救债券市场。这是一场寡头的反革命，他们是在“收复失地”——把大萧条期间和之后他们被迫让给“下层阶级”的那些权利夺回来。

美元的储备货币的角色，是理解美国金融力量的一把隐秘的钥匙。

美国的利率高过了屋顶，外国投资者潮水般涌来，购买美国债券十分有利可图。过去和现在，债券都是金融体系的核心。沃尔克的货币休克疗法对于纽约的金融界来说，就是巨大的利好。

沃尔克不辱使命。

从1979年直到1985年年底，美元对德国、日本、加拿大和其他国家货币的汇率上升到历史上从未有过的水平。升值过度的美元使美国制成品出口在世界市场上过于昂贵，结果是美国工业出口急剧下降。

沃尔克的美联储自1979年10月以来实行的高利率，还导致国内的建设大幅下降，最终伤害了美国的汽车和钢铁产业，因为海外的成本更低，美国制造商将生产外包出去了。

在谈到保罗·沃尔克和他在里根政府里的自由市场支持者时，共和党人罗布特·O. 安德森（时任大西洋富田石油公司董事长）这样说过："他们是历史上最卖力毁坏美国工业的人，但他们却到处宣扬一切都好得很。像《绿野仙踪》讲的故事一样。"❶

在掠夺第三世界的过程中，国际货币基金组织助纣为虐，没有撒切尔和保罗·沃尔克激进的货币休克政策，就不会发生20世纪80年代的第三世界债务危机。

撒切尔政府的利率－货币休克政策1979年6月开始实施，同年10月沃尔克的美联储也开始实行同样的政策，第三世界的债务利率负担一夜之间就翻了番，因为伦敦银行的同业拆借利率从平均7%（1978年年初）跃升到将近20%（1980年年初）。

1980年后外债成本中的利息成本负担上升到最高点时，对第三世界债务国偿债至关重要的工业国家的商品出口市场，这时却崩溃了。工业化经济体陷入了自20世纪30年代大萧条以来最严重的经济衰退，原因还是撒切尔－沃尔克的货币休克疗法。

第三世界债务国出口贸易条件恶化，出口收入下降、债务偿还的费用（利率）飙升这把凶恶的双刃剪刀把她们紧紧夹住；在华盛顿和伦敦眼里这是"第三世界债务危机"，但这是一场肇始于伦敦、纽约和华盛顿的危机，不是起源于墨西哥城、巴西利亚、布宜诺斯艾利斯、拉各斯或华沙的危机。

债务国多偿还了好几倍的钱。住在纽约和伦敦的现代"夏洛克"们索要的，就是谚语说的那"一磅肉"。广大第三世界债务国被"手枪顶着脑门"，在国际货币基金组织的压力下和银行签署还债计划，美其名曰"债务解决方案"：这些银行可都是私人银行，一般都是花旗集团或纽约的大通曼哈顿银行或者它们的下属银行。

1982年秋天还成立了一个债权人卡特尔，正式的名称是"国际金融协会"，非正式的名称是"迪渠利集团"，因为这个机构成立的地点是英国迪渠利

---

❶ Robert O. Anderson, Op. Cit.

公园，参加那一次秘密会议的都是代表强势私人银行利益的集团，以纽约和伦敦的银行为首。他们玩的那套游戏，被观察者称为“银行家的社会主义”，其中的私营银行可以对着纳税人整体把贷款的风险“社会化”（转移和分散），而把所有的收益都“私人化”。这同布什政府2008年的政策是一模一样的。

一旦银行家和他们在里根政府里的盟友（如财政部长唐纳德·里甘）把里根总统唬得没了主意，白宫就招呼上保罗·沃尔克、大银行和国际货币基金组织，对每个债务国分别强制实行严格的“有条件”（还债）计划。

在债务谈判进行到一半的时候把国际货币基金组织和严格的限制条件插进去，这是美国想出来的办法。在实质上这几乎就是1919年纽约银行家在命运多舛的《道威斯计划》下针对德国和欧洲其他国家的那些所作所为，以及后来对《杨格计划》的所作所为的翻版。

■ 总部设在华盛顿的国际货币基金组织助纣为虐，在第三世界国家陷入国际银行的圈套时落井下石

国际货币基金组织的限制性条件、债务国与国际货币基金组织签协议，这些都是在国际货币基金组织服务的美国官员欧文·弗里德曼的一个计划的组成部分。由于这个计划的成功，他得到的奖赏是后来在花旗公司谋到了一个高级职位。1944年在布雷顿森林成立的这个国际货币基金组织本应该致力于稳定货币和工业化国家之间的贸易关系，现在它转行了，当上了纽约银行的债务警察。

国际货币基金组织开出的“限制性条件”处方总是一样的。套子里的那个债务国被告知，如果她还想再得到外国银行的贷款，哪怕只是一分钱，她就必须大刀阔斧砍掉进口，毫不留情地削减国家预算（最常见的是食品和其他必需品的国家补贴），贬值本国货币，让她的出口产品对工业国家具有“吸引力”，而在同一时间先进工业产品的进口成本却被抬高到令人望而止步的程度。这样做据说全都是为了能够赚取硬通货来还债。

这个国际货币基金组织的“结构调整计划”到此为止还只是做完了使“候选人”有资格进入第二步的准备工作。“第二步”是与债权银行签订协议，以便“调整”外债（或债务的主要部分）的偿还时间表。进入这个第二阶段，银行就把手插进债务国将来的各种巨大的权利中去了，它们会把被拖欠的利息款加入到债务总额的计算数字中去，用银行家的术语来说就叫做“利息的资本化”。

从1982年以来无数的债务调整计划的最终结果是，负责收债的债权银行的数量大大增加。根据一家大型瑞士保险公司——瑞士再保险公司——的数据，所有发展中国家的长短期外债的总额，从1982年的8390多亿美元稳步上升到1987年的将近1.3万亿美元。没有新的贷款发放，只有为了偿还付不清的旧债而“再融资”所导致的更多的债务，成为未来经济的更大的负担。

已成为全球“警察”的国际货币基金组织，采用了前所未有的严酷手段，强迫（债务国）最大限度地节衣缩食，去偿还高利贷债务。这个机构中决定性的投票集团被美国和英国轴心牢牢控制着，所以它在事实上是英美新殖民主义的货币政策和经济政策的全球执行人，在某种意义上这是前所未有的。实际上，拉丁美洲借的钱绝大部分是美国银行的；美国的银行还去敲诈西欧和日本的银行伙伴，说它们如果不和美国“团结一致”，就要面对国际银行系统崩溃的前景。

债务国被迫屈服于国际货币基金组织和债权银行的要求之后，在债务人一方发生的事情，是资本流向的大规模逆转。根据世界银行的统计，从1980年至1986年，109个债务国向债权人的偿付，仅仅外债的利息一项，总额就达到3260亿美元。对同一债务本金的还款总额是3320亿美元，还本付息总额合计6580亿美元，而原来的债务总额是4300亿美元。还了这么多钱之后，这109个国家在1986年仍然欠债权人8820亿美元。这是一个不可能还清的旋涡式“债务”。复利和浮动汇率就是这样创造奇迹的。[1]

债务国掉到了债务陷阱里，纽约和伦敦的债权银行给她们指的唯一出路，

---

[1] Robert O. Anderson, Op. Cit. 1987.

是交出国家对经济的自主控制权，尤其是宝贵的资源。

联合国儿童基金会（丹麦）的汉斯·拉斯穆森有一项研究，他指出从20世纪80年代初以来，有一种现象已成为常态，那就是财富从急需资本的第三世界流出，为美国的赤字融资。按照他的估计，20世纪80年代，各类发展中国家向美国这一个国家转移的钱总计就有4000亿美元。里根政府因此能够为填补世界历史上和平时期最大的赤字找到钱，同时还假惺惺地主张为“世界上最长的和平时期的复苏”贷款。❶

然而，就是这样掠夺债务缠身的发展中国家和地区也还是不够。美国在高利率、升值的美元和美国政府的支持保障下，为20世纪80年代的创纪录的财政赤字“融资”的钱，有43%是来自债务国的“战利品”，那里曾经是一个正在“发展中”的地方。就像第一次世界大战后凡尔赛战争赔款的债务一样，在英美银行家的手里，债务不过是对所有的主权国家实行事实上的经济控制的工具而已。

里根政府、沃尔克和纽约银行的债务战略也伤害了美国的国内经济。1986年5月，有工作人员编写了一份“拉丁美洲债务危机对美国经济的影响”的研究报告，提交给美国国会联合经济委员会，其中记录了美国在就业和出口方面遭到的破坏——因为国际货币基金组织的严酷措施迫使拉丁美洲几乎停止进口工业产品和服务，省下钱来偿还债务。报告指出：“现在越来越清楚了，政府的政策已经超出保护作为货币中心的银行免于破产所需要的程度……里根政府对债务危机的管理，实际上奖励了那些推动危机发生的主要机构，惩罚了对债务危机没有责任的美国经济部门。”推动危机发生的机构，当然是指沃尔克的美联储和纽约银行。这项研究被迅速地藏匿起来，再不得见天日。

非洲的状况因美国的债务战略而（比拉丁美洲）更加糟糕。20世纪80年代的石油冲击、随后的20%的高利率和世界工业增长的下降，对整个非洲大陆

---

❶ Hans Kornoe Rasmussen, *The Forgotten Generation: a debate book concerning children and the debt crisis*, Danish UNICEF Committee, Copenhagen. 1987. Also useful for background Marko Milivojevic, *The Debt Rescheduling Process*, 1985, St. Martin's Press, New York. As well, the annual United Nations reports, *Economic Survey of Latin America* provide useful data.

的打击几乎是致命的。直到20世纪80年代，撒哈拉沙漠以南非洲地区仍然靠出口原材料来筹措发展所需要资金的90%。从20世纪80年代初以来，这些原材料的世界市场美元价格——棉花、咖啡、铜、铁矿石和糖一直在不断地下跌。

1987年世界原材料价格降到第二次世界大战以来的最低水平，和1932年——大萧条进入深谷的那一年——的低水平相当。在随后的20年中这种低谷状态一直在延续，直到中国经济的蓬勃发展才开始扭转这个局面，这已是21世纪初的事情了。以上这些都是美国金融利益集团经过深思熟虑的政策结果：在一个全球化的经济中，用“像黄土一样便宜的”原材料为（美国）经济注入活力。

如果这些原材料的出口价格还能保持在1980年的价格水平，那么在20世纪80年代撒哈拉沙漠以南非洲地区本来可以多获1500亿美元。1982年“债务危机”发生之初，非洲欠美国、欧洲和日本银行大约730亿美元。到80年代末，经过债务“调整”和国际货币基金组织对经济的各种干预，这笔债务增加到1600亿美元，翻了一倍以上；非洲的这些国家在稳定的出口价格水平上本来应该获得的收入，恰好和这笔负债额基本相等。

恶有恶报

20世纪70年代石油冲击和高利率——货币休克——的后果，和20世纪20年代的情况太相似了。凡尔赛战争赔偿给世界生产性投资造成的负担，这一次就被国际货币基金组织的第三世界债务“调整”程序取代了。20世纪80年代初期，通货膨胀率高得令人难以置信，一般是12%～17%，投资回报的条件被这个高利率强行规定：回报要来得很快而且收益率要非常高。

1982年10月之后，美国为了收缴来自第三世界国家的成十亿美元计的资金而专业实施过一些政策，这些政策为美国的银行系统带来了巨大的资金流动性这样的额外好处，但是华尔街还在施压，而财政部长唐纳德·里甘最热心的是解除金融市场的“政府枷锁”，这样做的结果是难以描述的金融过剩。当20世纪80年代末尘埃落定之后，才有人开始认识到，里根的“自由市场”其实正是把整个国民经济搞坏的手段。

■ 里根总统在白宫椭圆形办公室发表电视讲话，向不明真相的群众宣传他的减税计划

1981 年 8 月，里根总统签署了战后历史上最大的减税法案。这个法案给予某些投机式房地产——尤其是商业房地产——很慷慨的税收减免待遇。政府对企业并购的限制也解除了，这是华盛顿给出的明确信号，“任何事情都可干”，只要能刺激道琼斯工业股票指数上涨就行。

1982 年夏天，白宫从保罗·沃尔克和美联储那里得到准信儿，利率水平终于要开始下调了，投机行动已经准备就绪。那年春天，俄克拉何马州的一家不大的石油和房地产银行佩恩广场银行破产。这个事件与墨西哥（债务）危机联系在一起，使沃尔克相信，放松对货币供给的扼喉行动时机已到。从那年的夏季到 12 月，美联储连续七次调低了贴现率，把利率水平降低了 40% 。金融市场因低利率而开始疯狂。债券和股票红火兴旺。外国资本涌入纽约金融市场来分享好处，把美元汇率推得越来越高。

里根的“经济复苏”并没有鼓励投资、改善产业技术和提高生产力，只有极少数军事航空航天公司得到创记录的政府国防合同。相反，资金被用于房地产投机、股票投机和得克萨斯州或科罗拉多州的油井，这些都是“避税所”。

沃尔克的利率下降了，发烧的温度却更高了。欠债是最新时尚。人们这样推理：利息降低了，今天借钱明天还钱是“比较便宜”的。但是这些并不奏效。美国城市 20 年之久的长期不景气还在继续，桥梁垮塌，道路失修破损，崭新的用玻璃当外墙的购物中心建起来了，里面却经常空无一人。

破坏工人组织

在里根政策的核心处，工会被定性为“麻烦的一部分”。劳工和管理层之间事实上的阶级对抗被挑动起来，然后是有组织的劳工运动被一个个地击破。

解除政府对交通的管制，是里根政策的一个重要组成部分。汽车和航空运输都被“解放了”。“非工会”的廉价航空公司和货运公司数量增加了，安全标准往往很低，甚至有些根本就没有安全设置。事故发生率上升，工会工人的工资水平下降。里根的“复苏”计划好像按一按电脑键盘就可以把初出茅庐的股市交易商变成百万富翁，可是人口众多的蓝领熟练劳动者的生活水平却被迫降低。在华盛顿根本无人理会这种问题。保守的里根和共和党说工会“几乎就是共产党”。19 世纪的英国式“廉价劳动力”政策成了华盛顿的正式方针。

曾经强大的美国卡车司机工会、美国汽车工人工会、钢铁工会等工会组织千方百计为即将退休的老年工人争取利益或保持工作岗位，但是后来还是都做出了让步。大多数美国人的实际生活水平逐渐下降，而少数人的生活水平空前提高。收入差距扩大，社会两极分化。

“后工业社会”的新教条从华盛顿一路鼓吹到纽约和加利福尼亚。美国经济繁荣不再与投资最现代化的工业能力相关联。钢铁已被宣布为“铁锈地带”的产业，因为钢铁厂生锈，连鼓风炉都坏了。“金钱所在之地”现在是购物中心、闪光的大西洋城、拉斯维加斯赌场和豪华度假酒店。

里根时代的大部分时间都处在投机热潮中，资金从国外流入，给这个狂热季火上浇油。到 20 世纪 80 年代中期时，美国已经从世界上最大的债权国变成了净负债国，这是 1914 年以来的首次。很“便宜”的债务按照几何级数增长。美国家庭欠下创纪录的债务去购买房屋、汽车、录像机。政府借债是为了弥补巨大的税收损失和为里根的扩充防务计划融资。

截至 1983 年，美国政府的年度赤字上升到闻所未闻的 2000 亿美元水平。与创纪录的赤字一起增长的是国债，这是用来支付利息的：华尔街债券交易商和客户赚到了创纪录的利息收入。美国政府支付的全部债务的利息在六年内——1980 年到 1986 年——从 520 亿美元上升到 1420 亿美元以上，涨幅接近 300%，相当于政府全部财政收入的 1/5。资金从前联邦德国、英国、荷兰和日本流入，期望借助强势美元也在房地产和股市投机中捞一把。

布什吹起泡沫赢得大选

1985 年美国的经济前景阴云密布，威胁到副总统乔治·布什未来的总统野心。这一次又是石油来“救命”，不过这一次的方式和 20 世纪 70 年代彼尔德伯格俱乐部导演的石油冲击很不一样。华盛顿显然是这样推理的：“既然我们有办法把油价推上去，当我们需要时为什么不能把它降下来?”

沙特阿拉伯（被说服）深信应该实行“反向石油冲击”，用她自己丰富的石油去淹没不景气的世界石油市场。欧佩克石油价格直线跳水。1986 年春天，油价从数月前每桶平均将近 26 美元降到每桶 10 美元以下。华尔街经济学家像变魔术一样宣告对通货膨胀的最后“胜利”，同时别有用心地忽略石油在 20 世纪 70 年代制造通货膨胀和在 20 世纪 80 年代消除通货膨胀中的作用。

然后石油价格继续下跌，威胁的已不仅是小型的独立生产者竞争对手了，英国和美国石油巨头的自身利益也受到威胁。1986 年 3 月，布什悄悄地访问了利雅得。据报道，他告诉国王法赫德，价格战应该停止了。沙特石油部长亚马尼当了华盛顿政策的替罪羊，而石油价格实现了一种变通式稳定，维持在每桶大约 14 ~ 16 美元的低水平上。

1986 年的这场石油价格大跌引发的事件，可与 1927 年至 1929 年华尔街股市泡沫相提并论。利率下降比油价下跌更加迅速，因为想在纽约股票交易市场“斩获一把”的资金流入太多。一种全新的金融模式成为华尔街的流行时尚——杠杆收购。因为资金成本下降，股票价格上升，加上里根政府一直推行的“自由市场”这种信仰，没有什么是不可以干的。一个经营有方的百年老工业公司，不论是生产轮胎、机器还是纺织品，都可能被“出击手”当成靶子；“出击手”是华尔街对一种新型法人（专干并购的）——“兜底”人的称谓。各色人等（如 T. 布恩·皮肯斯、迈克·米尔肯或伊万·布斯基）都去充当杠杆收购里的头面人物，然后变成纸上亿万富翁。“杠杆收购”作为全新的企业管理理念在庄重威严的机构里被推崇和赞扬；哈佛商学院和宾夕法尼亚大学沃顿商学院以市场“效率”的名义，把这种疯狂合理化。

里根当政时期（算上前后共 10 年），有将近 1 万亿美元的资金流入投机性房地产投资。这是以往时期的几乎两倍，一个创纪录的水平。大大小小的银行都不希望它们的资产状况受拉丁美洲的牵连，它们第一次直接进入房地产，传统的企业贷款不再是它们唯一的领域。

“储蓄－贷款银行”被抢劫

储蓄－贷款银行是成立于大萧条时期的处于另外的监管体系中的银行，对购房者来说，是安全的长期抵押贷款的来源。在20世纪80年代初，作为财政部长唐纳德·里甘推行的华尔街“自由市场”的一部分，对这些银行的管制也被解除了：里根政府于1982年10月通过的《甘恩－圣哲曼储蓄机构法》，取消了所有的监管限制；储蓄－贷款银行也可以“申办”存款批发了——这是一种高收费的“存款兜售”（brokered deposits）生意。《甘恩－圣哲曼储蓄机构法》允许储蓄和贷款银行对它们喜欢的任何项目投资，美国政府为每个账户提供10万美元的存款风险担保，使储户在银行出问题的时候免遭损失。里根总统在签署《甘恩－圣哲曼储蓄机构法》的仪式上，以拉斯维加斯的形象，热情洋溢地对应邀前来的储蓄和贷款银行的主管们说：“我相信我们已经中大奖了。”这个“大奖”，就是用纳税人的利益垫底、1.3万亿美元的储蓄与贷款银行系统崩溃的起点。

新的法律敞开了储蓄与贷款银行的大门，向着批发金融投机行为和无法约束的投机风险首次敞开。它还使储蓄与贷款银行成为有组织犯罪集团洗钱的理想工具，以数十亿美元计的来自20世纪80年代风起云涌的美国可卡因和毒品生意的黑钱，在这里洗白。唐纳德·里甘以前的公司——美林证券的卢加诺办公室，曾经卷入“比萨大亨”案中海洛因黑手党的数十亿美元的洗钱案。

解除管制后的西部牛仔式豪放心情创造出一种氛围，在这里，守规矩的、经营良好的储蓄银行敌不过经营可疑资金却从未受到质疑的银行，美国中央情报局、布亚诺家族以及干有组织犯罪买卖的家族都需要有银行为他们秘密服务。布什副总统的儿子尼尔·布什是科罗拉多州西维拉多储蓄贷款银行的负责人，后来因非法行为受到政府的指控。当他的父亲1988年得到共和党总统提

名后，尼尔知趣地在一周内“辞职”。❶

为了和新近解除管制的银行和储蓄贷款银行竞争，金融界最保守的企业——人寿保险公司，在20世纪80年代也开始大规模地加入房地产投机。和对手不同的是，保险公司从来没有被置于国家的监督之下，可能是因为它们过去一直非常保守。保险公司的保单持有人没有（联邦）政府保险基金的保护，而银行的客户却有这样的保护。1989年保险公司账面上的房地产价值是大约2600亿美元，而1980年只有约1000亿美元。可是在那个时刻，房地产业正在20世纪30年代以来最严重的萧条中走下坡路，连累保险公司发生战后的首次破产，因为恐慌的投保户要求取回他们的资金。

20世纪80年代储蓄与贷款银行的崩溃，最终代价在1600亿美元以上。有人估计，实际的经济成本高达9000亿美元。1986年至1991年之间，新建房屋的数量从180万下降到100万，触了第二次世界大战以来的底点。

事实很简单，自从20世纪70年代石油危机发生以来，纽约的金融势力变成了高居于一切国家利益之上的权力，以至于1982年墨西哥危机之后，在华盛顿几乎听不到任何异议。债务数额的增长令人惊愕莫名。里根1980年年底当选总统时，美国私人和公共债务总计为3.873万亿美元，10年后扩大成10万亿美元。这就是说在很短的期间内，新增的债务超过6万亿美元。❷

生产性经济部门承担很重的债务负担，美国工业的厂房设施和劳动力退步，20年来缺少维护累积起来的问题开始体现出来：美国多处发生重要的基础设施倒塌和损坏。公路缺乏养护出现裂缝；桥梁结构破损并发生倒塌；供水系统在贫困地区（如匹兹堡）出现污染；大城市的医院失修，提供给贫困人口的住房破烂不堪。根据建筑业的组织美国建筑公司协会1989年的估计，仅仅按现代标准重建美国摇摇欲坠的公共基础设施，就迫切需要3.3万亿美元的净投资。华盛顿对此充耳不闻。

布什政府提出让“自由市场”发挥私人积极性来解决这些问题。1990年

---

❶ Stephen Pizzo, *Inside Job: The looting of America's Savings & Loans*, 1989, McGraw-Hill, New York.

❷ US Congress Joint Economic Committee, *Economic Indicators*, Washington, 1990.

华盛顿发生过预算危机。里根的“复苏”计划把利益分配得不公平，这很快就体现在美国政府有关生活“在贫困线以下”的美国人的人数上。

1979年保罗·沃尔克在第二次石油危机中推行他的货币休克行动时，政府记录中生活在贫困线以下的美国人数是2400万，以每年6000美元为贫困线；1988年这个数字上升到3200万，增加了30%以上；而里根－布什的减税政策把财富集中到一个小小的精英集团手中，这是美国历史上从未有过的现象。根据美国国会众议院筹款委员会的一项研究，从1980年以来，20%最高收入人群的实际收入增加了32%。这个财富差距还要发生急剧扩大，不过要等到老布什的儿子小布什上台、推动美国历史上最激进的减税政策通过的时候。小布什将以特有的活力，把金融托拉斯早在1973年就写好的脚本付诸行动。

反映了“自由企业”和政府补贴的奇特组合的美国医疗保健费用，在此时也上升到历史的最高水平，占国民生产总值的比例超过英国一倍，但是还有3700万美国人没有任何医疗保险。贫困的黑人、西班牙裔失业者居住的城市贫民窟，这让美国大城市的卫生水平看起来有点像第三世界国家的水平，而不是世界上最先进工业国家应有的水平。

日本也来拯救布什

1987年10月19日，泡沫破灭。这一天纽约证券交易市场崩盘，道琼斯指数下跌508点，为历史上单日跌幅之最——跌破了里根的“复苏”计划。

不过这不是美国权势集团、布什和洛克菲勒派的战略。他们本来决心用足够的资金维持泡沫不破，直到新总统布什把世纪末大战略付诸实施。

1987年10月的股市崩盘是一个信号：没有管制的金融投机快要结束了。金融投机从20世纪70年代初以来一直是维持“美国世纪”的经济动力。

面临1988年11月大选的乔治·布什，千方百计要做到在1987年10月股市崩盘后继续让外国资本流入美国债券和股票市场，把选民记忆中里根－布什的经济复苏幻想保持住。他问计于先前的竞选班子总管和密友、财政部长詹姆斯·贝克，得到美国权势集团伸出的援手。

华盛顿向中曾根康弘首相的日本政府放过话，说一个民主党总统（若当选）会损害日本对美国的贸易。中曾根康弘于是敦促日本银行和财政部配合行动。1987 年 10 月后日元利率走势越来越低，使美国股票和债券以及房地产相对地更“便宜”。

数十亿美元流出东京进入了美国。1988 年美元仍然坚挺，布什在选举中击败了他的民主党对手。为了确保得到这个支持，布什向日本资深人士私下保证过，下一届布什政府将“改善”美日关系。日本向美国的金融让步最后得到的结果，是一个投机大泡沫——从 20 世纪 20 年代以来日本股市和房地产最大的投机泡沫。当日本银行担心经济失控而于 1990 年开始提高利率的时候，所有的一切都在崩溃，日本陷入了长达十年之久的萧条和通货紧缩，直到现在也没有完全恢复。

布什新政府的计划实际开始于 1989 年年初，目的是压迫某几个盟国——特别是前联邦德国和日本，多承担一些“负担份额”，用这个方法来对付美国的巨额债务压力。布什政府的说法是，苏联正在崩溃，唯一还在的、拥有足够的军事实力和经济规模的超级大国，就是美国了。所以在这种情况下，布什认为前联邦德国、日本和其他的主要经济和军事盟国都应该增加一点财政支持来维持这个超级大国。敲诈勒索总要有个说法，还要遮上一层薄纱。

无论华尔街和它在华盛顿的盟友在整个 20 世纪 80 年代如何千方百计，到这 10 年将尽的时候，美国的超级大国主导地位的前景比任何时候都更糟糕。国内经济在相当程度上降落到第三世界或前东德的水平，这是自 1971 年以来各种疏忽的后果：沃尔克的利率休克疗法、美国企业精英向外投资的决定，还有从墨西哥到亚洲的发展中国家的廉价劳动力。

1989 年纽约货币中心的大型银行状况很不好，参议员罗伯特 · 多尔在白宫召开过一次紧急的秘密会议，对一份参议院机密报告进行讨论：报告显示 11 家美国最大的银行在技术上已经资不抵债。最大的那一家——花旗银行——被描述为“脑死亡”。金融托拉斯需要采取激烈的措施。艾伦 · 格林斯潘接受布什任命，接替沃尔克（主政美联储）。他将用行动证明，他对华尔街老朋友一定会有求必应。

13.

The Death Agony of the American Century:Greenspan's Revolution in Finance Goes Away

第十三章

美国世纪薨殁之痛：偏航的格林斯潘金融革命

“我们进入 21 世纪了，残破的 19 世纪银行检查制度的理念靠边吧……对加盟银行业的那些部门用不着、也不应该再设立银行式的监管规定了。”

——艾伦·格林斯潘于 1999 年呼吁解除银行管制[1]

---

[1] Alan Greenspan, *Testimony before the House Committee on Banking and Financial Services*, February 11, 1999.

格林斯潘的远景议程

为期 7 年的沃尔克货币休克疗法触发了整个第三世界的支付危机。纽约和伦敦的大银行把回流的石油美元贷出去了数十亿，以便第三世界用来进口 20 世纪 70 年代涨了价的石油，可是她们突然无力偿付这些贷款债务。

1987 年 8 月，布什下决心要在里根卸任后当上总统，这时离 1988 年 8 月大选还有一年的时间。布什说服了里根，任命一位新的美联储主席，这个人必须更顺从、更听命于华尔街。布什不相信沃尔克有足够的党派忠诚，担心他会在不适当的时候压低经济增长，把布什在竞选中获胜的机会弄丢了。艾伦·格林斯潘这个人很少让他的华尔街货币托拉斯的老板失望，在接下来的将近 18 年中，他用“铁腕”控制了美联储。格林斯潘主政的 18 年是金融管制取消、投机泡沫接连不断和不稳定的 18 年。

格林斯潘亲自操舵，把洛克菲勒的金融自由化议程的下一阶段所需要的舞台搭起来；这是在纽约大银行把美国国内一切有价值的储蓄银行都洗劫一空以后的事情。洛克菲勒的金融自由化将以革命的形式到来——这就是格林斯潘的“新金融”革命，但它真正的内涵其实还是“货币到底是什么”。

精心安排好的媒体宣传使得普通民众相信，艾伦·格林斯潘大致上还是很敬业的公务员，虽然犯了错误，但是他在金融危机管理方面有特殊的技巧，最终还是挽回了局势，挽救了国家的经济和银行。他因此赢得了“大师”的称号。❶不过这里面有那么一点名不符实。

■ 艾伦·格林斯潘作为美联储的首脑，替华尔街的金融托拉斯服务了18年，他催生的金融革命酿成了次贷危机

大师效劳货币托拉斯

就像美联储的每一届主席一样，艾伦·格林斯潘也是美联储的主人们仔细挑选出来的忠实仆从：美联储是被私人银行、保险公司、投资银行系统在1913年创立的，那年12月23日圣诞节休会的前一天，在几乎空无一人的国会匆匆通过了关于美联储的法案。在“刘易斯诉美国”案中，美国上诉法院第九巡回法庭的判决曾经确认过这一事实：“储备银行不是联邦的工具……它们是独立的、被私人拥有的，由各地自行管理的（金融）公司。”❷

格林斯潘在担任美联储主席期间，全心全意地把美国对世界金融的统治向前推进；而主导了世界金融的这个国家的国内经济基础，从1971年之后在很大程度上遭到了破坏。

格林斯潘很清楚是谁给他的面包上抹了黄油，所以他很忠实地为美国国会1913年所称的“货币托拉斯”效劳——这是一个滥用公众信任、到处伸手攫取工业控制权的金融领袖的阴谋集团。

很有趣的一点是，1913年支持联邦储备委员会成立的那些金融机构，后来都是证券化革命的中流砥柱，其中就有花旗银行和J. P. 摩根银行。它们两家在最重要的纽约联邦储备银行都有股份，而纽约的联邦储备银行是美联储体系

❶ Bob Woodward, *Maestro*: *Alan Greenspan's Fed and the American Economic Boom*, Nov 2000. Woodward's book is an example of the charmed treatment Greenspan was accorded by the major media. Woodward's boss at the Washington Post, Catharine Meyer Graham, daughter of the legendary Wall Street investment banker Eugene Meyer, was an intimate Greenspan friend. The book can be seen as a calculated part of the Greenspan myth-creation by the influential circles of the financial establishment.

❷ US Court of Appeals for the 9th Curcuit, *Lewis vs United States*, 680 F. 2d 1239 (9th Cir. 1982).

的核心。

纽约联邦储备银行另一个鲜为人知的股东是美国存管信托公司，这是世界上最大的中央证券存管银行，它的总部设在纽约，持有100多个国家发行的250多万种美国和外国的资产股票、公司和市政债券，价值超过36万亿美元。它及其附属公司每年过手的证券交易额超过1500万亿美元。这个业绩对于一家大多数人从没有听说过的公司来说相当可观。存管信托公司独家垄断了美国的此类业务。他们把所有的竞争对手全都收购了。这家公司的存在可以部分地解释，在美国经济已经基本上成了淘空的"后工业"荒原的很长时间里，纽约为什么还能够主宰全球的金融市场。

格林斯潘已故的朋友艾恩·兰德，一个纯粹的自由市场教条的信仰者，曾经指责美联储主席亲手干预经济。可是他不知道，在格林斯潘主政美联储的18年里，每一次大规模金融危机中都贯穿着一条共同的主线：格林斯潘利用他的世界上最强大的金融机构的首脑地位，用一次接一次的金融危机来推动和巩固以美国金融为中心的对全球经济的影响力，而且几乎每一次都严重损害了经济和人民的普遍福利。

无论是1987年10月的股市崩溃、1997年的亚洲金融危机、1998年的俄罗斯国债拖欠，还是后来的长期资本管理公司崩溃，在每一种情景下，格林斯潘都拒绝对美联储控制的股票保证金率[1]的规定作任何技术性修改，以便使网络股市泡沫降温；就在他知道利率已经见底时，他还在鼓励可调利率（ARM）的抵押贷款；格林斯潘利用了接连不断的危机（大部分是由他写的热门评论和他的利率政策引发出来的）来推动金融风险的全球化和市场管制的自由化进程，让大型金融机构可以不受阻碍地自由运作。

危机越滚越大的游戏

风险全球化和市场管制自由化就是2007年夏天从美国开始的全球资本市场危机的实质。格林斯潘在任职的18年里把金融市场推入一个又一个规模越

---

[1] 又称"押金"，指为限制投机，购买证券时必须交纳一定百分比的保证金。——译者

来越大的危机，他是在执行货币托拉斯的压倒一切的计划。到2009年年初时，我们可以对格林斯潘的证券革命下定论了：那是一座“遥远的桥”❶，美元和美元金融体系走不动了——它永远不会走到那里，它对全球的统治快要终结了。

国会对场外金融衍生品交易实施管制的每一个要求，都遭到格林斯潘的坚决反对；他还拒绝修改对贷款买股票的保证金规定；他一再支持低质量、高风险的次级抵押贷款证券化；10多年来他不顾一切地削弱对商业银行兼营投行和保险业务的限制，最终废除了《格拉斯－斯蒂格尔法》；他支持小布什大幅度减税的政策——减税在2001年以后引发联邦赤字；他支持把社会保障信托基金私有化，把数万亿美元的现金送到华尔街的金融盟友手中——所有这一切，都是精心设计的所谓证券化革命的具体表现，他们的目的是建立一个金融新世界，那里的风险已经从银行分离并远远地扩散到全球，没有任何人还能把真正的风险辨认出来。

格林斯潘在担任美联储主席之前，是美国最强大公司如美孚石油公司、摩根担保信托投资公司和摩根公司的董事；他当华尔街顾问时，他的客户中有摩根银行。1987年他被华尔街和大银行挑选出来实施他们的“大战略”。对他的第一次考验，将是在1987年10月对股票市场进行操纵，他的工具是在当时还很新颖的金融衍生品。

1987年的格林斯潘范式

格林斯潘在1987年10月20日股市崩盘后的救市方法，是通过对芝加哥股票指数衍生品的采购在幕后操纵股票市场，以输入巨量的流动性去支撑市场。他的采购以美联储在后面不动声色的流动性担保来支持。美联储当时曾经非常清晰地告诉市场上的大户，它们都“太大而不能破产”——这是美联储的行话；如果一家银行能在百亿美元的规模上做泰铢投机生意或从事网络股票保证金投机，它就不用再担心风险了：有格林斯潘兜着呢，在万不得已的时候他一

❶ “遥远的桥”是一部英美合拍的战争片，描述1944年发生在荷兰的大规模空降行动——“市场花园”，盟军遭遇德军的顽强抵抗，未能夺取莱茵河上的一座桥梁，以致行动遭到惨败。——译者

定会出来搭救银行界的老朋友。

1987年10月在股市崩盘引起道琼斯指数历史上最大单日跌幅——508点——的同时，新的电脑交易模型又来火上浇油；要知道电脑交易股票衍生品的理论基础是所谓的布莱克－斯科尔斯期权定价理论，和传统的猪腩期货❶是一回事。

1987年的股市崩盘清楚地显示，当需要流动性时市场上不会有真正的流动性。所有的基金经理都会在同一时间做同样的事情：卖空和对冲股票指数期货的头寸，虽然都不过是徒劳的挣扎。

纽约的一位场上交易商斯蒂芬·扎伦加这样描述1987年的股市危机情景："在期货市场上人们已经是大折扣出手了……交易员买下之后转身就卖出，都把现金交易市场往下推，让它跌得更快，市场最终一跌到底。"

扎伦加还说："华尔街那些最大的公司发现，电脑按照预定程序自动交易金融衍生品的行动竟然无法停止。私下的说法是人们不得不拔掉电源，或者切断计算机的线路（传闻甚至用了走廊上的消防斧），如果不关闭电脑，交易指令就会不停地直接发到交易大厅去。"

"纽约证券交易所在周一或者周二曾经认真考虑过关闭市场，关几天或几周，并宣布这个决定……"正是在这个时候，格林斯潘发表了匪夷所思的见解。他毫不含糊地说，美联储将向券商提供所需要的贷款。这就是市场的转折点，格林斯潘在1987年被任命为美联储主席这件事情，已经让市场开始抛售了。❷

1987年10月的那个一日崩盘事件的重要意义并不在于股市下跌的规模，而是下面这个事实：美联储未经公示，就通过格林斯潘在纽约大银行（如摩根银行）等地的亲信，从10月20日起进行干预、操纵股市复苏，而且使用了被称为衍生品的新金融工具。

可以看得见的转变是，在周二中午时分（1987年10月21日），芝加哥市

---

❶ hog belly futures.——译者

❷ Stephen Zarlenga, *Observations from the Trading Floor During the 1987 Crash*, in http://www.monetary.org/1987%20crash.html.

场上纽约蓝筹股的大宗期货股指开始按溢价交易——市场要复苏了，而当时道琼斯股票还在一个接一个地跌停。

股市崩盘被扭转了。套汇商重新开立账户建仓，芝加哥市场的大宗股指期货可以溢价出售了。人们后来发现，只需要在芝加哥大宗期货市场上购买大约800份股指期货合同就足够了。格林斯潘和他的纽约盟友把同一个衍生品交易模型反转过来运用，就这样策划操纵了股市恢复。这是金融衍生品时代的黎明。

在相当长的时间里，大多数人受人引导而相信，美联储是货币业务的审计员，是那些最大的银行的独立监管人，它将确保银行系统的稳定并防止20世纪30年代那样的银行恐慌再现。总之，美联储最重大的职责是充当“最后的贷款人”。

在格林斯潘统治下，1987年10月以后的美联储日益演变成了“第一贷款人”。美联储扩大了救援对象的范围，从美联储原来的银行监管职权范围内的银行，扩大到对股市的操纵（1987年），再扩大到对冲基金（1998年9月长期资本管理对冲基金的支付危机）。

格林斯潘的最后礼物是把美联储“最后贷款人”的职能送给美国的纳税人，请他们在“格林斯潘证券化”数十万亿美元的抵押证券泡沫破灭的时候，把货币托拉斯——大银行和大金融机构从泥潭里拉上来。

1999年废除《格拉斯－斯蒂格尔法》的时候，发生过一个被淹没到财政部故纸堆里去的具有重要历史意义的插曲：格林斯潘的美联储决定随时救助美国金融界风险最大的和最不确定的新企业，话说得非常清楚。到了这个时候，“格林斯潘证券化革命”的舞台已经搭好了。

这不是偶然也不是巧合。美联储对1987年后银行监管的自由放任政策，在格林斯潘1987年10月第一次国会听证的时候已经暗示过了。自由放任政策是格林斯潘后来解除管制和推行金融证券化的关键步骤。

1987年10月股市崩盘后3周，11月18日那一天，格林斯潘告诉美国众议院银行委员会：“……废除《格拉斯－斯蒂格尔法》导致的可控的更大风险完全符合公众的利益。”[1]

格林斯潘反反复复念这个咒语，直到12年后，1999年正式废除了《格拉斯－斯蒂格尔法》。

格林斯潘的美联储从1987年崩盘后一直在支持不加监管的金融衍生品交易，使它的全球名义交易量发生了真正爆炸式的增长。1987年以来全球金融衍生品市场扩大了23倍以上，两年多以前（2006年年底）达到了370万亿美元，这是任何人也无法理解的交易规模。

废除《格拉斯－斯蒂格尔法》

格林斯潘担任美联储主席后的第一个行动就是呼吁废除《格拉斯－斯蒂格尔法》，他在摩根银行和花旗银行的老朋友们早就采取过行动了。[2]

《格拉斯－斯蒂格尔法》的正式名称是《1933年银行法》，它的内容是分离商业银行、华尔街投资银行和保险业；它的最初目的是解决导致1930年银行倒闭风潮的三个主要问题：

首先，如果银行将自己的资产投资于证券，一旦发生股市崩溃就会危及商业和储蓄存款人。其次，不合理的贷款是由银行贷出去的，目的是人为地支撑某些公司的证券或头寸的价格，在这些公司中银行投入了自己的资产。再次，银行在证券的所有权、价格或分配方面的财务利益会不可避免地诱惑银行官员强行要求银行客户投资证券，而这些证券是银行本身受到压力所出售的。这是一个巨大的利益冲突，并诱发欺诈行为和滥用职权。

提供投资银行服务和共同基金的银行受到利益冲突和其他滥用职权行为的左右，从而损害它们的客户，包括借款人、存款户以及代理银行。同样，1999年废除《格拉斯－斯蒂格尔法》之后再也没有该法律的限制，因此银行可以提供证券化的抵押贷款债券及类似产品。这是通过它们独创的具有特殊目的机

---

[1] Alan Greenspan, Testimony before the Subcommittee on Financial Institutions Supervision, US House of Representatives, Nov. 18, 1987. http://fraser.stlouisfed.org/historicaldocs/ag/download/27759/Greenspan_19871118.pdf.

[2] Robert D. Hershey jr., *Greenspan Backs New Bank Roles*, The New York Times, October 6, 1987.

构，“从银行账本”上消除风险。这些银行在这些事情中属于共谋。这些事情将成为历史上最大的金融诈骗，即次贷证券欺诈行为。

经济学家约翰·肯尼斯·加尔布雷思在他的《大崩溃的历史》中指出：“美国国会关注的是商业银行，特别是联邦储备系统的银行，是它们加剧了股市的下跌，同时又受到股市的伤害，部分的原因是它们直接或间接地卷入了持有和交易投机性的证券。”

加尔布雷斯指出：“《格拉斯－斯蒂格尔法》的立法史表明，美国国会看到了更加难以察觉的危害，并且反复提出这一点；如果一家商业银行超越代理人或管理者的业务范围，插足投行的业务，不论是直接插手还是通过建立子公司来持有或出售投资债券，就一定会产生危害。”“1929 年有一家投资公司高盛公司向三家有关联的信托基金——高盛贸易公司、雪兰多公司和蓝岭公司——安排和销售了近 10 亿美元的证券，最后它们差不多都贬值到零。”

卷土重来

纽约的大银行早就想废除 1933 年美国国会制定的限制措施了。美联储主席格林斯潘就是他们“登坛拜将”所请来的大将。以洛克菲勒的大通曼哈顿银行和桑迪·威尔的花旗公司为首的美国顶级银行花费了 1000 亿美元[1]，游说有影响力的国会议员，向他们提供竞选捐款，目的就是解除大萧条时期规定的对银行和股票担保的限制。

这项法律一旦废除，2001 年以后证券化革命的闸门就打开了。

格林斯潘就职后两个月内、纽约证券交易市场大崩盘之前几天，1987 年 10 月 6 日，格林斯潘对国会说，由于落后于新技术而受到损害，由于受制于 50 多年前制定的监管制度而被“冷冻”，美国银行正在失去竞争力，因此必须获得新的权力，重建与其他金融机构竞争的平衡：“银行提供的基本产品——信用评级和风险分散化——还不如 10 年前有竞争力。”

《纽约时报》当时就指出：“格林斯潘先生从来都比他的前任保罗·沃尔克

---

[1] 原文如此。——译者

■ 1999 年，花旗集团的桑迪·威尔（中）在克林顿的财政部长罗伯特·鲁宾（右）的帮助下，废除了1933 年的《格拉斯－斯蒂格尔法》

更倾向于对银行系统去监管化。”❶

那天格林斯潘是以美联储主席的身份第一次向国会作证，他的证词对于理解他将要推行很长时间的政策的连续性非常重要，这就是一直持续到前不久的证券化革命和最新的“新金融证券化革命”。再次援引《纽约时报》：“格林斯潘先生谴责银行丢掉了竞争的优势，指出‘过于死板’的管制体系束缚了银行为消费者提供更优质的服务，阻碍了竞争。可是他马上又指出另一个‘特别重要’的新发展，即数据处理和通信技术方式的进步，已经使其他机构篡夺了银行的金融中介的传统作用。换句话说，银行能够对经济做出贡献的主要机制——信贷——已经处于危急当中。银行是靠掌握借款人信用资质的最佳信息，拿自己的钱冒着风险去放贷的。”

《泰晤士报》报道过格林斯潘对技术进步挑战银行的看法：“大批网上资料库、强大的计算能力和通信设施几乎能瞬时提供信贷和市场信息，允许贷款人对信用资质作出自己的分析，制定和执行复杂的交易策略以规避风险”。他强调指出，这一变化“对存款机构的竞争力造成了永久性的伤害，同时又加强了证券化资产市场的竞争优势”；这些资产指的是商业票据、按揭债务的债券，甚至包括汽车贷款。

他最后说：“我们迄今为止的经验表明，把银行同银行以外的金融或商业活动分隔开来的最有效办法，是成立控股经纪公司。”❷ 但是对于一家银行控股公司来说，联邦存款保险基金（即为每个账户担保最多 10 万美元的银行存款保险金）将只保护它的核心银行，而不保护千奇百怪的对冲基金或从事（资产

❶ Hershey，op. cit.
❷ Ibid.

负债表）表外活动的各种子公司。结果是，一旦发生像今天一样的证券市场崩盘，真正的最终贷款人的贷款人——银行风险的担保人，就成了美国的纳税人了。

取消《格拉斯－斯蒂格尔法》是一场在国会打的旷日持久的硬仗，一直打到1999年，最后才彻底取消这一法案，没有保留任何条款。克林顿向花旗集团董事长桑迪·威尔赠送过一支钢笔，他就是用这支笔签署了1999年11月的《格雷姆－里奇－比利雷法》❶（废除原有的限制性法令的新法）。作为民主党的总统做出这个姿态真是有点怪怪的。

推动国会废除《格拉斯－斯蒂格尔法》的决定性人物是格林斯潘。1999年2月11日在众议院银行和金融服务委员会作证时，格林斯潘宣布：

……我们多年来一直支持对《格拉斯－斯蒂格尔法》和《银行控股公司法》❷做重大修改（如在H. R. 10号法案里的修改），以便消除整合银行、保险、证券业的法律障碍。各有关方面——私营和公共部门都包括在内——几乎一致认为这种障碍必须清除了。能够分解风险的新的金融产品在新技术的驱动下蓬勃发展，已经把银行、保险、证券业产品的独特之处结合起来，变成单一的金融工具了。❸

格林斯潘在1999年的听证中明确表示，撤销限制意味着对新近批准的金融大集团的更少而不是更多的监管，这一个行动就把眼前这个大崩溃的闸门打开了：

---

❶ 这就是1999年的《金融现代化法》。它是美国颁布的一项法律，用于控制金融机构处理个人信息的方式。该法包括三部分：财产保密条例、安全措施条例、托词供应。其中财产保密条例，用于管制对私人财产信息的搜集和泄露；安全措施条例，用于保证财政机构必须实现对私人信息的安全保护；托词供应用于禁止使用不正当的托辞访问私人信息。该法还要求金融机构给顾客一个书面的保密协议，以说明他们的信息共享机制。——译者

❷ 国会1956年通过《银行控股公司法》（Bank Holding Company Act of 1956）批准成立银行控股公司，但该法案有漏洞：未明确禁止银行控股公司从事非银行性的商业业务，未禁止控股公司使用非存款资金（如发行商业票据）资助其控制的银行。于是，一些银行成立了“单银行的控股公司”（one-bank holding companies），同时从事其他业务，突破了分业管理的限制。针对此情况，国会通过1970年《银行控股公司法》，FED成为银行控股公司的主要监管者，禁止控股公司从事高风险业务。http://iclass.shufe.edu.cn/teacherweb/users/lyd/money%20and%20banking/S&R.htm——译者

❸ Alan Greenspan, *Testimony before the House Committee on Banking and Financial Services*, February 11, 1999.

“我们进入21世纪了，残破的19世纪银行检查制度的理念靠边吧。银行当然需要监管，因为它们和安全网的联系太密切了。不过我还是认为，监管的内容和范围应该更加符合市场的现实。然而，**对加盟银行业的那些部门用不着、也不应该再设立银行式的监管规定了**（字体由笔者加粗）。”❶

在1930年大萧条时银行控股公司因其内部利益冲突而失败、数以千万计的美国人失业、住房抵押品赎回权被取消❷，这就是国会当年制定和通过《格拉斯－斯蒂格尔法》的首要原因。

“……10年前难以想象的战略……”

2007年6月，即次贷危机爆发前几周，《纽约时报》报道高盛公司时，这样描写由于《格拉斯－斯蒂格尔法》的废除而创造出来的新金融世界：“华尔街在继续铸币、给公司并购出主意、帮它们上市的时候，真的货币——多得吓人的货币——在资本交易和投资中被创造出来，令人晕头转向的产品和战略覆盖了全球，这些在10年前是根本无法想象的。”《纽约时报》说的是什么呢？是证券化革命。

《泰晤士报》援引了高盛公司主席劳埃德·布兰克费恩对新的金融证券化、对冲基金和衍生工具世界的评论：“我们已经兜了一圈又回到原地，罗斯柴尔德家族或摩根这些银行家在全盛时期都是这么干的。是《格拉斯－斯蒂格尔法》把事情弄得不对头了。”❸

正像华尔街大多数银行家和金融业人士一样，布兰克费恩视罗斯福新政为偏离常规，公开要求回到20世纪20年代J. P. 摩根和其他大亨滥用职权的那个表面风光的时代。布兰克费恩的眼中钉《格拉斯－斯蒂格尔法》终于被克林顿取消了。要知道高盛公司是克林顿竞选时的主要资助人，这个公司在1995年

---

❶ Alan Greenspan, *Statement by Alan Greenspan, Chairman, Board of Governors of the Federal Reserve System, before the Committee on Banking and Financial Services*, U. S. House of Representatives, February 11, 1999, in Federal Reserve Bulletin, April 1999.

❷ 抵押人如不能如期偿债，其抵押品赎回权就此被取消，由债权人拍卖抵押品偿付债务。——译者

❸ Jenny Anderson, *Goldman Runs Risks, Reaps Rewards*, The New York Times, June 10, 2007.

甚至将自己的总裁罗伯特·鲁宾“派给”克林顿，先当“经济沙皇”，然后从1995年起担任财政部部长。后来，高盛的另一个前总裁亨利·保尔森担任布什的共和党政府财政部长。货币权力不认党派。

罗伯特·库特纳是经济政策研究所的创始人之一。2007年10月，他在美国国会议员巴尼·法兰克的银行业和金融业委员会面前作证，点出了大萧条的“阴魂”：

自从1999年废除《格拉斯-斯蒂格尔法》以来，经过近10年事实上的战斗，超级银行已经再次把20世纪20年代祸害过经济的“家伙”——投机性贷款——又拿起来用了：那里面包含着深刻的结构性利益冲突；它们把这种贷款包装起来，再使它证券化，然后批发零售——全都抛售出去，在每一个步骤上都提取费用。另外，贷款包装的说明比20世纪20年代更不透明，连银行监管人员都看不懂，大部分内容根本就不是说明；全部过程都用计算机和自动执行的程序来保护。❶

次贷发生的最初几周，道琼斯《市场观察》的评论员托马斯·科斯蒂根写过文章，评论《格拉斯-斯蒂格尔法》的作用：废除这项法令打开了证券界欺诈、操纵和过度信贷杠杆的闸门：

原来银行和券商还是相互独立的，禁止它们联手是为了防止利益勾结、金融崩溃、市场垄断等所有这些事情。

1999年，《格拉斯-斯蒂格尔法》被取消了，禁止券商和银行联姻的法律没有了——金融超市马上就成了我们日常生活的内容，例如花旗集团、瑞银集团、德意志银行，等等。现在银行绊倒在自己的不良抵押贷款上，我们很值得问一问：如果《格拉斯-斯蒂格尔法》还有效，次贷失败是否会对整个金融市场造成如此之大的破坏？

降低风险的常规途径从来都是保持（金融机构）的多样性。《格拉斯-斯蒂格尔法》当年坚持拆分银行和券商的金融权力，就是为了保证机构的多样

❶ Robert Kuttner, *Testimony of Robert Kuttner Before the Committee on Financial Services*, Rep. Barney Frank, Chairman, U. S. House of Representatives, Washington, D. C., October 2, 2007.

性；国会当年制定《格拉斯－斯蒂格尔法》就是要禁止银行拥有无所不为的金融经纪公司，反之亦然：投资银行收购公司、收购市政证券这种事情是不允许发生的，银行的存款人和股市崩溃风险也被隔离开——因为股市风险会触发大萧条。

但是，银行以高折扣的优惠交易和共同基金为工具步步推进蚕食证券业，让证券业大叫上当。所以1999年就非常能说明问题了，这些行为不受限制了，金融巨头就一头撞了进来。花旗集团一马当先，其他银行随后跟上。我们看到美邦、所罗门兄弟公司、普惠公司等券商都在这里面吃饕餮大餐。

经纪公司本来应该建造一道中国长城，把投资银行与证券交易和研究活动分隔开，目的是防止交易的操刀手迫使他们搞研究－评级的同事向客户提供表面上更好看的结果，而这一切都是在同舟共济的幌子下干的。

我们已经看到了，这道“长城”在网络大泡沫的时候有什么用：它们把几个公司的评估抬上天——而它们刚好是由同一家公司担保的，这家担保公司还正在出售自己的证券。这道长城在新式银行的家园里一边修建一边开裂，大家都看得很清楚，但是没有人管。

没有人认真地质疑过这个狂热的新时尚：银行的抵押贷款被再次当成抵押担保、变成各种不同模式的金融工具，然后同一个机构用另外一只手把它卖出去。他们现在……（字体由笔者加粗）

如果银行接受的是第三方证券分析师的认真审查，它们面临的问题一定比在同一个餐厅用餐的“审计师”提出的问题更多、更严肃。然后还有收费、私下交易、推销技巧这种事情，也就是说人们会为了增加自己的利润去操纵价格、去动心思，不会去为了一个共同的利益而出力。

《格拉斯－斯蒂格尔法》本来至少预示了名称中的第一点：透明度[❶]。当外人向里面看时应该是最透明的。可是当所有的人都从里面向外看时，他们看到的都是一样的东西。这不是好事——迫近的或者落下的东西都看不见，大家全都待在同一个垮下来的屋顶下面。

---

❶ 格拉斯的原文为Glass，意为玻璃。——译者

国会目前正在调查次级抵押贷款崩溃事件。立法者正在考虑收紧贷款规则，让次级债的二手买家为坏贷负责，还有一点救助部分房主的积极打算。可**是这些都是打补丁式的权宜措施，修补不了这个破损的系统：这个卖家、推销员和评级人员都是同一帮人的系统内部，是一团乱麻。**❶(字体为笔者加粗)

要命的格林斯潘网络泡沫

克林顿签署的废除《格拉斯-斯蒂格尔法》的文件墨迹未干，格林斯潘的美联储就已经全面行动起来，为下一次危机呼风唤雨：他们要吹起一个超过1929年的股市泡沫，那个泡沫也是由美联储蓄意制造出来的。

1997年的亚洲金融危机、随后1998年8月俄罗斯的国债违约拖欠，在一个全球资本流动大局中，推动了一次非常有利于美元的深刻变化。韩国、泰国、印度尼西亚和大多数新兴市场遭到美国对冲基金发动的、协调一致的、有政治预谋的组合拳攻击，一时狼烟四起。为首的是索罗斯的量子基金、朱利安·罗伯逊的美洲豹-老虎基金、摩尔资本管理公司，据报道还有约翰·梅里韦瑟的对冲基金长期资本管理公司。

亚洲金融危机对美元的影响非常显著，非常有利，非常令人怀疑。国际清算银行总经理（世界顶级央行的组织，总部在巴塞尔）安德鲁·克罗克特指出，1996年东亚国家有330亿美元的经常项目赤字，因“1998~1999年投机性游资流入”，经常项目转为顺差870亿美元；2002年再扩大为2000亿美元，实在令人惊叹。而大部分盈余以亚洲央行购买美国国债形式又回到了美国，实际上是为华盛顿融资，推动美国利率大幅下降，为正在出现的“新经济”——纳斯达克网络信息技术的繁荣火上浇油。❷

在1997~1998年亚洲金融危最危急的时刻，格林斯潘拒绝采取任何行动

---

❶ Thomas Kostigen, Regulation game: Would Glass-Steagall save the day from credit woes?, Dow Jones MarketWatch, Sept. 7, 2007, in http: //www. marketwatch. com/news/story/would-glass-steagall-save-day-credit.

❷ F. William Engdahl, *Hunting Asian Tigers: Washington and the1997~98 Asia Shock*, reprinted in http: //www. jahrbuch2000. studien-von-zeitfragen. net/Weltfinanz/Hedge_ Funds/hedge_ funds. html.

缓和金融压力，直到亚洲股市崩溃；1998年8月俄罗斯的国债违约拖欠使通货紧缩蔓延开来，这时候格林斯潘和纽约联邦储备银行介入，去救助由于俄罗斯危机而濒于破产的对冲基金长期资本管理公司。与此同时，格林斯潘第一次降低联邦基金利率0.50%，几周后再次降低0.25%。这个不同寻常的大降息是给刚刚出生的纳斯达克信息网络泡沫斟上的一小杯“威士忌”。

1998年年底，由于美联储连续降低利率和大量增加流动性，以纳斯达克和纽约证券交易所为首的美国股市变得狂热起来。仅仅在1999年新经济泡沫最盛时，美国家庭持有的产权股票新增价值就达到惊人的2.8万亿美元，占全年国内生产总值的25%以上，这些都是写在账面上的“价值”。

《格拉斯－斯蒂格尔法》以前对银行和投行的限制现在都没有了，原来不允许投行推销自己投入市场的股票，现在没人管了。华尔街的股票经纪人在欺诈性的互联网和世通、安然之类的公司股票交易中赚的酬金，都是以千万美元计数的。“兴旺的20年代”再现——这一次还带着用电子计算机控制的涡轮推进器。

格林斯潘2000年3月的言论

2000年3月，在网络股市狂热的顶点，格林斯潘在波士顿的一个大学研讨会上发表过一次讲话。他对新经济发表的夸夸其谈式的看法，只是重复他对信息技术革命、对技术化的金融市场的赞美。这一次他走得比较远，超越了他以往对IT股票泡沫的“财富效应”的歌颂；他一直都在说是家庭开支在强劲地支撑美国经济的增长。

格林斯潘说：“几年以来越来越清楚的是，本次经济周期和二战后构成美国特色的其他经济周期之间，有一个非常深刻的不同之处：它不仅创造了经济扩张持续时间最长的纪录，还使经济增长比预期更加强劲。”

他下面的话越讲越有诗意：

我今天讲的一切，都是关于这个伟大的业绩——毫无疑问，信息技术革命是它的源泉……当历史学家在20年后回顾20世纪90年代这最后几年时，我猜想他们会下结论说，我们今天是在见证美国经济史上最关键的时期……这些创新体现为最近潮水般涌现的无数创业公司，它们以各种方式利用了互联网，其中许多将要为我国的生产和流通制度带来革命性改变，并且将要成为主导力量。资本市场的参与者，虽然面对经济结构的剧烈变化还不太适应，但是它们正在尽力理解并对这些公司进行恰当的评价。这些新兴公司的股票价格正在发生异常的波动，对这些股票的极高估价，却是在预示今后几十年难以预料的技术和商业模式。

然后大师切入正题：通过技术和互联网把风险扩散开的那种力量，这是他对初生的证券化现象的预言：

信息技术的影响在经济的金融部门已经被敏锐地感受到了。最重大的创新，也许就是开发出了重新分配风险的金融工具，让最有意愿并且最有能力的那些人去承担风险。在已经推出的多种金融新产品中，最值得注意的正是金融衍生品，它通过分拆和精准地转移风险为经济创造出价值。虽然这些工具不能降低真实资产中的固有风险，但是它们可以通过某种方式重新分配风险，诱使更多投资进入实物资产投资领域，这样就可以获得更高的生产率和更高的生活水平。信息技术已经在全球范围内使得创造、估价以及交换这些复杂的金融产品成为可能……

历史证据表明，股市上每增加1美元财富，大概有3～4美分最终表现在消费支出的增加上。最近这几年财富效应的表现，就是消费支出相对于可支配收入的急剧上升和储蓄率的相应下降。此外，产权资本的价格降低推高了股票价格，很有力地支持了资本投资的繁荣。

我们最好的判断是，在过去5年中，因为股票和房产净收益的支持，消费支出的增长比收入的增长还快，平均每年增加了一个百分点的国内消费总额。与财产收入相伴的、消费支出增长的其他来源，即另外的经济支持因素，是净进口的增加、新增加的雇员提供的更多生产和服务（超过通常的劳动就业增长，包括相当规模的移民），二者的贡献看起来不相上下。❶

---

❶ Alan Greenspan, *The revolution in information technologyBefore the Boston College Conference on the New Economy*, Boston, Massachusetts, March 6, 2000.

最值得注意的是，格林斯潘选择的歌颂信息技术股票狂潮的时机。他心里很清楚，1999 年年底他推动的 6 次加息所产生的影响，迟早要向借钱购买股票的人泼一瓢冷水。

格林斯潘演讲后不到一周，网络泡沫破灭。2000 年 3 月 10 日，纳斯达克综合指数还在 5048 点，比上一年高出一倍以上。三天后，3 月 13 日星期一，纳斯达克综合指数下降了 4 %，跌幅引人注目。

随后市场跌入谷底，失去了 50 万亿美元以上的账面财富，格林斯潘的加息措施毫不留情地让泡沫破裂了，但他一再声称只有在事后才能确认泡沫的存在。以美元来计算，1929 年的股市崩溃在格林斯潘的网络股票崩溃面前，只不过是九牛一毛。格林斯潘 3 月份的 6 次加息给网络公司的股票杠杆式投机泼了一盆冷水。

股票和《T 规则》

培育网络股市“非理性繁荣”的每一步，格林斯潘都亲身参与。股票价格飙升失控、银行和投资基金成百亿地借钱去买更多的“凭保证金”股票的时候，国会最普通的议员都看得很清楚，美联储应该动用它的“股票保证金规定”权力了。

截至 2000 年 2 月，保证金债务已达到 2652 亿美元，在仅仅 4 个月里增加了 45% 。新增加的大部分是通过网上经纪人操作的借贷，而且是买入纳斯达克的新经济股票。

根据《T 规则》，美联储完全有权对用贷款购买股票的人设置初始保证金自有资金比例，从 1974 年以来，保证金要求的自有资金比例一直是 50 % 。

当股市发生严重下跌时，提高保证金的要求将会加重股市下滑，甚至最后导致崩盘。国会认为 1929 年发生的正是这样的事情；当时“保证金债务”曾占到股市全部市值的 30% 。这就是国会在《1934 年证券法》中授予美联储控制初始保证金权力的原因。

保证金要求曾经提高到100%，意味着“购买价”❶ 完全是自有资金，不能借款。从1974年以来保证金率的规定一直是50%，也就是允许投资者从经纪人手里借的钱不能超过股票购买价格的一半。

2000年的保证金规定火上浇油。

美国国会为此举行过听证会。当时世界上最大的债券基金——以太平洋投资管理公司的保罗·麦卡利为代表的投资经理曾经告诉国会：“美联储应该立刻提高最低准备金规定。”格林斯潘先生当然要说‘不’，因为第一，他找不到保证金规定与股市变化之间有关系的证据；第二，提高保证金规定会歧视小投资者，他们唯一的证券市场“信用”就是保证金账户。❷

极限的边缘

面对1999~2000年明显的美国股市泡沫，格林斯潘不仅一再拒绝改变股票保证金规定，而且在90年代最后几年里开始用漂亮的词语论证“新经济”，并一再强调技术可以提高生产率。他是有意识地为市场“非理性繁荣”添砖加瓦。

从1996年6月到2000年6月之间，道琼斯指数上涨93%，纳斯达克综合指数上涨了125% 。股票价格对企业赢利率的平均比率达到了最高纪录，是1929年股市崩溃以来的最高水平。

然后，1999年格林斯潘采取了一连串加息措施，而当时通货膨胀率甚至比1996年还要低，生产率的增长也更快。格林斯潘仍然拒绝在加息的同时调整（炒股的）保证金规定——那样做将是“美联储真的要对股市投机泡沫降温”的明显暗示；他用提息的手段影响经济，显然是期望失业率上升，然后可以强行降低工资，进一步提高企业的利润，而不是去冷却新经济的股市狂热。所以股市没有理会他。

知名人物包括金融家乔治·索罗斯和国际货币基金组织第一副总裁斯坦利·费希尔，都主张美联储提高保证金规定，让信贷繁荣喘一口气。

---

❶ 又称“实付价”或“卖价”。——译者

❷ Paul McCulley, *A Call For Fed Action*: *Hike Margin Requirements*!, testimony before The House Subcommittee on Domestic and International Monetary Policy on March 21, 2000.

格林斯潘拒绝了这个更切合实际的策略。他在1996年美国参议院银行委员会的再调查听证会上也说，他不想歧视手头紧张需要贷款炒股的人。❶ 其实他很清楚，用保证金炒股的主要不是穷人，而是业内的交易老手，是出来找"免费午餐"的人。有趣的是格林斯潘用同样的说法为"次贷"找到根据，他大力支持向没有信用纪录的穷人贷款，让他们加入被他的政策制造出来的2001年以后的房地产大牛市。❷

股市从2000年上半年起开始暴跌，这不是因为劳动力成本上升，而是因为投资（机）者的盲目和轻信走到了终点。财经媒体包括《华尔街日报》（一年前曾宣布网络高管是新经济的先锋）现在嘲笑公众，竟然会相信那些不可能赚钱的公司的股票会永远上涨。

《华尔街日报》的一个作者说，新经济现在"看起来像一个老式的信贷泡沫"。❸ 同年下半年，美国的那些创下高额负债纪录的消费者开始捂紧了口袋。圣诞节销售惨淡。2001年1月初，格林斯潘一改往日的作风，降低了利率。在连续12次降息之后，到2003年6月，格林斯潘的美联储把美国联邦基金利率（经济中短期利率和其他利率的决定因素）从6%降至1%，达到二战后的最低水平。

格林斯潘把美联储利率保持在大萧条后最低点，直到2004年6月30日开始第一次加息：到2006年他离任前，一共连续14次加息。他在19个月内把联邦基准利率从最低点的1%提升至4.5%。就在这个过程中，他把催生了"房地产金蛋"的泡沫给挤碎了。

在一次又一次的演讲中，美联储主席格林斯潘明确表示，2001年1月后超宽松的货币制度的中心点，就是鼓励投资住房抵押贷款的债务。次贷这种现

---

❶ 原文如此。——译者

❷ 艾伦·格林斯潘作为美联储主席不断宣称，在泡沫的兴起阶段无法判断泡沫是否存在。2002年8月，在市场已经洞悉了他调高美联储利率的政策之后，他重申："我们美联储考虑了一系列与资产泡沫——资产价格飙升到无法支撑的高度——有关的事项。随着事情的进展，除非泡沫证实了自己的存在，否则很难进行明确的判断。"——Alan Greenspan Remarks by Chairman Alan Greenspan Economic volatility At a symposium sponsored by the Federal Reserve Bank of Kansas City, Jackson Hole, Wyoming August 30, 2002.

❸ Jeff Faux, *The Politically Talented Mr. Greenspan*, Dissent Magazine, Spring 2001.

象，是可以预见的，是格林斯潘的革命深思熟虑的结果，这毫无疑问；它只会发生在资产证券化和《格拉斯－斯蒂格尔法》不存在，但是有场外金融衍生品交易的时代。只要仔细研究一下历史记录，所有这一切昭然若揭。

终局：完全无管制的货币创造秘密

1999 年废除《格拉斯－斯蒂格尔法》之后、进入新千年之时，美国的信贷市场发生了可怕的变化——它在不久后将变成为世界上最无法想象的、无管制的私人货币创造机器。

新金融建立在由玩家组成的一个非正式的卡特尔之上，这是一个混乱而又相互勾结的体系，所有的成员都熟知行动方案，而这个方案的脚本是格林斯潘和他在摩根、花旗、高盛以及纽约其他顶级金融机构里的朋友们编撰的。证券化的目的就是要确保一个“新的”美国世纪，保证它继续掌握金融支配权，这是证券化的首创者在新千年前夕想得非常明白的事情。

除了格林斯潘的美联储以外，美国政府的行政、立法和司法部门直到最高法院，所有这些机构之间无耻的共谋，为金融革命提供了所需要的关键性支持。另外，为了把这场游戏玩得天衣无缝，还需要世界上的两个最大的信用评级机构积极参与。这两个机构是穆迪和标准普尔。

如果要取消经过百年之久的不懈努力才建立起来的各种监督、控制规则和透明度，容忍那种图谋一步一步得逞，还需要一个会反复拒绝规范场外金融衍生品交易这样的合理要求的国会和政府，需要一个对银行想拥有或向对冲基金提供资金的图谋麻木不仁的国会和政府。这种图谋还要求政府授权的大型评级机构把 AAA 级信用评级授予一小撮无人监管的保险公司——所谓的单一险种保险公司，它们的总部都设在纽约。单一险种保险公司是新金融的另一个基本的组成部分。

在所有这些机构的证券化大膨胀的背后，其相互关联是如此紧密，其默契如此完美，以至于它们完全可以合并成一家美利坚新金融公司，股票可以卖到纳斯达克市场（创新板）上去。

多年来格林斯潘一直在设计和鼓动资产证券化。这个过程一直持续到新千年之时，他才动手培育前所未见的房地产泡沫。格林斯潘在股市崩溃后曾经可怜巴巴地试图否认他所起的核心作用，他说问题不在于把按揭贷款贷给了次级房贷客户，而是在于次级贷款证券化。可是他在2005年4月唱的却是完全是另一出戏。在美国联邦储备系统的第四次年度社区事务研讨会上的讲话中，美联储主席格林斯潘宣布：

创新带来了众多的新产品，如次级抵押贷款和对移民的小额信贷计划。这些发展代表了市场的反应，市场在历史上一直是我国金融服务行业的推动者。由于有这些技术进步，贷款人利用了信用评级模型等技术去有效地扩大信贷的消费者群体……以按揭为担保的证券创立了一个全国的甚至国际的按揭贷款市场，更加多样化的、用市场支持的住房按揭抵押贷款产品现已司空见惯。一大批贷款消费的产品如汽车和信用卡贷款也随之实现了证券化。[1]

格林斯潘在2005年发表那篇讲话的时间，差不多正是他后来声称突然意识到证券化正在失控的时候。2007年9月，危机正如火如荼，哥伦比亚广播公司的莱斯利·斯塔尔问他，为什么不去制止“次级贷款里采用的不合法或很可疑的做法”时，格林斯潘回答说：“呃，我直到很晚才知道这些做法有多么严重。到2005年年底或2006年，我才真正认识到这一点……”。[2]

他没有说出来的话是，即使2005年年底他真的“认识到”了，也没有采取任何行动去制止失控的庞氏欺诈泡沫，这种欺诈正是依靠他的政策才形成的。

早在1998年11月，长期资本管理公司对冲基金的崩溃几乎触发全球金融体系的崩溃，事件发生后仅仅几周，格林斯潘就在美国证券行业协会年度会议上说：“最近几年来计算机和远程通信技术的重大进展，允许我们通过金融工程创新来大规模拆分风险。过去时代的金融工具是普通股和债券，它们被多种

---

[1] Alan Greenspan, Consumer Finance, *Remarks at the Federal Reserve System's Fourth Annual Community Affairs Research Conference*, Washington, D. C., April 8, 2005, in www. federalreserve. gov/BoardDocs/speeches/2005/20050408/default. htm

[2] Alan Greenspan, Greenspan Defends Low Interest Rates Interview CBS 60 Minutes, September 16, 2007, in www. cbsnews. com/stories/2007/09/13/60minutes/main3257567. shtml

复杂的混合金融产品剥开了，这样一来风险就可以被剥离出去了；但在许多时候，这种（信贷扩张和风险剥离）好像挑战了人类的理解力。"❶

这个讲话是对华尔街发出的一个明确信号：可以大规模推进资产担保证券化了。可是在整个1997～1998年惨痛的亚洲金融危机和1998年8月俄罗斯国债违约拖欠引发系统性危机期间，（正如格林斯潘曾经表示过的），会动用美联储的流动性水龙头，在灾难中去救助哪一家银行吗？那些不也是大银行，不也是"太大而不能破产"的企业吗？

美国联邦储备委员会是世界上最强大的中央银行，由世界上最相信自由市场的格林斯潘主持工作；美联储将支持大银行从事大胆的新证券化事业。当格林斯潘说风险"好像是挑战了人类的理解力"时，他至少暗示了他隐约地看见这个全新的金融领域里充满了迷惑和混乱。而央行历来追求的是会员银行之间透明的关系、坚持系统而保守的贷款政策和风险管理措施。

不能全怪格老

最重要的一点是，1998年11月格林斯潘向证券业协会中华尔街证券界的朋友们保证过，他将尽一切可能确保在新金融中，资产的证券化仍然让银行进行自我管制。

格林斯潘治下的美联储委托狐狸去看守鸡窝。他说：

（银行创新金融工程的❷）结果无疑是一个效率大幅提高的金融体系……从中演化而来的新国际金融体制，尽管最近有一些挫折，一直是那些参与其中的经济体提高生活水平的首要因素。

当我们思考这个新国际金融体系的监管界面时，重要的是要记住，真正重大的事情还不是今天摆在我们面前的这一个。据我所见，现在还不能证明，向一个新的、以先进技术为基础的国际金融体系的过渡已经完成。我毫不怀疑，明天的复杂性一定会让今天的复杂性相形见绌。

---

❶ Alan Greenspan, *The Markets*, Excerpts From Greenspan Speech on Global Turmoil, reprinted in The New York Times, November 6, 1998.

❷ 笔者所加。

所以，更加重要的是必须承认，21世纪的金融监管为了达到安全和稳固这个目标，正在越来越多地依赖于私营对手之间的互相监视。我们没有更好的办法去设想，除了对过程进行监管以外，大多数政府的金融监管还能干什么。由于全球范围的金融中介的复杂性仍在不断提高，传统的监管审查过程将愈益过时——至少对更加复杂的银行系统而言是如此。❶

有人可能会天真地问，为什么要把所有像《格拉斯－斯蒂格尔法》这样的权力移交给私人银行，远远地避开的官方管理权限呢？

同样在1999年10月，格林斯潘一再顽固地坚持无法证实的那个疯狂的网络信息技术股市泡沫正是最狂热的时候，他再一次高声赞扬金融衍生品以及"新的金融工具……重新分配风险的方式使人更容易接受"。保险业无疑是重新分配风险服务最纯粹的形式。最近几年创造出来的所有金融新产品——以金融衍生品为前锋——把风险进行标准化的分拆并进行精准的重新分配，就这样为经济价值作出了贡献。当格林斯潘在1999年10月大谈证券化的时候，废除《格拉斯－斯蒂格尔法》已经是板上钉钉的事情了。❷

正是美联储的"私营对手之间的互相监视"使整个国际银行同业交易系统在2007年8月戛然而止，由于商业票据的资产担保已经证券化了，而且大多数债券实际上也证券化了，因此对这价值数万亿美元的证券产生的恐慌迅速蔓延开来。银行和投资者在美国和国际金融体系中大幅度亏本的时候，冲击才刚刚开始。不过现在还不是讲这个故事的时候。

贪婪得取消管制、追求越大越好

1980～1994年，在美国联邦存款保险公司承保的银行中有1600多家关门

---

❶ Alan Greenspan, *Remarks by Chairman Alan Greenspan: The structure of the international financial system*, at the Annual Meeting of the Securities Industry Association, Boca Raton, Florida, November 5, 1998.

❷ Alan Greenspan, *Measuring Financial Risk in the Twenty-first Century*, Remarks Before a conference sponsored by the Office of the Comptroller of the Currency, Washington, D.C., October 14, 1999, in www.federalreserve.gov/boarddocs/speeches/1999/19991014.htm. 格林斯潘在此声称："……目前，还不能确信经济已经开始下滑。崩溃的信心一般都描绘为泡沫破裂，这件事只能在时候才能确定。要预测泡沫破裂上百万的投资者判断价格会猛烈下降，许多人对特定资产的前景有很丰富的知识，这些资产组成了我们的股市和其他资产的价格指数。"

或接受了财政援助。这个数字是20世纪30年代联邦存款保险项目建立以来的最大数字，比其他时期都要多得多。这正反映了银行业集中的过程——集中到那些将要进入21世纪的大银行集团中去。

1984年，美国第七大、世界上最大的银行之一芝加哥大陆伊利诺伊国民银的失败事件，曾经是美国历史上银行（体系）面临的最大威胁。政府进行了干涉，通过联邦存款保险公司进行100％的存款担保，出手拯救了这家银行。这一次超出了联邦存款保险公司规定的“有限担保”范围的救援行动，引出了后来逐渐被称为“太大而不能破产”的理论。也就是说，某些特大银行由于规模太大，特别是担忧经济上会发生的连锁反应，就不会让它破产。大银行很快就看出来这一点，它们通过并购变得越大，就越是“太大而不能破产”，这样做的好处太大了。所以从此“道德风险”成为美国大银行的主要特征。❶

在格林斯潘的美联储主席任期内，这个“太大而不能破产”理论将延伸到特大型对冲基金（长期资本管理公司）、特大型股票市场（纽约证券交易所）和差不多所有的、对美国有战略意义的大型金融机构。这个理论具有扫荡一切的力量。在金融界的顶级精英圈外，没有几个人能领悟到这样一种理论的建构曾经发生过。

“太大而不能破产”一旦成立，最大的那几家银行争先恐后地让自己变得更大。在传统上银行业务是被分割开的，例如有地方性存贷抵押贷款银行和大型国际货币中心银行，如花旗银行、摩根银行和美洲银行等，地方银行禁止在本州以外经营业务。这些规则被一一废除，银行业变成了“平坦的操场”，但只有当最大的银行铲平和吞掉小银行、创造规模空前的卡特尔时是平坦如砥的。

到1996年时，独立银行的数目自20世纪70年代末以来减少了1/3以上，从12000多家减少到不足8000家。资产超过1000亿美元的银行所控制的银行资产比例增加了一倍，达到美国银行总资产的1/5。此时这一趋势才刚刚开始。

---

❶ Federal Deposit Insurance Corporation, *History of the 80s, Volume I: An Examination of the Banking Crises of the 1980s and Early 1990s*, in www.fdic.gov/bank/historical/history/vol1.html, p. 1.

这股银行合并浪潮是各州撤销银行限制法规的直接后果，银行建立分支机构和控股公司并购的地域限制没有了，并且在 1994 年《黎可－尼尔银行跨州经营与设行效率法》[1] 中被合法化。“更有效的银行业”创造出“最大的才能生存”学说，修正了达尔文的“适者生存”理论。可是它们绝不是“适者”。10 年后当证券化撑破了银行最疯狂的想象力空间、发生爆炸的时候，合并造成的严重后果才会展现在我们面前。

摩根银行与大规模杀伤性金融武器

1995 年早已步入克林顿－鲁宾时代，艾伦·格林斯潘从前供职的银行——摩根银行——推出的一种创新，将在未来 10 年内彻底改变银行业。布莱斯·马斯特斯，一个受雇于摩根银行的 34 岁的剑桥大学毕业生，开发出第一个“信用违约互换”（CDS），一种在表面上允许银行为贷款违约提供担保的金融衍生工具；他还开发了债务抵押债券（CDO），把混合起来的资产作为担保去发行债券，这是一种信贷衍生工具——仅这一个工具就足以把大量的公司暴露在足够重大的风险面前。

■“股神”巴菲特一直对金融衍生品嗤之以鼻

这些工具真正的吸引力在于，它们都在银行的（资产负债表）“表外”，所以远离了《巴塞尔协议》8% 的自有资本规定；他们的目标是既提高银行的回报又去掉风险。这似乎是一件鱼和熊掌可以兼得的大好

[1] 原文为 Riegle-Neal Interstate Banking and Branching Efficiency Act（1994）。——译者

事。但是在现实世界中它只能把所有的事情都弄糟。

摩根银行铺平了美国银行“改革”的道路——从传统的商业银行发放贷款改变成交易（买卖）“信贷”，而真正的改革就是把一切都证券化。他们的新思想是，为了把银行的风险从资产负债表上转移出去，先把自己的债务汇集起来当作证券“再次销售”掉，同时把客户的贷款“辛迪加化”，并买进信用违约互换。后来事态的发展令人目瞪口呆，银行的债务交易额很快就达到了数以万亿美元的规模。

到2007年年底的时候，信用违约互换合同的价值估计已有45万亿美元，这给了债券持有人“债券安全”的错觉。但是这个错觉的基础是一个没有公开的银行风险模型，相对于其他银行风险模型来看，在这里包含着对违约拖欠率最乐观的假设。而且这个幻想本身就足以诱使世界上的大银行像旅鼠一样前赴后继地来购买抵押贷款债券；这些债券是用按揭付款的收入现金流做担保的，可是支付按揭贷款的却是没有信用资质信息的一群人；他们还去接受由穆迪或标准普尔评级给出的AAA表面结果。保守派投资者沃伦·巴菲特称金融衍生品为“大规模杀伤性金融武器”。[1] 这句话将被证明是正确的。

1987年刚刚就任美联储主席的格林斯潘为了从严格的《格拉斯－斯蒂格尔法》中找到漏洞，曾求助于他在摩根银行的亲信；当他上任伊始操纵1987年10月股市崩盘后的复苏时，为了购买芝加哥主要市场的金融股指衍生品，也是同摩根银行秘密合作，现在格林斯潘的美联储与摩根和华尔街盟友再次联手，共同发起和推进20世纪90年代的证券化。因为他们看清楚了，这里面有着无限的潜力，但是这些银行必须抢到第一把交椅并且亲自制定新游戏的规则——这个新游戏就是“新金融”。

在1995年的银行“改革”进军中，摩根银行是领军企业。这场进军的目的是摆脱传统的银行－客户贷款模式，向纯粹的信贷交易和风险交易转变。它们想在银行的资产负债表上聚集更大的财富，却不用再冒银行核算的风险。这

---

[1] Warren Buffett, cited in Richard Dooling, *Machines of mass destruction*, International Herald Tribune, October 13, 2008.

是对贪婪和欺诈的公开号召。此令一出，世界上几乎所有的大银行，如德意志银行、瑞银、巴克莱、皇家苏格兰银行以及法国兴业银行，都像旅鼠一样排着队紧随其后向着新金融“进军”。最终到来的是金融灾难。

然而，除了几家美国顶级银行以外，无人能跟上进军的“领队”。1995 年后只有那几家顶级银行能够创造证券化的新世界、主导金融衍生品的发行。纽约的大银行率先将信用风险从银行的资产负债表上转移出去，办法是汇集债务、重组投资组合并再次售出，把客户持有的债务组合起来再去购买违约保护（保险）。新金融时代开始了，就像金融业的每一个重大创新那样，这个新金融时代也是慢慢地拉开序幕的。

很快证券化的新银行（如 J. P. 摩根银行）开始创造债务证券投资组合，然后打包，再一块一块地出售“违约拖欠的可能性”。“切片切块”就是这场新游戏的名称，目的是让发行和认购的银行迅速创收，也给投资者“按户定制的风险”带来收益。不久后，资产担保证券、债务抵押债券，甚至新兴市场债券，都被打了包切块出售。

1999 年 11 月 2 日那天，克林顿签署法令废除了《格拉斯 - 斯蒂格尔法》。从此顶级银行收购证券经纪公司、投资银行、保险公司和其他各种金融机构不再受到任何限制。在此之前仅 10 天，格林斯潘才把注意力转向鼓吹住房按揭的银行证券化。

美联储主席格里斯潘在“美国社区银行家”（一个区域银行组织）的一次关于按揭市场的会议上说：

今年第三季度的住房自住自有率提高到 67%，部分应归功于健康的经济扩张和强劲的就业增长。另外也是因为贷款的创新，正像你们一样，范围更广的按揭产品被创造出来了，因此有效地扩大了贷款来源，提高了认购的效率，创造出了更多的价值。我们需要简化贷款申请和发放过程，为个人购房者量身制订抵押贷款计划，在这方面取得了很大进展，这是保持和提高住房购买率所必需的……社区银行集中体现了适应人口变化和技术突破所需要的灵活性和应变能力，开发其中包含的机会，并创造出可以提高自有住房率的抵押贷款的新形式。至于美联储，我们正在努力为你们提供帮助，为企业、住房和抵押贷款活

动提供一个稳定的平台。❶

同年（即1999年）3月8日，格林斯潘在抵押贷款银行家协会上说，他强烈支持推进房地产抵押贷款担保的证券化，他认为这是未来的潮流。他对那些银行家说：

住房抵押信贷的供给中的稳定性更高了，而且一直与拆分按揭贷款过程的各个环节相伴随。我们有一些机构是住房抵押贷款银行，它们筛选申请人并发放贷款。另外一些机构提供债务服务，它们提高效率的方式是大规模运营。还有一些机构（其中大部分的资金基础是稳定的）为抵押贷款提供永久的融资，参加按揭债务汇集-组合的就是它们。除去这一切之外，另外还有一些人把抵押资金组合的现金流分切，组合成更能吸引各种不同投资者的"切块"。经过这个过程后，住房抵押贷款担保证券的待偿债务总量增加到2.4万亿美元……自动认购软件正在越来越多地得到运用，因为需要处理的抵押贷款申请的数量上升很快。

这项技术不仅缩短了批准抵押贷款申请所花费的时间，而且还提供了一种首尾一致的评估方法，还可确保对首付和收入的规定、对应付利息的规定等能更准确地反映信贷风险。这些进展使得去年大大增加的抵押贷款申请能够顺利处理，相对于往年在再融资多发的形势下，信贷部门的高度紧张和沉重负担，新技术的优越性更加突出。越来越有能力管理风险是新技术最大的好处。❷展望未来，更多地使用自动认购和信用评分，我们有望创造出低成本、个性化的住房抵押贷款，同时还可根据风险调整定价。通过制定适合个人借款者需要的抵押贷款，明天的抵押贷款银行业将会为市场的每一个角落都提供更好的服务。❸

不过，我们还要等到美联储捅破网络股市泡沫之后（2000年），以及格林

---

❶ Alan Greenspan, *Mortgage markets and economic activity*, *Remarks before a conference on Mortgage Markets and Economic Activity*, sponsored by America's Community Bankers, Washington, D.C., November 2, 1999, in www.federalreserve.gov/boarddocs/speeches/1999/19991102.htm.

❷ 原文如此。——译者

❸ Alan Greenspan, *Remarks to Mortgage Bankers' Association*, Washington, D.C., March 8, 1999.

斯潘把美联储的联邦基金利率降到1930年大萧条以后的最低点1%（2004年）之后，资产证券化才会爆发起来，变成一个数万亿美元的行业。

证券化：虚构出来的交易

因为证券化这个题目过于复杂，以至于所有的人，甚至它的创造者也没有完全理解风险的传播如何进行的，更不用说去理解同时集中的系统性风险。

证券化是一个过程，在其中有一些资产被某个实体收购，这些实体有时被称为“特殊目的机构”（SPV）或“特殊投资机构”（SIV）。❶

在特殊投资机构的情形中，有不同的住房抵押贷款，它们会被组合成所谓的资金组合或捆绑。一个特定的组合，比如说，房屋抵押贷款应收款，现在被赋予了新的生命——债券（资产担保债券），在这里就是抵押贷款担保证券。这个证券化了的债券是由现金流量或标的资产❷的价值所担保的。

这一个小小的步骤中包含了难以把握的概念转换。这是一种用虚幻的抵押物来支持的债券，不清楚其真正的价值，也不可能弄清楚，不过现在世界上的银行大概都已经完全搞清楚了。❸ 到了这个阶段，在资金组合里任何一笔具体的住房抵押贷款的法定权力都已经合法地模糊化了，这正是我在第一部分所指出的。那么，在这个链条中，还有谁能在这成百上千笔抵押债务中实际持有亲笔签名的抵押契约？现在是律师大显身手的好时机，清理华尔街的不透明性能用去他们好几年的时间。

证券化通常适用于非流动性的资产，就是那些不容易售出的资产，所以在房地产里称为常规。今天美国的房地产是世界上最不具有流动性的市场。每个人都希望离场，没人希望进场，至少不是在今天的价位上。

证券化适用于租赁财产的资金组合，适用于住房按揭贷款、住房净值贷款、学生贷款、信用卡或其他债务。从理论上讲，只要有稳定的、可预期的现金流，任何资产都可以证券化。这只是理论。在实践中，它却让美国的银行找

---

❶ SIV又是Structured Investment Vehicles（结构性投资工具）的简称。——译者

❷ 又称为“基础资产”、“相关资产”和“指定资产”。——译者

❸ 意指价值为零。——译者

到了规避更严格的新的《巴塞尔资本充足率规则》（即巴塞尔 II）的途径，“巴塞尔 II”的目的就是尽可能地堵住巴塞尔 I 中的漏洞——美国和其他银行钻了那些漏洞的空子，把贷款用批发方式甩给特殊的“账外”机构，就是那些“特殊投资机构”。

金融炼金术：苍蝇掉进汤盆里

因此，非流动的资产经过证券化被转换成流动性资产。在理论上，这样做的方式是汇集、认购和出售实有的财产所有权：资产担保证券。住房抵押贷款担保证券是资产担保证券的一种形式，是 2001 年以来规模最大的资产担保证券。

苍蝇就是在这里掉进了汤盆。

美国各地房地产市场早在 2006 年就开始急剧下跌，“可调整利率”抵押的利率随之急剧上升，成千上万的家庭被迫“一走了之”，放弃无力支付的按揭房，或者被很复杂的证券化链条上的某一方剥夺“抵押品赎回权”，而这种剥夺常常是非法的，美国俄亥俄州的一位法官最近这样裁决。今天这场房地产灾难的规模可以与大萧条媲美，甚至可能更大，事情才刚刚开始。2007 年发生的“取消抵押品赎回权”事件比 2006 年多 75%，在加州的“取消”事件比前一年增加了可怕的 421%。

这个抵押贷款违约安排在实行的过程中把自己弄得千疮百孔，债务偿付的现金流出现了巨大的漏洞。因为整个系统是完全不透明的，没有人知道真正的情况，持有这些证券的银行搞不清楚哪些资产担保的证券是好的，哪些是不好的。就像大自然憎恶真空一样，银行家和投资者，特别是全球投资者，憎恨他们所持有的金融资产中包含的不确定性。现在他们像对待有毒废料一样对待它。

新金融的大厦以住房抵押贷款的证券化为基础。可是，新金融的设计师们发现，把来自美国各地数百个完全不同的、信用资质也不同的抵押贷款捆绑成一个大的抵押贷款担保债券还是不够。华尔街想把这东西出售给世界上的养老基金。他们还得再添加一点佐料。因为大多数养老基金只限于购买被评为 AAA

级的债券，那可是质量最高的债券。

一个信用评级机构，应该怎样评估一个假想的由多个抵押偿付现金流组合成的债券？这个偿付现金流来自美国各地1000个不同的住房抵押贷款项目。但是评级机构不可能派检查员到每一个城市去检验住房、与业主交谈。是谁在担保这种债券呢？不是发行抵押债券的银行，因为它们打折后立即售出了抵押贷款，以便将它从账本中销去；也不是“特殊目的机构”，因为它们仅仅使交易从抵押贷款认购银行中分离出去。什么也不需要了。无所畏惧的信用评级三巨头（实际上是两巨头）登场了。

击鼓传花

J. P. 摩根、摩根士丹利、高盛、花旗集团、美林证券、贝尔斯登和那些2002年之后参与了住房抵押贷款证券化游戏的人都很精明，从来不会一看到新障碍就乱了方寸。在住房抵押贷款爆炸性的增长中，他们为了得到最高的AAA评级，求助于三大评级机构。这样做很有必要，因为传统的企业债券，例如通用电气或福特的债券背后是一个已知的、看得见的、由砖头和水泥建造的、具有长期信贷历史的蓝筹公司，由这个公司担保债券。但是“资产担保证券”却没有“有形”公司的支持，有的只是来自美国各地的按揭抵押合同。

“资产担保证券”（或债券）是一个“卓越”的创造物。它的合法性已经受到美国法律的质疑。合法性的缺失暗示着需要一家信用评级机构进行评级，这对这个债券获得可信性而言必不可少，或至少通过评级可以给它一个“可信的外表”。从目前证券化的崩溃中，我们很快就能知道评级是怎么回事。

新金融大厦得到了格林斯潘的美联储和20多年来历届美国政府的支持。它的核心处有三家无人管制的私营公司，处于事实上的半垄断地位。这三家公司的业务是为所有的证券化的资产提供信用评级，当然要收费的。

这三家信用评级超级大腕主宰了全球信用评级业务，其中穆迪投资服务公司是全世界最大的信用评级机构。在证券化高潮的那几年，穆迪的定期报告说评级总收入的利润超过50％。全球评级卡特尔中的其他两个评级机构是标准普尔和惠誉。这三家都是美国公司，与华尔街和美国金融界血脉相连。美国垄断全世界的信贷评级业务不是一个偶然事件——这个框架就是这样设计的，这是纽约实施金融统治的一个重要支柱。控制信用评级领域正是为了美国全球力量的投射，与美国主导核武器一样都是权力因素。

前劳工部长、经济学家罗伯特·赖克识别出评级中的一个核心问题，即它内在的利益冲突。他指出："向信用评级机构付款的正是打包出售被评定债券的同一家机构，如果一家投资银行不喜欢评定的级别，它可以不付钱。就算它喜欢，付钱也要到等到证券出售之后。懂了吗？这就像电影制片厂聘请电影评论人来评论电影，除非他们的评语很好而且使得很多人来看电影，才会付钱给影评人。

赖克又说："股市崩溃以前，信用评级机构红火得很。从 2002 年到 2006 年，穆迪的利润增加了 1 倍以上。抵押担保债券发行者的运气好得无法想象。需求大涨，因为高评级扩大了市场。交易商除了评级什么都不看……一个几十亿美元的击鼓传花游戏。可是鼓声一下子就停了。"❶

全球三大评级机构——穆迪、标准普尔和惠誉被直接置于调查的聚光灯下。它们事实上是仅有的对华尔街和其他银行抵押证券进行评级的机构。被评级的有房产抵押贷款债券、债务抵押债券、学生贷款担保证券、彩票中奖担保证券和无数其他证券。

据行业出版物《抵押金融内情》的信息，2005 年后的两年内发行的 9000 亿美元次级抵押贷款中，大约 25% 被评级机构评为最高的 AAA 级。也就是说有超过 2200 亿美元的次级抵押贷款证券被穆迪、惠誉和标准普尔评为最高的 AAA 级。到了 2007 年夏季，当全国住房抵押贷款的违约率像滚雪球那样越滚越大的时候，这些评级垮台。

上了战场一败涂地。它们给予 AAA 评级所使用的模型假设是一个商业秘密——"请相信我们吧……"

笔者访问过的一位经济学家曾经在美国评级业内工作、能够获得穆迪、标

❶ Robert Reich, *Why Credit-rating Agencies Blew It*: *Mystery Solved*, October 23, 2007, Robert Reich's Blog, in robertreich. blogspot. com/2007/10/they-mystery-of-why-credit-rating. html.

准普尔和惠誉实际上使用的模型假设；其实它们的评级方法都是事先确定的，事先就决定要给无法确定的新证券最高的评级。评级人员拿大萧条之后利率最低的一个时期的违约比率（低于通常时期）做标准，用外推法来估计当下的情形，所以次级债券不论在当期还是远期都是AAA级质量。他们还用历史数据证明，经济衰退很少在全美50个州一起发生，而总是局限在一个或少数几个州内。因此，如果把来自许多不同地理区域的抵押贷款打包成一个证券，违约拖欠的风险就是微不足道的。

按照这个思路，可以说甚至风险更大的次级抵押贷款的违约风险“在历史上几乎都是微不足道的”。穆迪的AAA级评级使华尔街投资公司得以向养老基金或任何人出售房产抵押贷款债券，从这里可以“增加收益”而又没有任何风险。这就是所谓的理论。

正如奥立弗·冯·施威尼茨在一本很及时的书《信用评级机构：它们的业务、监管和责任》里所指出的，不评级的证券化是不可想象的。由于资产担保的抵押贷款证券化的特殊性质，这些资产担保证券“虽然被标准化了，但只是一次性事件，而其他种类的证券（如公司债券、政府债券）一般是多次和重复地作用于参与者的。重复的事件比一次性事件具有更少的欺诈动机。❶

换句话说就是，资产担保证券比传统债券包含的欺诈动机要高得多。

穆迪和标准普尔卓尔不群

根据美国现有法律，三大顶级信用评级机构享受的是独一无二的地位。它们被政府的证券交易委员会认可，是全国通用的统计评级机构。今天美国一共只有四家信用评级机构，第四家要小得多，是加拿大的企业。前三家评级机构对全世界的信用评级业务拥有事实上的垄断。

美国有关评级机构的唯一法律《2006年信贷机构改革法》，这是一只“没有牙”的老虎，是在安然公司破产之后通过的；安然公司宣布破产前四天还得

---

❶ Oliver Von Schweinitz, *Rating Agencies Their Business*, *Regulation and Liability*, Unlimited Publishing LLC, Bloomington, Ind., 2007, pp. 35 ~ 36.

到过一个"投资级"的评级，震惊的公众要求对评级机构进行详细审查；可是《2006 年信贷机构改革法》对标准普尔、穆迪和惠誉事实上的垄断地位毫无威胁。

欧洲联盟对安然公司和意大利帕玛拉特公司的欺诈事件也做出过反应，要求调查给帕玛拉特评级的美国评级机构是否有利益勾结、评级方法的透明程度（其实完全不透明）以及是否有竞争性。

经过了几年的"研究"，加上参与证券化游戏的欧盟大银行很可能的幕后活动，欧盟委员会于 2006 年宣布，它要做的事情只是"继续审查"（原文如此）这些信用评级机构。没有竞争对手的穆迪、标准普尔和惠誉在欧洲评级行业说话也是算数的。

"这不是一个自由的国家吗?"

根据美国的法律，评级机构不用承担"错评"的赔偿责任，尽管全世界的投资者在验证信用资质的时候，尤其验证对证券化资产的信用资质时，往往只依赖穆迪和标准普尔的评级。《2006 年信贷机构改革法》完全不涉及评级机构的赔偿责任；因此这部有关评级机构的唯一法律是毫无价值的一纸空文。

正如冯·施威尼茨所说："《1934 年证券交易法》第 10B-5 条可能是起诉资本市场欺诈行为最重要的依据。"这条法规的内容是"任何人……对具体事实做不真实的陈述是非法的。"这话听起来有点具体了，但是最高法院不这样看——在 2005 年杜拉制药厂案件的裁决中，最高法院确认"评级"不是"对具体事实的陈述"，不属于第 10B-5 条所规定的范围。穆迪、标准普尔或惠誉的评级"只是一个看法"，它们受《美国宪法》第一修正案"言论自由"的保护。

穆迪和标准普尔可以把安然、帕玛拉特或次级证券说成天花乱坠，想怎么说都是它们的自由。"这不是一个自由的国家吗？每个人不是都有权发表自己的看法吗?"……

美国的法院一次又一次地裁决金融市场"有效"，说市场能发现公司或证

券的不端行为，并且最终给它们打分——“定价”；不要去为评级机构焦虑……❶

这显然就是格林斯潘在不断反对对新兴的资产证券化革命实施任何管制的时候，满脑子里想象的那种“自律”行为。

证券化革命得到了“非礼勿视”的美国政府的政策“背书”：“对货币托拉斯有利就是对国家有利。”通用汽车公司总裁查尔斯·E. 威尔逊在20世纪50年代是这样说的：“对通用汽车有利就是对美国有利。”荒谬变成了荒唐。

单一险种保险：证券化的伟哥

那些没有得到AAA评级的房地产抵押贷款债券（即次级债券）还需要一个解决方案。精明的华尔街人想出了很巧妙的办法。

它们发明了“单一险种保险”，就是让抵押贷款担保证券的发行机构对“以资产担保的证券的违约拖欠”提供担保——格林斯潘证券化革命的又一个新花样。

单一险种保险在20世纪70年代初用于对市政债券的担保。只是格林斯潘的证券化革命才使它异军突起。

该行业的行业协会认为：“单一险种的安排使我们做到了把全部注意力都集中到增加资本市场客户的价值这一点上来。”它们的确增加了市场的价值。据2007年12月的可靠估计，11家单一险种保险公司提供的“担保”提高2.4万亿美元的资产担保债券的评级，达到AAA级，可是这11家都是资本匮乏、监管松散的公司，它们的总部都设在纽约，接受纽约州的监管。

单一险种保险是以欺诈行事的华尔街游戏中的一个基础性要素，这个游戏的名字就叫“证券化”。只要支付一定的费用，就会有一个专业的保险公司（“单一险种”这个名称就是这样来的）来承保，保的是“经济不下滑、不衰退，次级抵押贷款房主不会拿不出每个月都要交的按揭款”。

---

❶ Oliver Von Schweinitz, *Rating Agencies Their Business*, *Regulation and Liability*, Unlimited Publishing LLC, Bloomington, Ind., 2007, pp. 67 ~97.

单一险种保险行协会的官方网站是这样说的："金融担保协会是市政债券和资产担保证券的保险公司和再保险公司的同业公会。金融担保协会会员承诺以下不可撤销的义务：由它承保的债券或其他证券发生违约拖欠时，利息和本金的及时全额支付将得到无条件的保证。"现在它们会后悔曾经这样承诺过，因为次债的重组、愈演愈烈的经济衰退和高发的抵押贷款违约率带来的赔偿要求对这些小规模的、缺少资本的单一险种保险（公司）而言，实在是太夸张了。

那几个主要的单一险种保险公司都没有什么名气：ACA 金融担保公司、美国城市债券保险公司（AMBAC）、保证担保公司、蓝点再保险公司、CIFG、金融担保公司、金融证券保险公司、保险金融控股公司（MBIA）、PMI 担保公司、雷迪安资产保证公司、RAM 再保险公司和 XL 资本保险公司。

慎重的读者可能会问："谁来承保这十一家单一险种保险公司呢？它们在金融革命五年多的时间里担保的偿付规模可是达到了几万亿美元的规模啊！"

三言两语说不清这个问题。他们说过："金融担保协会的八家公司获得了 AAA 支付能力评级，两家公司获得 AA 支付能力评级。"正是穆迪、标准普尔和惠誉把 AAA 或 AA 评级送给它们。

有了 AAA 信用评级的债券保险机构的担保，借款成本就会小一点，就会有更多的投资者想购买这些债券。

当 2003～2006 年平均拖欠的比率远远低于 1% 的时候，单一险种保险公司承保这类债券似乎毫无风险。于是这类公司用杠杆把自己的资产支撑起来，建立新的会计账本，以 100 倍甚至 150 倍的（承保额/资产）比例承保风险，在这类公司里已经司空见惯。只有 57 亿美元资本的"美国城市债券保险公司"目前的承保金额是 5500 亿美元。

纽约州的保险监督局（单一险种保险公司的唯一监管机构）在 1998 年允许单一险种保险公司出售"资产担保证券"的"信用违约互换"，例如住房抵押贷款证券的信用违约互换。要设立其他的空壳公司，[1] 它们会拿信用违约互

[1] 由另外一家公司接管以便用其名称获取优势的公司。——译者

换去同银行换取“用住房抵押贷款担保的证券”。

单一险种保险公司进军证券化债券，是大为有利可图的投机。保险金融控股公司的保费 1998 年为 2.35 亿美元，2007 年达到 9.98 亿美元；2008 年比 2007 年又增加了 140%。然后就发生了美国的次贷危机。单一险种保险公司的传花游戏刚刚玩到兴头上，鼓声就突然停了。死一样的寂静。

银行持有的债券中的按揭部分发生了违约拖欠——2006 年承购的次级抵押贷款在 2008 年 1 月的违约拖欠率达到了 20%——单一险种保险公司必须出手了。掏钱吧。

2008 年 2 月 3 日，据美国保险金融控股公司披露，仅仅 3 个月内就发生了 35 亿美元的诉讼费及其他费用，一个季度的亏损就是 23 亿美元。这只是冰山的一角。保险分析师唐纳德·莱特在被问及“潜在的下跌损失有多大”时说：“没有人知道。也许到 2008 年第三或第四季度还是没有人知道。”我们在那个时候看到，损失惨重。

信用评级机构开始降低单一险种保险的信用评级了，把人人珍视的 AAA 级评级拿走了。这意味着单一险种保险公司将不会再有新业务，它所担保的债券也不再拥有 AAA 评级。

迄今为止，被惠誉和标准普尔下调评级的唯一一家单一险种保险公司是 FGIC。降级是对这种公司的撒手锏。“美国城市债券保险公司”是第二大单一险种保险公司，已被惠誉降到 AA 评级；其他同类公司其实也都面临各种不同的警告。

评级机构采用过一种“计算机模拟压力测试”，试图测定单一险种保险公司能否“在违约拖欠水平与大萧条相等时实施理赔”。那么在真正的危机中，单一险种保险公司能够拿出多少资金呢？它们声称：“我们对成员担保的理赔资金……总额可达 340 亿美元以上。”❶

这 340 亿美元放在 2008 年的无底洞里，只不过是杯水车薪。据估计，在资

---

❶ Association of Financial Guaranty Insurers, *Our Claims-Paying Ability*, in www.afgi.org/who-fact.htm.

产证券化市场上，全部交易量的1/3是AAA级的单一险种保险公司承保或“兜底”的。投资者对变动不居的担保（物）或者历史很短的承保人所要求的，只是一件“保证没事”的长袍。[1]

据一家美国贸易集团——证券业和金融市场协会——所说，2006年年底，美国共有大约3.6万亿美元的资产担保证券，包括优质和次级住房抵押贷款、房屋净值贷款、信用卡、学生贷款、汽车贷款和设备租赁等证券。幸好这3.6万亿美元证券不会都拖欠，也不会一起违约。但是金融担保协会——的单一险种保险公司几年来承保的资产担保证券高达2.4万亿美元，就像扛着一座山。私人分析师的估计是，2008年2月初保险公司最乐观的支付需求也会超过2000亿美元。纳税人在选举年要进行如此规模的救助，这真是一个拉选票的好理由。

账外……“一不留神就坏事啦”

整个证券化革命就是允许银行把资产从账本上转移到不受管制的不透明通道里去。它们把按揭贷款打折出售给美林、贝尔斯登、花旗集团等类似的金融证券机构。然后这些公司又把担保债券出售给它们自己的那些名义上独立的所谓“特殊投资机构”，这种投资机构的最吸引人之处在于它们自己可能发生的损失和承保银行是分开的，至少在理论上是这样。一旦特殊投资机构持有的各种资产担保证券失去控制，天地良心，受损失的只有特殊投资机构自己，花旗集团或美林公司都没事。

来自次级抵押贷款等低质贷款的没有保证的收入流只要能被捆绑成新的房产抵押贷款债券一类的证券，就可能得到“单一险种保险公司”的保险——我们把它叫作“金融伟哥”，这是给垃圾贷款例如无收入－无资产（NINA）贷款、“骗骗贷款（Liars' Loans）”和所谓的“有收入声明的贷款”壮阳用的。在一直持续到2007年7月的格林斯潘“房地产经济”期间，这就是人们每天都

---

[1] James P. McNichols, *Monoline Insurance & Financial Guaranty Reserving*, in www. casact. org/pubs/forum/03fforum/03ff231. pdf.

在干的活。

据一个消费者保护团体“抵押贷款经纪人负责任贷款协会”称，2006 年之前，“骗骗贷款”在美国抵押贷款中的比率是 62% ——令人瞠目结舌。2006 年，弗吉尼亚州对“有收入声明的按揭贷款”进行过一次独立抽样审计，审计人员发现，如果用美国国税局（IRS）的记录对照，几乎 60% 的此类贷款[1]被夸大了一半以上。谎报收入的人现在遭了报应——像落汤鸡一样逃走了，而房地产违约拖欠危机已经把整个美国房地产市场横扫了一遍。这样看起来，泰森食品公司养鸡场的鸡粪堆简直就是童话里的仙境一般。[2]

如果没有证券化，如果没有格林斯潘的美联储的全力支持，如果没有废除《格拉斯 - 斯蒂格尔法》，如果没有“单一险种保险”，如果没有顶级评级机构的内部勾结，如果抵押贷款发放银行没有把风险出售给承保公司、承保公司没有得到 AAA 评级、没有去捆绑销售，这一切本来是不会发生的。

格林斯潘的新金融革命事实上就是向每一个层次的欺诈行为放开了闸门，从住房抵押贷款经纪人、贷款机构到华尔街和伦敦的证券化银行，一直到信用评级机构。把价值千万亿美元的新证券化资产的监督权放到贝尔斯登、美林和花旗集团和它们的评级机构手里，由着它们去搞秘密的“自律”，实在是让它们自取灭亡。人们不用等待很久了，2007 年金融世界发生了真正的海啸，全世界应该把这场大戏都看明白了。

---

❶ 指申请贷款时申报的收入。——译者

❷ Dan Dorfman, *Liars'Loans Could Make Many Moan*, The New York Sun, Dec. 20, 2006.

14.

A Financial Tsunami and the End of the Dollar System

第十四章

金融海啸与美元体系的终结

“看哪，必有七个大丰年遍布埃及，随后就发生七个荒年，丰裕被埃及大地遗忘，饥馑必将销蚀这片土地。”

——《旧约·创世记》：41：28－30

危机从德国工业银行爆发

以美国为中心的证券化大厦的裂缝始见于2007年6月，涉及的财产价值数万亿美元。最初只是设在纽约的世界上最成功的投资银行之一贝尔斯登旗下的两个对冲基金发生了流动性危机。据报道，布什家族巨额财富的一部分就是由这家银行打理的。

这两个对冲基金向次级抵押贷款证券投入了很多的资本。危机带来的破坏很快蔓延到大西洋彼岸，击中了德国的一家小小的国有银行——德国工业银行。2007年7月的时候，这家德国工业银行的独资资金渠道——莱茵兰基金，拥有大约200亿欧元"有资产支持的商业票据"。7月中旬，投资者不同意莱茵兰基金的部分"有资产支持的商业票据"转期（用新债券换购旧债券），迫使欧洲中央银行将创纪录的大量流动资金注入市场，以便使银行体系保持流动性。

莱茵兰基金请求德国工业银行提供信用额度。德国工业银行声明它没有足够的现金或流动资产可用，必须在获得80亿欧元紧急信用贷款之后才有办法。这笔钱由它的大股东——德国复兴信贷银行提供。国有的德国复兴信贷银行是20世纪40年代二战结束后，执行"马歇尔计划"、帮助德国重建的那家银行——这实在是一个讽刺。世人不久就会明白，全世界正急需一个新的"马歇尔计划"或类似的金融方案；这一次的目的是为了拯救美国经济，可是这一回没有人出钱了。

德国复兴信贷银行的干预不仅没有阻止恐慌，反而引起了囤积储备和挤兑——要求兑现外国银行的“结构性投资工具”发行的所有“账外”商业票据证券。

“有资产支持的商业票据”证券是证券化革命的一大成果，是格林斯潘和美国顶级金融集团创作的优秀作品，它可以转移银行资产负债表上的风险，同时又让银行从结构性投资工具中大把捞钱。

发行以商业票据为基础的证券，是结构性投资工具的普通业务，这种证券是用发行商的基本资产组合的投资收益现金流来支付的。“有资产支持的商业票据”证券属于短期证券，一般不超过270天。最重要的是，它不受《1933年美国证券法》的管制，不用登记注册。它是没有登记的证券，这是一个巨大的漏洞。“有资产支持的商业票据”证券的抵押物，通常是商业应收款、信用卡应收款、汽车和设备贷款和租赁，以及债务抵押债券的组合投资资金。

在德国工业银行这个案例中，现金流本应来自美国的用“债务抵押债券”（CDO）作为抵押的次贷投资组合。现在的问题是，“有资产支持的商业票据”投资人面前的资产变坏了——构成证券抵押基础的一部分个人贷款发生了违约拖欠。这正是2007年夏天从美国抵押信贷市场上开始倒下的一张多米诺骨牌。

债务抵押债券的问题是发行之后很少进行交易。它们的价值不是由市场决定的，而是用复杂的理论模型算出来的。

2008年夏天，当世界各地的债务抵押债券持有人突然急需流动资金去对付市场抛售的时候，他们看到的是债务抵押债券的市场价值远低于账面价值。所以，他们没有卖出债务抵押债券，出售的是高品质的可以变现的蓝筹股、政府债券、贵金属等，以筹集现金弥补损失。

明明是债务抵押债券的危机，结果却是债务抵押债券和股票价值两边都受了损失。资产价格的下跌再进一步传染到对冲基金。这个戏剧性的价格崩溃是对冲基金使用的所有定量理论模型都无法预测的，受到打击的正是贝尔斯登的两个内部对冲基金呼风唤雨的那个市场。大型对冲基金的重大损失进一步提高了不确定性，放大了危机。

这只是开头，还将发生很大的间接损失。所有的模型都失灵了。

2007年年中的时候，不可避免的危机终于爆发。不透明是危机真正的根源。透明度消失，是因为市场上的玩家在分散风险的时候，不用透明的方式、不用大家可以接受的风险预期经济学理论来处理风险，反而去“证券化”风险，在推销高回报高风险的证券化产品的时候，不标明由此带来的风险。还有，信用评级机构对新金融产品的内在风险视而不见，睁一只眼闭一只眼。它们给证券评级的时候所用的模型，是金融公司也在用的那个有缺陷的风险模型。债券其实很少被交易，所以根本不清楚这些被制造出来的金融产品的价值。❶

忽视长期资本管理公司的经验教训

在2007年8月以来的信心崩溃中，银行系统和一场系统性的危机“面面相觑”：银行间的资金拆借市场是全球银行体系的心脏，而这个市场是以“有资产支持的商业票据”为基础的。现在这场危机仍然有多米诺骨牌式崩溃的危险，就像1931年的欧洲，当法国银行出于政治原因推倒了奥地利银行业的信贷业务后出现的崩溃局面。格林斯潘的新金融正是不稳定性的中心：新金融是他的“动荡的年代”❷——别人为他写的传记就用这几个字当了书名。

世界金融体系以前曾经遇到过系统性危机的威胁，最近的一次是1998年9月康涅狄格州格林威治的长期资本管理公司对冲基金倒闭；正是由于格林斯潘领导的美联储配合央行进行了非同寻常的干预，才防止了一场可能的全球性危机的发生。

长期资本管理公司危机的经验像水晶一样透明，从里面可以看到今天数万亿美元的资产证券化市场发生的所有问题的缘由。奇怪的是，格林斯潘和其他身居高位的人一贯拒绝吸取这里面的严肃教训。

触发危机的表面原因，是对冲基金风险模型没有预见到的事件。他们的投资战略的基础，是他们认为可以预见的外币/外债券的温和变动范围；历史的

---

❶ UNCTAD Secretariat, *Recent developments on global financial markets*: *Note by the UNCTAD secretariat*, TD/B/54/CRP. 2, Geneva, 28 September 2007.

❷ 有关1931年鲜为人知的奥地利银行信贷危机的政治背景，请参见笔者的《石油战争——石油政治决定世界新秩序》，知识产权出版社，2008年。这场危机的连锁反应导致德国的银行业崩溃。

交易实绩被用做经验数据依据。可是当俄罗斯宣布卢布贬值、国债违约的时候，长期资本管理公司的风险模型的参数马上“触礁”，模型也立即“搁浅”。主权债务违约拖欠不是“常态”事件。

现实世界不同于华尔街任何一种风险模型的假设，它不是常态的，非常难以预测。

为了弥补损失，长期资本管理公司及其债权银行开始在恐慌中抛售一切它们能够变现清偿的资产，引发了其他对冲基金和银行的恐慌性抛售，大家都努力试图轧平头寸。美国股市应声下跌20%，欧洲股市下跌35%。投资者购买安全的美国国债以躲避损失，把利率拉低整整一个百分点。随后长期资本管理公司高度杠杆化的投资开始动摇。到1998年8月底，它已损失了50%的资本。

1997年夏天，对冲基金是进攻经济高速增长的“亚洲四小虎”弱势货币的急先锋。当马来西亚总理马哈蒂尔公开呼吁国际社会控制对冲基金阴险的投机活动时，他犯了金融市场上的忌讳，点出了攻击亚洲金融最大的对冲基金——索罗斯的量子基金。在美国财政部长鲁宾（原高盛公司负责人）和格林斯潘的美联储的庇护下，不透明的海外对冲基金从来没有受到过监督。相反，它们在亚洲和全球如入无人之境，到2007年时已成长为拥有1.4万亿美元资产的巨型基金。

荣膺诺贝尔奖的经济学家们

长期资本管理公司危机的要害，也就是它触动全球金融体系基础的地方是：谁卷入了危机和提出了什么样的经济假设，这是一个最基本的问题，那个引发崩溃的资产证券化风险模型所依据的假设就是错的。

1998年年初，长期资本管理公司持有48亿美元的资本、2000亿美元的组合投资——信用额度来自美国和欧洲的大银行；出借贷款的银行最希望的当然是基金成功、赚钱无数。这家长期资本管理公司手中持有的金融衍生品名义价值达到了1.25万亿美元——不受任何管制的海外对冲基金竟然持有如此巨额的期权投资组合（包括金融衍生品）：这是闻所未闻的天方夜谭。美梦很快变成了噩梦。

用华尔街的行话来说，长期资本管理公司是一个“人缘”非常好的公司，好得令人难以置信：它的投资者之一是意大利的中央银行，可见这个基金的“人缘”有多么好。

全球许多顶级银行都怀着热切的期望来投资长期资本管理公司，其中有银行家信托公司、巴克莱银行、大通银行、德意志银行、瑞士联合银行、所罗门美邦、摩根大通、高盛、美林、瑞士信贷、第一波士顿、摩根士丹利添惠、法国兴业银行、农业信贷银行、法国巴黎银行和雷曼兄弟等。也正是这些银行，没过10年就陷入了2007年证券化危机的漩涡中心。

当时美国财政部长鲁宾曾对新闻界发表讲话，试图把这场证明了整个风险模型根本性缺陷的危机说成个案。他的说法是：“长期资本管理公司是一个孤立的个案，纽约联邦储备银行的判断是，这个失败可能有一些系统性的含义。他们召集了一些私营的同行机构，让它们自己判断它们的经济利益何在。”

■ 获得诺贝尔经济学奖的斯科尔斯（左）和默顿（右）是长期资本管理公司的坚强后盾。

长期资本管理公司令人仰视的原因之一，是管理它的那个“梦之队”。它的首席执行官和创始人约翰·梅里韦瑟是华尔街传奇的人物，在发生了购买美国国债的丑闻后，他就离开了所罗门兄弟公司。但这并不会打击他的信心。当被问及他是否相信市场的高效率时，他很谦虚地回答说：“是我让他们更有效率。”基金会的主要股东包括两个风险“科学”的显赫人物：迈伦·斯科尔斯和罗伯特·默顿，两人因金融衍生品的研究工作而于1997年被瑞典科学院授予诺贝尔经济学奖。长期资本管理公司还聘用了令人眼花缭乱的金融教授、数学和物理学博士和职位窜升的聪明的“火箭科学家”，他们能把复杂到极点的最大胆和最有利可图的金融计划发明出来。

布莱克－斯科尔斯模型：风险模型的致命缺陷

斯科尔斯和默顿只搞错了一个东西：他们的风险原理错了。在错误假设的基础上，他们建立的模型也全都是错误的——模型建立在沙滩上了，一错到底。期权定价的数学模型假设了一个完美的市场：因市场深不可测，所以交易者的行为不会影响价格。他们还假设市场本身和参与者都是理性的。现实却恰恰相反，从长远来看市场基本上是不理性的。可是在过去的20年甚至30年里，布莱克、斯科尔斯等人的风险定价模型让银行和金融机构都坚信不疑：传统的贷款方式太谨小慎微、太过时了。有了恰当的期权保险，风险的事就不用再操心了，尽情享受吧……

布莱克－斯科尔斯模型被引进芝加哥期货交易所后，每一次发生大规模市场恐慌时的实际市场条件都被忽略了。1987年股市崩盘和救助时的期权和“组合保险”表现出来的根本性作用也被忽略了。这个模型还忽略了1998年击垮了长期资本管理公司的那次危机的原因，而斯科尔斯和默顿两人都是这家公司的合伙人。华尔街和格林斯潘的美联储经济学家和管理者一起，轻松愉快地把显而易见的问题放了过去。

金融市场不是平滑的，没有表现良好的模式，和几十年来在每一个商学院所讲授的宗教教义❶完全相反。正态分布所遵循的高斯钟形曲线被当成了宇宙的法则。现代金融工程理论被冠以很严肃的名称——“金融经济学”，设计它的主要人物都获得了诺贝尔奖——这些事件把耀眼的光环套在这个有根本缺陷的模型上，赋予它像教皇那样永远不会犯错误的神圣地位。1987年的股市崩盘之后仅过了三年，瑞典诺贝尔委员会就为哈里·马科维茨和默顿·米勒颁奖。在1997年亚洲危机后，同一个委员会又为罗伯特·默顿和迈伦·斯科尔斯颁了奖。❷

自从金融衍生品在20世纪80年代诞生后，在新千年前后它随着资产证券化而火爆起来的十年中，这个有严重缺陷的风险模型被广泛使用却几乎没有被质疑过，倒是个非常值得注意的现象。

长期资本管理公司拥有华尔街的王牌投资银行家和两个获诺贝尔奖的经济

---

❶ 即经济学。——译者

❷ John Oswin Schroy, *Fallacies of the Nobel Gods*: *Essay on Financial Economics and Nobel Laureates*, in http://www.capital-flow-analysis.com/investment-essays/nobel_gods.html.

学家——正是他们发明了适用于从股票到货币的一切项目的定价衍生机制理论。在这个明星阵容的最前排是戴维·穆林斯，格林斯潘时代美联储的前副主席：他辞去了在美联储的职务，来做长期资本管理公司的合伙人。

尽管有如此显赫的团队，长期资本管理公司的交易员和那些跟着他们一起走到1998年8月金融深渊边缘的人，却拿不出一个对冲工具，让他们用来防范系统性的风险——他们现在必须对抗的那个风险。只要有一件"不可能的事"（如俄罗斯国债违约拖欠）被证明是有可能发生的，系统性风险马上就会成为他们的拦路虎。

尽管长期资本管理公司崩溃给了人们明确的教训——过去和现在都没有任何可以防范系统性风险的金融衍生品，格林斯潘、鲁宾和纽约的银行还是继续构建他们自己的风险模型，似乎什么都没有发生过。俄罗斯国债违约拖欠被当做"百年一遇的事件"而不予考虑。华尔街银行家们继续吹涨信息技术泡沫，结果吹出了人类历史上最大的金融泡沫——2002～2007年的资产证券化泡沫。

生活绝不会按钟形曲线分布

风险和风险定价事件决不会遵守钟形曲线分布，石油开采和金融市场也是如此。1900年，一个不为人知的法国数学家和金融投机家路易·巴舍利耶提出，债券或股票的价格变动会遵循钟形曲线——德国数学家卡尔·弗里德里希·高斯设想的一条曲线，那是绘制各种事件的统计概率图形的一个研究模型。价格的钟形曲线假定价格的随机性波动具有一种比较温和的形式❶，就像设计智商测试的标准那样，把100定义为"平均值"，然后就用它当"钟型"的中心点。这只是一种有点用处的"炼金术"，仅此而已。

把金融价格的表现假设成钟形分布曲线——这给了华尔街"火箭科学家"一个机会，他们可以永无休止地推出金融新产品流，每一个产品都比上一个更加神秘、更加复杂。"大数法则"也被加进来了——只要一种事件发生的频率足够高（例如抛硬币或掷骰子的次数），在长期中变量的观测值就会向一个稳

---

❶ 连续性、渐进性、平滑性等。——译者

定的点收敛。大数法则在现实中根本不是科学的定律，但它却允许花旗集团、大通银行之类的银行发行数以亿计的万事达信用卡，而又去不检查信用状况，于是从数据上看，在“正常”的时期，信用卡偿付违约是如此罕见，以至于根本不必去考虑它。[1]

以钟形分布曲线或者大数法则为基础的模型在不正常的时期就会出大问题，就像美国经济今天正在开始进入的时期——和1931～1939年也许不相上下的急剧的经济衰退时期。

最明显的是，美国的理论经济学家和华尔街投资银行家、美联储系统的银行行长、财政部长、瑞典的诺贝尔经济学奖评委、英国的财政大臣、高街[2]银行家、英格兰银行董事会等，他们全都当了把头埋进沙子里、逃避现实的驼鸟：经济理论、市场行为理论、衍生品风险定价理论，所有这一切不仅无法预测非线性的意外，更不能预防这种意外。[3]

数万亿美元的全球信贷义务就是以上述理论为依据创造出来的；这个理论没有预测投机泡沫破灭的能力，不论是在1987年10月、1994年2月还是2002年3月，尤其不能预测2007年6月以后的形势。它之所以不能预测，首先是因为导致毁灭性泡沫的条件正是这个理论模型自己创造出来的，正是这个理论使泡沫越吹越大并且越来越具有破坏性。金融经济学只不过是无缰野马式的投机性泛滥的别名。这个投机性过程导致了从17世纪荷兰郁金香投机狂热以来最大的泡沫和随后的破灭，这是完全无法避免的。

一个理论如果不能解释如此重大的问题——非线性的意外事件——是没有

---

❶ 正对目前使用的经济学和金融市场模型在理论方面的缺陷，以及他所谓的悲剧性的价格变化所进行的处理，笔者推荐一位耶鲁大学数学家的著作 Benoit Mandelbrot，in Mandelbrot，Benoit and Hudson，Richard L.，The (mis) Behavior of Markets：A Fractal View of Risk，Ruin and Reward，Profile Books Ltd，London，2004.

❷ 英国俗语，一般代指城市的主要商业区。——译者

❸ Donald MacKenzie，*An Engine*，*Not a Camera*：*How Financial Models Shape Markets*，2008，The MIT Press，Cambridge Mass. 麦肯齐记录的事情，描述了芝加哥商品交易所的创始人雇用芝加哥大学的经济学家米尔顿·弗里德曼起草论证，说服在20世纪70年代初允许交易外汇期货和期权，以及布莱克和斯科尔斯开发的期权定价理论是如何在一段时间之后，让华尔街的高管确定，他们的衍生物交易是有“真实科学”依据的。这一点当然没有得到2007年证券化世界崩溃的证实。

意义的，就是把诺贝尔奖发给它也没有用，根本不值得浪费笔墨。可是，美联储的首脑们，首先是艾伦·格林斯潘，然后是美国的历任财政部长——罗伯特·鲁宾、劳伦斯·萨默斯和亨利·保尔森，他们成功地引导了国会，不去进行任何立法、不实施监督，任由那些怪诞的金融工具被一个一个制造出来，而这些金融工具所依据的理论和现实世界其实毫无关系。

1998 年 9 月 29 日，路透社报道："甚至在长期资本管理公司崩溃和对它进行救援后，任何规范和管理金融衍生品的努力都没有取得成功。星期一晚些时候，美国参众两院的谈判者达成的一致意见是，禁止商品期货交易委员会[1]扩大对衍生工具的监管。本月早些时候，参众两院农业委员会的共和党主席提出要求，制定限制商品期货交易委员会权力的条款，减少它们对场外金融衍生品交易的监督权，这表达了产业界的关注。"产业界当然是指大银行。

路透社还报道说："监管的话题刚刚被商品期货交易委员会提出，美联储主席格林斯潘和财政部长鲁宾就跳起来为产业界辩护，说产业界不需要管制，如果要实行管制就会把业务推到海外去。"

毫不留情地拒绝对新金融工具实施任何监管，如信用违约互换和按揭贷款证券等，使"传播风险"的奇异的金融创新多到不可计数，加上 1999 年终于废除了《格拉斯－斯蒂格尔法案》（严格分离证券交易银行和商业贷款银行），所有这一切，在 2007 年 6 月打通了走向百年之内的第二场大萧条的道路。未来的历史学家一定会把它看做一个起点，美国作为全球金融的主宰，已经从这里开始走向最终的灭亡。

"骗骗"贷款、"NINA"和银行诈骗狂欢

1998 年俄罗斯国债违约拖欠和长期资本管理公司系统性危机的教训，几周以后就被纽约金融集团的头头们遗忘了。美国银行界的金融巨头利用 MBA 神童"火箭科学家"的分析报告、钟形分布曲线和带有致命缺陷的风险模型，掀起了一股新浪潮——大并购，与此同时用非常巧妙的方式把贷款的风险从银行

[1] 名义上监督衍生品交易的政府机构。——译者

账本上转移出去。他们就这样开创了世界历史上公司和金融诈骗最盛大的时代，同时也为资产证券化的财运打开了大门。

《格拉斯－斯蒂格尔法》于1999年年底被废除后，美国的银行业发生了全局性的急剧变化：大银行抢劫（收购）竞争对手如保险公司、消费信贷或融资机构，现在没人管了。资产证券化革命准备就绪。

《格拉斯－斯蒂格尔法》废除以后，还受监管的只有银行控股公司和下属的只经营银行贷款业务的机构，它们由美联储直接监管。不过现在花旗集团可以关闭它在次级贷款社区里由政府监管的分行，然后就地成立一个新的不受监管的全资子公司——花旗金融服务公司，专营次级贷款在本区域的业务，花旗金融服务公司的操作环境马上就完全不同了。

花旗金融服务公司还发行了和花旗银行无关的住房抵押贷款。有消费者团体指控它追逐贷款对象——他们是专业化的“捕猎手”，无良的抵押贷款经纪人或销售人员追逐“搜捕”没有钱也没有处理风险的能力的家庭，向他们发放次级住房抵押贷款，可是他们根本没有还款能力。而在美国的大银行和抵押贷款机构中，花旗只不过是代表之一。

花旗集团在2008年1月8日还大张旗鼓地出版了《美国住宅抵押贷款业务》手册，内容包罗万象，有按揭申请和启动方法、服务细则和证券化步骤，就是没有写上花旗金融服务公司，这很奇怪，因为它恰恰是账本上风险最多的风险公司。[1]

巴塞尔Ⅰ的漏洞

1987年的《巴塞尔国际清算银行资本充足协定》——“巴塞尔Ⅰ”，规定银行必须预留正常商业贷款的8%作为准备金，以预防未来可能发生的贷款违约拖欠。当世界上最大的那些经济体的央行制定这个文件时，在美联储的坚持下，没有写上当时还是很新的金融衍生品工具。于是巴塞尔Ⅰ变成了推动银行证券化资产负债表“表外”风险的引擎，同时也推动这种风险的扩散，其中包

---

[1] Cited by Inner City Press, *The Citigroup Watch*, January 28, 2008, in www.innercitypress.org.citi.html.

括高度杠杆化的金融衍生品。

德国非常保守的中央银行和其他欧洲央行原本打算用这个协定来压制投机性更高的日本和美国的银行贷款，正是它们引发了 20 世纪 30 年代那次最严重的金融危机。巴塞尔协定的本意是迫使银行降低贷款风险、行事更加谨慎，可是它对美国银行的实际效果正好相反，因为这里有一个巨大的漏洞——金融衍生工具交易和证券化这类“表外”交易都不在巴塞尔 I 协定以内，因此银行不必拨出任何资本来对付可能的损失。

对于发行银行来说，把抵押贷款证券化的美妙之处在于，它们发放了贷款或抵押贷款以后，可以立即把它出售给证券化机构或证券承销商，让后者将数百或数千件这类贷款捆绑起来，再做成一个新的资产担保证券。

这个看似愉快的创新事实上是极其危险的。贷款银行不用按照传统做法在账本上记着通常为期 20～30 年的按揭贷款了。他们廉价转售贷款，用得来的现金开始下一轮的信贷发放。

这还意味着，贷款银行现在已不用再去管贷款会不会偿还了。

诈骗成了新时尚

美国的贷款银行很快就发现，它们坐在比加利福尼亚金矿还要大的聚宝盆上。这些银行不再担心房屋抵押贷款人是否有能力在今后数十年中还清贷款。它们看到，最新的赚钱之道就是扩大贷款总额和向证券化机构转售债务。

银行开始把按揭贷款业务外包给自由职业经纪人，这个做法很快流行起来。经纪人不去亲自审查贷款人的信用资质，往往是完全依赖网上的信用调查问卷，和万事达信用卡的申请差不多，而且不去完成后续调查程序。抵押贷款的发行银行给外包经纪人提供奖金，这种做法也流行起来，这可以激励他们去完成更多的“签字生效”的抵押贷款合同——大规模欺诈在这里又得到了一个机会。贷款总额越大，银行从中获得的利润就越多，债务反正可以马上出售给华尔街的证券化机构。传统的银行贷款业务本末倒置。

银行不再有动力去调查贷款户的最低首付能力和详尽的信用背景，许多美国银行只是在凑贷款数量，为了增加收益而签订自己戏称为“骗骗”贷款的合同。经纪人很清楚那些借款人在撒谎，为了得到梦想的住房而隐瞒了信用纪录和收入信息。银行完全不在乎。合同上签名的墨迹一干，风险马上就可以销售出去。

2002年之后，“骗骗”贷款换了一个新名字：NINA，即“无收入、无资产”的抵押贷款。“没问题，先生。这是您买房的40万美元贷款。好好享受!”

没有了《格拉斯－斯蒂格尔法》，没有了行动管制的障碍，银行可以建立很多独立的独资机构，去处理红红火火的住房抵押贷款业务。在这个大潮中的巨人是资产超过2.4万亿美元的美国最大的银行——花旗集团。

花旗集团的下属企业中，有旅行保险公司，它是受国家管制的保险公司；有原来的花旗银行——大型零售贷款银行；有投资银行——所罗门美邦，以及战斗力很强的次贷银行——花旗金融服务公司，有很多消费者的报告都指出，这一家是极有捕杀能力的贷款机构❶，专门向无知的或不具备条件的穷人推销次级按揭贷款，干起活来最卖力，去的地方常常是贫穷的黑人社区或拉美裔居民社区。花旗集团的下属企业中还包括环美财务公司——全美最大的信用卡发行机构之一，它运用所谓的“大数法则”，在越来越动荡的信贷风险中竭力扩大自己的客户群。

花旗集团还拥有墨西哥第二大银行——墨西哥全国银行，以及萨尔瓦多最大的银行——库斯卡特兰银行。墨西哥全国银行曾被指控洗钱，这是花旗集团经常干的活。1999年，美国国会和审计总署调查过花旗集团的劳尔·萨利纳斯1亿美元毒资洗钱案：劳尔是当时墨西哥总统的兄弟；调查还发现巴基斯坦、加蓬、尼日利亚的腐败官员在这家银行洗钱。

美国银行业自1999年以后发生的变化，从金融巨头花旗集团看到的只是一个典型。这个世界已经完全变了，唯一可比的好像只有“喧嚣的20年代”。随着资产证券化的新时代而发生的无法无天的信贷欺诈，是任何人的想象力都难以接受的。

---

❶ Rainforest Action Network, *Citigroup Becomes Mexico's Largest Bank after Banamex Merger*, August 10, 2001, in http://forests.org/archive/samerica/cibemexi.htm.

捕猎手的狂欢节

在房地产的繁荣时代，捕猎手发放按揭贷款最常见的做法，可以从美国的一个消费者组织的报告中看到：

在美国21世纪的第一个十年里，在任何一条大街上都有许多沿街铺面可以办这种贷款。有一些店面是老的，像家庭理财公司和它的姊妹店益利公司，还有一些是比较新的，像花旗金融服务公司。它们提供的贷款利率都超过了30%。生意兴隆得很，华尔街都说，业务开展得太好了，现在想不做都不行。在花旗银行存款的利率还不到5%。可是和它联营的贷款利息却是其4倍，就是拿借款人自己的住房做担保办的贷款也是这么高的利息。这样做买卖真是不会错的。要是经济不好的话，它们还可以没收抵押品转卖。

他们的生意是全球性的：汇丰银行（现在简称HSBC）要把这种业务出口到80多个国家去，它在那些国家已经有零售业务了。机构投资人很喜欢这个模式，投资银行把贷款证券化了……可是，整个金字塔下面的基础，除了他们说的在那个销售点上的单个客户，就没有别的了……评分计点折款和他们要收的费用都算到贷款里。然后花旗金融服务公司和家庭理财公司都提醒客户还要投保。它们自己就可以提供很多可供选择的保险服务，比如人寿、残疾、失业和财产保险。但是，差不多每一次都把所有的保险加到贷款中，还要收利息。这叫“一次性付清保险费”，而不是按月分期付保险费，你可是用付了利息的钱来提前预付的。如果你还要选择再融资，那就不能退款了。这都是白白损失的钱，可是在销售点的现场却往往被忽视掉了。

例如你买家具。一套卧室家具可能需要2000美元。价签上写着“借款很容易”……卖家具的人不管贷款。他得到花旗金融服务公司、HFC、富国银行去办贷款。美联储用基准利率不到5%的利率贷款给这些银行，但是这些银行的分支机构收的利息是20%、30%或40%。你还得给家具上保险。他们说，如果上了保险，万一你死了或失业了，你的家具就不会被收回。债务付清的时候，不管你是活着还是死了，你所掏出来的钱会比一辆豪华车的标价还高，也许够买一所带门房的房子了。

事情办到半路上，还会有人过来提供一个听起来不错的优惠：如果你把你的住房拿出来抵押，你的利率可以降低，贷款期限也可以延长。比如20年期的抵押贷款，利率可以固定也可以调整。实际利率很高，可是规定的细则不给你看。如果你还贷的速度太快，你还得加付“提前预付罚金”。要是你想慢点还贷也行，但是得付更多的钱，他们叫“气球”。如果你还不了贷款也没关系：他们知道你没钱。本来就是想利用你的贷款去再融资，向你收更多的费用。

在过去几百年里这叫债奴。现在卖身为奴就是借次债的命。整整20%的美国家庭成了次债奴。但是，房利美和环城公路公司的经理说，买次级贷款的人有一半还是可以正常付利息的。大门外面是丛林法则。我们自己只好“掏钱的时候要当心”。❶

20世纪80年代笔者采访过一位不愿意透露姓名的华尔街资深银行家，在哥伦比亚的毒品卡特尔处于全盛时，他就在哥伦比亚，那天他刚刚从过劳状态中摆脱出来。关于他的银行在哥伦比亚卡利的业务。他是这样说的：“我去卡利的时候是好几年以前。你看着戴太阳镜的男人拎着手提箱径直走进银行，里面装得满满的，都是面值100美元的钞票。银行都是不要命地往那里面挤，都想拿到这种业务，因为油水太大了。”就是同一帮银行，怀着同样的目标，一转身就卖起次级贷款来了，而且卖次贷赚的利润和洗钱一样多。

这一次还是艾伦·格林斯潘，力推向最穷的贫民窟居民扩大贷款范围。美联储的一位主管爱德华·M. 格兰里奇（2007年9月去世）在差不多7年前就警告过，许多根本无力还款的人借了高风险的房贷，有一帮新潮放贷人员在引诱他们，而且这样的人越来越多。当格兰里奇私下极力主张美联储的检查官员去调查一下国民银行的抵押贷款发放者的时候，艾伦·格林斯潘坚决拒绝了他的要求。美联储业内人士认为，格林斯潘统治美联储的风格很像专权的君主。❷

美国联邦调查局最近宣布，将调查14家公司可能存在的会计欺诈、内部人交易和其他违法事项，这些都牵涉到把住房贷款发放给高风险借款人的问

---

❶ Matthew Lee, *Predatory Lending: Toxic Credit in the Inner City*, 2003, InnerCityPress. org.

❷ Edmund L. Andrews, *Fed Shrugged as Sub-prime Crisis Spread*, The New York Times, Dec. 18, 2007.

题。美国联邦调查局还宣布，被调查的机构是金融服务行业的抵押贷款机构和投资银行等，它们捆绑住房贷款，证券化后出售给投资者。被披露的最多只是欺诈行为的冰山一角。

与此同时，纽约州和康涅狄格州当局也在调查华尔街银行，是否刻意隐瞒了捆绑债务证券中的关键性风险信息。康涅狄格州司法局长理查德·布卢门撒尔说，他和纽约州司法局长安德鲁·库默正在调查银行是否披露“特种”贷款项目的高风险，这个“特种贷款”甚至比次贷的风险还要大，也打在“包”里卖给证券投资者了。2007 年 11 月，库默曾向房利美和房地美（半政府性质的房地产抵押贷款公司）发出传票，他要亲自调查这两家公司是如何做评估的；它们购买的住房贷款有数十亿美元，销售这些住房贷款的有美国最大的储蓄和贷款银行，还有华盛顿互助银行。

美国联邦调查局称正在调查次贷的操作方法和金融公司可能存在的会计欺诈行为。摩根士丹利、高盛和贝尔斯登都在管理档案中记载着，它们一直都遵守了各种特定的和未指明的监管机构和政府机构的规定，提供了必要的信息。[1]

有一位西北太平洋公司的前房地产经纪人，因为非常厌恶推销贷款的做法，早已洗手不干了。他给笔者写了一份备忘录，其中对贷款经纪人的典型掠夺手法是这样描述的：

次贷失败已经是一场大噩梦了，但是“可调利率抵押贷款”还有更大的潜力，可以制造压倒一切的更大灾难。2007 年七八月就打了第一个“嗝”——这还只是“次贷失败”。到 2007 年 11 月时打嗝越来越频繁；正是从这个月开始，“可调利率抵押贷款”调高了利息。

这就是说，从“贷款周年纪念日”起，“可调利率抵押贷款”将调高（按月还款的）支付水平。被 1% ~5% 的“挑逗性利率”吸引而购买了“可调利率抵押贷款”的人，即使按照常规付了利息，本金却是不会减少的。在整个第一年期间，虽然“挑逗性利率”只对第一个月有效，借款人还是被允许按这个低利率付款，然后未付清的利息就被加到本金里去了。

---

[1] Alan Zibel, FBI Probes 14 Companies Over Home Loans, AP, January 29, 2008.

"负摊还"——欠债总额竟然会超过房子的市场价值，而且还超得越来越多，这种担忧被房产价值泡沫论蒙过去了，据说被银行制造出来的泡沫是正常的，会把房产价格拉上去，而且是一定会持续下去的。发放和推销这些贷款的机构派出高层账户管理员（即推销员）去培训抵押贷款经纪人，告诉他们放贷的事如何操作。

"可调整利率"是银行利润的总和，在一定程度上是银行借贷资金的客观成本，叫做指数。指数是用各种经济活动计算出来的，例如全国各地的银行对90天定期存单支付的利率，伦敦同业拆借利率[1]下的美元利率，等等。把这些利率合成指数，就能得到真正的贷款利率，就是30年之后清偿的实际利率。这就是所谓的"完全指数化利率"。

我任意取一个数字，比如6%，作为"真正的"或通货膨胀调整后的利率（3%利息+3%通货膨胀指数）。如果借25万美元，按1%的利息，就是每月还804.1美元[2]；这还是按"挑逗利率"计算的，没有包括税收和保险。这个数字会随指数的调整而发生变化，但是在整个贷款周期中，这个基本部分是不变的。

"利息调整"的结构可以这样安排：每年只上调一次，最高限是前一年偿付金额的7.5%。就这样像走楼梯一样走上去，以5年为期（如果只有一个贷款人则为10年）、不考虑现实世界中发生的事情。到第5年年底，脱下"利息调整"的帽子，按"完全指数化利率"的利息水平还贷。

如果借款人始终只付了最低限度的偿付额[3]，就会连累成千人的偿付计划。如果住房的价值下降25%，就是信用最好的借款人也没有办法，只能把房子还给银行，然后房子价值至少再降低25%，然后麻烦就四处蔓延。[4]

据芝加哥银行业的业内人士透露，2008年2月的第一周，美国银行家已经

---

[1] London Interbank Offer Rate. ——译者

[2] 就是每月还804.1美元，这是以30年为期、利息率1%、首付10%计算的，每月应摊还的本金按算术平均数应为625美元，利息187.5美元，合计802.5美元，略有出入。——译者

[3] 即在可选择的幅度内选择最低，没有按期足额偿付。——译者

[4] Private communication to the author from a former mortgage broker with a large US mortgage lender.

了解到以下情况：

大通曼哈顿银行已向它的客户发出无数“信贷额度”通告。曾经很流行的信贷额度现在已被操纵，信贷额度所依据的实物财产价值被单方面调低，最高达50%。许多按揭房主将为半价房产偿付全额贷款的本金及利息。在多数情况下唯一明智的决定是放弃——现已导致资产净值重大损失，并降低了周边所有房地产的价值，为正在发生的“取消抵押品赎回权”雪崩添加助力。

在推行“创造性融资”信用额度的地方这种情形特别严重，在泡沫破裂前，那里房地产价值的99%甚至100%都用“创造性融资”的信用额度支撑着……

大通曼哈顿银行已经自动关闭了“开放式”（无担保的）贷款的信用额度，这意味着给借款人在信用额度上留了将来用的钱，以后要按房产价值的80%计算贷款；这是一次与“业主”无关的整体性调整。

贷款房价比的限制，说明贷款人贷出的金额不能超过房产价值的某一个百分比。通常是要先请一个鉴定人来评估房产的价值；评估的根据，是已经售出的类似房产的可比价值，而且通常只限于一英里以内的类似房产。上面是我们可以看得见的抵押贷款欺诈“聚宝盆”的小小一角。

金融海啸刚刚开始

华尔街、穆迪、单一险种保险公司，以及美国政府和美联储的经济学家，全都在使用所谓的风险模型，而这个风险模型致命的缺陷，其实质就是这样一个假设：“经济衰退不可能发生”，因此他们现在可以把风险无限地扩散到全球去了。

证券化的资产价值就是依据这种假设定价的。数十万亿美元的信用违约互换合同，也是以这样的幻想为基础来签订的——金融衍生品可以担保贷款违约拖欠，而且很便宜。所有这一切，注定了多米诺骨牌式的崩溃迟早会爆发，就像美国住房市场上目前发生的危机一样。

房价跌得越厉害，抵押贷款升息的压力就越大，失业就会蔓延得越远，从俄亥俄、密歇根、加利福尼亚、科罗拉多、宾夕法尼亚，一直到亚利桑那。更多的工人将失去工作或就业不足，然后下一步就是汽车贷款和信用卡的违约拖欠率上升。这是一个恶性的自我循环过程，在2008年最初的几个星期里，我们就看到美国各地和世界许多地方发生资产价格通缩，这个进程才刚刚开始，谁也不知道最后的结果会有多么糟糕。

在即将拉开帷幕的下一个进程中，次贷只不过是第一个上台来演示的角色。次贷本身的问题需要好几年的时间才能逐渐平息，然而被“有资产支持的证券”伤害了的产品又被拿出来当做抵押品，再次为下一笔银行贷款提供担保，或被私人证券投资公司、企业甚至市政府用来进行杠杆收购。以资产证券化为基础的债务金字塔，进入了一种逆杠杆状态——因为事实上真的没有人知道，他们手里拿的证券究竟有多大的价值。逆杠杆化已经在全球市场上初露端倪。

标准普尔这个世界第二大信用评级机构非常可笑地认为，他们闯的祸其实没有什么了不起，数以百万计的美国人和世界各地的人们遭受的损失，也算不上什么悲剧。2007年10月，他们说自己只是“低估了美国抵押贷款业欺诈的程度。”格林斯潘可怜巴巴地试图推卸自己的责任——他声称向次贷借款人发放贷款并没有什么错，只是后来的贷款证券化才有点错。他们梦寐以求干了几十年、一步一步建立的这个体系，处处是以欺诈和不透明为前提的。人们应该这样假设，在这个问题上他们不是天真无辜的。

信用违约互换[1]危机

本书行文至此，美国金融海啸中的下一个可防倒转的棘轮是单一险种保险公司。在那里，没有美国政府的国有化，没有什么可行的解决办法，因为未知的风险实在是太大、太惊人了。这个问题已经在前面第十三章里讨论过。

下一个岌岌可危的，是场外交易的信用违约互换市场，这个市场里有价值45万亿美元的信用违约互换合同。信用违约互换市场是J. P. 摩根的脑袋想出来的东西。

---

❶ 又称“信用违约掉期”。——译者

格林斯潘知道，信用违约互换市场从来就不受管制而且不透明。所以没有人知道，在下滑的经济中这里的风险规模究竟有多大。因为没有管制，所以情况往往是这样的：市场一方的当事人向另一家金融机构转售了合同，但是不用通知原始方。这就是说，如果有一个投资者想兑现他的信用违约互换，他可能无法在一个很长的链条上找到应该为这个合同付款的人。信用违约互换市场大多数集中在纽约的银行里，这些银行在 2007 年年底持有名义价值为 14 万亿美元的互换合同。最多的是摩根银行—— 7.8 万亿美元；花旗集团和美洲银行各持 3 万亿美元。

在这个严重的问题的正中央是 45 万亿美元的信用违约互换，其中占 16% 的部分是担保抵押债务债券，规模有 7.2 万亿美元之巨。债务抵押债券的持有人也需要保护。这里正是抵押信贷麻烦的集中之处。信用违约互换市场很像是一个定时的原子弹，我们听得见定时器在滴答作响。信贷危机将会在未来的几个月进一步蔓延，很多公司将被迫违约，拖欠他们的债务，在信用违约互换的承保人面前，索赔案将爆炸性增加，可是他们能使用的只有非透明的规则。截至 2008 年 2 月，在这个名义价值 45 万亿美元的市场上还不存在理赔程序。

在今后几个月里，数十万美国人的按揭还款金额将要上调，“可调利率抵押贷款”的条款早就这样规定了，这可能使又一块 6900 亿美元的住房抵押贷款债务发生相当严重的违约拖欠。反过来这又会再次迫使就业下降，使信用卡违约拖欠增加，在已经证券化了的信用卡债务市场上发生雪球效应，推高证券危机的另一个浪潮。整个美国金融体系都和信用捆绑在一起，是这场危机最明显的特点。在美国的历史上，这样大规模的全面危机还真的从未发生过。

2008 年 2 月底，伦敦《金融时报》透露，美国的银行从美联储的一个特殊的新信用机构“悄悄”借来 500 亿美元资金，用来缓解现金支付危机。从花旗集团、摩根大通公司到美国其他最大的银行集团，所有大银行还在发生更大的亏损，因为美国经济正在更深地陷入衰退，在未来几个月里将发生真正的萧条。在有关美国历史上最大的金融危机和最大的经济崩溃的这个问题上，没有一个总统候选人敢讲一句严肃认真的话。

2008 年年初，我们看得越来越清楚，金融资产证券化将是美国作为全球金融超级大国的最后一场盛大演出，帷幕快要降下了。

2008年9月15日，在越来越严重的恐慌中，在布什政府以及“华尔街的财政部长”保尔森的办公室里，美国政府将要做出决定，哪些金融机构将被拯救，哪些将要破产。美国国际集团（AIG）的汉克·格林伯格得到了数百亿美元政府救助资金，虽然他在几年前因篡改公司财务账本而被指控舞弊。与此同时，美国政府在事实上国有化了房利美和房地美公司，这是两家私营的国家抵押贷款承销公司。在美联储主席本·伯南克和纽约联邦储备银行行长蒂姆·盖特纳（后为奥巴马的财政部长）的默许下，美国政府决定对世界第四大投资银行、具有153年历史的雷曼兄弟公司袖手旁观。

美国政府对雷曼兄弟公司的决定由新闻界披露后，几个小时之内，世界各地股市纷纷下跌。美国的次贷证券化市场不是一个很大的市场，涉及的价值也许有8000亿美元，在这个市场上发生的一场实质性危机，突然变成了一个全球的系统性危机。在这个危机里，银行对任何一笔来自其他银行的资产都会表示怀疑：这是一场全球性的信任危机，原因很简单：在重大危机发生后，应当负责任的当局和权威没有能力下决心，把问题讲清楚：到底哪些银行是他们要拯救的。这种模棱两可的行为，打破了全球的银行家和银行之间的信任。这是布雷顿森林美元体系在事实上的终结。

现在的问题是，谁能够取代纽约，担当全球体系的枢纽结点？另一个新的金融权力中心？或者多个新的金融中心？

15.

The Theft of a Nation: Wall Street Tries to Plug the Dyke with Tax Dollars

第十五章

窃国：华尔街拿税收堵美元大漏洞

"富豪统治一个共和国是最令人憎恶的；它比君主制更专制，比贵族制更无情，比官僚主义更自私。它在和平时期掠夺国家，在灾难的时刻密谋反对国家……现在，扭转这一滔天谬误的时刻已经来临。

——威廉·詹宁斯·布赖恩，美国前国务卿，1906 年❶

❶ William Jennings Bryan, Speech at Madison Square Garden, New York, 30 August 1906, in *Speeches of William Jennings Bryan*, Funk & Wagnalls, 1909, pp. 90 ~91.

中国对美元的担忧

中国总理温家宝在华盛顿会见了刚刚就职的美国总统巴拉克·奥巴马之后作了重要的讲话。在谈到美国联邦政府日益增长的巨额预算赤字，以及布什政府从 2007 年开始实施的价值数千亿美元的银行救助政策显然缺乏透明度时，中国领导人表示："说句老实话，我确实有点担心。我要求美国信守承诺，保证中国资产的安全。"中国的中央银行持有价值 2 万多亿美元的外汇储备，大部分是美元资产。温家宝尖锐地说："我们已经向美国借出了一笔巨额资金。"❶温家宝的讲话强调指出了美国正在发生的令人难以想象的大逆转，而不久前她还宣称自己是世界上唯一的超级大国。

华盛顿庞大的经济刺激计划将导致美国的财政赤字继续膨胀，进而导致美元贬值，中国持有的价值数千亿美元的美国国债也会随之贬值。中国总理的担心是正确的。美国国会预算办公室的估计是，仅仅 2009 年这一年，美国的财政赤字就有 1.8 万亿美元之巨，相当于美国国内生产总值的 13 %。这是二战以来的最高水平。奥巴马今后十年的计划是将赤字至少再增加 9.3 万亿美元。❷这将是此前布什政府创下的赤字纪录的四倍。维持一个全球帝国的成本——即

---

❶ Wen Jaibao, cited in Wen Jiabao talks down US bonds after Obama comments on Tibet, *The Times of India*, March 13, 2009, accessed in http://timesofindia.indiatimes.com/World/Wen-Jiabao-talks-down-US-bonds-after-Obama-comments-on-Tibet/articleshow/4261566.cms.

❷ Andrew Taylor, *Obama budget could bring $9.3 trillion in deficits*, Associated Press, March 20, 2009, accessed in http://news.yahoo.com/s/ap/20090320/ap_on_go_pr_wh/obama_budget.

使是非正式帝国——高到了失去控制的地步；美国的经济引擎要和车轮分离了。

中国总理温家宝触动了美元体系流血的伤口。20 世纪 80 年代，美国从世界主要债权国转变成为世界上最大的债务国，从此以后美元的稳定就取决于每天流入的 20 多亿美元，这些来自海外的投资，购买的是美国政府债券、票据、机构债务（如房利美和房地美）或者公司债券和其他美元资产，目的只有一个，就是避免货币下跌导致美元的全面恐慌和清算风险。最近几年来，中国一直是最大的外国投资者，遥遥领先。

在温家宝总理表达了对美元的担心之后一周，中国人民银行行长周小川在该行的官方网站上用中英双语发表了一篇文章，它发出的冲击波扩散到整个美元世界。

中国的央行建议用一个新的、由国际货币基金组织控制的全球体系来取代作为国际储备货币的美元，以建立一种（真正的）储备货币为目标，“这个储备货币与个别国家没有关联，能够保持长期稳定，因此可以消除把信任作为基础的国家货币所具有的那种缺陷。”这是另一个重要信号，表明中国对华盛顿的美元政策正在失去耐心。❶

2009 年，中国是世界上向美国贷款最多的国家。实际上，中国出口制成品所换来的美元经过再循环之后都存入了中国的中央银行——中国人民银行的账户里。

世界上大多数国家的中央银行和中国人民银行一样都把外汇储备投资于美国资产，赚一点利息，看起来这没什么风险或差不多没什么风险。这完全是出于务实而不是因为对美国货币或美国政府的热爱。中国银行监督管理委员会总干事❷罗平这样评论这种困境：“除了美国债券，你还能持有什么？黄金吗？你不会要日本政府债券或英国债券。美国债券是安全的避风港。这是所有的国家（包括中国）唯一的选择……我们恨你们。一旦你们开始增发 1 万亿或 2 万亿

---

❶ Jamil Anderlini, *China wants dollar replaced as reserve currency*, Financial Times of London, March 23, 2009.

❷ 应为银监会培训中心主任。——译者

美元……我们就知道美元要贬值。所以我们恨你们，但是又没办法。”[1]

通常中央银行以债券或票据的形式购买美国政府债券，可以得到利息。美国财政部的数据显示，2008 年中国对美元资产的投资达到 6960 亿美元。根据最可靠的估计，中国最近取代了日本成为美国国债和其他资产的最大持有者。实际数额没有公开，但人们相信到 2009 年 1 月时已远远超过 1.2 万亿美元。对美元投资的一大原因是保持人民币对美国的汇率稳定，以维持向这个最大的贸易伙伴的出口。[2]

救助华尔街

2009 年年初令北京和全球最担心的事情，就是从 2007 年 8 月证券化危机第一次爆发以来，美国政府和美联储以空前的规模印发美元货币。

2008 年 9 月 15 日，布什政府的金融危机管理机构——总统金融市场工作组，开了一次决定性的“闭门”会议。总统的这个工作小组被媒体称为“止跌小分队”——意味着它的任务就是在严重的危机中操纵金融市场。这个工作组是 1987 年 10 月纽约股市大崩盘之后由里根总统设立的，真正的目的是防止对美元体系的任何类似冲击。它是“美国总公司”的常设危机管理总参谋部。[3]

这是一个精英小组，组长按规定由财政部长担任。其他成员是美联储、证券交易委员会、商品期货交易委员会和美国金融衍生品总监管机构或非监管机构的负责人。纽约联邦储备银行行长有时也被邀请出席。

9 月 15 日那次决定命运的会议按照惯例由财政部长主持。财政部长是亨利·保尔森，他是华尔街投资银行高盛公司的前总裁。纽约联邦储备银行行长蒂姆·盖特纳（他后来担任了巴拉克·奥巴马的财政部部长）也应邀参加这次有关金融体系生死存亡的会议。这个小组做出的决定事关重大，同时又完全出乎大家的意料：他们把一场本来就很严重的金融危机变成一场更大的全球资本

---

[1] Quoted in Justice Litle, *Why the IMF and Fort Knox Won't Put the Hurt on Gold*, Taipan Publishing Group, February 24, 2009, accessed in http://www.taipanpublishinggroup.com/taipan-daily-022409.html.

[2] Ibid.

[3] Brett D. Fromson, *Plunge Protection Team*, Washington Post, February 23, 1997.

市场的系统性危机。❶

■ 华尔街银行家亨利·保尔森作为布什的财政部长，在2008年把纳税人的几千亿美元偷偷拿去帮助他的华尔街同党

保尔森同美联储主席本·伯南克、纽约联邦储备银行行长盖特纳以及另外几个决策者一起做出的决定是，允许美国华尔街的第四大投资银行——有153年历史的雷曼兄弟公司破产；而这家公司的业务遍及全球。

这里面的怪诞之处是逻辑的混乱。仅在6个月以前，即2008年的3月，为了防止一家小得多的华尔街投资银行破产，美国政府和美联储就干预了市场，由美联储担保，投入了至少300亿美元的国家资金，把这家公司——贝尔斯登——毫无风险地送给了摩根大通银行。

让全世界的金融市场更惊诧莫名的是，在保尔森他们让雷曼兄弟破产的同一天，他们在美国历史上首次救助了一家保险公司——美国国际集团（AIG），另外还拯救了一家华尔街投资银行——美林集团，它并入美洲银行所需要的资金获得了“融资”。

自从艾伦·格林斯潘于1987年10月第一次对金融市场采取救援行动以来，市场上的大玩家都深信不移，要是有一天他们从事的风险贷款之类金融交易引爆危机，政府一定会进来收拾残局。那些银行就是被称为“太大而不能破产”的银行（所谓“TBTF”理论）。

少数大型银行的规模是如此之大，以至于到了不能破产的地步，这主要应归功于有意识的解除金融管制的政府，尤其是1999年废除了《格拉斯-斯蒂格尔法》。在前面的章节里已经讨论过，这部1933年的法律限制华尔街的投资

❶ Gary Duncan, *Lehman Brothers collapse sends shockwave round world*, The Times, London, September 16, 2008.

公司、商业银行（如花旗银行和美洲银行）和保险公司之间的合并。事实是，到2008年12月，美国四大银行尽管在金融危机里发生了亏损，它们的资产仍然超过世界上多数国家的国内生产总值。

最大的美洲银行拥有2.5万亿美元的惊人资产。紧随其后的是摩根大通银行——2.2万亿美元，花旗集团1.9万亿美元，富国银行1.3万亿美元。❶ 美国四大银行全部资产的名义价值将近8万亿美元。这四家银行，再加上其他三四家华尔街的大投资银行、一家从保险公司变身而来的赌博公司——美国国际集团，都处在从2007年夏季开始的全球金融海啸的“风暴眼”中。货币的权力集中在这寥寥数家公司的手中，这是极其明显的事实。

2008年6月，绝大多数复杂的金融衍生品契约都握在这四家美国大银行手里。摩根大通银行遥遥领先，它手中的金融衍生品合同有91万亿美元的虚拟价值。下一个是美洲银行——40万亿美元。第三个花旗银行——37万亿美元。富国银行和瓦乔维亚银行2008年10月合并后共持有金融衍生品5.5万亿美元。其他美国银行的持有量都非常少。显而易见，玩金融衍生品风险游戏只是最大的几个玩家的事情——总共不到六家；❷ 这是一个岌岌可危的情境。任何一个玩家的一次失手都会触发全球的“金融海啸”。

信用违约互换是衍生品市场上风险最大的一种，它又是完全不受监管的，我们已经指出过，这个信用违约互换市场是摩根大通银行等前面提到的美国四大银行和英国最大的银行——汇丰银行在美国的分行一起发明出来的。这几家银行交易的信用违约互换金融衍生品在全部交易总量中竟然占到了95%。美国的这五家银行拒绝透露在抢救美国国际集团时有多少救市的钱流到它们的账户里以去兑现这些（“违约”）合同。❸

更让人警觉的是，把风险集中到这五家大银行是有意而为的。如果美国和

---

❶ SNL Financial, cited in Barron's, *The Numbers*, March 23, 2009, p. 16.

❷ SNL Financial, Data of Top 25 Investment Banks with Largest Derivatives Exposures, Scribd, GeorgeWashingtonBlog, accessed in http://www.scribd.com/doc/6486125/Data-of-Top-25-Investment-Banks-with-Largest-Derivatives-Exposures-from-GeorgeWashingtonBlog.

❸ Greg Gordon and Kevin G. Hall, *Regulatory reports show 5 big banks face huge loss risk*, McClatchy Newspapers, March 9, 2009, accessed in http://www.mcclatchydc.com/227/story/63606.html.

世界经济下滑，陷入衰退甚至发生萧条（如美国的状况），未来的银行金融衍生品交易发生的亏损就会濒临爆发的边缘。2009 年 1 月 1 日，这五大美国银行公布，在“最坏的情况下”，可能发生的衍生品亏损会再增加 5870 亿美元。自从 2008 年 9 月政府决定让雷曼兄弟公司破产以后，五大银行估算的亏损又上升了 49%。❶

一位熟悉银行风险状况的分析家说，这个状态就像是“定时器在滴答作响的炸弹”——这是一颗预先编制好程序、将要对美国的经济危机推波助澜的定时炸弹。❷ 这是一个不愿意被公开的丑恶秘密。华尔街上的这些大银行是 21 世纪的新式货币托拉斯，它的基础就是奇异的新式金融衍生品以及它们在美联储和美国财政部的盟友。它们千方百计竭尽全力隐瞒金融体系亏损的真正原因，在美国纳税人中制造恐慌，以便它们趁乱得手——把亏了的钱让纳税人掏钱给补上。

一个解除了管制的银行和金融体系会发生多少亏损是完全可预见到的；解除管制是小心翼翼、一步一步实现的；这是货币托拉斯通过多年的大量政治游说才搞定的一个自由放任的体系。从 1998 年到 2008 年，华尔街上的银行和美国相关金融部门支付了至少 50 亿美元的巨额资金，用作竞选捐款和“游说”费用，去购买美国国会的选票。华盛顿已是一个腐败的罪恶之都，在那里任何东西和几乎任何有用的人都可以用钱买到。圣经时代的罪恶之地娥摩拉城是被天堂和地狱的大火毁灭的，而烧毁现代罪恶之地的火，将是它内部的贪欲之火。❸

在华尔街看来，花这笔钱太值了。那些钱为他们在 1999 年废除了《格拉斯 - 斯蒂格尔法》，为证券化革命敞开了大门。这场革命创造了“信用违约互换”和以按揭为基础的证券，还把这些东西变成了华尔街的主要收入来源。那

---

❶ Greg Gordon and Kevin G. Hall, *Regulatory reports show 5 big banks face huge loss risk*, McClatchy Newspapers, March 9, 2009, accessed in http: //www. mcclatchydc. com/227/story/63606. html.

❷ Ibid.

❸ Robert Weissman et al, *Sold Out: How Wall Street and Washington Betrayed America*, March 2009, Consumer Education Foundation, Essential Information, accessed in www. wallstreetwatch. org.

些钱还为他们收买了政府的监管机构，允许他们把有毒的或高风险资产藏匿在银行账本之外，通过“慷慨”的会计准则，银行看起来比实际的经营状况更好。那些钱为他们买来了“场外交易”的自由，于是本来有政府管制的能源期货、信用违约互换合同的交易，就不必进入巨大的市场了。

也许真正性命攸关的，是那些钱买到了银行对反托拉斯法的豁免权，银行大规模并购的门敞开了，这样创造出来的金融机构，拥有相当于许多国家国内生产总值的资产规模。那些钱还为它们买到了法律地位——标准普尔、穆迪和惠誉三大美国信用评级机构的评级结论不仅不受政府的监督，甚至可以不接受法院质询。❶

解除了管制的风险世界在2007年8月崩溃以后，华尔街调动了它在华盛顿的所有影响力，让公众来救市——为它们干的蠢事兜底。这是金融市场自由化和全球化临终的苦恼——这个始于20世纪80年代里根-撒切尔的不受管制的市场资本主义失败了，芝加哥大学已故的米尔顿·弗里德曼就是那个失败的象征。

躲藏在“问题资产救助计划”之下的货币托拉斯

布什政府草率地决定允许雷曼兄弟公司破产之后数日，就宣布了大规模的金融救市计划，即“问题资产救助计划”，这个名词的首字母缩写TARP❷正好是指一条沉重的、不透明的像毯子一样隐藏和保护物品的覆盖物——防水油布。保尔森的财政部的所作所为，就是把国会分配的7000亿美元隐藏起来。

保尔森事实上取得了对美国银行系统的独裁大权，他用的手段相当于拿枪顶着国会（集体的）脑袋，逼迫国会立即把TARP救助资金的绝对控制权交给身为财政部长的他，而且不许政府的任何人来监督，否则（按照他的说法）整个银行体系会马上崩溃。让雷曼兄弟破产，现在看起来是保尔森和华尔街货币强权集团有意采取的一个步骤，他们知道这样做会造成恐慌情绪，否则绝不可

---

❶ Robert Weissman et al, *Sold Out: How Wall Street and Washington Betrayed America*, March 2009, Consumer Education Foundation, Essential Information, accessed in www.wallstreetwatch.org.

❷ 英文原文为Troubled Asset Relief Program。英文意思为“防水油布”。——译者

能说服国会在选举年给他开一张7000亿美元的支票。

像“问题资产救助计划”这样的银行救助行动决不是10月的唯一选择，对美国经济而言也决不是最好的选择。保尔森和他背后强大的利益集团没有告诉公众，自从1987年的银行危机以来，美联储制订了多种应急计划，可以在危机中介入并接管主要银行的业务，经营这些银行，直到渡过危机，恢复正常秩序为止。[1] 这样做当然意味着现任的经理将失去职位，股东的投资会受损失，但是银行体系将会维持下去。

20世纪90年代初，瑞典曾经发生过由失控的房地产贷款和取消管制引起的银行系统危机。它坚持从国家利益出发认真地处理了危机。不负责任的银行被收归国有。失职的经理被解雇，新的人员被请进来收拾烂账。按照国家的会计准则，所有“不良银行”的投机性房地产项目的价值都被减记为零。对正常的小型和大型企业、对消费者的正常贷款业务得以维持下去，直到经济复苏，国家再次把银行出售给私营部门。

如果保尔森这样做了，或者他的继任者盖特纳这样做了，纳税人的损失从一开始就可以避免。保尔森和他的继任者不惜一切代价，拒绝考虑对银行实行临时的国有化，他们的理由非常充分：哪怕是暂时的国有化也会永久地削弱华尔街银行的权力，这可是“美国世纪”的权力核心。这个拒绝是布雷顿森林美元体系的末日诅咒，这个体系将会因为它自己对权力的贪婪窒息而死。

严肃的思考都被搁置一旁。2008年10月“问题资产救助计划”获得了通过，保尔森又有能力把华尔街的老朋友拉出泥潭了。他正是这么干的。保尔森在2009年1月20日离任前，已经设法把纳税人的4000亿美元巨款分送给那几家大银行，其中有他自己的高盛公司、最大的保险公司——美国国际集团、美洲银行、花旗集团、摩根大通和摩根士丹利。

保尔森的“问题资产救助计划”是一种合法的抢劫。就像导演1907年或1983年的恐慌一样，他们操纵了市场，制造出大规模的恐慌，然后利用恐慌去

---

[1] Fred Furlong and Simon Kwan, *Safe and Sound Banking*, *20 Years Later*: *What Was Proposed and What Has Been Adopted*, *August* 2006, *Working Paper* 2006-27, *Federal Reserve Bank of San Francisco*, *p.* 11. *accessed in http*: *//www.frbsf.org/publications/economics/papers/2006/wp06-27bk.pdf.*

扩大银行对经济的控制权力。2008年的游戏是用金融衍生品和杠杆来玩的，只是涉及的资金被放大到任何人都无法想象的规模。除了这种合法的抢劫以外，还有一个庞氏骗局——和过去的玩法基本相同。

奥巴马的计谋

7000亿美元的“问题资产救助计划”救助方案获得通过后不到五个月，巴拉克·奥巴马总统的新政府又提出了一个计划，再一次用上万亿美元溢价购买一小撮陷入困境的华尔街大银行的有毒资产，再一次牺牲美国纳税人的利益。这个由财政部部长蒂姆·盖特纳制订的计划还被错误地命名为“公私合作投资计划”（简称PPPIP），世界银行前首席经济学家约瑟夫·斯蒂格利茨称之为变相“抢劫美国人民”。这个说法还是太温和了。[1]

“公私合作投资计划”是华尔街货币托拉斯的又一个诈骗花招，他们在哄骗纳税人掏钱去填补那些不受管制的大银行做出来的投资坏账，而不是去挽救实体经济。根据这项计划，联邦存款保险公司（这是财政部和美联储事实上的代理人）和财政部将代表美国政府为对冲基金和其他投资者提供担保，担保他们购买的有毒资产、证券化的按揭债券和其他没有价值保证的资产：政府把所有的损失风险都承担起来，而那些对冲基金将在最低的风险之下拿到巨大的利润。[2]

奥巴马政府处理美国和世界历史上最严重的金融危机的办法，与布什政府公开的亲华尔街的做法毫无二致。如果我们不怕麻烦，去看看为他助选的人是谁，就不会感到意外了。

奥巴马的竞选财务主席是芝加哥凯悦酒店集团身价亿万的继承人潘妮·普利茨克，她已被奥巴马总统提名进入了经济复苏咨询委员会；就是她发明了次贷证券化。她在20世纪90年代担任过伊利诺州苏必利尔银行的总裁。银行专家蒂莫西·安德森说过：“导致华尔街崩溃的（次贷）金融工程，是普利茨克

---

[1] Reuters, *Geithner Plan Will Rob US Taxpayers*, March 24, 2009.

[2] Willen Buiter, *The New Toxc and Bad Legacy Assets Program of the US Treasury*, Lonfon Financial Times, March 24, 2009.

家族和安永会计师事务所开发出来的；出售证券化的次贷债券的企业是美林公司。”❶ 难怪当了总统的奥巴马会如此善待这些银行。

作为总统的奥巴马选择内阁和顾问的决定，已经表明他是华尔街可以信赖的人。美国财政部部长蒂姆·盖特纳已经到华盛顿履新，当他还在纽约联邦储备银行行长职位上的时候，在2008年整个危机期间一直不离财政部长保尔森左右。更早的时候，盖特纳曾就职于基辛格顾问公司，随后从1998年至2001年在两任财政部部长罗伯特·鲁宾和劳伦斯·萨默斯手下，担任过美国财政部负责国际事务的副部长。萨默斯和鲁宾都是“金融革命”的主将，也是盖特纳研习金融炼金术的良师益友。

奥巴马任命前财政部长萨默斯担任白宫国家经济委员会负责人，正是此人推动废止了《格拉斯－斯蒂格尔法》，又推动通过了《2000年商品期货现代化法》。另一个重要的金融顾问、总统经济复苏咨询委员会主席是保罗·沃尔克。他是戴维·洛克菲勒的走卒、1979年的利息“休克疗法”的设计者，这个休克疗法导致了20世纪80年代整个拉丁美洲的债务危机。

奥巴马已经明确地站在华尔街和货币权力一方，难怪世界各地的领导人（如温家宝总理）要寻求一个可行的办法来取代失败的美元体系了。亨利·卢斯在1941年的《生活》杂志社论中提出的“美国世纪”，到2009年已经处于帝国临死前的痛苦之中。这对许多人来说已经看得越来越明白了，唯一还没有回答的问题是，世界上的各个国家，在何种程度上愿意与美元泰坦尼克号一起沉没？

---

❶ Quoted in *Sub-Prime Slime*: *Obama and Pritzker*, September 20, 2008, accessed in http://astute-blogger.blogspot.com/2008/09/sub-prime-slime-obama-and-pritzker-and.html.

后记：
货币权力的结局

我们用本书英文版前言的卷首语来为这个故事收尾：货币（金钱）的权力。它到底是什么？我们追踪1865年后美元统治崛起的历史，看到货币权力并没有建立在健全稳定的经济政策基础上。它也没有把绝大多数人的和平与福祉当做自己的根基。原来货币权力的根基是权力控制的手段——而权力的最终表达，就是一个国家的军队、警察及其暗含的一切（暴力）。直到2007年8月，货币的权力一直被牢牢地握在货币利益集团的手中，握在美元体系的核心——少数几家银行和金融机构——的手心里。

这个货币权力千方百计地抓紧它那具有破坏性的力量，它不放过任何一种信仰和宣传，它虚情假意地呼吁爱国主义、对贪婪施放诱惑，还把人们对未来的美好希望拿来加以利用。货币权力竭尽全力隐藏它的秘密——无论是由黄金、石油、F-16战斗机还是核炸弹做后盾，货币最终都是法律的产物。在一个国家，只有制定法律的人才能决定货币的权力是何种权力、是谁的权力。伦敦金融城的大银行家迈耶·阿姆谢尔·罗斯柴尔德早在1790年就说过："让我来控制和发行一个国家的货币吧。我不管谁制定法律。"这个控制权在1913年被没有主见的美国国会拱手奉送给由私人国际银行家组成的卡特尔，在形式上通过美国《联邦储备法》完成权力移交。

进入2009年以来，一场巨大的权力斗争在全球范围内展开。形势危若累卵，然而只有少数人能够真正领会到这一点，主流媒体顽固地保持着沉默。斗争发生在各种力量之间，人们在力争保全职位、维护产业完整、保证厂房和机器设备运行。如果能够像统计选票那样进行一次计算，我们会发现，与绝大多数人作对的，是一帮数量很少的寡头精英，他们是华尔街的货币利益集团及其同伙，主要的人物都在伦敦金融城、在艾伦·格林斯潘金融革命的核心中的30多家世界一流的国际银行里。

2008年10月，美国国会面对压力通过了《公法第110-343号》，10月3日经布什总统签署生效。法律文本长达169页，大部分条款在投票之前并没有被美国国会成员仔细读过或研究过。根据这部《2008年紧急经济稳定法》制定了一个耗资达7000亿美元的《问题资产救助计划》。这个计划很快就得到“防水油布”这样一个绰号，它的首字母缩写恰好是“TARP”❶。

在“TARP”厚实的保护下、在没有任何外部审查或监督的情况下，美国财政部长、前华尔街银行家亨利·保尔森将数千亿美元发给了少数几家华尔街投资银行的亲信以及大型国际银行，甚至给了保险公司和抵押贷款机构（如房利美和房地美）。根据保尔森的命令，政府投入了巨额资金，但是并不直接控制那些银行。这个无耻的行为是把纳税人的钱白白送给那些将整个世界拖到灾难边缘的人和金融机构。

尽管有7000亿美元的TARP，或者更准确地说，正是因为这7000亿美元的TARP计划，在美国和世界各地，财富继续遭到毁灭。到2009年2月底时，TARP计划已经进行了4个月，人人关注的美国道琼斯工业股票指数已经从一年前的峰值下跌了一半。目前还没有触底的迹象。房产是美国70%家庭的主要资产；人们在格林斯潘的泡沫年代里被说服，为了买房子把他们的未来抵押出去，然后眼看着房地产的价格以20世纪30年代以来最快的速度跌落下去。

在世界主要金融市场继续下滑的时候，欺诈、腐败和操纵案开始浮现。其中最引人注目的，是2008年12月纳斯达克纽约证券交易所前主席伯纳德·麦道夫，他公开承认制造了500亿美元的庞氏骗局。涉及的金额虽然不小，但是怎么也比不上在证券化坍塌中蒸发的数万亿美元。值得注意的是那些有关的报

---

❶ TARP是tarpaulin的（防水油布）的缩写。

道：美国政府的证券交易委员会早就多次得到外部和内部员工的明确警告，麦道夫基金的高水平赢利存在虚假。

在整个金融界发生的是全面的腐败，这不应该让历史学专业的学生感到吃惊。罗马帝国最终的衰落发生在基督降生后的前三个世纪里，原因在于罗马贵族的一个决定：为了换取多到不可计数的私人财富，他们把国家的权力交给了货币利益集团。帝国的腐朽是从内部的堕落开始的。

共和党布什的自由放任、腐败和任人唯亲的八年任期结束了，名义上的反对党——民主党——选出了一位新总统，但是实行激进变革的希望仍然渺茫。奥巴马总统最初的公众支持率比耶稣还要高（只在一次民意测验中屈居第二）。他有百年一遇的机会，向全国发出号召，动员人民支持一项“切除结石病灶”的重组美国金融权力的计划。

奥巴马得到了大众的授权。他最好能够采取正确的方式，“把货币兑换商从庙宇中驱逐出去”❶，为把美联储及其背后的大银行国有化发出呼吁，为公共利益而不是私人贪欲夺回国家对货币的控制权。如果他这样选择，那么他就真的得到了大众的授权，可以去削减由华尔街金融和货币利益集团掌控的国家经济命运的权力，对那些危害国家福利、制造崩溃的银行实行国有化。

然而，他的“经济梦之队”里全都是恶梦般的老面孔。从保罗·沃尔克到劳伦斯·萨默斯，都是在金融界滥用货币权力、罪行累累的角色。

新总统的财政部长是最强势的纽约联邦储备银行的前主席。仅仅在五个月前，他还与亨利·保尔森和美国联邦储备委员会主席伯南克共同做出决定，让纽约第四大投资银行、有153年历史的雷曼兄弟公司破产，但是同时又拯救了规模较小的其他机构。这项决定会不会是保尔森和同伙挟持全世界的恶意企图——把危机扩展到全球的金融体系，恐吓世界上的其他国家和地区，一起来拯救华尔街？但是到2009年年初时已经可以看得很清楚：没有人会愿意这样做。

---

❶ 1933年，罗斯福发表就职演说：“如今，货币兑换商已从我们文明庙宇的高处落荒而逃。我们要以千古不变的真理来重建这座庙宇。”——译者

公众在故意制造混淆的洪水般的报道冲击下不知所措：为什么花旗银行和美洲银行这样的大银行不应被国有化？金融媒体上大量充斥着共产主义蔓延或者更坏情景的报道。其实真正的问题只有一个：谁应该控制货币的权力？是私人性质的美联储、它背后的金融业私人卡特尔，还是公众选出的代表？要知道今天公众的养老金和工作岗位正在消失，住房正在被银行收回。

在经济大萧条中货币集团被迫交还给大众的权力，又被收回去了。1979 年货币政变的旧戏又重演了一次。在撒切尔货币主义的老家——英国，工党政府正在牺牲选民的利益去拼命捍卫私人银行的权力。工党正在推行的“银行家社会主义”，就是利润私有化和用纳税人的钱把亏损社会化。

在德国，保守的总理听从社会民主党财政部长的意见，同样不愿意挑战银行的权力。德国的金融业内人士指出，在银行理不清的金融纠纷面前，柏林的政界其实是两眼一摸黑。实际上这个问题就像太阳是从东边出来的一样简单。早在 1931 年，德国曾因允许国际银行在危急的时刻决定自己国家的命运，陷入过一种荒诞悲惨的境地；2009 年的德国政客们如果只相信大银行家的精明、不相信人民的智慧，是不是要重蹈布吕宁的覆辙，让人民再次“节衣缩食”或者接受更加悲惨的命运？

始于 20 世纪 80 年代初的新自由主义撒切尔 - 里根革命，按部就班地完成了全球规模的资本集中化。货币权力的集中程度无人能够想象。在金融市场上呼风唤雨的巨头花旗集团，历史上曾属于洛克菲勒家族，“旗下”有 3000 多家公司分布在许多国家，2008 年的总资产达到 2.2 万亿美元，世界上大多数国家一年的国内生产总值都不及这家公司的资产水平。洛克菲勒的大通曼哈顿银行在 1995 年并购了化学银行（后者刚刚吞并汉华实业银行），数年后再与 J. P. 摩根合并，成为摩根大通银行，这是货币权力集中化的最好实例。

美国政府袖手旁观，还把大萧条时期制定的法律法规一一废除，那些法律法规都是约束货币权力的。巨大无比的新银行还把传统的银行 - 保险业务同资产管理这种最新的职能结合起来，美国的证券伸进了共同基金和养老基金的体系中，货币扩张的规模已经无法想象。

这个货币的权力——以美元为基础的货币权力——正在步步前进，征服和控制整个世界，完成计划的手段就是它们自己发明的金融全球化，可以利用的工具是国际货币基金组织、世界银行和国际清算银行（中央银行家的中央银行），这是银行家能够掌控的手段和机构。

在历史上，美国在1910年时的联邦债务只有10亿美元，人均12.40美元。国家和地方政府欠债很少甚至不欠债。1920年，第一次世界大战结束后、美联储成立7年时，美国政府的债务为240亿美元，人均228美元。1960年国家债务达到2840亿美元，人均1575美元；1981年超过1万亿美元；2009年超过11万亿美元，人均负债已达3.5万美元。每年付给银行和债权人的利息总额超过了4500亿美元。现在就是把整个美国都交给银行家去抵债都不够了，恐怕需要两三个美国才能清债了。美国的开国元勋托马斯·杰斐逊有充分的理由这样说："如果美国人民允许私人银行控制货币的发行，那么银行和那些将要依靠着银行成长起来的公司会首先用通货膨胀，然后用通货紧缩……剥夺人民所有的财产，直到他们的孩子梦醒时发现，他们在父辈们征服过的大陆上已无家可归。"

2009年之初，人们可以看清的是，纽约最大的银行家打错了算盘。即使面对20世纪30年代以来最严重的危机，世界上的各个国家和地区也不急于挽救美元体系。在布什任总统的8年时间里，美国滥用了充当世界体系仲裁者的权力，用尽了世界对它的信任。从北京到莫斯科，从迪拜到布宜诺斯艾利斯，世界上所有的国家都在重新评价她们和美国、和美国权力的关系。

今天的世界面对着1945年以来的第一次机会：去开辟一条摆脱美元主宰、维护国家和地区稳定的新路。目前还不清楚的是，美国以外的国家（和地区）是否拥有能够实现这种自由的权力——这首先是政治决策而不是金融决策；世界站在一个关键的时刻面前：是选择抓住这个新机会，还是跟着美元体系一同覆灭？

威廉·恩道尔

2009年3月于德国威斯巴登